存在論的政治——反乱・主体化・階級闘争

市田良彦

航思社

はじめに

本書のタイトルに選んだ「存在論的政治」という語は、そのような「政治」がはたしてあるのだろうか、という問いとして受け取っていただければと思う。多様な機会に書かれた諸論考を集めた本書は、ひとつの設計図をもっているわけではない。それでも、雑多な諸論考を一冊の書物に編み合わせる必然性と正当性を、この語がそれなりにうまく示してくれるように思える。ただし、あくまでもそんな「政治」があるのかという問いとしてであって、確実に存在する対象の名としてこの語を差し出す強い意志を、私はもてずにいる。というより、もたないほうがよいと考えている。

存在論的政治。すなわち、我々の生のあり方全般を深く拘束すると同時に、種別的にひとつの政治であることを手放さない政治。それは、生そのものを哲学的に考察すればことさら主題化しなくてすむ政治ではない。問題はつまり、文化や文明や経済や歴史、その他なんらかの人間的事象に置き換えれば「本質」を見極めることのできる「現象」ではない。もちろん、政治はいつでも表層的なものだ。分かりやすかったり分かりにくかったりする争点を白日の下でもち、様々なニュアンスによって色分けされる党派を現出させる。だから政治から降りること、身を引くことはいつでも可能であり、学者の部屋の深窓や市民生活の奥底から仰ぎ見る姿勢で政治に臨み直すことも、これまたいつでも可能である。表層が議会政治であるとはかぎらない。「階級闘争」でも「デモ」でも、さらには利害がらみの「暗闘」ですら、政治であるかぎり生のごく表層に限定的に釘付けにされている。どんよりと濁り、いかようにもアプローチ可能、切開可能とすら思える広がりを深層に指し示しながら。存在論的政治とは、現在の私にとって、この表層と深層が分岐する地点において生じる問題の名前にほかならない。それは、存在論的に「深い」次元が決定するような政治のあり方を指すわけではないのである。

しかし、これが政治だとあらかじめ決定された政治は存在しなくても、政治を決定する方向は確実に存在している。マルクスはそのことを述べるのにうまい言い方を発明した。「傾向」である。下部構造による存在論的で傾向的な決定から自由でありうる政治は、下部を生産様式と捉えようが階級闘争と捉えようが、さらにはマルチチュードの力能と捉え直そうが、存在しない。下部からの決定は、エンゲルスに端を発する「政治＝上部構造」の相対的自律性という観念を吹き飛ばすぐらい強いと考えるべきだ。相対的自律性テーゼは上部と下部の構造的区別を、下部からの決定に先立って、あるいはその決定とは別個に想定する。言い換えれば、下部からの決定力を棚上げにするもうひとつ別の決定力を暗黙のうちに導入する。そんな別の力は下部構造の定義——最終審級であること——からしてまさに存在論的にありえない以上、このテーゼは、政治を政治家たちの領域に押し込めたいアンチ存在論的な願望に由来するとみなすべきである。代表制ならぬ代表性が政治の「本質」であるなら、存在論的次元を考える意味は実質的にはないだろう。「デモ隊の絶叫」など、最終的には無視しておけば事足りるからである。

　下部からの決定は、下部と上部をもつ建物構造を「生む-作る」ことまで含んではじめて存在論的と言いうる。階層の分岐-分離そのものが、決定の効果だ。したがって、存在論的な下部はいまだ下部ではなく、最終審級による決定は最初の決定でもある、とさえ言うことができる。階層は「所産的自然」と「能産的自然」のように（非）区別されるのである。少なくともアルチュセールが語った「構造」は、「所産的自然」から実体的に区別されえない――「所産的自然」を自らに内在させる――「能産的自然」にほかならなかった。建物を更地に帰して唯物論を台無しにする一元論？　すべての黒牛を見えなくする闇夜の「決定」力？　そんなことはない。彼の「構造」は、「所産」と「能産」の区別を、「所産」をたえず変化-移動させながら、あるいはさせることで、生む-作る「能産的」自然であった。ある時点で何がいかに決定的な政治であるかを次々に変化させながら決定する「下部」構造であり、そこでは変化がすなわち「下部」からの決定の内容であった。決定される「上部」構造が「状況」である（詳しくは拙著『アルチュセール　ある連結の哲学』平凡社、を参照されたい）。そして決定内容が決定的であるためには「下部」にまで変化をもたらさねばならず、その意味において「決定的」な政治は、あるときには国民投票として、あるときにはバリケードや蜂起として、またあるときには「私生活」への集団的遁走としてさえ、下部から生み－作られ－決定されている。「所産」の変化可能性、流動性によって測られる「能産」性。「所産」をあらかじめ限定する本性を、「能産的自然」はもっていない。したがって、いかなる決定かをあらかじめ決定づけるものはないとする立場こそ、問いとしての存在論的政治が要請する第一原理だ。かくあるべき存在論的政治の姿を求めることは、今ここで（＝状況のなかで）、という限定を取り払ってしまえば背理に陥るほかない。存在論的政治は、積極的に日和見主義なのである。実践的には何も決定されていない、という原理から出発して、決定の方向を「世界」——生であれ経済であれ構造であれ——に対しそのつど問おうとする。どれだけ持続するのか分からない「世界の今」の傾向に寄り添おうとする。方向－傾向の特殊な「形態」を、表層と深層のあいだ、分岐点そのものに取らせる「歴史」を見ようとする。下部からの決定力が政治に特定の枠のなかにとどまることを許さないから、存在論的政治は固有の歴史をもつのだ。本書はこの歴史のなかにあるかぎりでの現在——主として一九六八年にはじまる——についても語ろうとするだろう。政治について「本質」から「歴史」へと視点を移動させ、「歴史」的分岐点を表層と深層のあいだに見定め、そこに「実践」を定位させることもまた、存在論的政治は求めている。

この特殊な政治を私に教えてくれたのは「マルチチュード」——その名を冠した雑誌の名前であり、哲学者アントニオ・ネグリの概念であり、また、それを駆使する雑多な「人々」——である。先に述べた決定力をマルチチュードの「構成的権力」と言い換えれば、本書がそこに身を置こうとする系譜がおのずと浮かび上がってくるだろう。マルクス－アルチュセール－ネグリ。しかしこれは、後二者のあいだに、ネグリをはじめとするイタリア労働者主義《オペライズモ》に連なる人々やアルチュセールの後継者たちが置こうとしてきた断絶を認めないことでようやくひと連なりになることができる系譜である。本書に収められた諸論考を書いているあいだ、私には、歴史的・政治的に実在したこの断絶を小さなものにしてしまえる視点によってこそ、ネグリたちが教えてくれた存在論的政治をマルクスにまで遡らせつつ、その可能性を現在から未来に向かって開くことができる、と思えていた。この断絶を小さなものにすることができれば、フーコーやドゥルーズ＝ガタリを政治的リベラリズムの亜種にしないですむのでは？という期待もあった。どれほど多くのフーコー論がフーコーから「下部」を奪って「アイデンティティ政治」にしてしまったか。どれほど多くのドゥルーズ論、ガタリ論が、「ネットワーク」と「意志－欲望」をただ肯定するだけの「多元決定論」に自らを昇華してきたことか。こうした凡庸化をもたらす圧力としても、政治は確実に作用してきたのである。この残酷な結末に彼らを閉じ込めないためにも、あえて「実体による一元的決定」の立場を堅持したほうがよいのではないか、構造的－内在的因果性のアルチュセールと主体主義のネグリを無差異にする地平に踏みとどまったほうがよいのではないか、私はそう考えてきた。

　政治はドゥルーズの言い方を借用すれば、「愚か者たち idiots/bêtes」の領分である。愚かでなければ入っていけない領域としても、政治は存在論的に決定されている。政治のフィルターを通して眺めたときには、「マルチチュードの呪文をいくら唱えても、そこからいかなる政治的正義にも移行することはない」と語ったバディウとランシエールは正しいのである。フーコーの「保守主義」を断罪したハーバーマスさえ一定正しい。いずれも、政治には愚かさへの傾向もまた含まれているからである。私には、存在論的政治とは愚かな凡庸化に抵抗してドゥルーズやフーコーに革命的潜勢力を回復させる哲学だ、とはまったく思えない。自分は愚かさから逃げることができると考える知者は愚かで浅はかだ、と彼らの哲学を含む存在論的政治が教えているように思えてならない。というのも、この政治の近世・近代における発端に位置し、アルチュセールとネグリの断絶を小さなものにしてしまう――ゆえに系譜をまさに存在させる――スピノザにとっては、人間が愚かでなければ、理性的であれば、国家など生まれなかったし、必要ないのである。ドゥルーズが「純粋存在論」であると規定したスピノザの哲学は、愚かさから隔離されたアカデメイアのなかで練り上げられたのではない。さらにそれは、愚か者たちを放置しておく、勝手に「まつりごと」に熱狂させておくことを奨励してもいない。それどころか、愚か者でも、当時の宗教的な言葉遣いをそのまま用いれば、自らを地上で「救済」することができるし、それを「助ける」ことにしか哲学の目標はない、と告げているのである。愚か者たちにとっては、哲学者は彼らを「救える」とキリストのように信じる狂人であるだろう。スピノザの哲学はレンズ磨き職人の屋根裏部屋で孤独に紡がれたのではなく、街頭が血で染まる共和国のなかで存在論的に＝政治的に、キリストの生まれ変わりとして生まれたのだ。存在論的政治は、万人の救済と転生を信じる一個の狂気である。

本書に収められた諸論考（論題の右下に発表年を記載）は、すべて時論でありかつ原理論であり、それらの発表当時は日本ではまだなじみの薄かった存在論的政治の紹介－提示であり、かつその私なりのやや性急な展開－拡張である。性急さについては、時論たるべしという衝迫に由来すると思ってご寛恕願いたい。主に第Ⅱ章に収めた雑誌『マルチチュード』に掲載された仏語論文も、「マルチチュード」概念の紹介を必要としない読者をすでに一定もっているという媒体の性格上、本書の読者には何かだいじなものを省いていると感じられるかもしれないが、基本的に同じ姿勢で書かれている。ゆえに、時論としての元の位置づけを損なわないために、加筆することなくほぼそのまま翻訳している（発表当時の状況などを論文の前書きとして付記した）。それぞれの論考の発表以来のときの経過が、それらを読みやすくしてくれていることをひたすら願う。

引用されている外国語文献のうち、邦訳があるものについてはすべて参照させていただいたが、論考の文脈と文調に合わせて私自身が訳し直している。訳者諸氏にはおわびしたい。そして、書かれた時点では、一冊にまとめる時期が来るなどと考えたことのなかった諸論考を、こうして本にすることを勧めてくださった航思社の大村智氏には、ひたすら感謝の念を捧げたい。

二〇一三年一二月

存在論的政治——反乱・主体化・階級闘争

目次

第Ⅲ章　ヨーロッパという賭金

「主権」の上空と底で政治は闘われる

エピローグ

第Ⅰ章

ネグリのほうへ

「真の政治は形而上学である」

1998.3

トニ・ネグリを読むために

私はひとりの知識人である。私はこれまでずっと、ひとつの現実と接触しながら生きてきた。その現実にはらまれる様々な矛盾、革命的傾向を理解しようとしてきた。(…)一九六八年は、私の知る唯一の反乱だった。あれらの日々、年月のあと、人間精神は変容を遂げた。(…)私は人々の意識の変容と政治表現の可能性の間にできてしまった溝を埋めようと試みてきた。そしてそれをずっと続けるだろう。私は工場に行き、街頭に出て闘い、大学ではブルジョワ世界を批判することを教えた。私が何かをなしたというのは、そのとおりである。私がそれをまたなすであろうというのも、そのとおりである。それは、大規模な変容に政治的形態を与えること。労働者、学生、女性が、何千という古く残酷な鎖から解き放たれ、反乱することの、新しい共同性を構成することの深い喜びを味わった変容に。

——一九八三年五月[*1]

七〇年代に始まった政治的・制度的な危機は終わっていない。
——一九九七年一一月[*2]

何かが変わった。そしてその何かは、様々な形態に自らを表現しながら、それ自体変化するリズムを刻んできた。ところが、まだ相応しい表現形態を見つけられずに潜在的なもののレベルにとどまり続けているものがある。現実化の契機をほとんど失ったかに見えつつ、しかし持続する基層の変容がその決定的な消滅を結論づけることを許さないものがある。それが、ネグリにとっての共産主義だ。どのようにすれば、今日、共産主義に適切な政治表現を与えてやることができるのか。共産主義はど

*1 Toni Negri, *Italie rouge et noire*, Hachette, 1985（トニ・ネグリ『赤と黒のイタリア』未邦訳）。同書はフランスでのみ刊行された、一九八三年二月から一一月までの日記。ネグリの逮捕は七九年の四月七日。彼は獄中にあるまま急進党の国会議員候補となり、当選の結果、議員特権により八三年七月に釈放された。その間の事情、およびその後のフランス亡命と九七年七月の帰国については、『インパクション』一〇六号（一九九八年一月）の特集ページを参照されたい。ここに引用したのは、彼が裁判において被告人尋問のさいに読み上げた文書。この日記の仏訳者は、アルチュセールの伝記作者でもあるヤン・ムーリエ・ブータンである。ムーリエ・ブータンはフランスへのアウトノミア運動の紹介者であり、ネグリ救援運動においても中心的役割を果たしている。

*2 レビッビア刑務所に再収監されたネグリが、一一月二九日付のフランスの日刊紙ルモンドに寄稿した文章（見出しは「イタリア、妥当なる正義要求」）より。

のようにして、自らに相応しい表現形態を見つけるにいたるのか。ではそもそも、共産主義とは何なのか。トニ・ネグリはそれをどこまでも、彼がはじまりを目撃し、推移の逐一に立ち会ってきた変容のただなかで考えようとする。マルクスの時代のドイツとイギリス、マキァヴェッリとスピノザの時代のイタリアとオランダに飛ぼうとも、彼はいまここのただなかを離れることはなく、自分のいる場所からそこに目をそそぐ。とはいえ「ただなかにいること」とは、現にあるもの、利用可能で了解されている諸概念に訴えて、なくなったとされるもの、手垢のついたと考えられている理念を捨てることではない。一言でいえば、現在のイデオロギー的な地平のなかに身を置くことではない。現実化されているものだけが実在するのではないからだ。実在はしているが、その適切な表現の形態を見つけられずにいる傾向に寄り添おうとすれば、したがって、反時代的な身ぶりをともなわずにはいない。実際、ネグリは挑発的なまでにマルクス主義の用語——労働、価値、主体性といった——を手放そうとせず、共産主義について語り続ける。そして付け加えるだろう。あのとき、何かが変わり、この変容はいまだに終わっていない。だから私には何も変わっていない。

極左のドン・キホーテ。九七年七月のネグリのイタリアへの帰還もまた、そのような身ぶりのひとつのように見える。たった一人の行為によって、「歴史のページをめくる」というのだから。イタリアの獄舎にいまだにつながれている二〇〇人の政治犯、フランスを中心に存在する一八〇人の亡命者は、まさに「実在している」。彼らの実在は七〇年代後半に吹き荒れたテロリズムの記憶の風化とともに、ほとんど忘れ去られ、まさに「表現形態を欠いている」。ところが、あの時代に抑制を欠いて増殖させられた恐怖と怨念は、暴力の痛みを決して忘れずに、政治犯と亡命者の存在をないかのように扱い、忘れることでそれを癒そうとしている。記憶と忘却の捩れた関係。とすれば、ネグリの帰還はとても論理的なものだ。彼は政治犯と亡命者の「恩赦」を求めて自ら獄に還ったのである。自分一人の無罪を主張したいのであれば、再審を請求するか、その現実的可能性がないなら、最低限の自由は確保されている亡命生活を続けることが理に適っているだろう。一括恩赦とはある意味では曖昧な主張であり要求であるだろう。誰の罪を認めるのか認めないのか、告発に相当する犯罪があったのかなかったのか、不問に付しているのだから。しかし別の意味ではこの「恩赦」要求には輪郭の鮮明なところ、正確極まりない点がある。アウトノミア運動への弾圧の包括性、刑事告発の政治性、その後の処遇と位置づけの報復的性格を、裏側から浮かび上がらせるという意味で。そうした性格は、ほかならぬ「恩赦」にしか清算することのできないもの、「恩赦」だけが同じレベルに立つことのできるものだ。あの弾圧は、「恩赦」に「見合った」弾圧だったわけである。記憶と忘却の捩れた関係を変えようとすれば、それが捩れている地点に立つほかなく、その地点は、刑事訴訟上の真偽が問われるところではなく、弾圧がそこから出てきた「政治」であり、「恩赦」とは、捩れを解消するこれもまた「政治」的な行為である。実在する何かにどのように政治表現を与えるか、それを考えてきたのであってみれば、監獄への帰還もまた、実在する捩れに対するひとつの回答にちがいない。そしてそれは、一人でしかやれない実践である。たとえ同志がいたとしても。

トニ・ネグリは「ひとつの現実と接触」しながら、それを「理解」しようと努めてきた。この現実の理解はしかし、それについての理解ではありえない。「ついて」理解しようとすれば、理解の対象から離れた外部の立場を確保しなければならないが、この現実は誰もその外部に立つことを許さない

「我々の地平」を形作っているからである。ネグリはだから、「大規模な変容に政治的形態を与えること」について考える、とは言わず、それを与えることを「なす」と言う。ただなかにおいて考えるとは端的に、考えることとなすことがひとつになってしまう営みだ。彼は政治を理解しようとするが、それについて可能な解釈の一覧表を作って、そのなかからどれかを選択しようとするのではなく、理解することがすなわちそのまま彼がただなかにいる内部を変えることになるような理解を目指す。思惟と行為、理論と実践のこうしたトポロジカルな一致をもっとも考えたのは、実はヘーゲルだった。マルクス主義者は誰でもそのことを知っている。マルクス主義者にとっては「党」の存在が理論と実践の一致を長い間保証してきた。その一致に弁証法という仕組みを与え、一致を支えさせたのがヘーゲルである。哲学の言葉で言えば、哲学は自分を対象にすることで外部を内部に折り込み、その結構においては考えることが行うことに一致するようにした。そして、六八年の反乱に不可逆の歴史的事件を認めるマルクス主義者はまた認めなくてはならなかった。「党」という一致は、そこではじまった胎動に対しては、決定的に外部にとどまってしまったということを。ヘーゲル的な思惟と行為、理論と実践の一致は、現実が実現する一致からははじき飛ばされていたということを。したがって、ただなかにおいて考え、あくまでも「なす」こととの一致を手放さないでおこうとするかぎり、マルクス主義者はヘーゲルのものとは異なる一致の仕組みを手に入れる必要があった。哲学者としてのネグリの歩みは最初からまさにこの点に賭けられている。それは「ただなかにおいて考える」ことがそのただなかに置かれる圏の作り直しを、考えつつなそうとするのだ。イタリアへの帰還はまさしくこの作業の「ただなかに」置かれなくてはならないだろう。恩赦を求めての帰国は、なすことと考えることのひとつの一致を構成する。そしてこの一致は、「党」によるのではない仕方、あるときにはじまった歴史過程そのものがネグリに教えた仕方で与えられる。歴史のページをめくろうとする、ひとつの一致——いったい、ネグリと我々のいる「ただなか」は、どのようにしてこの大胆な意味づけを正当化するのだろうか。それを考えるため、彼のとりわけて大きな仕事のいくつかを素描してみたいと思う。そこに流れる一貫性、それこそが「我々の地平」にとって重要な意味をもつ一貫性を際だたせるよう、初歩的な紹介を試みてみたい。

『資本論』のマルクスにではなく、『経済学批判要綱《グルントリッセ》』（以下、『要綱』と略記）のマルクスに立ち返ること。七八年の『マルクスを超えるマルクス』[*3]でうち立てられたトニ・ネグリのこの立場、このスローガンは、それ以前のアウトノミア運動の時代に提出された「労働の拒否」をめぐるテーゼ[*4]とともによく知られている。それは正統派マルクス主義とアルチュセール的なマルクス主義の両方に対して彼が取ろうとする距離を、端的な形で言い表したものだった。アルチュセールは共産党の「マルクス

＊3　Antonio Negri, *Marx au-delà de Marx*, Christian Bourgois, 1979.（『マルクスを超えるマルクス』清水和巳ほか訳、作品社、二〇〇三年）。原著はイタリア語であるが、ここではフランス語版を用いる。この本のもとになったのは、前年にパリの高等師範学校でヤン・ムーリエ・ブータンのイニシアチブにより実現された連続講義である。当時は同校にルイ・アルチュセールがまだ在職していたが、彼はこの連続講義に一度も顔を現さなかった。

主義」に『資本論』の「マルクス」を対置させたが、ネグリは「マルクス主義」と『資本論』に『要綱』をぶつける。『資本論』成立史のなかに『要綱』を置く、つまりあくまで『資本論』を完成形態とする思索過程の痕としてこの草稿を読むのではなく、ネグリはそこにもう一人別のマルクスの姿、『資本論』では後景に退いてほとんど見えなくなる考え方を見つけだす。『資本論』の「客観主義」に対する、主体的実践としての階級闘争の哲学がそれであるのだが、そしてネグリ自身、「主体」の語を用いることを恐れてはならないと強調するのだが、肝心なことは、「客観＝客体」と「主観＝主体」の対立そのものではない。ルカーチを参照するまでもなく、『資本論』以前のマルクスがヘーゲル的な思考方法の磁力圏にいて、その特性が「主体主義」（一九世紀の実証主義的科学主義に対立するという意味で）を示すことは『要綱』にかんしては一読すれば自明であるからだ。マルクスをヘーゲル主義者だと述べることは、『資本論』はおろか『要綱』についても、いや『要綱』についてこそ、スピノザをデカルト主義者と呼んでよいのと同程度の正当性しかもっていない。客観主義的で科学主義的なマルクスに対する、主体的で実践的なマルクス、この対立の図式はグラムシのものだ。ネグリが「客観＝客体」と「主観＝主体」の概念に割り当てているのは、ひとつの論理のなかで対立や調停といった「問題」をなす実際にはひとつの概念のふたつの面ではなく、それぞれがまったく異なる論理の型である。つまり二つの語は、異なる論理の名称として用いられている。したがってそこには、対立を媒介するという問題や、二項対立を超えるという問題は、そもそも存在していないのである。ネグリはよくポストモダンはイデオロギーであると主張するが、その場合のポストモダンも、対立の彼方に調和を見たり、鮮明な対立に両義性を対置したりして満足するような思想を指している。彼は言うだろう。それがポストモダンであるなら、むしろマルクスについては断固として「主体主義」を掲げるべし、たとえグラムシとの見かけの接近という危険を犯しても。『マルクスを超えるマルクス』においてもっとも重要なところは、二つの論理が分岐する箇所を『要綱』から取り出す第七講義にあると言ってよい。そこから全体を振り返り、『要綱』のマルクスについてまずひとつの要約を試みてみよう。

1　客観主義とは、対立が媒介されるとする論理、その媒介を作る論理である。それを客観主義と呼んでよいのは、媒介者の実在を主張するから。弁証法はしたがって、代表的な客観主義であり、『資本論』の価値形態論は客観主義的である。

2　主観＝主体主義とは、対立は媒介者ではなく「危機の直接態」を生み出すだけであり、[*5]その結果、対立をより大きくして、対立する項を対立という依存関係から抜け出させるとする論理である。「中間項は存在しない」[*6]。それが主体主義であるのは、この分離の結果として項は独立の主

＊4　この点について日本語で読める文献としては、『現代思想』一九八三年三月号に訳出されたネグリ自身の論考「支配とサボタージュ」と、その訳者である小倉利丸の「ネグリをめぐる状況と文脈」（同誌同号）を参照されたい。また、マイケル・ハートの『ドゥルーズの哲学』（田代真ほか訳、法政大学出版局、一九九六年）第二章に、「労働の拒否」をドゥルーズのニーチェ論によりつつ位置づける試みがある。

＊5　*Marx au-delà de Marx*, Leçon 2.（訳書「第二講義」）

＊6　*Ibid.*, p. 55.（訳書六八頁）

体になると考えるから。言い換えるなら、主体は客体や他の主体から分離・独立しているという意味においてはじめて、主体の名を維持することを許される。それはしたがって、弁証法が総合の論理であるのに対して、分離の論理である。主体は源泉ではなく、結果である。

3　分離の論理はまた、構成の論理である。媒介者としての第三の個体ではなく、依存関係から抜け出した新しい「まとまり」を形成する論理である。すなわち、「まとまり」は無媒介に構成され、何かに媒介されたり何かを媒介したりすることはない。この新しい「まとまり」が主体としてのプロレタリアートである。

4　分離と構成をひとつの過程にしているのが、階級闘争である。

5　プロレタリアートの分離・独立は資本からの分離であるだけではなく、プロレタリアートの内部における分化の進展をともなう。後者は具体的には賃金闘争を通して遂行され、賃金闘争とは実体的には、収入として支払われる貨幣量の増加を求めるのではなく、より多様な使用価値の入手を求めている。賃金の増大は欲求が分化していく過程に等しい。プロレタリアートは、より「ばらばらに」なりながら「まとまって」いく。

ネグリ的な主体主義あるいは彼のいう分離の論理の政治的な新しさは、プロレタリアートは「工場において」、すなわち生産過程においてプロレタリアートになるのではないとする点だ。そこにおいて、彼は労働組合に依拠しようとする正統派マルクス主義と決定的に袂を分かつ。工場労働は機械に客体化された資本という媒介によって労働者を結びつけるにすぎず、彼らの利害の客観性とは言い換えると資本への従属の事実性にほかならない。生産過程はプロレタリアートを自立した主体にはしないのだ。ネグリによると、マルクスによる生産過程の分析は搾取の事実だけを明らかにするものであり、それは決して革命の必然性も可能性も証明するものではない。それは歴史的にも——共産党の影響下にあった労働組合は「反乱」にどういう立場を取っただろうか——論理的にも——搾取の廃止を含意しない——分かりやすいことだろう。革命の必然性と可能性は、労働者が資本から分離してプロレタリアートになり、何ものにも媒介されないで自らを主体へと構成していく契機の発見にかかっている。『マルクスを超えるマルクス』第七講義は、その契機を『要綱』の流通過程の分析に見いだしている。ネグリが特に目を留めるのは、たとえばマルクスの次のような記述である。「賃金へと変態した資本部分の流通は生産過程に併走し、生産過程のかたわらにひとつの経済的力関係として現れる。二つの過程は同時でありかつ絡み合っている」[*7]。マルクスがここで述べている流通過程とは、労働者が賃金を得てそれを商品と交換して消費し、再び資本の前に現れる循環過程を指しており、マルクスはこの過程を通常の意味での資本の流通過程（貨幣－商品－貨幣）と区別して、小流通と呼んでいる（後者の過程は大流通）。小流通は生産過程に「併走」する——小流通は生産過程の「かたわらに」ある——小流通は生産過程と「同時でありかつ絡み合っている」。二つの過程は互いに還

＊7　カール・マルクス『経済学批判要綱』「資本にかんする章——第Ⅱ篇　資本の流通過程」（高木幸二郎訳、大月書店、一九五八年）第三分冊六二五頁。なお訳文は、ネグリ前掲書（p. 237、訳書二五二頁）に引用されているフランス語にあわせて修正されている。

元不可能で、包みあうことなく分離されているわけだ。

ネグリはここに「資本のただなかにおけるプロレタリアート独立の傾向的可能性」を認める[*8]。生産過程の客観的＝客体的な論理と流通過程（より現代的な言葉で再生産過程と言ってもいいだろう）の主観的＝主体的な論理、媒介する論理と分離する論理が、まさに分離する瞬間を認めるのである。再び、ネグリの引いているマルクスの記述。「一方では、資本が生産物の前提として現れる。しかし他方では、最終生産物が資本の前提として現れる[*9]」。ここでは「最終生産物」を、労働者が消費する商品としてだけでなく、労働者そのものとしても受け取るべきだ。生産過程の分析においては、生産はすでにはじまりいまだ終わっておらず、過程の全体は資本の統制下にある。ところが再生産過程に目を凝らすと、資本と価値のイニシアチブ（資本が生産物の前提である大流通）のちょうど裏側に労働者と使用価値のイニシアチブ（最終生産物が資本の前提である小流通）が張り付いており、その二つは決して合体しない。それどころか、ひとつである再生産過程の規模と速度が拡大すればするほど、資本主義が発達を遂げれば遂げるほど、二つの過程は別々に強化され自立していく。再生産過程は二種類のはじまりと終わりをもち、その二つがずれていることによって、過程は反復される。大流通と小流通は、それぞれが他方の前提となるという意味では依存しあっているが、この依存は、依存すればするほどそれぞれの独立性が強まり、それぞれが独立すればするほど、互いを前提とする度合いを強めるという関係に置かれている。それが階級闘争の理論的な根拠をなすのだ。「剰余価値の理論は経済理論に搾取の事実を導入し、流通のマルクス的理論はそこに階級闘争を導入する[*10]」。『資本論』において、またいわゆるマルクス経済学において、賃金は「社会的・文化的」に決定される、資本（とその分析）にとっての「所与」として扱われる。所与とはしかし、何なのだろうか。資本にとってはいかんともしがたい制約、文字どおり客観的なものとして受け入れるほかない条件であるだろう。しかしこの客観性は、資本と価値の客観性にとっての客観性（現代の経済学者がスマートに分析しているように、物的な、すなわち使用価値レベルでの賃金水準が決定された後で、価値と生産価格は決定される）[*11]であり、それは価値と資本の圏域とは別の圏域が存在することの指標にほかならず、それがネグリのいう主観的＝主体的な圏域、階級闘争の場である。そうした意味における賃金についての章が『資本論』において書かれなかったことはなんとも残念である、とネグリはいう。

二つの論理が二つの過程として分離されるだけであったなら、ネグリの企ては根本的に新しいものとはならなかったろう。すでに経済学は物的な賃金水準の決定を、価値や価格が決定される体系の外に放り出すことで、「階級闘争」を逆に純粋なかたちで定位させることに成功していたと言うことはできるし、アルチュセールはまさに弁証法と非弁証法の非弁証法的な関係／無関係を六〇年代に主題化している。[*12] ネグリもその点には充分に自覚的だったはずだ。彼が「主体的な立場」だけを「唯一の

*8 Negri, *op. cit.*, p. 236.（訳書二五二頁）
*9 マルクス前掲書、六二六頁。ネグリ前掲書 p. 237（訳書二五二頁）に引用。訳文については注7に同じ。
*10 Negri, *op. cit.*, p. 235.（訳書二五一頁）
*11 Steedman, I., *Marx after Sraffa*, New Left Books, 1977. 置塩信雄『マルクス経済学——価値と価格の理論』、筑摩書房、一九七七年。

反乱」の後に可能なものとして採用するのは、なにも「客観主義」を敵としてであれ残すためではない。それはまさに唯一の立場、完全に取って代わらなくてはならない立場だった。二つの論理は、併置されて終わる、あるいは併置された後に関係を考えられるべきものではなく、一方から他方への完全な移行を目指すために分離されるのである。弁証法と分離・構成の論理はあくまで非和解的である。ネグリの「ただなか」をなす圏域はただひとつしかなく、それは後者である。「客観主義」は、この圏域のなかで新たに位置づけ直され、意味を与え直されなくてはならない。すなわち、もはや「主体的な立場」に「対立する」何かとしてではなく、それ自体の「主体性」をもったものとして。

この課題はしかし、『要綱』の読解に取り組むことだけによっては果たされないだろう。何よりもマルクス自身、分離と構成の論理を完成させるどころか、媒介の論理との間の動揺を経て、それを後退させてしまうのだから。分離と構成の論理は『要綱』においてさえ、傾向として存在しているにすぎない。具体的には、価値と価値形態、労働といった『資本論』では生産過程の分析のなかで扱われることになった主題を、分離と構成の論理のなかで取り上げ直す作業が『マルクスを超えるマルクス』では果たされないまま持ち越されてしまった。哲学の面でのネグリのその後の歩みはしたがって、大きくは二つの課題を自らに課していく。ひとつはもちろん、分離と構成の論理をそのものとして彫琢していくこと。それを存在論（何かが「ある」ということの、またその「あり方」の機制という意味で）に高めること。つまり、この論理をヘーゲルとは異なる「ただなか」の論理となして、「理論と実践」の新しい一致の仕方を確立することである。この課題はスピノザの読解を通して果たされる。

そしてもうひとつは、この第一の課題によって実現される地平から、もう一度マルクスに取り組むことである。

スピノザ論『野生のアノマリー』[13]は、獄中で書かれたという事情も加わりネグリの著作のなかではもっとも名高く、六〇年代にはじまったスピノザ・ルネサンスに大きな一石を投じた。そのため、すでに多くの専門家によって、批判も含めた言及がなされている。けれどもそのためにまた、この仕事をネグリ自身の問題とその進展のなかから見る視点は、欠落していかざるをえなかった。言い換えると、別のマルクス主義を組み立てるという視点、ネグリがそこにおいて従来のマルクス主義から決定的に身を引き離そうとしたところ（別のマルクス主義は、ほかならぬそこからはじまるだろう）から『野生のアノマリー』を読む視点は、どうしてもなおざりにされてしまった。スピノザ論としての同書の基本的主張は、『要綱』をめぐる諸テーゼ（我々が要約を試みたような）とほとんど同じものだ。階級闘争を通じて労働者が無媒介にプロレタリアートという主体に構成されていく過程を、ネグリはスピノザのなかで、諸力が無媒介に合成されて新しい「身体」を作っていく過程に重ね合わせる。ドゥルーズの簡潔な要約にしたがえば、諸力が新しい関係のなかに入っていくのに、「原理上、媒介は必

＊12　とりわけ「『ピッコロ』、ベルトラッチーとブレヒト」（一九六二年）において。ルイ・アルチュセール『マルクスのために』（河野健二ほか訳、平凡社ライブラリー、一九九四年）所収。
＊13　Antonio Negri, *L'anomalie sauvage—Puissance et pouvoir chez Spinoza*, PUF, 1982. この書についてもフランス語訳を用いる（『野生のアノマリー――スピノザにおける力能と権力』杉村昌昭・信友建志訳、作品社、二〇〇八年）。

要ない」[*14]、それが『マルクスを超えるマルクス』から『野生のアノマリー』にかけて維持されているネグリの基本的な論点だ。しかし『野生のアノマリー』には、それを得るためにこそスピノザに取り組まねばならなかった新しいものが付け加わっている。『要綱』そのもの、あるいは『要綱』を読んでいた頃のネグリに欠けていて、『エチカ』と『野生のアノマリー』には見られる要素が確実に存在している。それは構成過程が具体的にどのような経過をたどるのかという視点だ。『マルクスを超えるマルクス』を読んでいるとしばしば、分離あるいは分化、分裂がそのまま即、構成をもたらすかのような印象を受ける。分離と構成の間には何も存在しないか、それともその間に横たわる溝を「実践」という便利な概念に委ねているかのような。そのため、分離と構成の無媒介の一致とは、まさにヘーゲル的な否定性のひとつの亜種ではないのかという疑問を払拭することができない。分離と構成の間には、まさに過程が欠けているのだ。もちろん、この欠如は第一義的には、媒介の論理(弁証法)と分離・構成の論理の非和解性を示すためにすすんで置かれたものであったろう。マルクスにおける二つの論理の混在が、異質なものの混在であってひとつのものへと調停される振幅ではないと言うために。しかしリスクはあまりにも大きい。分離と構成をひとつにしている「階級闘争」という理念に託されるものはあまりに大きく、闘争は無際限に肥大化して「方法」を失う。『マルクスを超えるマルクス』との連続性において、『野生のアノマリー』について次のように言うことができる。「階級闘争」という理念が、実体による諸様態の構成という存在論(諸力の自然発生的展開の理論)と、想像力の構成的機能についての理論に分割され、分離・構成過程はただひとつの構成過程に置き換えられた、と。諸力の関係、そしてその関係の合成と解体は無媒介であるけれども、この無媒介な過程に能動的に介入するものとして想像力の存在がクローズアップされるのである。「想像力は現実的なもの全体を貫いて走る」[*15]。「私は想像力の海に浸かっている。それは実在そのものの海だ」[*16]。

諸力の自然発生的な展開は、労働者の賃金闘争がそうであったように、一方においては果てしない多様性を志向して、諸関係、欲望、「身体」を次々に解体しつつ、他方、それと同時に、新しい関係、集団性を作り出していく。この過程そのものには、それを外部から全体的に統制するいかなる原理も存在していない。過程の全体が「神」なのだから。けれどもそれは、すぐに気づかれるように、そのままではひとつのユートピア主義に終わってしまう。多様性と全体性の調和が、神によってあらかじめ保証されていると言うに等しいのだから。ネグリはスピノザにも、そうしたユートピア主義の契機を認め、それを一七世紀オランダに例外的に実現された自律的資本主義に関係づけ、市場から抽象されるユートピア像であるとした。もちろんこのユートピア主義には、存在の地平をホッブズ的「戦争状態」という否定的なものから、自由な構成を可能にする肯定的なものに置き換えるという積極的な意味があった。戦争状態はその「解決」のために不可避的に自然権の譲渡を要請するが、「身体」を

＊14 ドゥルーズが『野生のアノマリー』フランス語版に寄せた序文（浅田彰訳、『現代思想』一九八三年一二月号、水嶋一憲訳、『狂人の二つの体制 1975 ― 1982』河出書房新社、二〇〇四年）。
＊15 Negri, *L'anomalie sauvage*, p. 156.（訳書二一五頁）
＊16 *Ibid.*（同）

構成モデルとする諸力の存在論は、力能の譲渡を要請することも想定することもない。けれども、関係の解体と合成の過程がまさに「全体として」うまくいく、ゆえに自然発生的な展開にまかせておけばすべてよし、としたのでは、いかなる「政治」も必要とされない。それは、ユダヤ教会を破門されて刺客に襲われる経験までしたスピノザ、デ・ウィット兄弟が虐殺されるにおよび「汝ら卑劣きわまりない野蛮人」と罵ったスピノザにはあまりに似つかわしくない楽観論であるだろう。解体と合成の過程には、それを「よい」ものへと導く技術としての「政治」が介入するのでなければならない。ネグリはそうした意味における「政治」の契機を想像力の理論に見いだす。

想像力の理論は、自然発生的な存在の地平に対する統制原理の導入ではない。階級闘争を存在論と想像力の構成的機能に分割することは、二元論への復帰を意味するのではない。というのも、「想像力の諸効果は、身体と魂の構成から出てくる」[*17]のである。想像力は存在論的にはあくまで存在の地平に内属しており、その理論はひとつの構成過程の理論としての存在論に対して二次的である。この派生的な存在が、どのようにしてそれを派生させた存在の構成に参与するか、それがスピノザに向けられたネグリの問いだ。「どのようにして想像力は魂の構成に加わるか。そして、どの程度、想像力は魂とともに、世界の構成と解放に加わるか[*18]」。

ネグリはその決定的な実例を『エチカ』第三部の「変様 affections と情動 affects」の理論に見ようとする[*19]。いくつかの基本的な情動（喜びと悲しみ、愛と憎しみなど）から様々な情動が構成されていく過程を、そのまま新しい存在（主体）が構成される過程として読むと同時に、想像力が変様を通じて身体の合成と解体に参与し、それをコントロールするありさまとして跡付ける。変様とはスピノザによると、第一に、像であるのだった。[20] すなわち、外部の体（物体、身体）が私たちの身体の上に残す物体的な痕跡であるのだった。第二に、私たちの変様は、それ自体が私たちの身体や精神のひとつの状態 constitutio をかたちづくる。そしてこの状態には、変様に先行する状態に比してより大きな、あるいはより小さな完全性ということが含まれる。すなわち、ひとつの状態はそれ自体が移行であるのだ。像の物的な作用による、移行としての状態の構成。情動は存在であると同時に移行であるのだ。これこそ、ネグリが探し求めていた、客観主義－媒介の論理に完全に取って代わる論理の要ではないだろうか。客観主義－媒介の論理にあっては、移行は存在から存在へと起こる（自然権の譲渡のように）、つまり存在と存在の間にあり、媒介者の存在は移行の結果としてしか与えられないのだから。また、これこそ、ネグリが探し求めていた政治的介入の可能性を開くものではないだろうか。どのような像を差し出すかによって、状態の構成に影響を及ぼすことができるというのだから。しかし像による政治とは、いわゆるイデオロギー戦略を意味するものではない。スピノザにおいて像とはあくまで物体的なものであり（他者が私たちの身体の上に刻む痕跡）、暴力的な実在をもつのである。ネグリは存在

＊17　*Ibid.*（訳書二一六頁）
＊18　*Ibid.*（同）
＊19　とりわけ『野生のアノマリー』第七章「第二の創設」を参照のこと。
＊20　この点について、またスピノザの「身体」というモデル全般について、なによりもジル・ドゥルーズ『スピノザ——実践の哲学』（鈴木雅大訳、平凡社ライブラリー、二〇〇二年）を参照すべきである。

であると同時に移行であるという情動のあり方に、マルクス主義的な名前を与えている。すなわち、傾向。「実在は本質を措定する。力動的かつ構成的な仕方で。存在はしたがって傾向を措定する」[*21]。「不連続体の連続的移行はつねに傾向的である」[*22]。

『マルクスを超えるマルクス』においては、「危機の直接態」や「主体」という概念によって指し示されていた構成されるものが、スピノザの身体というモデルを得ることにより、ようやく十全に定義できるようになった。スピノザの身体はもちろん、ひとつの存在として存続するかぎり、本質をもっており、この本質は他の身体の本質から明確に区別される。けれどもそれは、諸部分の構成関係に対応した力能の度という内包的な量であって、輪郭や境界という外延的なものや人格や社会的属性という質的なものによっては区分されない[*23]。またこの力能の度は、身体の状態が一定に保たれるということではまったくなく、働きかけ、働きかけられる能力の度であるのだから、そうした能動的かつ受動的な働きかけ、変様に応じて、状態が連続的に推移することを含意している。外からの働きかけに応じることができなくなり、個体を形成している諸部分が別の諸関係のもとに入る（個体の死）と、構成関係は新たな本質のもとに置かれるが、それまでは、個体はひとつの本質のもと、状態を連続的に推移させているのである。個体の現勢態とは、継起する諸状態、諸状態の継起そのものだ。それが構成される。貨幣であれ、プロレタリアートであれ、本質と実在がこのように区別され、実在のレベルでは「傾向」としてあるにすぎない。貨幣についていえば、その実在はつねに「恐慌＝危機」状態を重力の中心として動く推移として論じられなければならない。『マルクスを超えるマルクス』の貨幣論は、すでにそれを述べていた。「貨幣が等価物であるとすると、それはなによりもまず社会的不平等の等価物である。危機は等価性体制における循環の不完全性に由来するのではない」[*24]。「貨幣の定義は危機を可能性として描き、貨幣の実現は危機を現勢状態において示す」[*25]。

構成過程は具体的にどのような経過をたどるか。諸状態はどのように継起するか。ネグリはそれをスピノザに完全に代弁させているわけではない。『要綱』に欠けているものを、『エチカ』第三部を読むようにとだけ言って示しているわけではない。身体のモデルを借りることによって構成の概念を明確にしようとするとき、ネグリは彼自身の概念を持ち込まずしてはそれを果たすことはできなかった。リズムという概念である[*26]。構成過程は、リズムを刻むのだ。変様を誘発する出会いは、その変様をリズムとして身体のなかに実現する。スピノザが像の刻印として述べた事態を、ネグリはこのように言い換える。出会いはまずひとつの揺動 fluctuation を生み、連続する出会いは揺動の干渉を引き起こし、波の重なり合いが新しいリズムを刻み始めるとき、そのリズムが新たな状態をかたちづくるのだ。

＊21 Negri, *L'anomalie sauvage*, p. 238.（訳書三三八頁）
＊22 *Ibid.*, p. 244.（訳書三四七頁）
＊23 量をめぐる内包的なものと外延的なものの区別についてはドゥルーズによる。前掲書のほか、『差異と反復』（財津理訳、河出書房新社、一九九二年）第五章、『ニーチェと哲学』（足立和浩訳、国文社、一九八二年。江川隆男訳、河出文庫、二〇〇八年）第二章も参照のこと。
＊24 Negri, *Marx au-delà de Marx*, p. 59.（訳書七二頁）
＊25 *Ibid.*, p. 63.（訳書七六頁）
＊26 Negri, *L'anomalie sauvage*, ch. 7.

「相反する二つの情動から生まれる、魂のひとつの状態は、魂の揺動と呼ばれる」というスピノザの定義を、ネグリはこう引き延ばす。「魂の揺動が、構成リズムの最初のエレメントを構成する」[*27]。このリズムを生きるひとつの全体すなわちそれぞれの音の「実体」が、potentia（力能）－conatus（自存力）－mens（精神）の三幅対である。potentia－conatus－mens の継起循環が、強度を増しながら反復されていく過程を、ネグリは『エチカ』のなかに発見する[*28]。変様の力量としての potentia、知覚し想像する力能としての mens、その両方の対応としての個体＝状態＝構成されるものを、二つの度をともに増大させることにより維持・存続させる conatus、この三つが「リズムを生きるひとつの全体」[*29]をかたちつくるのだ。スピノザはいう。「身体が、同時に多くのはたらきをなす、あるいははたらきを受けるうえで、他の身体より大きな力量をもてばもつほど、その精神もまた同時に多くのものごとを知覚するうえで他の精神より大きな力量をもつ」[*30]。conatus のはたらきにより potentia が増大させられると、それにつれて mens も増大し、この mens がさらに conatus を増大させる。外からのはたらきかけにより、魂の揺動が生まれるとき、この循環回路が作動をはじめるだろう。そして、この循環がひとつの状態を解体して、新しい、三つの度それぞれがより大きくなった状態を合成するとき、次の音が鳴り響くだろう。この響きは他の揺動を誘発し、それがまたはたらきかけとなって反射し……。

このリズムが新しい「ただなか」を形成する。弁証法にあっては、主体と客体、理論と実践は「位相的に」一致を保証されていた。場所の関係、構造が、なすことと考えることに、それが実際になされる前、考えられる前に一致する仕組みを与え、現実的な一致については世界の終わり、共産主義が実現されるときまで延期させた。実際には別々になされる「なすこと」と「考えること」は、両者の差異を最後に消滅させるような「過程」、それ自体は最初に置かれた「過程」のただなかに置かれて、この「過程」において一致している。そしてこの「過程」は「党」という実在を与えられる。これに対し、リズムを刻む構成過程においては、一致はそれぞれの状態ごとに「音」の実在として直接的に与えられている。一致は先取られるのでも、過去から呼び出されるのでもなく、「音」を鳴らすことでその都度実現されるのだ。スピノザの平行論の深く政治的な意味がここにはあるだろう。スピノザ・ルネサンスが、「党」に媒介された理論と実践の一致が歴史的に破産したときにはじまったことは、したがって決して偶然ではない。平行論は一見したところ、弁証法以上にアプリオリな一致を思惟と実在の間にうち立てるように見える。弁証法はまさに一致の仕組みであるのに、スピノザ的平行論はそうした仕組みを考え出す必要はないと述べる(スピノザにおいて、証明するとはそういうことだ)のだから。「諸観念の秩序と結合は、事物の秩序と結合と同じものである」[*31]。スピノザにおいて、一致は証明されて保証されるが、まさにそれゆえに、その後どうすればよいのかは述べられない。どのようになし、どのように考えればよいのか、平行論そのものは何も教えてくれない。弁証法は、そ

＊27 *Ibid.*, p. 241.(訳書三四二頁)
＊28 *Ibid.*, pp. 237, 246.(訳書三三六－三三七頁、三五〇頁)
＊29 *Ibid.*, p. 237.(三三七頁)
＊30 『エチカ』第二部定理一三備考。
＊31 『エチカ』第二部定理七。

れを教える教義であったのに。曰く、まず弁証法を学ぶべし、弁証法的に考えて行為する仕方を身につけ、しかる後、「党」に入るべし、さすれば汝のなすことはいちはやく汝の考えと一致するであろう。未来を先取る、プロレタリアート。頭脳労働と肉体労働の差異の消滅によって、理論と実践、なすことと考えることの一致を実現する共産主義、そして、それを先取るのは「党」。スピノザは告げる。一致のためには、何もする必要はない、それは、証明された。問題としての一致は平行性の証明とともに消滅した。一致は、つねにすでに実現されている。しかし、この問題に代えて、スピノザは別の問題を置くのだ。よい一致と悪い一致、同時になしうること、考えうることを多くするような一致と、それを少なくするような一致がある。[*32] 個体の力能を増大させる一致と減少させる一致。出会いと変様を通じて解体される個体にとって、その出会いは悪い出会いであるけれども、その解体によって新しい構成関係を合成し、新しい状態をうる個体にとってはよい出会いである。次第に強度を弱めて消え失せるリズムと、逆に、他の音を吸収しながら強まっていくリズム。想像力と情動の理論は、一致をよりよいものとなす「方法」を考えるのだ。

近年のネグリの仕事は主として、ポスト・フォーディズムの時代に労働が実際にどのように変容しているのか、この変容は権力のあり方とどのような関係にあるのかを分析するところに向けられてきたが、[*33] それらの仕事のなか、またそれらの仕事と並んで、彼は『野生のアノマリー』において彫琢されたた構成の論理によってマルクス主義の概念系を鋳直すことをはじめている。それはまだまとまったかたちでは提出されていないものの、いくつかの重要な進展が「マルクスについての二〇のテーゼ[*34]」

と『ディオニュソスの労働』[*35]にはっきりと見て取れる。この二つの著作、とりわけ前者は実際のところ、『野生のアノマリー』において何が達成されたかを念頭に置かなければほとんど理解不可能なものだ。「二〇のテーゼ」の最初の三つなど、一字一句理解しがたい。「私のこれまでの仕事に通じていない人は、それらを難しく思うかもしれない[*36]」。けれども、『マルクスを超えるマルクス』から『野生のアノマリー』にいたる問題の連続性を把握するとき、疑問の多くは氷解し、逆に、これまでの仕事の要約を超えた進展が透明になってくる。彼はそこで、価値と労働と生産様式の概念を、構成過程のなかに置こうとしているのだ。

「価値形態」(近似的に貨幣のことと解していい)は、明らかにスピノザの物質的想像力の理論を踏ま

---

*32 この点については、ドゥルーズ『スピノザ——実践の哲学』第三章「悪についての手紙」を参照のこと。

*33 たとえば、次の二つの共著。M. Lazzarato, Y. Moulier Boutang, A. Negri, G. Santilli, *Des Entreprises pas comme les autres*, Publisud, 1993(M・ラッツァラート&Y・ムーリエ・ブータン&A・ネグリ&G・サンティリ『比類なき企業群』未邦訳). A. Corsani, M. Lazzarato, A. Negri, *Le Bassin de travail immatériel dans la métropole parisienne*, L'Harmattan, 1996(A・コルサーニ&M・ラッツァラート&A・ネグリ『パリ一帯における非物質的労働の溜場』未邦訳).

*34 Antonio Negri, «Twenty Theses on Marx», *Marxism beyond marxism*, edited by Saree Makdisi, Cesare Cassarino, and Rebecca E. Karl, Routledge, 1996.(アントニオ・ネグリ「マルクスについての二〇のテーゼ」未邦訳)

*35 Michael Hardt and Antonio Negri, *Labor of Dionysus: A Critique of the State-Form*, University of Minnesota Press, 1994.(『ディオニュソスの労働』長原豊・崎山政毅・酒井隆史訳、人文書院、二〇〇八年)

*36 «Twenty Theses on Marx», *op. cit.*, p. 149.

えて、社会（という身体）に対応した「精神」（身体の観念としての精神）のように定義される。「価値形態とは特定の社会における集団的労働の編成体の物質的な表象像である」[*37]。「表象像ということで、我々は価値形態が概念的生産物であることを意味している。しかし『物質的な』表象像ということでは、やや違うことも意味している。すなわち、価値形態は、社会構成体の表象像であることに加えて、社会構成体に対応してもいる、ということである」[*38]。この「対応」は交換や何らかの「下部構造」からの産出や派生としては、つまり『資本論』の「価値形態論」のようにしてはけっして説明されない。スピノザを経由して、私たちはすでに平行論のなかにいるのであって、「集団的労働の編成体」と「価値形態」の間には、何らの因果関係も存在していない。両者はただ「対応」関係を、「構成体」（存在でありかつ移行であるような状態、すなわち「傾向」）のなかで与えられるにすぎないのだ。あくまで平等な物的「生産様式」と、表象像としての「価値形態」のカップルが、ひとつの「構成体」をかたちづくる。もちろん、表象像はスピノザの「精神」が物質的な「像」から作られたように、物質的であり、「精神」と「物質」の違いは、形成する秩序＝次元それぞれの自立性に由来する（価値形態は「価値法則」として、集団的労働の編成体は「生産様式」として）。かくして二〇のテーゼの第一は言う。「構成体を、私は価値法則に規定された社会・政治的メカニズムと理解する」[*39]（この「規定」ということの意味についても、スピノザの心身平行論を参照すべきだ）。

もちろん、スピノザの概念とマルクスの概念を相互に入れ替えたり、挿入させあうことには大きな無理があるだろう。この方向でのネグリの仕事がときに概念的に混乱した印象を与えるのもそのためだ。なによりも、構成の論理にかんしてはマルクスよりもスピノザのほうが進んでいたのだとすれば、スピノザによるマルクスの再構成は、マルクスに一定の修正を迫る結果になるはずだ。矛盾や敵対の概念に、スピノザの揺動の概念という篩をかけて媒介の作用を抜き取ることに成功したとしても、スピノザという篩は、マルクスの諸概念をすべてそのまま通過させてはくれないだろう。そして実際、ネグリはあまり目立たないようにではあるものの、マルクスから、あるいは『マルクスを超えるマルクス』から、ひとつの重要な概念を引退させている。それは七〇年代のネグリが自身のキーワードとして駆使した、使用価値の概念である。より正確に言うと、価値にかんする（交換）価値と使用価値の二分法である。価値が、ただひとつの分割されない価値になるのだ。これはネグリが客観主義を告発し、主体＝主観主義によってまるごと置き換えてしまおうとしたときから、ある意味では予測されており、必然的でもあったろう。（交換）価値の客観主義、価値の量的な定義、抽象労働の観念は、媒介の問題を解くために導入されたのだから。それらの導入により媒介の問題を「解決」することは、マルクス主義から「政治」を排除することに等しかったのだから。また抽象労働という観念ほど、スピノザのいう抽象概念の条件を満たしている観念はないだろう。それは、ある生産物がどのような労働編成体によって作られたか、どのような必要を満たそうとするのかを度外視し、ただひとつの感覚的形質（時間で測られる苦痛）を外在的な標徴として取り上げる。抽象労働は「前提なき結果」の概

＊37 *Ibid.*, p. 150.
＊38 *Ibid.*
＊39 *Ibid.*

念であり、労働のどんな内的構造も文字どおり「抽象＝捨象」してしまう。具体的有用労働は、労働からこの抽象労働を抜き去った残余であるという意味で、また抽象的な概念にほかならない。具体的有用性は、実際、労働のどんな内的編成も指示しておらず、これも原因を表現しない結果のひとつだ。つまり、二つの労働の区別はスピノザが告発している類と種差による定義の一種でしかない。

では二つの労働の区別に対応した量と質の区別はどうだろう。二つの労働をただひとつの労働に置き換え、その結果二つの価値の区別も抹消してただひとつの価値のみを価値として認めるとき、価値を測るとはどういうことを言うのだろう。おそらくこの点が、マルクスにだけ取り組むことによっては答えることのできなかった最大の難問であるはずだ。マルクスには、抽象的な量すなわち外延的にだけ測られうる量の観念しか存在していないのだから。そしてネグリがドゥルーズのスピノザ解釈に負っているもっとも重要な考え方、それを得ることによってはじめてひとつの労働とひとつの価値を定立することができるようになった考え方も、この点に関わってくる。ネグリにそれを可能にしたのは、ドゥルーズの、量についての内包的な考え方である。数え上げられる無限と、端的な無限の違いについてのスピノザの考察から発展させられた内包量の観念であり、内包量として「力」と「力能」を捉える仕方である。交換価値が外延量として測られるとすれば、価値は内包量として測られる。労働はまさに「生」そのものに等しい内包的な「力」として捉えられるのだ。「生きた労働は内的力である」[*40]。「生きた労働は能動的力である」[*41]。そうした労働概念に相応しいものとして、『ディオニュソスの労働』は『要綱』の次の一節を引いている。「労働は、かたちを与える生きた炎である。それは事物の推移性であり、一時性であり、生きた時間による事物の形成である」[*42]。労働は「価値を創造する実践」として簡潔に定義されるが[*43]、この「価値」は分割可能な量の観念（八時間の労働が二つの四時間に分割されるように）ではなく、その労働の前提となる労働編成体が実現している構成関係の合一を表現する、度数あるいは序数というべきだ。この点は逆説的に、現代のもっとも「客観主義」的なマルクス経済学が主張していることに符合し、その主張と突き合わせることによってより鮮明に理解される[*44]。彼らの主張は、交換比率としての生産価格の決定には抽象労働であれ標準商品であれ、価値の尺度は必要ないということだった。彼らは、生産規模と技術と分配（物的な賃金水準）が与えられれば、すべての財の交換比率は一義的に決定されると証明した。一トンの小麦＝一五〇キロの鉄＝……、通約可能性を想定することなく、この等式は財の数だけ延長される。ここでは、n個の等式の全体が、ある特定の社会における労働編成体の構成関係の合一を端的に表現しているだろう。古典的なマルクス経済学の用語では、社会的分業体制のあり方を。ネグリ的な「価値」に与えることのできる数は、等式の全体にのみ与えることのできるような数である（価格ベクトルの長さはこの数にはなれない。ど

＊40　M. Hardt and A. Negri, *op. cit.*, p. 6.（訳書二一頁）
＊41　*Ibid.*（同）
＊42　*Ibid.*, Preface, p. xiii.（同三頁）
＊43　*Ibid.*, pp. 7-8.（同二三頁）
＊44　注11の著作を参照のこと。また塩沢由典『近代経済学の反省』（日本経済新聞社、一九八三年）第六節「マルクスの搾取理論」、高増明『ネオ・リカーディアンの貿易理論』（創文社、一九九一年）序章「なぜネオ・リカーディアンか」も参照されたい。

れかひとつの商品の価格を一にするような「抽象的」操作を追加しなければ、長さは得られないのだから)。それができたとして、そのような数どうしを足しあうことも、ひとつの数を分割することも、およそ意味がない。価値尺度を「外から」導入してやらないかぎり、ネグリ的な「価値」は交換価値にはなることができない。だからこそ、現実の資本主義社会において交換価値が存在している事実は、それだけですでに充分に「権力問題」の存在を示していると言えるのだ。[*45] マルクス経済学は、価値から価格への転形の可能性、不可能性を議論してきたけれども、ネグリ的マルクス主義からは、生産価格(労働編成体の表現)から交換価値への「転形」に「政治」の問題が隠されていると読み取ることができる。

これは単純に理論上の新しさにとどまるものではない。もとよりスピノザ的な平行論を生きる者にとって理論的にのみ新しい事態など存在しないが、労働と価値の概念を抽象概念の制約から解放することは、そのまま実践的な意味をもっている。何が労働であるのか、何が価値であるのか、その範囲が大幅に拡張されるのだ。ネグリがたびたび取り上げる例をひとつ。[*46] イタリアのフェミニストは家事労働に賃金をというスローガンを掲げた。ネグリはこの闘争そのものを労働と位置づける。それが可能であるのは、この闘争は家事労働を「価値を創造する実践」と主張することで、家事労働という価値を創造しているから。家事労働は、労働力という商品の生産過程に投入される労働であるから対価を支払うべし、というのではない。そうした意味における生産的労働であるとしても、同じ論理にしたがって、この生産的労働は資本に転化されていないから、利潤を生む活動に統合されていないから、価値増殖を使用価値とする労働力商品の活動ではない、と反論される。資本の観点からは、家事労働はあくまで非労働にとどまるだろう。家事労働に賃金をというスローガンは、賃金を支払えと主張することによって、家事が「価値を創造する実践」だと主張する。つまり、価値によって活動を労働にしようというのである（賃金が支払われるかどうか、つまり交換価値になるかどうかは二次的なことだ）。「価値を創造する実践」という労働の定義は、労働が価値を生むという古典的テーゼとは似て非なるものであり、作られたものが「価値」であれば、それを作った活動は「労働」であるということを、労働が価値を作るということと同じ資格で含んでいるのだ。「我々の用法では、労働の概念と価値の概念は互いを互いのなかに折り込んでいる」[*47]。価値と労働のどちらにも他方に対する優位を認めないこの考え方もまた、スピノザ的平行論からの必然的な帰結であるだろう。価値と労働は、平行して、互いの手をたずさえて、進む。これもまた構成過程だ。ネグリの読み取ったスピノザの構成過程が諸力の完全に自由な展開を存在論的地平としていたように、価値と労働の平行的構成過程は、「働かないこと」＝労働からの自由を極限の地平としてもっている。「我々の分析は、社会的生産の範囲を超えて労働の概念を拡張し、マルクスが非労働の地平と呼んだ生産圏域まで含むようにしなければならない」[*48]。アウトノミア運動が打ち出した「労働の拒否」の思想が、ネグリ自身により、このように

＊45　この点は『マルクスを超えるマルクス』のいたるところに見られる主張であった。特に第一、第二講義。
＊46　たとえば下記を参照。*Labor of Dionysus*, p. 9.（訳書一四－一五頁）
＊47　*Ibid.*, p. 7.（同一三頁）
＊48　*Ibid.*（同一二頁）

「理解」された。

スピノザを通過したネグリにおいて、価値は共通概念として構想されていると言うべきである。どのような価値も、それを価値とする労働編成体の構成関係全体を前提とし、そうした関係がまさにひとつの全体をなしていることを表現している。そしてその意味では、どのような価値も、端的に無限であるのだ。もちろん、様々な価値の間には価値付けの関係が存在し、あるものはより多く、あるものはより少なく価値を認められ、価値がまったく認められない事物や活動も存在する。そうした価値付けもまた、社会構成体全体のあり方に由来するだろう。様々な価値は、社会というひとつの身体を構成する諸部分に対応した観念である。これはしかし、いわゆる有機体あるいは「全体的部分 pars totalis」のモデルとはまったく違う。価値がそれに対応する労働や生産物は、あえて実体という語を用いて言えば、実体的には状態 constitutio であり、「事物の推移性」であって、リズムを刻む音なのだから。有機体とはこの実体のスピノザ的意味における「抽象概念」でしかない。それぞれの価値は、ひとつの全体を表現するけれども、この全体のなかでそれぞれの価値に対応する事物が「なにをなしうるか」はそれぞれに異なり、どの程度それをなしうるかもすべて異なっている。そしてひとつの全体はそれら諸部分から、機能的にではなく、音が合成されるようにして、構成される。ネグリのリズムというモデルは、彼のどのような理論的展開の理解にとっても不可欠のものだ。

スピノザの共通概念は「第二種の認識」として、人がそこから出発するほかない混濁した認識である「第一種の認識」を、神の本質の直感的認識である「第三種の認識」へと橋渡しした。ネグリの価値と労働の概念は、この時代から共産主義への移行を促進しようとする。「生きた労働は資本主義的価値増殖過程と剰余価値生産における労働の抽象化を拒むだけではなく、オルタナティブな価値付けの図式、労働の自己価値付与を定置する」[*49]。労働の自己価値付与、アウトノミア時代以来のもっとも簡潔な共産主義の定義。労働者とは価値を創造する者であるのだから、価値が資本によって交換価値へと吸い上げられず、労働者の間で共通概念にとどまりつづけることが、共産主義実現の第一条件となる。そしてそこにとどまりつづけるためには、交換価値へと吸い上げられない価値を実際に創造しなければならず、それは必然的に闘争となるだろう。ネグリはそう言い続けている。彼にとって、労働者と資本家の関係は、ヘーゲルの言う、奴隷が奴隷であることによって主人を従わせている奴隷と主人の関係ではない。交換価値により価値を測定しようとするかぎり、労働者と資本家はともに「能動的力」を「反動化」する奴隷なのであり、労働者だけが、何を価値とするか自ら決定する可能性をもつという意味において、主人になることができる。その価値の量は、「支配的である」という表現形態だけをもつことができ、したがって必然的に政治的な量となるだろう。共産主義のもっとも簡潔な定義は、またしたがって、主人だけからなる社会、全員が超人である社会、と言い換えられるのだ[*50]。

*49 *Ibid.*, p. 6.（同二一頁）

*50 本稿では、ネグリのスピノザ論をマルクスの読み方、つまり経済的なものを捉え直す仕方につなぐ線を強調し、そのスピノザ論からのびるもうひとつの線、政治的なものに直接分け入っていく方向——その成果は『構成的権力』（一九九二年）として現れる——については触れることができなかった。

帝国とマルチチュード[*1]

2003.2

1　甦る主体

『〈帝国〉』がアメリカで刊行されて、まもなく三年が経とうとしている。ペルシャ湾岸と旧ユーゴスラビアでの二つの戦争に挟まれた時期に大部分が書き上げられたこの書物は、この三年あまりの間に着実に、左翼の現代史においてエポックメーキングな地位を獲得していった。反グローバリゼーション運動という、冷戦終結後の混沌とした時代に自然発生的にはじまり、明確な路線も組織的中心ももたないまま、しかし猛烈な勢いで拡大した世界的運動のなかで、この書物は今や間違いなく一つの象徴的な極を形成している。欧米のマスコミは、ジェノバ・サミットやポルトアレグレの「世界社会フォーラム」（ともに二〇〇一年）に集まった、新自由主義的グローバル化に反対する群集が『〈帝国〉』を、かつて文化大革命の時代に世界の「紅衛兵」たちが振りかざした『毛沢東語録』のように、カメラに向かって掲げたと伝えている。スラヴォイ・ジジェクはやや皮肉交じりながら、『〈帝国〉』は我々の時代の『共産党宣言』であると語った。エスタブリッシュメントたちの間で権威ある『フォーリン・アフェアーズ』までもが、「グローバリゼーションは世界を一つの新しい帝国に変える」という著者たちのヴィジョンを「決定的 sweeping」であると評した。実際、まるで『〈帝国〉』に後押しされるかのように、アメリカとイギリスの政権中枢近くからは、むしろ積極的に新しい帝国を肯定すべしとの声が聞こえはじめ、それには新帝国主義論という名前が与えられている。これこそ、この本がもっと左翼の側に言わしめた「啓示的強度」(『ニューレフト・レビュー』)をみごとに実証する事態であるだろう。[*2]

ネグリとハートは帝国を現実化したのはマルチチュードの力であると言う。より正確には、全世界に超越的な権力を振るう帝国の力の本体はマルチチュードの力能であると言う。ヴェトナム戦争において、公民権運動において、世界の「六八年」において物質化したマルチチュードの力能は、福祉国家に総括される生産のフォーディズム的体制を、情報産業に典型的に見られる「非物質的労働」を軸

＊1　本稿のタイトルは社会思想史学会第二七回大会(二〇〇二年一〇月二五日、専修大学)、インフォーマル・セッション「帝国のポリティクス」における発表と同じであり、内容的にも一部重複している。
＊2　『〈帝国〉』についての書評情報は amazon. com や Barnes&Nobles. com などのオンライン書店から多数得ることができる。

にした第三の資本主義（「認知資本主義」とも言われる）へと移行させ、世界レベルで人間に直接働きかける「生権力」をもたらしたのだと。それも、敵を追い詰めその「反動」を招く以上に、自らの力を「非物質的労働」に換えて権力にそのまま備給してやることにより、「もたらした」のである。かくしてマルチチュードは文字通り歴史の新しい「主体」になった。かつて労働者がその労働力を資本に価値として与え、資本がそれをさらに国家権力に変えたように、マルチチュードはその生産力、力能を帝国の生権力に変え（られ）る。労働者階級もマルチチュードも、自らが社会全体のなかで独占的に保有する価値創造能力により、支配を打ち破る「主体」たる歴史的位置を獲得する。敵としての帝国と「主体」としてのマルチチュードがこのように名指されることにより、グローバリゼーション時代の左翼のヴィジョンが確定した。「現実の社会主義」の崩壊により死滅したかに思えたマルクス主義の最小限綱領的歴史観と現状認識が、復活した。それを実現するのだという野心を、『〈帝国〉』は隠そうともしていないかに見える。マルクス主義の理論史全体、ポストモダニズムやポストコロニアリズム、フランクフルト学派的な公共圏の理論、トクヴィルとハンナ・アレント復興以来の人権と民主主義の政治理論等々、多少なりとも「左」に分類されるありとあらゆる諸傾向と論争しつつ、帝国とマルチチュードの図式をシンプルであるがゆえに強力な道具に仕立て上げようとする。「主体」はレヴィ＝ストロースとフーコーによって完全な死に至らしめられたのではなかったのかという誰でも思いつく程度の批判が、どこまでも無力に響くように。疑いなくネグリの長いスピノザ研究の歴史が、「主体」を語ってヘーゲルのもとには帰らない自信を、マルチチュードの概念に与えている。神という主体と自然という実体の「直接的な」一致は、否定により媒介されて一を形成する「主体＝実体」とは違うと言い続けられる確信を背景に、フォイエルバッハ-マルクスの「人間」に似たマルチチュードは定立されている。

2 たどたどしさと転覆と

しかし一方ではネグリは自覚的に、ルネサンス以来のイタリア人文主義の伝統と、イタリア・マルクス主義の歴史においてクローチェからグラムシを経てデラ・ヴォルペ、オペライズモ〔労働者主義〕にいたるまで連綿と続く主体主義、実践《プラクシス》主義の流れまで受け継ごうとしてきた。「マルチチュード」は実際、ときにカトリック的でさえある広がり〔共産主義者としての聖フランチェスコ[*3]〕や、素朴な主意主義者としての顔〔その意志の「絶対性」〕さえ覗かせる。スピノザの名によりその主体性が〈いちどかぎり永遠に〉弁証法から脱出したと考えることは、公平でも有益でもないだろう。運動と結びつくかぎりでのイタリア・マルクス主義理論は、フランス的な「構造主義」をついに導入することがなかった。「アルチュセール」は知識人の内部にしか衝撃を与えず、まして「ラカン的毛沢東主義」などどこにも存在しなかった。逆説的には、だから、オペライズモはフーコーとドゥルーズをすぐに受容することができたのである。フランス以上に、「ポスト構造主義」を運動の道具にすることができたのである[*4]。主体主義の伝統を受け皿にして。アントニオ・ネグリとはその生きた見本にほかな

*3 Toni Negri et Michael Hardt, *Empire*, trad. française, Exils, p. 496.（『〈帝国〉』水嶋一憲ほか訳、以文社、二〇〇三年、五一二頁）

らない。生粋のイタリア主義者である彼の目には、ドイツ人ヘーゲルのほうが市民的人間主義《シヴィック・ヒューマニズム》を簒奪し、歪めたと映っていることだろう。心の底ではスピノザはほんとうはイタリア人だったと言いたいに違いない。そしてこの伝統が一九世紀から二〇世紀にかけては、〈弁証法〉を積極的に摂取してきたこともまたたしかなのである。伝統を全体として受け継ごうとするなら——そもそも伝統にそれ以外の受け継ぎ方などあるか？ 伝統はすでにある種の全体化なのに——、曖昧さもまた引き受けるほかない。マルチチュードは運命的にスピノザ的でありフォイエルバッハ的であり、何よりもイタリア人である。ネグリにおいては。

典型的な「矛盾」の例をマルチチュードの、あるいはそれが遂行する〈革命〉のイメージのなかに一つだけ見ておこう。ネグリはスピノザの根本的テーゼ、客観の絶対性と主体の自由の「直接的一致」を前提にしたマルチチュードの革命を「たどたどしい」ものでしかありえないと言う。

> 「絶対性」と「自由」の完全な統合はありえないということをわれわれは知っている。スピノザが、そしてわれわれが提示してきたマルチチュードの概念は、その不可能性の一例だ。しかし、われわれはまさにその不可能性をこそ証としてたえず立証し続けることになるだろう。したがって、ありうべき民主政体とは絶対的関係からなる反ユートピアにほかならない。つまり民主政体とは〈たどたどしく進行する方法〉そのものにほかならないのである。[*5]

不断に続く創造の実践としての革命。あるいは不可能性からこそ可能性が引き出される継続革命。

これは黙示録的な「転覆」、世界がひっくり返る出来事とは正反対の革命像であるだろう。またある意味どこまでも世俗的で日常的な努力を要請する規定であるだろう。しかし本当にそうなのか。同じ革命についてほかならぬヨハネの黙示録を引くのがアントニオ・ネグリその人でなければ、そんなことを問う必要はない。

われヨハネはそのとき新しい天と新しい地を見た。それまでの天と地は消えうせており、海はすでになかった。[*6]

ネグリのなかではスピノザ的な世俗性と日常性（二つの総合を内在性と言い換えてもいい）は、聖ヨハネのメガロマニー（誇大妄想）となんら相反するものではなかった。だからマルチチュードのもっとも正しい形象化は、大地に腰を下ろしひたすら食べつづける「ガルガンチュアとパンタグリュエ

＊4　こうした事情については友人であるマウリツィオ・ラッツァラートの教示によるところが大きい。彼はアウトノミア運動を経てフランスに移り住み、ガブリエル・タルド論（Maurizio Lazzarato, *Puissances de l'invention, Les empêcheurs de penser en rond*, 2002〔『創発の力』未邦訳〕）などを刊行している。

＊5　アントニオ・ネグリ「以下ヲ欠ク」小林満・丹生谷貴志訳、『現代思想』一九八七年九月号、一四九－一五〇頁。ただしそこでは「マルチチュード」は「群衆－多数性」と訳されている。

＊6　次の書物に銘として引かれている。Antonio Negri, *Kairos, Alma Venus, Multitude*, trad. française, Calmann-Lévy, 2001.（『革命の秋』長原豊ほか訳、世界書院、二〇一〇年）。「ヨハネの黙示録」第二一章一節。

ル」（ラブレー）である。

彼らは革命を横断し、自由になるという巨大な任務をわれわれに提起する。われわれは今日新しい巨人、新しい怪物を必要としている。自然と歴史、労働と政治、芸術と発明を一手に引き受けることができ、全般的知性の誕生、非物質的労働のヘゲモニー、新しい抽象的情念、マルチチュードの活動が人類に付与する新しい権力を示すことのできる怪物を。[*7]

このマルチチュードの目下のところの生産物が帝国であって、生産するものと生産されるものの違いは、マルチチュードには自らが作り出したものをやがて破壊するというマルクス的でもあれば（生産力と生産関係についての有名なテーゼを想起されたい）シュンペーター的でもある（「創造的破壊」）運命が待っているというところにだけある。

帝国を支えるマルチチュードの創造的力は同時にまた、カウンター帝国を自生的に作り出すことができる。すなわちグローバルな交換と流れを変える政治的組織を、である。[*8]

だから次のように述べるランシエールはまったく正しい。「［マルチチュードの概念は］マルチチュードの闘争こそが『自己イメージの反転として帝国そのものを生産』したということを保証する。これは、自分たちの神を作り上げたフォイエルバッハ的な人間が、神の属性を完全に人間的な生と取り違えてしまうのとまるで同じことです」[*9]。「たどたどしさ」と「転覆」が二面性というにはあまりにシームレスにつながっているのがネグリのマルチチュードであり、だからこのマルチチュードはイタリア人であると言えば、イタリア人は怒るだろうか。少なくともネグリは怒るどころか笑って、そのとおりと頷くだろう。それが私の言う「直接性＝無媒介性」だ、マキァヴェッリを見よ、と。

3　選択による転倒

一九九七年にイタリアに帰ったネグリはフランスにその名も『マルチチュード』という雑誌を残した。この言い方は半分しか正確ではないが、言い換えると半分は当たっている。帰国をきっかけに、彼とジャン＝マリー・ヴァンサン（トロツキズムを受け継ぐ）が中心になって作られていた『前未来』誌が空中分解をとげ、編集委員の一部は、編集委員会体制を国際的に拡大して別の雑誌『マルチチュード』を創刊する。ネグリも委員の一人として名前を連ねている。本稿執筆者は名前こそ最初から連ねているものの、七号の準備過程に入るぐらいまでは単に雑誌の国際性をアリバイ的に証示するためだけの委員でしかなかった。小さな契機が重なり次第に奥深く足を踏み入れていく過程の詳細はもはや定かではないものの、それ以前の観察者的立場からとそれ以降の一定の当事者的立場から知りえたか

＊7　Toni Negri, «Pour une définition ontologique de la multitude», *Multitudes*, Exils, n°9, p. 40.（トニ・ネグリ「マルチチュードの存在論的定義のために」未邦訳）
＊8　*Empire*, trad. française, p. 20.（訳書八頁）
＊9　Jacques Rancière, «Peuple ou multitudes ?», *Multitudes*, n°9, p. 97. なおこのテキストは『現代思想』二〇〇三年二月号に訳出されている（ジャック・ランシエール「人民かマルチチュードか」鈴木康丈訳）。

ぎりで、次のことはたしかだと言える。ネグリのマルチチュードが『マルチチュード』のマルチチュードであるのではない、ということだ。その点は実のところ誌名そのものからも窺い知ることはできる。ネグリはいつもマルチチュードを単数形で記す（文法的にはこれが正しい）が、『マルチチュード』*Multitudes* は複数形で綴られており、ニュアンスとしては「たくさんのたくさん」という冗長性をもち、「アントニオ・ネグリ」を相対化してマルチチュード観そのものに幅を与えようとしている。ネグリの著作が編集委員会のなかで厳しい批判に晒されたことも現にあった。『カイロス』[*10]、これはカトリック異端の宗教書ではないのか？　「愛」や「清貧」に革命の原動力を認めるという、反宗教改革的宗教改革の時代錯誤。「生命」への素朴な賛辞はドイツ流「生の哲学」とどこが違う？　といって、雑誌が雑誌の「路線」としてネグリの「反動的偏向」と袂を分かつ、などということはまったくない。その実践は「共通なものを作る」というスピノザ的な実践観に忠実であろうとするだけである。すなわち、綱領文書を練り上げるというところからはほど遠く、むしろ、差異の確定、分割線の設定が同時に共通なものを析出していくよう努めるというだけだ。ネグリのマルチチュード観に則して言えば、それが独自の色を強めれば強めるほど、それは独自のものとして承認されねばならず、その承認を通じて、「独自」を認定しうる共通性が作り出される。差異の豊富化により、マルチチュード概念は「コンシスタンス」を増大させる。さらにはマルチチュードではないものとの境界線がより鮮明になってくる。ネグリよ偏向せよ、とマルチチュードのためにマルチチュードは言う。しかしこの機微を、スピノザについての論考を通じて誰よりも鮮明に描き続けているのがアントニオ・ネグリではなかったのか。ネグリとの一体化が不可能であるから可能になるネグリ－スピノザ的な民主的・継続的実践、「たどたどしい進行」を『マルチチュード』は行っている。もちろん、共通概念を協働労働により作り上げるという作業の実際的な難しさは「理論的に」解消できるような性質のものではなく、難しさの一端は、共同署名による九号の特集巻頭論文「マルチチュードの政治」[*11]に充分見て取れるだろう。テキストとしての完全な「コンシスタンス」を必ずしも声高に主張できない概念上、スタイル上の不均整、扱えなかった主題の無言の脅迫が、そこには読み取れるはずである。これはそこに署名した誰のテキストでもない。それは、最終的には文字通りグローバルな共通性の概念的で実践的な構築に向けて開かれた、「たどたどしい進行」の実例でしかない。

しかし『マルチチュード』はその滑り出しからネグリとともに、一つの「転倒」を施してもいる。[*12]ヘーゲル－フォイエルバッハ－マルクスの進化を最終的に弁証法のなかに閉じ込めてしまうものとして、また「革命」に終末論的で黙示録的な色彩をまとわせるものとして、哲学史上きわめて評判の悪い操作を、『マルチチュード』は集団として行っている。創刊号における、フーコーの転倒である。フーコーにおける「権力」と「主体」の関係をどう受け取るのか、『マルチチュード』はそこにマル

＊10　注6に挙げた書物。

＊11　Yoshihiko Ichida, Maurizio Lazzarato, François Matheron et Yann Moulier Boutang, «La politique des multitudes», *Multitudes*, n°9, pp. 13-24.『現代思想』二〇〇三年二月号に訳出（市田良彦＋マウリチオ・ラッツァラート＋フランソワ・マトロン＋ヤン・ムーリエ・ブータン「マルチチュードの政治」箱田徹訳）。

＊12　以下、三節および四節の内容は次の論文と一部重なる。Yoshihiko Ichida, «Sur quelques vides ontologiques», *Multitudes*, n°9, pp. 49-65.（本書第Ⅱ章所収「いくつかの存在論的空虚について」）

チチュード概念をめぐるもっとも重要な「共通のもの」を据えようとしている。一つの転倒と性格付けることのできる、言われている実質的なことがらは次のとおりである。フーコーその人にあってさえ、主体は必ずしも権力に臣従化してもいなければ権力によって主体化されてもおらず、主体が「構成的権力」である。あるいは、抵抗する主体は反応しているのではなく、創造しているのであって、抵抗をめぐる受動的表象は「構成された権力」から見たときの錯視（ニーチェの言う意味で）にすぎない。権力と主体を「一つの過程の両面」[*13]とする見方は維持しつつも、「生権力」をめぐるフーコーの議論をそのように読むことによって、「マルチチュード」（雑誌としての、また概念としての）の〈主体性〉が主張された。転倒の要をなすのは一つの問いである。「誰があるいは何がシステムを導いているのか」[*14]。一つの過程をなす権力と主体の動的関係全体を動かすものに、フーコーは名前を与えなかった。したがって、この問いに対する答えはないというのが、「学術的に」解釈されたフーコーの答えだろう。しかしわれわれは、その答えを求めるところからはじめる。その答えが「諸力の動態と主体の自由」[*15]であると見なすところからはじめる。これが転倒でなくして何であろう？　実際、ネグリの『構成的権力』にははっきりこう述べられている。この問いが形成する「極限点において、主体は自らに復帰し、その最重要原理を再び見いだす」[*16]。フォイエルバッハ－マルクスにおいて、人間が「神」から自らに復帰して、「神」にさえ命を吹き込む自らの力を再発見したように。

　転倒であることはたしかであるものの、見落としてはならないのは、この転倒は転倒そのものを原理の位置に据えるような転倒ではなく、意志的な操作だということである。弁証法の生命は否定性であったが、ここでは肯定的（あるいは主体の自己主張的）選択に転倒の否定性は従属している。

われわれは晩年のフーコーの「主体」が「自己への関係」であったことを知っている。すでに造られたものから事後的に想像変容ないし現象学的還元の手続きにより構成される胚芽状態の充満性に比べれば、自らの上に折れ曲がって行使される力のループは、むしろ一つの空虚を指定するだろう。「構成的権力は、空虚の渦から、規定というものを欠いた深淵から出てくる、完全に開かれた欲求として定義される」[*17]。「構成原理の根源性は絶対である。それは空虚から出現して一切を構成する」[*18]。われわれはまたすでに、ネグリ的に解釈されたスピノザの「神即自然」が一つの空虚であったことも知っている。それは端的に「ありえない」統合であり、この「ない」の指定する空虚が絶対的民主主義そのものとしてのマルチチュードなのだった。理想としてあるいは不在の目的として無限の彼方から不完全な現在を引っ張る空虚ではなく、そこから無限の解決可能性を引き出す（あるいは作る）こ

＊13　Eric Alliez et al., «Le pouvoir et la résistance», *Multitudes*, n°1, p. 12.（エリック・アリエズ「権力と抵抗」未邦訳）

＊14　Toni Negri et Michael Hardt, «La production biopolitique», *ibid.*, p. 22（トニ・ネグリ&マイケル・ハート「生政治的生産」）。なおこのテキストは当時未刊であった『〈帝国〉』の同名の章（第I部第二章）を収録したもの。

＊15　Maurizio Lazzarato, «Du biopouvoir à la biopolitique», *ibid.*, p. 53.（マウリツィオ・ラッツァラート「生権力から生政治へ」未邦訳）

＊16　Antonio Negri. *Le pouvoir constituant*, trad. française, PUF, 1992, p. 41.（『構成的権力』斉藤悦則・杉村昌昭訳、松籟社、一九九九年、五九頁。強調引用者）

＊17　*Ibid.*, p. 21.（訳書三九頁）

＊18　*Ibid.*, p. 23.（同四一頁）

とのできる「問題」としての空虚、それが主体であるのだった。かくして、選択的に遂行された転倒により、フーコーとスピノザがネグリの「構成的権力」において出会わされたのである。なるほど、無理やりにである。選択なのだから。けれどもこれは一つの種別的な政治路線を可能にする「無理」であり、一貫した思考がそこから出てくる「無理」であると言うべきだ。実際、『〈帝国〉』はそのようにして書かれ、『マルチチュード』はそのようにして続いている。「構成する力と構成された力は悪循環を形成するのではなく、良い循環を形成する」[*19]。

4　「すべては政治的である」

どのような政治路線と言うべきなのだろうか。理論的実践と運動的実践のなかで日々作られつつあるそれを、たかだか一つの雑誌論文で「規定する」などという「ゴーマン」を「かませ」ようはずもなく、ここでは一つないし二つの特徴を素描してみたい。

「マルチチュード」概念に対する有力な批判として、絶対的に自由で絶対の力能をもち、どのような特異性も抑圧しないような主体に、いったいいかなる政治路線が限定可能というのか、という疑義がある。たとえば、フーコーをむしろ新たな「人権」路線へと引き伸ばすべきという立場の論者は次のように論難する。「近代の弁証法的合理性を批判するという大義名分で差異と特異性を強調しても、来るべき闘争のための一貫したプログラムを作ることまではできない」[*20]。直接性や内在性の名において代理＝表象を「幻想」として退け、つまり「ない」と言って拒否してしまえば、なるほどラディカルに響くだろうが、現実に存在する代表制度に様々な意味で「手を出す」ことを自ら禁じてしまうだけであるし、そもそもいかなる政治「組織」も自らに与えることができないではないか。一切の代表(性)を欠いた「組織」は存続できるのか。「内在的欲望は、たとえはっきりした形に結晶したとしても、マルチチュードを現実的に『組織する』ことなどできるのか」。「マルチチュードを政治的主体として登場させることなどできるのか」[*21]。この論者にとっては、フーコー的な「自己への関係」のループは「権利を求める/作る権利」のそれに拡張されて、新たな代表性を生む方向へと引き伸ばされねばならない。直接的で内在的な差異や特異性など、左翼小児病でしかない。あるいは同じことだが単なるアナキズムの哲学バージョン。このような批判の列には、かつてドゥルーズの「欲望機械」をナチ的と罵倒したアラン・バディウのような見方を加えることもできるだろう。

しかし近年の論争史的文脈のなかでは、このタイプの批判にもっとも力を与えているのはハンナ・アレント復興以来の「政治的なものの再興」であるだろう。マルチチュードによる〈革命〉は事実、アレントが「政治革命」から区別した「社会革命」の系譜に属している。フランス革命、マルクス主義、さらに「国民社会主義」へと続くこの系譜は、社会的なものと政治的なものを区別せずに——その立場は「すべては政治的である」という命題に要約される——「全体的」革命を目指し、それゆえ

*19 *Ibid.*, p. 26.(同四四頁)
*20 Céline Spector, «La multitude ou le peuple ? —Réflexions sur une politique de la multiplicité», *Critique*, n° 645, nov. 2001, p. 891.(セリーヌ・スペクトール「マルチチュードか人民か——多様性の政治をめぐる考察」未邦訳)
*21 *Ibid.*, pp. 893, 894.

全体主義に帰結するほかなかったとアレントは考えた。[*22] よって全体主義の陥穽を回避するには、政治的なものを積極的に限定しなければならず、イギリス革命とアメリカ革命の歴史的経験からその限定は汲み取られねばならない。「現実の社会主義」の崩壊以降、この方向性の追求が「公共圏」の思想として、また「ラディカル・デモクラシー」として、さらにはトクヴィルやオルテガ流の「大衆社会批判」として様々に展開されてきたことは周知のとおりである。それどころか「冬の時代」と言われた八〇年代以降（社会運動の停滞、投票率の低下等々）、政治的なものを考える、政治的に考える、政治性をもつ云々といった主張なり言説の大部分は実のところ、その共通のベースとして、政治的なものをいかに限定するかというアレント的問題設定をもっていた。そしてそこでの「政治的なもの」は、「代表性・代表制」を程度とニュアンスの差はあれ「本質的なもの」として保持していた。ときならぬ「ハイデッガー＝ナチ」問題の生起に際してのデリダ派と呼ばれる人々の応答にも、それは見て取れる。[*23]『〈帝国〉』の批判的書評子が指摘するとおり「政治がもはやそれが住まう社会的なものから区別されず、協働における社会関係の普遍性としてのみ設定される」ようなマルチチュードのヴィジョン、「市民が生きた労働者と同一視される」その政治観[*24]は、言ってみれば、二〇世紀末において実に「反時代的な」、ほぼ唯一の「すべては政治的である」派を形成していたのである。マイノリティをどのように「代表性・代表制」のなかに組み入れるかという思考以上に、マルチチュードは言説の一般的布置のなかでマイノリティだった。政治路線として、これはすでに一つの限定である。マイノリティをめぐる本質主義と文脈主義の泥沼の（？）争いにも、その争いを「脱構築」的に肯定し、享楽さえする傾向にも馴染めず飽き足らない人々を「組織する」に充分な。

では「すべては政治的である」は無効でありかつ危険であるという根本的な批判に対してはどう応えるのか。「すべては政治的である」とみなすことが「啓蒙の弁証法」を発動させ、解放を死の闇に反転させるのだという批判にはどういう応えを用意してしかるべきか。この点にかんする『〈帝国〉』の身の処し方は極度に戦略的である。ネグリが『構成的権力』ですでに採用していたその戦略とは、アレントが政治革命の範例としたアメリカ独立革命をマルチチュードの「社会＝政治」革命として描き直すことであった。彼はアレントの次の命題を完全に自分のものとして承認する。「自由の理念と新しいはじまりないし到来の理念の一致は、近代の革命［＝政治革命］の理解にとって決定的である」[*25]。ネグリの読むアレントは、スピノザ的問題をよく理解していた。アレントが「存在をハイデッガー的に受け取り、そこから自由をめぐる構成的二者択一を引き出す」（「あれかこれか」を決定できない、という自由）とき、あるいは「絶対的基礎付けに付きまとう両義性」を強調するとき、彼女はスピノザと同じように「直接的一致」という（不）可能な根源、基礎、はじまりに触れていた。[*26] ハイデッガー

*22 特にハンナ・アレント『革命について』（志水速雄訳、ちくま学芸文庫、一九九五年）を参照のこと。ネグリは『構成的権力』において繰り返しこの書物に立ち返っている。
*23 詳細については注12で挙げた市田良彦の論文を参照のこと。
*24 Céline Spector, *op. cit.*, p. 889.
*25 次の個所に引用されたアレント『革命について』のフレーズ。A. Negri, *Le pouvoir constituant*, p. 22.（訳書四〇頁）
*26 *Ibid.*, p. 25.（同四三頁）

とスピノザ、アレントとネグリは「形式的には」完全に同じ問題を〈革命〉に見いだす。アレントにとっては、その形式的に解決不可能な問題を「解決した」のが歴史的出来事としてのアメリカ革命だった。あるいは形式的に解決不可能な問題は、出来事としてのみ事実上の解決を与えられる。またあるいは出来事の哲学的な定義とは、解決不可能な理論問題の「解決の生起」にほかならない。そしてネグリにはこの「形式的」と「出来事的」の対立が不満に思える。それは「政治的解放を存在論的はじまりではなく解釈学の伝承」に変えてしまうことだ[*27]。言い換えると、彼は「形式的」と「出来事的」の対立に、「形式的」と「存在論的」の差異を介入させる。形式的な悪循環は存在論的には良循環であり、「形式的にはある手続きへの適合問題に直面させられる主体は、物質的には［＝存在論的には、と読んでここでは差し支えない］まさにその手続き過程に自らを挿入して構成的権力になることができるのだ[*28]」。アメリカ革命は「歴史的エピソード」として重要なのではなく、それ以降、継続的に展開されている過程──〈マルチチュード革命〉──のはじまりとして本質的なのである。再び解決不可能性の海のなかへと姿を消す突発的な解決の出来事ではなく、不可逆的な過程のはじまりとして革命を捉えるなら、重要なのはむしろ事件の後であるだろう。アメリカ独立をはじまりとする過程は、その後どうなっているのか。『〈帝国〉』の大きな主題である。

アメリカ革命こそすぐれて「すべては政治的である」の証拠であるとすれば、政治革命と社会革命を区別すれば全体主義化への防波堤になるという見方は退けられるものの、それをもってしてもたしかに、「すべては政治的である」そのものが全体主義の危険を免れているということにはならない。「すべては政治的である」はアメリカ革命にも「国民社会主義革命」にもなれるというだけだから。

ある見方をすればネグリの戦略はたしかに、ファシズムか共産主義かは「ことと次第による」と主張するのと同程度のことしか言えず、不確定性、偶然性を深遠に称揚すればラディカルだと勘違いする政治的に幼稚な学者性に媚びることにつながりかねないようにも見える。けれども別の見方をすれば、「すべては政治的である」、政治的に未決定であるとする存在論的土俵の設定により、そこからどのような「解決」が引き出されるのか、共産主義か全体主義か、両者の違いは何かといった問題は、続く問題として別のところに移動させられているとも言える。それはもはや偶然か必然かというような鈍重に形而上学的な問題でも、啓蒙の弁証法は避けられるのか否かというような脅迫的に突きつけられる問題でもなく、存在論的な土俵のなかに含まれる生態学的問題として立てられるだろう。ネグリ（派）にとっては、ドゥルーズの仕事は何よりもそこに位置づけられる。[*29] この移動もまた一つの大きな「限定」にほかならない。

マルチチュード的な「すべては政治的である」はまた、より分かりやすい意味での政治的限定をすでにいくつかもっている。その一つが「世界市民権」の要求である。[*30]「すべては政治的である」は、

＊27　*Ibid.*（同）

＊28　*Ibid.*, p. 45.（同六三頁）

＊29　この点について例えば、ドゥルーズの仕事を「存在－生態学」onto-éthologie と特徴付けるエリック・アリエズの次の書物を参照のこと。Eric Alliez, *Deleuze, philosophie virtuelle*, Les empêcheurs de penser en rond, 1996.（エリック・アリエズ『ドゥルーズ、潜在性の哲学』未邦訳）

＊30　ネグリ＆ハート『〈帝国〉』第Ⅳ部第三章を参照。

「誰でもどこでも、国家による承認なしに生活する権利」へと変容－限定される。『〈帝国〉』のなかで「具体的提案」の一つとして挙げられている、この権利を要求する運動は、ランシエールも指摘するとおりフランスにおける移民運動の経験から構想された。不法移民たちは直接的には身分の「合法化」を求めている。[*31]政府という代表制機関に、滞在許可という裁可を要求している。けれどもそれを要求する最終的な根拠は、すぐに分かるように「国家の義務」や「恩寵」ではありえない。「義務」であるなら、フランス国家は自国民ではそもそもない人間がフランスに滞在して働くことを承認する義務などまったく負わないし、人道的な「恩寵」であるなら、それを示す「余裕」がないときには断ってもかまわない。移民たちが身分の合法化を要求しうる根拠は、国民国家制度にはないのである。彼らはつまり、正確に言うと、フランス国家に何かを「保証する」あるいは「恵む」よう要求したのではなく、自分たちがフランスにとどまる権利を「侵害するな」と要求したのである。さらに正確に言えば、運動を通じてそのような権利の主張を作り上げていった。「グローバル市民の名において」という「位置」を創造した。ここには肯定性と否定性の範例的な関係がある。どこにでも住む権利は承認（他者による承認はすぐれて否定的な手続きだ）以前の政治的権利であるから（政治的肯定性の定立）、それの侵害をやめさせる運動が政治運動になる（政治的否定性の派生）。

現実の反グローバリゼーション運動のなかで、この立場はそれ自体一つの限定された路線を形成している。それは新自由主義的グローバル化に「南の諸国」の経済発展を対置する「第三世界主義」は採用しないという路線である。[*32]グローバル化はしばしば世界のアメリカ化として表象され、世界を一瞬で移動する金融資本の破壊的作用がその「悪」を代表させられる。そこからしばしば、反グローバリゼーションとはアメリカの世界帝国化に対し、国民国家というものを、とりわけ金融資本の暴力に曝される南の国民国家を守る運動であるという帰結が引き出される。特にEU諸国内の社会民主主義勢力は、EUそのものをこうした構図のなかでの「グローバル化への抵抗の砦」として位置づけ、「発展途上国との連帯」を掲げた。そこではEUとは、域内のそれぞれの国家単位では破綻した福祉国家路線を拡大して再生すると同時に、「共和国」の理念を文字通り「アウフヘーベンする」（個々には抹消し全体として保存する）政治・経済単位とみなされた。こうした構図に則って、フランス共和国首相にして社会党大統領候補たるリオネル・ジョスパンは、ポルトアレグレで開かれた世界社会フォーラムに出席した。しかしジョスパンのこの行動に集約されるような「北」の運動としての「第三世界主義」や、シラク共和国大統領の一定アラブ寄りの姿勢とは、政治的・経済的な効力と自由度を急速に失いつつある「先進資本主義」国民国家の防衛を第一義とするものではないのか。実際、フランス的「第三世界主義」はその「世界」からわれわれの「世界」へはもうこれ以上働きに来るなという政策と表裏一体のものではないか、とマルチチュードの「世界市民権」路線は問う。すでに先進資本主義国内に存在する「第四世界」を別の世界としての「第三世界」に再び押し戻そうとすることが「連帯」でありようはずもなく、資本の暴力により故郷を追われてその資本のお膝元に人々が流れ込んで

＊31　前掲のランシエールのテキストを参照。
＊32　この点についてはネグリ＆ハート『〈帝国〉』第Ⅲ部第三章の議論とともに、『マルチチュード』第一〇号、特集「認知資本主義、開発、規範性」を参照されたい。

くるのであれば、その移動を制限しないことこそまず行うべき「連帯」であるだろう、と主張する。[*33]

もちろんこの主張の裏側にはグローバリゼーション下における対立の構図をどのように把握するのかという根本的な情勢認識問題があり、それへの回答こそが帝国とマルチチュードの関係にほかならず、「世界市民権」路線はこの関係がもはや「国民国家」を戦略的な要諦となしえるものではないとの認識に由来する。帝国はアメリカであるのではなく、どこにも中心をもたない――それが『〈帝国〉』の論証しようとする根本的な「情勢」であって、帝国主義時代との最大の相違点をなしている。「アメリカが帝国主義的企図の中心をなすことはない。実際、いかなる国民国家もそのようなことをなしえない」[*34]。帝国とマルチチュードのいわば直接的で全面的な対峙、どこかに矛盾の沸騰点や「弱い環」があるのではないような世界大の対峙関係が、「世界市民権」の要求を「環」にするわけだ。これはそう思えがちなほど空想的でも原理主義的でもない認識だと言わねばならない。実際、反グローバリゼーション運動は「世界社会フォーラム」の開催により、「ノー・グローバル」をグローバル化することで大きな質的転換を遂げる一歩を踏み出した。自らグローバル化する運動の意志の象徴が、カメラに向かって差し出された『〈帝国〉』だった。国民国家を超える帝国に、下からの異なる超え方を対置すること、二つの超え方を分離させて「こちら側の」超え方を自立・自律させること。これはネグリがかつて『経済学批判要綱《グルントリッセ》』に読み取り、アウトノミアの基本的戦略とした生産過程（資本がイニシアチブをもつ）と流通過程（労働者がイニシアチブをもちうる）の分離と同じ構図であり、[*35]その意味で『〈帝国〉』はイタリアにおける運動の延長線上にある。やがて調停や止揚を求める対立ではなく、実体として一つである過程をその一側面がやがて飲み込んでしまうような、分離。

ツインタワーの倒壊からちょうど一年後、ネグリはイタリアの新左翼系日刊紙イル・マニフェストのインタビューに答えて次のように語っている。

『〈帝国〉』の理論枠組みをはみ出る完全に新しい事態は、アメリカの「九・一一に対する」反応がアメリカそのものにバックラッシュをもたらしていることです。アメリカは帝国的傾向から退行しようとしているのです。それは帝国内部で帝国に抵抗する帝国主義のバックラッシュであり、古い権力構造、古い舵取り方法、主権にかんする独裁主義的で実体主義的な捉え方と結びついています。そこに表れているのは、われわれが分析した帝国的生権力の分子的で関数的な性格に対

＊33　こうした点は社会フォーラムにおいて主流派的な位置を占めつつあるATTACの路線（すなわちトービン税の導入を反グローバリゼーション運動の結集軸とする）に対する、「マルチチュード」の側からの「批判」でもある。『インパクション』一三〇号（二〇〇二年五月）に訳出された「ポルトアレグレ二〇〇二」も参照されたい。同テキストは社会フォーラムにおいて公式行事とは別の枠組みで開催された討論集会「マルチチュードの労働」に参加した者たちの共同アピールである。

＊34　A. Negri et M. Hardt, *Empire*, trad. Français, p. 18.（訳書六頁）

＊35　Antonio Negri, *Marx au-delà de Marx*. L'Harmattan.（『マルクスを超えるマルクス』清水和巳ほか訳、作品社、二〇〇三年）。この点について日本語で読める文献として本書所収「トニ・ネグリを読むために」を参照。

する反動です。今日の情勢を規定する支配的傾向はこの矛盾にほかなりません。[*36]

九・一一は実際、中心がないはずの帝国に中心を出現させてしまうような、グローバル化を文字通りアメリカの世界支配と同義にしてしまうような効果をもった。大きな対立の構造は消滅し小さな危機の遍在が訪れたはずであったのに、またしても文明対文明、テロ対民主主義等々、何と呼ぶにせよ「主要な矛盾」が回帰したかのような言説が今日の世界には溢れている。『〈帝国〉』の刊行直後からも、右と左の両方から、いや問題はやはりアメリカ帝国であるとの批判は存在した。九・一一以降その傾向はいっそう強まり、著者自らも先のように修正とも受け取れる発言をすることになる。フランスではアメリカを帝国と名指す二冊の有力な書物も現れ（エマニュエル・トッド『帝国以後』、アラン・ジョクス『カオスの帝国』[*37]）、それらはいずれもグローバル化に「共和国」を対置した。

フセイン政権の軍事的打倒に突き進むブッシュ政権の「単独行動主義」[*38]は、『〈帝国〉』が構想され、書かれた一九九〇年代の前半、アメリカが「新世界秩序」というスローガンに集約させた戦略とははっきり異なっている。これは認めなくてはならないだろう。ブッシュ・ジュニアにとって国連が代表する「国際社会」はもはや、テロとの戦争において被害者たるアメリカの国益の前に立ちはだかる制約としか見えていないようであり、湾岸戦争に大義を与えるため国連を通じて同じ「国際社会」を動員しようとしたパパ・ブッシュとの違いは大きい。『〈帝国〉』が執筆されつつあったころには、「国際社会」はいわばアメリカの国益追求のためにも必要とされ、役に立つ制約であったのが、いまやいかにしてそれを出し抜くかが課題となる制約に変わっている。かつてこの「国際社会」は日本から国民一人あたり一〇〇ドル以上拠出させることに成功したが、いまやNATOの集団的自衛権でさえラムズフェルド国防長官をして「発動する必要はない」と言わしめる障害に堕している。九・一一以前からすでに、政権についたブッシュ・ジュニアは京都議定書から離脱し、国際刑事裁判所（ICC）設立に背を向け、上院はクリントン時代に締結した包括的核実験禁止条約（CTBT）の批准を拒絶していた。そして今「国際社会」は、国連による査察の結果がどうであれそれをイラク攻撃開始の合図にしか使うつもりのないアメリカの露骨な態度に日々苦々しい思いを募らせている。何よりも、こうした単独行動主義は「国際社会」の観点からさえ正当化されているではないか。それが「新帝国主義論」である。史上かつてない軍事的優位を世界のなかで獲得したアメリカは、世界平和のため積極的に、その優位の維持と自らの主権の絶対化を追求すべし、「国際社会」のためにこそエゴイストたるべし、とその信奉者たちは説く。容易に姿を見せずいたるところに潜伏－出没するテロリストとの

＊36　二〇〇二年九月一四日付『イル・マニフェスト』紙。
＊37　Emmanuel Todd, *Après l'Empire—essai sur la décomposition du système américain*, Gallimard, 2002〔エマニュエル・トッド『帝国以後』石崎晴己訳、藤原書店、二〇〇三年〕. Alain Joxe, *L'Empire du chaos : les républiques face à la domination américaine dans l'après- guerre froide*, La Découverte, 2002.〔アラン・ジョクス『〈帝国〉と〈共和国〉』逸見龍生訳、青土社、二〇〇三年〕
＊38　「単独行動主義」と「新帝国主義論」については、『論座』二〇〇二年一〇月号および一一月号に訳出されている、*Foreign Affairs* 誌の諸論文が簡便な見取り図を提供してくれる〔フォーリン・アフェアーズ・ジャパン編訳『ネオコンとアメリカ帝国の幻想』朝日新聞出版、二〇〇三年所収〕。

戦いという非対称で終末論的な戦争に世界が勝つためには、アメリカ以外の国の主権や国際的ルールは二次的以下のものとして扱われねばならない、と。

たしかに『〈帝国〉』はアメリカのこのような暴走を想定していなかった。冷戦の勝者であるアメリカでさえ従わざるをえず、すべての国民国家あるいは国民国家なるもの自体を超えたところにある「超越的主権」が帝国であった。それはまさに永続的な平和を原理とする文字どおりの普遍国家（外部がないという意味で）であり、アメリカはそこにおいて特権的な地位をもつとはいえ、あくまでも帝国から「安全維持《セキュリティ》」の任を委嘱された「警察」として振る舞うにすぎない。帝国的な道徳と倫理の鼓舞はむしろ、国境を超えて活動する人道的NGOが担うことになるだろう。[*39]「国境なき医師団」と米軍がそれぞれの主観的意図を超えて実現してしまう事実上の連携プレーが、帝国の機能様態にほかならないのである。このとき国連をはじめとする様々な国際機関は、言い換えるなら既存の国民国家を前提とする世界システムは、危機と警察行為と道徳的理念を橋渡しする帝国内装置として位置付けられる。誰もがこの帝国に対しては受動的でしかないのである。あるいは国民国家と市民個人と国際機関の全当事者が「普遍的危機」を前にしてもつ受動性が、帝国の能動性を構成する。このような理論枠組みのもとでは、実際、「単独行動主義」の余地はないように思える。

しかしすでに少し触れたように、『〈帝国〉』はアメリカ合州国の歴史的存在に、現在の帝国警察にとどまらないどころか他のどのような国民国家ももちえない意味を認めていた。帝国は合州国の連邦制を範型に成立するのである。社会契約によって結ばれた「人民」が正確に自分たちを範囲として構成するヨーロッパ型「共和国」とは異なり、州＝国家 States からなる連邦にはそもそも構成原理上の範囲というものがない。何らかの理念的・実際的契機によってState的な意思決定システムを備えている任意の共同体は合州国のn番目の州になる権利を等しくもっており、「合州国」は潜在的にすべてのNationを超えている。建「国」時の連邦主義者たちはすでに、ネグリ&ハートによれば「ネットワーク状に結ばれた権力と対抗権力の内的アレンジメント」から、さらには「社会的なコンフリクト」そのものから全体としての権力の安定性と成長可能性を引き出そうと構想しており、「危機の遍在」を権力の能産性に転換しようとする帝国は合州国のそうした連邦主義をほとんどそのまま引き継いでいる。[*40] コンフリクトの調停や危機の止揚としての権力ではなく、差異や対立がそのまま力の増大を導くようなマキァヴェッリ的装置の構想(あるいはJ・G・A・ポーコックの言う「マキァヴェリアン・モーメント」[*41])を、帝国は合州国から得た。アメリカの特殊性は『〈帝国〉』にたしかに存在しているのだ。とはいえこの特殊性は、近代におけるアメリカ的な普遍主義の特殊性であって、歴史上のアメリカに付きまとった、ヨーロッパ大陸の政争から自分たちを切り離そうとする孤立主義も、アメリカ大陸全体を植民地的支配のもとに置こうとする帝国主義も、そこからストレートに演繹されるわけではない。ただ、自らの「正義」を潜在的に国民国家の地平より上に設定しているこの特殊性が、

＊39 ネグリ&ハート『〈帝国〉』第Ⅰ部第二章。
＊40 同書、第Ⅱ部第五章。
＊41 J・G・A・ポーコック『マキァヴェリアン・モーメント』田中秀夫・奥田敬・森岡邦泰訳、名古屋大学出版会、二〇〇八年。

「国際社会」の意思をなんであれ自らに対する干渉とみなしがちな「単独行動主義」に容易に至るものであることは疑いないだろう。アメリカにとり他国は最初から自らと同じ資格での他国ではなかったのである。

いずれにしても帝国は「単独行動」しない。あるいは帝国は「単独行動」しかしない。その両方を同じことにする超国家性＝世界性を帝国は本質的な特徴としており、その位置に積極的に立とうとするかぎりでの「新帝国主義論」は、一国家としてのアメリカ至上主義からは区別されなくてはならない。後者には国民国家体制を是とするという点で「多国間主義」との妥協の余地がつねにあるが、前者はあくまでもその体制が失効しているとの認識を出発点とする。現在のアメリカはこの二つの間を揺れ動いていると言ってよいだろう。言い換えるなら、現在のアメリカの「新帝国主義」にはネグリ&ハート的な意味での帝国の論理にいっそう近づこうとするところと、「共和国」主義者たちと同じようにそこから身を引き離そうとするところが共存しており、その緊張が右に引いたネグリの言葉にある「矛盾」となって現れていると見ることができるだろう。

「新帝国主義」としての単独行動主義を支えている世界認識を注視してみると、そこには帝国主義とは区別されるまさに帝国のありようをアメリカの政権担当者もまた認めていることが如実に読み取れる。なぜ単独で行動すべきなのか。それは端的に言って、「国際社会」なるものが実在しないからだ。ライス大統領補佐官は明快に言ってのける——「実体のないい国際コミュニティの利益ではなく、自国の国益を基礎に」すべては運営されるべし。[*42] 単独行動主義者にとっては「国際条約など法的に有効でない」ばかりか、「ならずもの国家」や「国際テロネットワーク」というそもそも国民国家体制の埒外にいる新たなる敵にとっては何の実効性ももちえない。国際社会とされているところは、長期的な予測が立てにくく、全体としてのコントロールを受け付けないカオスであるから、泥沼に引きずり込まれるような「建設的・復興的介入」を考えるべきではなく、ヒット・アンド・アウェイの攻撃に限定しなければならない[*43]。冷戦終結以降の米軍の世界戦略の変化を詳細に分析したアラン・ジョクスによれば[*44]、一九九四―一九九五年ごろに米軍内部で行われた、「軍事における革命」(いわゆるハイテク戦争の実現)を背景とする戦略論争のなかにすでに、こうした世界観がはっきり読み取れるという。偶然性、カオス、初期条件といった語句をちりばめ、プリゴジーヌを通俗化したような諸論文が実際に米軍の次期戦略を決定づけていったという。米軍の戦略家はポストモダン思想のシンパだったわけである。なるほど、ほんの小さな初期条件の違いがとてつもなく大きな差異をやがて生み出すのであれば、長期的効果など予測しても無駄だろう。世界が本質的に不確定であるなら、効果が相対的にたしかな時間的「近傍」にだけ目を向けるしかないだろう。ランダム・ウォークする世界のなかで「約束」に頼るほど危険なことはなく、「単独行動主義」は量子論的世界において唯一合理的な戦略になる。国民国家という単位によってはコントロールできない小さな「危機の遍在」が世界であるから、

＊42　マイケル・ハーシュ「ジョージ・ブッシュの世界像」(『論座』二〇〇二年一〇月号所収、前掲『ネオコンとアメリカ帝国の幻想』所収)による(強調引用者)。
＊43　同。
＊44　注37で挙げたアラン・ジョクスの書物、とりわけ第四章を参照。

唯一かつずば抜けた超大国は量子論的に合理的な行動をしてこそ、つまりエゴイスティックに振舞ってこそ（自らのエゴは他者の思惑と行動よりは確実である）、逆説的に世界秩序の安定に寄与できる。これは『〈帝国〉』の描く帝国の姿から、マルチチュードの力能と帝国の力の生権力的本質、そして資本主義の非物質化あるいは知識化という、ネグリ的意味における「存在論的次元」の変容を取り除き、代わりにリアリズムの名を借りたシニスムを注入した世界観にほかならない。同じ見かけ、同じ現象を出現させるよう、本質の次元を取り換えた世界観。それを換えれば見かけの「意味」は、悪循環と良循環ほどにまったく変わってくるというのに。そして何より、利害を測定する主体（の尺度）が同じでなくなるというのに。つまり『〈帝国〉』は新帝国主義論により、簒奪されつつ実証され、実証されつつ簒奪されているのである。

『〈帝国〉』にはすでに第二巻が準備されているという。それが刊行される頃にはイラクにおける戦争は終わっているか、いないか。マルチチュードたちの運動はどうなっているか。しかし彼らの主意主義には予測するということがない。ロマン的な主観主義のように、我思う、ゆえに世界はかくあると主張することもない。スピノザと交わるその主意主義は自らの意志の力を、実証すべき能力、解くべき問題として確認するだけだからである。方向をもつということと到着することは違う。だからバックラッシュの行方は分からないがマルチチュードのほうのそれには何の心配もない、と言っておくのが正解なのだろう。「路線」が違えばどのような結末についても、読み取るべき意味＝方向 sens は違ってくるのだから。

ある唯物論的な笑いと美

2007.8

ポストモダンとは要するに市場だ。僕たちはモダンをありのままに捉えている——排便の宿命というやつだ——し、ポストモダンをそんな排便モダンの抽象的で強固な限界、つまり今はそれ以外にありえない世界として理解している。君には感謝してもしすぎることはないだろう。僕に、おそらく幻影なのだろうけれど、それでもやはりリアルではあるフォルムが際限なく立ち現れる、この空虚な世界のずっしりとした現実を思い出させてくれたのだから。幻影の世界。しかしほんものの世界。反動的な人間と革命的な人間の違いは、前者は世界の存在論的重量級空っぽ状態を否定するが、後者はそれを認めるというところにある。反動的な人間はレトリックに逃げるほかないが、革命的な人間は存在論に忠実だ。空虚を前に、前者は黙り、後者は苦しむ。前者は世界の舞台にきれいな飾りしか見ないが、後者はそれを実践的に把握する。だから革命的な人間だけが世界を批判することができる。彼らは存在とほんものの関係をもっているのだから。彼らにはこの非人間的世界を作ったのがわれわれであると分かっているのだから。世界に意味がないのはわれわれに意味がないということであり、世界が空っぽなのはわれわれが糞を出しつくしてしまったということなんだ。[*1]

排便を疎外あるいはもっとニュートラルに外化と言い換えれば、青年ヘーゲル派的たわ言である。神の全能と人間の空虚は一対であるが、それは人間が神にむかって自分を完全に疎外してしまったから、自分のすべてを明け渡すところとして神を作ったから、と言っているのと図式的にはほとんど異なるところがない。ただ、ここでの神は糞まみれであることに全能の「全」を保存しているという点を除けば。それでも排便はまさに唯物論的な行為であるから、「疎外」の衒学趣味よりこのスカトロジスムのほうこそ正しい意味で、つまりヘーゲル観念論を唯物論化しようとしたフォイエルバッハの本義に照らして、青年ヘーゲル派的であると判定することにいささかも不都合はない。地上の人間が「外に出した」だけのものがどうして重力の法則を逃れて天上に上ることができる？　フォイエルバッハ主義とは人間の本質が「屁」であるという教義であったのか？

排便 déjection をもっとニュートラルに「排出」ぐらいに翻訳しておけば、アントニオ・ネグリという人物については、時代遅れの哲学者か唯一無二の革命的哲学者かといった議論ならぬ議論をそれこそ際限もなく続けていることができるだろう。まさに幻影と現実の区別がつかないポストモダンな風景に相応しいやり方で。けれども déjection はまぎれもなく彼の唯物論を糞的な次元にまで連れ戻す意味作用をともなっているのであり、空っぽ状態 vacuité はヘーゲル的真空 vide に加えてどうしても過剰な下痢を想起させずにはいない。ネグリは『ドイツ・イデオロギー』よりも『経済学批判要綱《グルントリッセ》』をというマルクス主義者であると同時に徹底したスピノザ主義者でもあったから、ネグリにおける神即自然の論理は結局のところ往復運動としての疎外（子を産むことだ）を肛門愛的両義性に置き換えるものであったということか。

そうかもしれず、またそれはつねに可能である。だからネグリにフォイエルバッハの復活を見るランシエールはあくまでも正しい。[*2] ただし、それはこの文章にただようユーモア、「実践的に把握する」という左翼紋切り型の言い回しさえ思わず笑いを誘うものに変えてしまう妙技を捨象すればの話であって、さらに言えば、哲学と文学、理論とスタイルを別のものとして「把握」できるという前提あっての結論である。ネグリ自身、いつもいつもこんなユーモアを通じてマルチチュードの哲学を語るわけではなく、『〈帝国〉』と『マルチチュード』におけるようにひたすらまっすぐそれを説明しようとすることも多い。つまりたしかに糞便は余計なもの、過剰であり、彼はアントナン・アルトーではないのだ。しかし、彼の哲学はマルチチュードを「度外れた démesuré 力能」、己自身に対して過剰

＊1 Toni Negri, *Art et Multitude-neuf lettres sur l'art*, EPEL, 2005, p. 48.（『芸術とマルチチュード』廣瀬純ほか訳、月曜社、二〇〇七年、九一－九二頁）

＊2 ジャック・ランシエール「人民かマルチチュードか？」（鈴木康丈訳、『現代思想』二〇〇三年二月号）。ランシエールによる「マルチチュード」概念の批判については、拙著『ランシエール――新〈音楽の哲学〉』（白水社、二〇〇七年）も参照のこと。

であるものと定義しており、ゆえにスピノザの対象が「実体」であるのと同じ意味において、アントニオ・ネグリは過剰を自らの哲学的対象としている。[*3] 過剰は言説の内容とは別のパフォーマティブな形式でも理論の実践でもなく、まさに思考の主題であるのでなければならず、主題であるから逆に、ときにスタイルからはそれを外すこともできるというにすぎない。外すこと、外に出すことがあくまでも排便であると知りつつ。彼はそのように「度外れた」哲学者なのだ。ドゥルーズはどこかで言っていた、スタイルとは思考の運動である、と。この「運動」はマルクスの言う「共産主義とは（教義ではなく）現実の運動である」における「運動」に、ネグリのなかでは確実に重なりあっているだろうから、ときにユーモラスに暴走するネグリのスタイルは、彼にとっては自身の共産主義の核心をなすものであるはずである。アウトノミア時代の彼はどこまでも怒りの人であったけれども、今日のネグリはときに激昂することこそあれ、そんなかたちの徹底によっては、つまりいくらいきんでみても世界そのものである排出と充塡の反転運動は終わりを告げない、したがって人間がほんとうに神になることもないと知っている。神への知的な愛を貫く方法は、排便の宿命を笑って指摘できるような種類の過剰さに宿る。そんな過剰の重みで、彼自身のフォイエルバッハ主義もまた、様態の無限に特有の分子状態へと砕け散ってしまうだろう。

糞の重みによってなどではない。憎悪と呪詛によって世界を塗り替えるなど、まさに俗流ボードレール的にモダンな振る舞いであって、われわれの腸にはもうなにも残っていないと知っている革命的人間は、なにもないはずであるのに、つまり過剰さなど今日もはや不可能なことがらの筆頭に上げられるべきであるはずなのに、なおかつ、それがこうしてできてしまうことを冷静に感じ取ることができる。なにもないはずなのに、世界は嘘っぱちで悲惨で汚辱に塗れているのに、それを憎みながらも笑うことができる私がここにいる。だから、彼はデリダの『マルクスの亡霊』を読むときにも、「亡霊の微笑み」[*4]をテクストの周りに呼び出すことができる。デリダは案外ユーモラスじゃないか！とすれば、亡霊たち、このまさに世界にとって過剰な存在に出会ったとき、人はハムレットのように縮み上がるほかないのか？　ベルリンの壁が崩壊して、社会主義が資本主義の明日であった時の流れの蝶番はなるほどリアルに外れてしまった。過去と現在と未来は、互いが互いの幻影であるかのように今ここの宙を同時に舞いはじめ、時間を亡霊たち――彼らは過去から現在に侵入してくる――の棲み家に変えてしまった。世界は即自的に「不気味なunheimlich」ものになったのだ。あるべきか、あらざるべきかと自問してしかるべきほどに、現実と幻影の区別はもはやつかない。脱構築主義は社会主義消滅後の市場社会を亡霊唯物論的にみごとに記述している！　しかし、今更ではないか。私が労働価値説の現実的な崩壊を指摘したのはいったいいつのことだ？　工場労働が資本主義にとってさえメインストリームの労働形態ではなくなり、非物質的な労働が価値を生む新たな源泉として立ち現れてきたとき、労働時間によって商品の価値を測ることは経済学者がマルクスの欠陥を云々するまでも

＊3　たとえば、Antonio Negri, *Kairos, Alma Venus, Multitude*, Calemann-Lévi, 2000.（『革命の秋』長原豊ほか訳、世界書院、二〇一〇年）を参照。
＊4　Antonio Negri, «The Specter's Smile», *Ghostly Demarcations*, edited by Michael Sprinker, Verso, 1999.（アントニオ・ネグリ「亡霊の微笑み」、マイケル・スプリンカー編『幽霊的線引き』未邦訳）

なく絵空事になっていたはずだ。いくら働いてもそれに見合った価値あるものが作り出されるとはまったくかぎらないのが非物質的労働だからである。時間をかければ売れる商品が作れるなら、資本主義は危機に陥らなかったであろうし、ミッキーマウスは著作権管理に汲々とせずにすんだであろう。時間の蝶番は、労働現場においてすでにとっくに外れていたのだ。社会主義が崩壊する前に、資本主義のただなかにおいて、労働が幻影的で空虚な営みに、労働生産物が亡霊になっていたのである。リアルにここにいる亡霊に。誰も働くことをやめていないのに、消えてしまっている労働。「そのとおり、まったくそのとおり」とデリダも相槌を打っている。もちろん「存在論の一語についてだけは別ですが」と付け加えることも忘れていないが。[*5] 彼には、生産の主体をゾンビではなくそう、つまり労働価値ではなく使用価値のほうを労働者のもとに取り戻そうという共産主義の企図は、「亡霊を追い払って、幻影の仮面の背後にある、プロセスの完全かつ実際的な発生のリアリティを回復しよう」という「古典的で伝統的で抑制不能の欲望」、つまり「マルクスにおいて私がもっとも問題だと思うことがら」に屈しているとしか思えない。そんな企ては「再-存在論化」にすぎない、と。[*6] ネグリに再反論の機会があったなら、こう答えたかもしれない。亡霊は現在のわれわれの糞便だ、片付けてどこが悪い? 自分の体から出た物体を「不気味だ」などというのは現実から目を逸らしているだけであり(unheimlich とは故郷がないという意味だ)、それはあるとき歴史的に亡霊になったのであり、永遠の昔から我々につきまとっていたのではあるまい。だから私は君のことをノスタルジックだと言ったのだよ。今とは未来に向けてゴミを片付けるカイロス的時間——これも蝶番を外れている——であり、それが「共産主義は現状を破壊する現実の運動である」ということの正確な含意なんだよ、私にはね。

いずれにしてもネグリが青年ヘーゲル派であるなら、デリダは老いたほんもののヘーゲル派である。一つの世界の〈生産〉はつねにすでに亡霊的であった——亡霊たちを追い払ってはかわいそうだ——と述べているようなものであるから。そういえば、アルチュセールはヘーゲルこそ脱構築の先駆だと言っていた!

しかしデリダでさえ『マルクスの亡霊』は陰欝な書物ではなく、陽気でコミカルな本なのだと認めており、ネグリへの彼の同意は、ネグリが誰よりもそのことを読み取ってくれた点に向けられている。笑いあう、二人の哲学者。スマイルは哲学上の差異に対しての過剰、しかも差異を無化するようなではなく、それを舞台の上に乗せて見えるようにする過剰として現れる。二人の哲学者がにっこりと微笑みを交わし合うときに、言い換えると和解などありえずましてや勝者もいないと互いに悟ったからこそ両方から笑いが表出される瞬間に、差異ははじめて純粋なもの、いかなる同一性にも回収不可能なものとして、感覚可能になる。心的かつ身体的状態の質的変化として、互いの眼前にこぼれ落ちる。それまでは闘うことで弁証法を実演していたにすぎないのである。

笑い声は風とともに消えるほかなく、そもそも微笑みにはコンシスタンスがない。それが過剰なものの宿命であるとしたら、亡霊の unheimlich なることを謳うデリダのほうがやはりリアリストであるのかもしれない。過剰は泡のごとく消えてこそ過剰、影か痕跡を地上に残して宙を漂ってこそ過剰と

＊5　Jacques Derrida, *Marx & Sons*, PUF/Galilée, 2002, p. 85.(『マルクスと息子たち』國分功一郎訳、岩波書店、二〇〇四年)
＊6　*Ibid.*, pp. 85-86.

考えるのが反形而上学的に一貫しているのかもしれない。けれども〈美〉があるではないか、地上には芸術作品があるではないか、とネグリは反論するだろう。これもわれわれから「外へ出た」生産物であり、かつ糞でないかぎりにおいてどこか超越的なところがあり、神が死んだ時代においてすでに消えていてもおかしくないにもかかわらず、いまだに存在している過剰なもの、商品の凡庸さには回収されない存在の過剰さの定在ではないのか。

根本的なところでは、ほんとうに問題の一切は、美を構成する存在のこの過剰がいったいどこから来るのかというところにある。人間労働の集団的プロセスの外からなのか内からなのか。存在の過剰を規定しようとすると明らかに、放心状態や歓喜のなかでは意見が一致しているのに、なぜこの作品を賞賛すべきなのかという問題に答えようという段になるや意見はばらばらになる。市場や下らない日常の繰り返しと断絶しようとするがゆえの努力や苦痛を味わってここまでやってくると、僕たちは疲弊してしまっている。美は、生に対するその過剰は、僕たちにものすごい感情の負荷をかけて、考え込ませると同時にいら立たせ、精神生活の二つの極限——オプティミズムとペシミズム——にまで僕たちを連れていってしまう。存在のこの過剰は僕たちを圧し潰してしまうのだ。この過剰に比べれば僕たちの経験はなんと悲惨であることかというふうにも、なんと僕たちはなにも経験していないことかというふうにも。どちらにしても、存在の力があらわになるとき、それは僕たちを無力なものにしたがっているかのように立ち現れるのだ。一回一回、僕たちは自分自身と美を発見する道を辿りなおすよう強いられるのであり、存在の過剰を美にすることを可能にしている集団的経験の二者択一を作りなおすよう求められるのである。歓喜で報われる前に、僕たちは苦しみ、歓喜のあとにも、苦しみがやってくる。どこから美がやってくるのか分からない、としているほうがどれだけ楽か。いったん美を感じてしまい、その力に呆然となってしまうと、この美が私を構成しているんだ、この神がわれわれなのだと言うことがどれほど苦しいか。[*7]

存在の過剰がコンシスタンスを獲得する極点としての美。過剰ゆえに儚く朧気であることをやめ、つまり自らにさえ過剰になり、逆に事物の現在の状態のほうを不安定なもの、過渡的なもの、幻影的なものと感じさせるほど〈存在〉するようになったとき、過剰はそれ自体で〈美〉になる。現在が指定する自らのありようから溢れ出るという過剰は、もちろんひとつの〈生成〉であるから、その存在たる美は存在と生成、「ある」と「動く」を逆転させるシフターにほかならない。それは生成の極点において「あり」、そのことで存在の自明性のなかに安らいでいるものを「動き」はじめさせる。絶対的に美しいものは、美しかったり醜かったりするものたちの群れのなかからひとり飛び出て、その超出の効果により、群れにざわめきをもたらすのだ。これはいったいどこから来たのか？ 答えは分かっている。今「ある」ものたちのなかからだ。「ない」ものからはなにも生まれようがないのだから。けれども、こんなものは見たことがない！ 革命もまたそうだ。革命もまた日々の運動の極点で

＊7 Toni Negri, *Art et Multitude*, pp. 66-67.（訳書一二七－一二八頁）

あり、それが起きるまでは運動の存在さえ人々は怪しんでいるにもかかわらず、あるいはその存在に気づいてさえいないがゆえに、終わりであるよりはひとつの絶対的はじまりとして人々の前に現れる。いったいなにがはじまったのだ？　革命は生成の真理を告げに到来するのではなく、誰もが動きはじめるほかないほど存在するのである。はじめて本格的に芸術を論じた『芸術とマルチチュード』において、ネグリは美と革命の〈同じ〉をどこまでも手放そうとしない。そう、ロマン主義以来の様々なモダニストたちとまさに同じように。まるで「過剰」とは「前衛」の別名であるかのように、今日の芸術的価値は「マルチチュードの生成を先取りする」とさえ述べられる。[*8] 未来派が、シュールレアリストたちが、さぞ喝采を送ったことであろう！　しかし「党」の解体を戦略的にではなく存在論的に主張した人間、ポストモダンを宿命として受け入れる人間が、美と革命の「ある」についてモダニストたちと同じ現実的な意味——つまるところ「指導する」だ——をそこに与えることができるわけもなく、次の言明はそのような変更こそを表示するものとして読まれるべきだろう。「芸術の自律はマルチチュードが創造的に活動するいたるところにある」[*9]。「前衛」はいたるところに撒き散らされるわけであり、どこにおいても可能な「過剰」に変わった。しかし、どこにおいても見いだされるのは市場であり、平々凡々たるどころか惨憺たる無力ぶりであり……。オプティミズム（「可能だ！」）とペシミズム（いたるところとは「どこか」ではなく、ゆえにどこでもない……）の分裂的共存だけがリアルなものとして残る。そこをぐるぐると回ることが「マルチチュードの哲学」であるとすれば、バディウの言うとおり、「マルチチュードの呪文をいくらとなえても、そこからいかなる政治的正義へも移行することはない」[*10]。ネグリも言っている。「我々は神秘のなかに生きている。美は神秘だ」[*11]。だから彼は微笑むのか？　どこからやってくるのか分からないと言っているほうが楽なくらい、その出所は汚辱にまみれているから、美という奇跡を前にもはや笑うしかないのか。そんなふうに、彼の言葉こそわれわれに「感情の負荷をかけて、考え込ませると同時にいら立たせる」。誰もが芸術家であり、誰もが生きた労働の創造力をすでに発揮しているなどとおめでたいことを言いながら、ヴェネチア・ビエンナーレは実に下らないと怒り、人間を痩せ細らせるばかりの労働などやめてしまえと扇動する、美ならぬ彼自身の分裂的共存からいったい何が生まれるというのか。

動揺だ。ネグリ自身が美を前にしておぼえる歓喜と絶望の隔たりにして不分明そのものだ。「すでに（勝利している）」と「いまだに（奴隷である）」の乖離としての現在に、蝶番の外れたわれわれの歴史的時間を変えてしまう賽の一振りだ。公共性にも公正にも、さらにはどんな特定の政治的正義にも至りつくことがなくとも、現在をひとつの状態からそれ自体として「動く」ものに変える〈表現〉は

＊8　*Ibid.*, p. 14.（同二二頁）

＊9　*Ibid.*, p. 12.（同一九頁）

＊10　もともとは一九三〇年代のエリー・フォールの著作に由来するというバディウのこの評言については彼の『ドゥルーズ　存在の喧騒』（鈴木創士訳、現代思潮社、一九九八年）とともに、それを引きつつ展開されたランシエールのドゥルーズ論を参照のこと。Jacques Rancière, «Deleuze, Bartleby et la formule littéraire», *La chair des mots*, Galilée, 1998.（『言葉の肉』芳川泰久ほか訳、せりか書房、二〇一三年）。前掲の拙著でもこれについては触れている。

＊11　*Art et Multitude*, p. 67.（訳書一三〇頁）

すでに政治的である。亡霊たちが浮遊し、現実と幻影が二重写しになって現代人をみなそれなりのハムレットにしてしまう粘着質なポストモダン世界に、マルチチュードの政治－哲学は〈すでに〉と〈いまだに〉の間の空隙を開ける。その世界のいたるところ、に。方向の定まらない市場的に無差異な全体を、巨大な分裂的共存へとその見え方を変える。どこにも至りつくことがないかに見える状態を、ひとつの絶対的はじまりと直感させる。それ以外に哲学において政治的であることの実質はあるのか？　アルチュセールとともにネグリもまた自らの哲学的範例としたマキァヴェッリは、新しい共和国の創設をそうした転回に賭けようとしていたし、同じくスピノザは転回の技法を考えた思想家として彼らには存在している。オペライズモ（イタリア労働者主義）の思想もまた然り。行き場のない今を「構成的な空無」に変貌させることだけが問題であって、その先の「どこか」へ導く必要などこの哲学的伝統にはないわけだ。どこにも至りつかないという批判は、この伝統からしてみれば、依然として誰かに指導してもらいたい自発的隷従の路線にほかならないだろう。解放や善を口にしながら、実はいまだに指導的スローガンの発明に政治哲学の要を見いだしている人々がなんと多いことか。美がもたらす「精神生活の二つの極限」はこの路線から抜け出すために世界が仕掛けた悦ばしき罠であろう！　たしかにあまりハッピーな罠ではないが、自力で抜け出すに十分な程度には希望に満ち溢れている。絶望ぐらいしてみろよ、世界はバラ色に見えてくるぞ、と言っているのだから。ハムレットの二者択一ではなく、キルケゴールのそれでもなく、〈肉が考える〉――「私」でも類的「われわれ」でもなく、この〈肉〉が――ということを手放さない唯物論者には、極の間の動揺は推移が可能な証拠でしかない。自称政治的リアリストたちよ、政治的であるということをはき違えるな。

政治を追い詰めるレーニン主義者スピノザ

2009.7

1

ネグリが描き出す「スピノザの根本的な思想は、少なくとも潜在的には、諸力の自発的な発展という考え方である。つまり、諸力に対応する諸関係を構成するための媒介は、原理的には必要ないということである」[*1]——ドゥルーズはここでなぜ、「少なくとも潜在的には」という留保を付さなければならなかったのだろうか。あるいはこの留保は、そもそもどういう意味において加えられているのか。『野生のアノマリー』はおろか、ネグリ思想全体の受け止め方を決定づけたと言ってよい、ドゥルーズによる同書への序文には、いつもの彼らしい明快で力強い要約の仕方に加えて、どこかおずおずとしたところがたしかにある。ネグリの「テーゼについて議論し、反論を、あるいは是認さえも、性急に行うことは適当ではないとわたしには思われる」[*2]。「われわれの第一の任務は、これらのテーゼの射程をよく見てとり」[*3]……。社会契約や〈国家＝媒介者〉の理念を徹底して排除する反法制主義（第一テーゼ）というネグリ的スピノザ把握の根本的立場と、進歩主義的ユートピアから革命的唯物論への進化（第二テーゼ）という、初期スピノザから後期スピノザへの移行にかんするネグリの解釈を、この上なく簡潔にまとめて見せたあとになお、二つのテーゼの「射程」はまだ見えていない、と示唆する。「未来の哲学」たるスピノザの「新しさ」を見せてくれた著作として『野生のアノマリー』を絶賛してなお、二つのテーゼについては「是認さえも」行わないのだとわざわざ述べる。とすれば、「少なくとも潜在的には」は、顕在化が足りないという不満の表示であるのか。そして「進化」をより推し進めれば、潜在的思想が顕在化し、われわれは「未来の哲学」に追いつくことができるのか。第一の任務を果たしたあとには、古いユートピア的イデオロギーの残滓が一掃され、われわれは完全に「諸力の自発的な発展」の立場すなわち、共同性にかんする無媒介的構成主義の哲学を手中にしているのか。ネグリよ、ドゥルーズ主義者たらんと欲すれば、あと一歩だ!?

　ほとんどのネグリ把握は、実際、そのようなものであるだろう。ネグリはドゥルーズの一種の自然哲学ないし形而上学を、マルクス主義的言葉遣いで敷衍して単純化し、「革命的唯物論」なる意匠をまとわせているにすぎない、ネグリの「真理」はドゥルーズである、等々。密かに口にされるそのような診断を、いったい何度耳にしたことか。そしてネグリ自身、それに抗うどころか、進んでそのように思われたがっているようにさえ、ときに見受けられる。なにしろ『千のプラトー』が、今日の「史的唯物論」なのだ[*4]。階級闘争のあとに「フレンチ・セオリー」が。マフィアと赤い旅団の田舎から、「スキゾ」たちの都会への亡命。

しかし、「諸力の自発的な発展」を「大衆暴力の自然発生的昂進」と読み換え（「自発的」と「自然発生的」はヨーロッパ語では同じである）、「諸力に対応する諸関係」を端的に「ソビエト」だと、さらに「構成」を「組織」だと、そして「媒介」を「党」だと思ってみる。すると、『野生のアノマリー』のあとネグリ自身が『構成的権力』で行っているこの置き換えは、「スピノザの根本的な思想」を、大衆（マッセン）ストライキと党とソビエトをめぐって展開されるローザ・ルクセンブルクの革命思想に近寄せるはずである。序文のドゥルーズを、少なくとも潜在的には、ローザ主義者にするはずである。たしかにローザは決してドイツ社会民主党の解党を主張したりはしなかったが、彼女にとって大衆叛乱はそれにもまして決して、党が作り出すものではなかった。「不意に号砲一発、ある晴れた日に党の一片の指令がくだって『作られる』大衆スト、などというのは、もとより子供っぽい夢想にすぎず、アナーキストの妄想にすぎない」[*5]（「つぎはなにを」一九一〇年）。ソビエトもまた、ボルシェビ

＊1　ジル・ドゥルーズ「序文」、アントニオ・ネグリ『野生のアノマリー』（杉村昌昭・信友健志訳、作品社、二〇〇八年）一二頁（強調引用者）。
＊2　同、一六頁。
＊3　同。
＊4　アントニオ・ネグリ「『千のプラトー』について」（鈴木創士訳）、宇野邦一編『ドゥルーズ横断』（河出書房新社、一九九四年）に所収。「『千のプラトー』はわれわれの時代にふさわしい歴史的唯物論の復興を告げているのだ。われわれの時代は、それを立証する革命的な出来事を待ち望んでいるのである」（四九頁）。

キが組織したものではなく、レーニンの党にとって、この「革命的自己統治の機関」はすでに「ある」ものにすぎなかった。ローザはこれを評して言う、「生きた弁証法的進展は（…）組織を闘争の産物として誕生させる」[*6]。「人が革命的になることを押しとどめることはできない」とどこかで言っていた[*7]ドゥルーズは、大衆暴力の自然発生性を、党の存在そのものと運動に対する党のヘゲモニー獲得の前提としていたローザ・ルクセンブルクと相通じるところをもっている。彼女にとって自然発生性とは日常意識に拘束された労働者の経済主義などではなく、大衆叛乱をつねにそこにあらしめるものであり、いかに人々を革命的にするか、叛乱に導くかなど、考えるには及ばない。自然発生性を見下し、運動の至上の媒介者、組織者としての党イメージを高く掲げるレーニン主義は、逆に労働者の自己統治を圧殺するであろう。いかにレーニンが、労働者農民の「アナキズム」を党的介入の前提にしていたとしても[*8]、彼の課題はそれを「統制する」ことにあったではないか。

だからネグリは「労働者権力《ポテーレ・オペライオ》」なる党を解散したのか？　然り。七〇年代初頭の大衆叛乱に対する彼の態度は、間違いなくアナキズム的な肯定であった。そこにある叛乱に内在している暴力を解放し、それに武装の質を与えるために、指令機関は退かねばならなかった。「武装を！」というスローガンは、運動に投げ入れられるまでもなく、そこに「あった」のだ。そして「底辺委員会」というソビエト組織が、党組織によってではなく闘争そのものによって生み出されていたのだ。しかしこの時代のイタリアにおいて、ローザ主義の党は「継続闘争《ロッタ・コンティヌア》」であり、こちらの党も大衆叛乱の巨浪を被り解党したものの、「労働者権力」はあくまでもレーニン主義の党であり、ネグリもまた、『構成的権力』においてなお、ローザを批判するレーニンに与《くみ》している。ではレーニンもまた、少なくとも潜在的には、すでにスピノザ主義者であったということか？　では、「革命的自己統治の機関」であることに加えて、ソビエトに「蜂起の機関」たることを求めたレーニンは？　少なくとも、スパルタクス団の蜂起は挫折してドイツ革命は敗北し、ボルシェビキの十月革命は勝利した……。「進化」の徹底が「少なくとも潜在的には」という留保の解除すなわち、「諸力の自発的な発展」の顕在化に存するとしたら、

＊5　ローザ・ルクセンブルク「つぎはなにを」（野村修訳）、『ローザ・ルクセンブルク選集』2（現代思潮社、一九六九年）一一六頁。
＊6　ネグリはローザのこの言葉（「大衆ストライキ・党および労働組合」、一九〇六年）を『構成的権力』のなかで二回引いている。アントニオ・ネグリ『構成的権力——近代のオルタナティブ』（杉村昌昭・斉藤悦則訳、松籟社、一九九九年）三八〇頁、四〇二頁。
＊7　たとえば、クレール・パルネによるインタビュー（テレビ番組、*L'Abécédaire de Gilles Deleuze* として放映され、ビデオ作品として販売されている）のなかで。ネグリとの対話「管理と生成変化」（宮林寛訳、『記号と事件』、河出書房新社、一九九二年に所収）にも同様の記述がある。
＊8　この点については何よりも、長崎浩の諸論考を参照すべきである。たとえば『結社と技術』（情況出版、一九七一年）に収められた同名の論文および「大衆にたいしてストイックな〈党〉——レーニンの結社」。本稿におけるローザ・ルクセンブルクとレーニンをめぐる議論は、いわば『構成的権力』における二人をめぐるネグリの議論と、長崎の「結社」論を突き合わせることで成り立っている。筆者としては、長崎が「あとは実践の問題という一歩手前まで進めた」という理論的考察を、ネグリの政治論にかんして「もう一歩だけ」進めてみたつもりである。「アナキズム」が問題にならない「哲学」と、問題にせざるをえない「政治」の中間地点に、本稿はある。

ほかならぬマルクス主義の歴史が、「革命的唯物論」を「未来の哲学」にするどころか、それに「過去の失敗」という烙印を押すはずである。

一方において、ドゥルーズには二〇世紀のそんな歴史に拘泥しない風がある。存在論としての『エチカ』から、スピノザのこんな政治把握をあっさりと取り出して見せる。「それはアンチ・ヒエラルキーの思想である。極言すれば、それは一種のアナーキーである。存在のなかに存在者たちのアナーキーがあるのだ」[*9]。諸力の自発的発展の思想を政治において顕在化すればアナキズムになると言い切ることに、ドゥルーズは微塵の躊躇も見せない。すべてにかんして「ある」は同じ意味において「ある」であると認めることを基底に据える存在論は、すでにドゥンス・スコトゥスの時代（一三世紀）から、一者の哲学への潜在的脅威であり続けていた——特別の存在性格を有さずして、いかに一者は一者たりえようか——が、ドゥルーズにとり、スピノザの様態の哲学は「ある」を絶対的平等化の原理として、ルネサンス世界が終わりを告げる一七世紀にまさに顕在化させているのである。第一のスピノザから第二のスピノザへの進化は、存在の一義性論議から存在論＝倫理学（エチカ）への進化ないし、倫理学としての存在論の顕在化を反復しているだろう！　アナキズムは反復されるこの過程の一極に姿を現す、まさに反復される基層にほかならない。ドゥルーズには、この反復そのものを「自発的な発展」として肯定することに躊躇《ためら》いはないはずだ。だが他方、ドゥルーズには哲学者としての節度がある。過程の一極が「政治把握」だとすれば、つまり、そこは政治の場所であり、かつ、ある政治的ビジョン——アナキズム——として潜在的なものは顕在化しなければならないとしたら、政治をめぐる思考は、存在論＝倫理学＝哲学のある終わりに置かれるのではないか。スピノザが「未来の哲学」であるのは、一つの哲学を「閉ざす」ことで別の思考領域を開いてしまったからではないのか。それにかんして、すでに普遍の学であった哲学、アナキズムという最終解答をすでにそれに与えていた哲学は、いったい何を口にすることができるのか？　実際、存在の一義性の政治的含意をすでに十分に論じていたとも言えるドゥルーズの『差異と反復』[*10]には、「政治」の概念は、単なる語としてさえ、ほとんど登場しないのだ。[*11]政治はドゥルーズ哲学の概念ではない。それは政治的思考を外に置く、外として承認することで内在性を獲得する、言い換えれば外の不在を主張する権利を自らに与える哲学である。これに対し、ネグリによるスピノザの強引とも受け取れる政治（主義）的パラフレーズは、

＊9　ジル・ドゥルーズ、一九八〇年一二月一二日の講義。www.webdeleuze.com で読むことができる。ネグリが「存在論」という語を使うときには、ドゥルーズが『エチカ』を「純粋存在論」と呼んだ文脈を前提にしているはずである。この点についても、同サイトに上がっている七〇年代末のドゥルーズによるスピノザ講義が数々の「証拠」を提供してくれる。もちろん、ネグリは当時獄中にあり、講義を聴けたわけはなく、ドゥルーズが『スピノザと表現の問題』（一九六八年）の一〇年あとに強調するようになった「存在論としての『エチカ』」あるいは「『エチカ』こそ存在論である」という読み方を、ネグリは同書および『差異と反復』（一九六八年）における短い記述から、独自に全面展開していたことになる。

＊10　たとえばすでにこうある。「存在の一義性は（…）存在の平等を意味する。一義的な〈存在〉は、ノマド的配分であると同時に、戴冠せるアナーキーであるのだ」（『差異と反復』財津理訳、河出書房新社、一九九二年、「第一章　それ自身における差異」七一頁）。

＊11　筆者はそれを数えてみたことがある。アルチュセールについて触れたところにほんの数例あるだけであった。

アナキズムが大衆叛乱として「そこにある」ことから出発する思考が現に存在したことを思い出させずにはいない。絶対的平等が結語ではなく、単なる前提である思考が。ローザのみならず、レーニンにあってさえ、ソビエトが見せる「自己統治」すなわちヒエラルキー不在の特異な管理は、さて、ではどうするか、と問いがはじまる単なる事実性を表示していたにすぎないのである。過剰に政治（主義）的な読解が、マルクス主義の歴史の全体を、中世期以来の哲学が一つの連続性と内在性を得る境界線につなぐ。中に押し込めるのではなく、外へと分離するのでもなく、中を「未来の哲学」に向かって開くようつなぐ。だからこそ哲学者には「是認」すらできないのだ。まして、哲学の内部に入ってくれない以上、「反論」も不可能である。ドゥルーズによる『野生のアノマリー』への留保は、哲学者としての類まれな慎み深さをこそ表現しているとみなすことができるだろう。この哲学者はあくまで倫理的なわけである。とはいえ、政治のほうから見た場合、それは何より存在論としての哲学に接合される箇所において固有の思考領域としての生を得るのであるから、「真の政治は形而上学である」[*12]。哲学につながれない政治（学）は、政治的思考の自立性の名において、単なる力学的世界観や法制主義、あるいは超越的な「正義」なるものに回収されてしまうだろう。このときには形而上学もまた一つの、真ならぬありふれた政治（学）なのであり、結局のところ、政治と形而上学（哲学）は、政治＝形而上学のその等号を「差異」の記号として読み取るべき関係に置かれており、ドゥルーズの留保は、不満よりもそうした「＝」を表示しているだろう。行為遂行的に。

2

哲学と政治のこの関係から出発して、ネグリの描き出す二人のスピノザについて再考してみよう。彼によると、『エチカ』前半部までの第一のスピノザは、新プラトン主義との曖昧な関係のなかにとどまっていた。実体‐属性‐様態の系列は、ちょうどマルクスがヘーゲル弁証法への自らの「依存」を「媚びている kokettieren」と語った[*13]ように、流出論に依りかかって説明される。一者たる実体からの規定が、属性を経て、様態の実在を支える機制として、この系列は叙述される。しかし汎神論は同時に存在の一義性の立場である。それは、説明以前のことがらであり、かつ、実体と様態に別の意味における「ある」を許さない。流出論的な「説明」を施そうとされる根本的な立場が、説明が想定する一者としての実体＝全体の「優位」を、突き崩すのだ。同じ資格において「ある」かぎり、全体性は個的存在の「上に‐ある」（＝規定する）ことができず、様態はそうした実体からの規定を逆に壊乱するものとして、自らの存在を主張するようになる。上から規定されるように「ある」のではない、これが様態の「ある」である。規定の拒否が「神即自然」の汎神論をかろうじて維持させる。ネグリ

＊12 『野生のアノマリー』四七〇頁。
＊13 有名な、『資本論』第二版「後記」において。「私は自分があの偉大な思想家の弟子であることを率直に認め、また価値論に関する章のあちこちでは彼に特有な表現様式に媚を呈しさえしたのである」（大月書店版『マルクス・エンゲルス全集』23ａ巻、二三頁）。

が「曖昧な関係」と呼ぶこの関係を、ドゥルーズは存在論的アナキズムと断じたのである。しかしネグリにとっては、上からの規定と下からのその壊乱との間にいわばうまくバランスが取れていると見ることもできるこの状態は、最初の「市場のイデオロギー」を表現している[*14]。全体による一方的な規定——構造的決定と言い換えてもよい——でも、端的な無秩序でもない「調和」の世界。ネグリの目には、一七世紀オランダに、すでに終焉を迎えたルネサンス世界と、いまだ訪れぬ絶対王政の近代の間隙を縫って出現した異例の初期資本主義が、『エチカ』前半部までのスピノザにイデオロギー的な表現を見いだしている。存在論的アナキズムは裸のまま、それとして露呈されてはおらず、反法制主義は、いまだ階級分裂を知らぬ資本主義の「理論的」称揚という形態をとっているのである。ドゥルーズが抽出した第一テーゼと第一のスピノザの間には、「形態をとる」という、距離の在でも不在でもある間隙が横たわっている。存在論はまだ少なくとも、直接的に自らの政治を語ってはいないのだ。

言い換えるなら、「進歩主義的ユートピア」時代のスピノザにあっては、固有の政治はまだ「出発」しておらず、存在論的アナキズムの特殊な投影のうちに、投影として、とどまっている。歴史的に異例のオランダに、一つのあり方を発見しているにすぎない。このとき形而上学＝政治の「＝」は、別の思考を誕生させる合図ではなく、射影関係の閉域を完結させる記号にすぎないのである。要は単なる反映論である。今日、『〈帝国〉』と『マルチチュード』について見られるほとんどの批判は、ネグリをこのスピノザと同一視するものと言ってよいだろう。世界市場の暴走にマルチチュードのアナーキーを発見する「後期資本主義のイデオローグ」（スラヴォイ・ジジェク[*15]）、アントニオ・ネグリ！「帝国」は新自由主義市場の鏡像にすぎない（金子勝[*16]）——汎神論が決定と被決定を均衡させる市場の鏡像であったように。

さらに言い換えるなら、「進歩主義的ユートピア」は、個別利害を調停する自立した審級としての政治、個的存在を媒介する政治が必要なく、存在論的平等の「政治」がそれ自体で存在するとみなす点で、ユートピア的である。要するに、市場だけあれば、特に政治は必要ないという「政治」思想である（いったいどれほどのネグリ批判がネグリをいまだにこの思想に帰していることか……）。それがユートピア的であることは、オランダの異例性が長続きしなかった（秩序と無秩序の調和が、民衆によるデ・ウィット兄弟の虐殺とともに、まさしく異例のものに終わった）歴史が証明しているものの、スピノザを特異な哲学者となし、「革命的唯物論」を創設させるにいたった脱ユートピアの方法は、社会契約によるのであれ、征服によるのであれ、市場的市民生活の「上」に自立した政治を構想するやり方――いわゆるリアリズム――に回帰しないところに、その真骨頂を見いだす。国家的共同性を様態世界という「下」から政治的に構成する、第二のスピノザだ。反法制主義的な存在論的アナキズムを前提に、あるいは出発点に、そしてそのアナーキーを「直接的」に実現するため、ほかでもない国家を構想しようというアクロバットに挑むスピノザである。おそらく、多少ともネグリやドゥルーズのスピノザ

＊14　新プラトン主義との「曖昧な関係」および、それが最初の「市場のイデオロギー」であることについては、『野生のアノマリー』第一章「オランダという異形」を参照。
＊15　スラヴォイ・ジジェク『否定的なもののもとへの滞留』（酒井隆史・田崎英明訳、ちくま学芸文庫、二〇〇六年）の第六章に「スピノザ主義あるいは後期資本主義のイデオロギー」という節がある。
＊16　金子勝「金融資本主義の終焉」、『情況』二〇〇九年一・二月合併号。

論をまともに読んできた人々は、ここまでのところは容易《たやす》く承認するだろう。ネグリのスピノザは決して、反国家主義（犯罪が共同体により処罰されないような）ではない。そして、理解したうえで、人は途方に暮れる。そんな構想は、ユートピアどころか、たんなる背理ではないのか？　アナキズムは歴史的に見て、市場のような「自発的」メカニズムに密かに逃げ込むか、爆弾を投げる口実に民衆の名を持ち出すに終わったではないか？　あるいは国家以前の小コミューンに甘んじるか。文学的哲学者がアントナン・アルトーに狂喜するだけならいざ知らず、アナキズムを国家に転生させようとは！

けれども、かかる思考停止こそ、形而上学に等しい政治の固有性を手放した証左にほかならないだろう。なぜなら、政治的構成の問題を、社会契約論や征服国家論と同じような国家の理念的構成の問題に、つまり一つの別の形而上学に、すでにすり替えているからである。またつまり、ある形而上学に等しい政治の固有性を、別の形而上学のなかに回収しているからである。ブルジョワジーのマルクスであるホッブズに、プロレタリア革命論に取り組むよう求めるのが背理であるのと同じ意味で、スピノザ国家論は背理なのだ。しかし、国家を死滅させる国家というプロレタリア独裁はたしかに背理であったけれども、プロレタリアートはすぐさまそれに背を向けたか？　何よりも指摘しておくべきは、背理なるものの理論的資格が、政治的構成問題にあっては、法制主義とは異なっているということだろう。背理は理論にとって最大の危機である。恐慌がブルジョワジーにとって、無政府状態が政府にとって最大の危機であるように。だから危機を乗り越えるべく、危機を存在論的な地平として（＝潜在的かつ恒常的な脅威として）、ホッブズは、危機を招来せしめる可能的力すなわち力能をすべてあらかじめ主権者に委譲させる国家装置を考え出した。アナーキーは文字通り、国家の内に抑えこまれている。オランダの共和主義にとり希望の星であったデ・ウィット兄弟の虐殺にまで進んだ民衆のアナーキーに直面したスピノザは、しかし、これとはまったく逆の方向を辿る。味方を殺すというこれ以上ない背理を内包した大衆叛乱の矛先を、主権国家そのもの、つまり「秩序」に振り向けるのである。力能の委譲をともなわない「国家状態」の構成へと自然発生的暴力を自発的に向かわせる、ただそれだけである。殺害の前日に機関紙に書いた論説を次のように結んだローザ・ルクセンブルクを、スピノザは方法論的に「引き継ぐ」。

ベルリンの秩序は維持されている！　ほざくがよい、鈍感な権力の手先どもよ！　おまえたちの「秩序」は砂の上の楼閣だ。あすにも革命は「物の具の音をとどろかせてふたたび立ちあがり」、トランペットを吹きならして、おまえたちの驚愕をしりめに、こう告げるだろう――わたしはかつて在り、いまも在り、いつまでも在る！[*17]

かつて在り、叛乱のなかにいまも在る力能を、いつまでも在らしめること。この方法にとり、危機は一つの状態でしかない。危機を元手に新たな存在論的地平が作られる（危機が地平を包摂する――抑えこむ）のではなく、存在論的地平のほうが危機を取り込んでいる――自らのありうべき一つの状

*17　ローザ・ルクセンブルク「ベルリンの秩序は維持されている」（野村修訳）、『選集』4、一八七－一八八頁。

態として直視している。それを背理とみなしてあらかじめ退けることができるのは、すでに「危機管理国家」の立場を一度かぎり永遠に選んでしまっている者だけだ。ネグリ的スピノザへのアレルギー反応は、反応主体の立場をこのように照らし出さずにはいない。そして教える。煎じ詰めれば、危機への恐れを抱き続けて服従を生きるか、危機を受け入れ闘うか、そのどちらかの違いしか、出発点には存在していないのだ。どちらがリアルかは、リアリズムの定義しだいであり、いずれにしても背理＝危機は、それぞれ別の仕方で、存在するのをやめない。とはいえ言ってしまえば、「そもそも統治形態、国家形態の理論のさまざまな規定に従ってスピノザの政治像を定義しようとするのはあまりに無意味だ[*18]」。国家状態の「下から」の政治的構成は、出発点における存在論的力能が「無限」とされている以上、終わりがないと見定めるべきである。「力能がなしうるに相当するだけの権利」という、構成すべき国家状態のほぼ唯一の構成原理――どのような「憲法」をそこに与えればよいか――にとって、書き込むべき権利の制限は、力能の無限という性格に照らして、やがて超えるべき暫時的状態記述でしかありえない[*19]。ネグリにとりスピノザ国家論は「国家」論ではなく、一つの永続革命論でしかないのである。国家 État 論に最大限媚びる言い方をしても、過程のなかの状態論 état でしかない。ローザ・ルクセンブルクの革命運動論を、誰が国家論でないとの廉で退けるか？　端的に、問題の土俵がよそへ移されていると考えるべきであり、ルネサンス終期のオランダ共和国に相応しい「状態記述」はいかなるものであったか、という歴史的諸条件にかんする問題として以外に、スピノザの絶対民主主義の制度的「形態」についてあれこれ述べても「あまりに無意味」だろう。二〇世紀初頭のロシアにあった歴史的諸条件に照らして、レーニンの企図の正当性と限界を論じたヴェーバーと、世界革命が実現されるまで停止しようもないローザ的永続革命のちょうど中間地点[20]に、スピノザ問題は、さらに政治的構成問題は、置かれねばならない。

つまり、法制主義が想定する「上へ向かっての」力能-権利の委譲と、「下からの」権力の構成とは、根本的に非対称なのである。個別利害／個的存在としての「市民」をもとに理念的に構想される共同性と、「階級闘争」を通じ、市民的共同性はブルジョワジーの特殊利害に被せられるイデオロギー的意匠であると暴きながら、実践的に構成されるプロレタリア的共同性とは、相克という接点をもちこそすれ、同じように国家である存在の異なる形態ではありえない。接点を分岐点に、問題はよそへ移っていく。どこへか？ 文献的にははっきりしている。『野生のアノマリー』のあとには、『構成的権力』が書かれた。後者はつまり、形而上学がひとまず自らを閉ざしたあとに、閉ざすことで開かれた政治をめぐる書物である。この移行はそのまま第一のスピノザから第二のスピノザへのそれを反復しているだろう。汎神論と市場が反映的にそれぞれの状態を他方に書き込む静態的ユートピアから、そんなユートピアも一つの幸福な異例性にすぎず、危機を当然の可能性として受け入れる動態的状態過程論への。分かりやすく言えば、空間から時間への移行である。いずれも他方を欠いては次元

＊18 『野生のアノマリー』四七五頁。
＊19 同、第八章の「2 力能のなしうるのに相当するだけの権利」の全体を参照。
＊20 レーニンを間に挟んで、ヴェーバーの「社会学的」視点とローザの「革命論」がちょうど対称的な位置にあることを、ネグリは『構成的権力』第六章「3 社会主義と企業」において論じている。あるいは、そのようにレーニンを見る視点を提出している。

として存立しえないという点では、二人のスピノザ、二つの政治は並存し、絡み合い、他方を消去することはできないが、両者は決して交じり合い、混同されることはない。国家－状態論を欠いた永続革命－過程論は空論でしかないが、自主管理－自己統治論として固定されたソビエト論は、スターリニズムを導く。

3

われわれはここでしかし、ドゥルーズの留保、あるいはむしろ沈黙へと連れ戻される。状態が推移する動的過程として第二のスピノザに固有の問題を切り出すとき、そのどこに、ことさら政治と呼ばねばならない因子はあるのか。ドゥルーズは実際、同じ過程をあくまで『エチカ』の諸概念に忠実に、情動 affects が相互に働きかけあい、身体 corps を合成したり解体したりする生態学として記述している。[*21] もちろん、その全体を政治と呼ぶことにスピノザ自身は何の痛痒も感じてはいないものの、[*22] それは人間の集団的生にあっては、ことさらに政治的ではないことがらは何もない、したがってことさらに政治的なことがらもまたないという条件を積極的に引き受けることによってであった。状態の推移過程の全体を政治と呼ぶことは、政治なる概念を捨てる道でもあった。そしてこれは、ネグリが採用する道ではない。というより、「政治的解放と経済的解放がひとつのものでなければならないという唯物論的規則[*23]」あるいはマルクス主義の原則を守ろうとするネグリにとっても、「政治の自律という観念の欺瞞を打破する[*24]」ことは至上命題であるものの、この「打破」は哲学者の用語選択により遂行されるのではなく、あくまでもプロレタリア革命の実践問題であった。捨てるべきであるが捨てることが哲学者にはできない観念として、ネグリの「政治」はある。「分離したカテゴリーとしての政治的なものの消滅[*25]」を目指すのが、政治的構成の過程（つまり構成的権力の行使）であり、したがって、その「消滅」がネグリの狙い定める「政治」なのである。カテゴリーの消滅は、理論の次元における問題設定の変更として問題にされるのではなく、固有の現場をもつ過程として捉まえられており、そこが「構成」として問題化されている。政治的なものは政治的なものによってしか消滅させられない、この同語反復がネグリにおける固有の政治問題にほかならない。

だからこそ、彼は最終的に、ローザの「党内闘争における日和見主義」を批判するレーニンに与することになる。大衆叛乱の暴力的成長が得られさえすれば、党組織内の問題は自動的に解決する（まさに激浪に呑まれて）かのごとくに期待するローザを、ネグリはほとんど教条主義的レーニン主義者の調子で断罪する。「いっさいの断絶を知らない連続性を革命過程のなかに投影して、とりわけ経済的要求の問題と政治的要求の問題との間の非連続性（…）を無視する[*26]」。「創造的相貌のなかにおいて政

＊21　ジル・ドゥルーズ『スピノザ——実践の哲学』、鈴木雅大訳、平凡社、一九九四年。
＊22　『別冊情況——68年のスピノザ　アントニオ・ネグリ『野生のアノマリー』の世界』に収録されているローラン・ボーヴの論考、「政治、『私はそれを人間の生のことと理解する』——スピノザにおける民主主義と正統主義」（市田良彦訳）を参照のこと。スピノザのこの言葉は『国家論』五－5にある。
＊23　『構成的権力』六六頁。
＊24　『野生のアノマリー』四四〇頁。
＊25　『構成的権力』三六一頁。

治的なものと経済的なものの区別をなくす」[*27]ことを旨としているはずのネグリが、ここではまったく逆に、ローザにおける政治的なものと経済的なものの「連続性」を非難している。肯定的に追求される「政治的なものと社会的なものの非分化」[*28]と、日和見主義として否定される両者の「連続性」とを分かつものこそ、〈政治を消滅させる政治〉の固有性と実定性があるかないかという基準なのだ。定式として述べられる事態が同じであっても、それが埋め込まれる現場にあっては、目的意識的に目指されているのか、つまり定式はまだ現実的に不確定であるのか、それともすでに原理として客観的に作用しているとみなすか、は、まったく異なる「路線」を形成すると言わねばならない。「政治的であると同時に経済的である」とされる、『経済学批判要綱《グルントリッセ》』（以下『要綱』）から取り出された「生きた労働」の概念に[*29]、過程の構成主体の資格を与え、生産関係の形而上学よりは生産力の形而上学を、と主張するネグリは、経済的な生産力が発達すれば、政治的に生産関係が更新されると定式化したスターリンからは遠く、また、疎外による経済と政治の分離はいつか主体の全一的活動により脱疎外されるだろうと考えるフォイエルバッハ主義からも遠く、その脱疎外こそすぐれて政治過程を構成するとみなす政治主義者である。この政治をスピノザに則して述べれば次のようになる。「スピノザは、正義を構成しながら正義を破壊する。つまり世界を構築しながら、世界を支配する可能性を排除する」[*30]

七〇年代、まだイタリアにいたころのネグリにあっては、この政治は、次第に組合運動の経済主義に回帰していく傾向を見せる「労働者主義」（オペライズモ）と、街頭占拠闘争を経て「赤い旅団」的武装への傾斜を強めつつあった「主体主義」（＝主意主義）の両方に対する二正面的批判を通じて、それとして分離抽出しようとされていた。両者の折衷的妥協というより、両方から独自の立場としてもぎ取られようとしていた。『マルクスを超えるマルクス』は、その軌跡として読むことができるだろう。「客観主義的立場（経済学）と主体主義的立場（政治）へのマルクス主義思想の分裂は悔やまれる」[*31]。槍玉に上げられている客観主義は直接的にはむろん、第二インターの経済主義であり、イタリア共産党の構造改革路線であるものの、次第にフォーディズム的生産形態の成功そのものに「労働者の力」を二重写しに読み取り、プロレタリアートを鼓舞するという大義名分でフォーディズムそのものを称揚する傾向まで見せていた「労働者主義」――この成長はわれらの力なり！――も、そこに含まれていることは疑いない。そして当時の主体主義は、武装集団をもって権力機構に直接の打撃を与えることが権力闘争としての階級闘争であるとみなしはじめていた。その双方から隔たったところに確保される立場は、理論的にはひとまず簡潔に定式化されうる。「経済理論の中心には階級闘争、政治がある」[*32]。「経済的なもののなかに政治的なものを投げ入れること」[*33]。客観主義（経済主義）に対し

＊26　同、三八三頁。
＊27　同、六七頁。
＊28　同、三六一頁。
＊29　同、六七頁。
＊30　『野生のアノマリー』四〇七頁。
＊31　アントニオ・ネグリ『マルクスを超えるマルクス』（清水和巳・小倉利丸他訳、作品社、二〇〇三年）二五六頁。
＊32　同、二五一頁。
＊33　同。

ては、「資本主義的関係は直接的に政治的権力関係である」[*34]ことを論証するテクストとして『要綱』を突き出し、主体主義（政治主義）に対しては、「政治的なもの」はあくまでも「経済的なもの」の中心に、経済（学）の自立不可能性として発見されるのだと釘を刺す。経済的なものと政治的なものが微分的に分割－接合される識別不能地帯を、分離抽出すること。二つのものの未分化状態を分化させること。それが経済学を政治的に読むという課題あるいは戦略において目指されていたことがらである。そして『要綱』において作用する独自の論理として発見されたのも、この戦略と目標そのものを形式化した論理だった。敵対の弁証法（さしあたって資本と労働の間の関係を参照して言われる）は、主体を客体として、つまり主体＝客体として分離－自立させるところにまで進むほかない「形成」の論理だ、というわけである。「（敵対性のなかで）徐々に主体の基線が出現し、ますます物質性をまとうようになり、最終的には現実の階級形成を規定するにいたる」[*35]。「分離は、それがかつて身を隠していた過程の内部から、突然外部へ転移し、独立した主体の形態をとる」[*36]。「二つの主体性が、相互に破壊しあうまでに、転形する」[*37]。敵対関係の継続により、識別不能地帯が、識別可能になるのだ。のちに『構成的権力』において「弁証法の開放」として記述される事態である[*38]。

ここに一種の御都合主義を読み取ることはたやすい。ネグリは『要綱』に、あらかじめ発見しようとする手続き（過程 processus でもある procédure）を、その手続きにしたがって実際に発見しているのである。おまけにその手続きについては、マルクスが潜在的に発明していたものをネグリが顕在的に抽出したとも言いがたい。「プロレタリアート」を「階級へと形成する」という『共産党宣言』の有名な文句を一つの独立した理論－実践問題に高めたのはルカーチであるのだから。アルチュセールは、マルクスの哲学を発見するためにマルクスの哲学をマルクスに適用するという方法を、ネグリに先立つこと十年前に徴候的読解と呼んでいたが、[*39]アルチュセールはやがてそののち、これではマルクスの哲学を想像的に捏造するに等しいのではないかと呻吟するようになった。[*40]ネグリもたしかに、マルクスの政治をめぐって『要綱』に徴候的読解をほどこしている。また、経済学理論の「中心」に一種の非決定の場として政治的なものを見いだす（あるいは、そのようなものとして政治に場を与える）という構えは、どこか宇野弘蔵の経済学原理論における「労働力商品」を想起させずにはいない。[*41]しかし「発見された」手続きは、それにしたがえば自然に、あるいは論理的に終点に導かれる道程ではなく、未分化性を自立させよ、階級形成を行え、つまるところ、現在は存在していないとされるものを

＊34 同、二五九頁。
＊35 同、二六〇頁。
＊36 同、二六七頁。
＊37 同、二六九頁。
＊38 『構成的権力』、第六章「1 革命的唯物論のなかにおける構成的権力」。
＊39 ルイ・アルチュセール「『資本論』からマルクスの哲学へ」、『資本論を読む』上（今村仁司訳、ちくま学芸文庫、一九九六年）。
＊40 たとえば、ルイ・アルチュセール『哲学について』（今村仁司訳、筑摩書房、一九九五年）を参照。筆者によるアルチュセール未定稿の調査では、同様の懐疑は晩年、何度も記されている。基本的には、六〇年代にレイモン・アロンから投げかけられた「空想的マルクス主義」という批判的規定を、結局は否定しきれないとの思いを吐露している。

存在せしめよ、というほとんど無理難題のような指令である。政治における処方箋からは程遠いうえ、政治そのものが定義されたのではなく、政治を消滅させる条件が一個の指令として提示されたにすぎない。ネグリによる徴候的読解は、われわれを『哲学の貧困』の次の地点に立ち返らせる。「大衆は、資本に対してはすでに一個の階級である。しかし、まだ大衆それ自体にとっての階級ではない。（…）闘争において、この大衆は自己を相互に結合するようになる。大衆自体にとっての階級に自己を形成するのである。（…）政治運動であって同時に社会運動ではないものは、絶対に存在しない。諸階級と階級対立がもはや存在しない事態においてのみ、社会的進化は政治的革命であることをやめるであろう」[*42]。ネグリは、このマルクスにいわば指令されていた。そして指令にしたがい試みられた読解が、その指令を発見するのである。指令は、発見されることにより、そこにある何かとして客体化される。ネグリが発見しようとしなければ、どちらが発したのでもないものとして、自立するのである。マルクスとネグリの中間地点に、それは存立しえていなかったという意味では、指令はマルクスのものではないが、発見されたのはマルクスからの指令であって、ネグリのものではない。発見されるべきものが「認識」の場合には、幻像を対象に投影しているだけかもしれないという可能性を払い去ることができないものの、そもそも対象を欠いている指令（行為遂行的と言ってもいい）は、徴候的読解を通して発話主体が消去され、一つの客体的なものへと分離される。行為遂行的言表にあっては想定されていない事態である。そのように、「正義を構成しながら正義を破壊する」という操作は実行されるのだと言ってもいいだろう。発話主体を消去することで、指令は指令としての根拠を失う。というのも、神からのものでもわれわれ主権者からのものでもない指令は、もはや正義たるどんな理由ももたないただの不定法動詞である。しかし、誰からのものでもなくす共同の操作が、その正義を「普遍的」なものにしている……。アルチュセールがネグリよりも早く、おそらく誰よりも鋭敏に自覚していたことであり、[*43]またマルクス主義の革命家ならみな「知って」いるはずのことだが、階級闘争と階級形成の間には容易には解きがたい難問が存在している。階級闘争には闘争に先立つ主体がおらず、闘争において、その闘争が、主体を形成しなければならない（ゲーム以前にはプレイする者がいない）のだ。周知のように、マルクス主義はそこに「党」という媒介者を挿入することで、問題の解決を「党の実践」に一任してきた。一任されるものがあまりに大きく、党が問題の解決に手間取れば手間取るほど、媒介者たるその役目は至上の地位へと押し上げられてしまった。「党の実践」に賭けられる金額は、無限大にまで跳ね上がってしまった。ネグリがここで行っている操作は、そのブラックボックスに手を突っ込み、なかで起きていることがらの一端を取り出す試みにすぎない。このように、それは起きる。われわれが行うべきであったのは、「労働者」に逃げ込むことでも、前のめりに

＊41　この点については、市田良彦「〈文化〉果てるところに待ち侘びる〈党〉」（本書第Ⅵ章所収）も参照のこと。長原豊の『われら瑕疵ある者たち』（青土社、二〇〇八年）における宇野経済学と政治の関係について論じている。
＊42　『構成的権力』、三一〇〜三一一頁に引用。
＊43　そうした観点から読まれたことはないが、たとえば、ルイ・アルチュセール「ジョン・ルイスへの回答」（西川長夫訳『歴史・階級・人間』、福村書店、一九七四年に所収）はこの難問への挑戦と読むことができる。稿を改めて論じたい。

「武装」を追求して「自立」させることでもなく、ただ、それだけであったろう……。われわれは、自立させるべきものを間違っていたのだ。獄につながれ、さらに流浪の身になって以降のネグリは、この間違いを正すことのみに神経を注いできた。

それの範例は、マルクス主義を標榜するかぎり、ネグリにあってもやはりレーニンである。大衆叛乱に内在する自然発生的暴力を解放するために解党を選択したネグリが、意外にもレーニン主義的にローザを批判していることはすでに見た。ネグリにおいて、政治を消滅させる政治の特有性を保持しえたのは、革命過程が経済的なものと政治的なものを自然に連続させると考えたローザではなく、思想的に純化された党の政治による「外からの」目的意識的な連続性の実現を企図したレーニンだった[*44]。二人の違い、あるいは政治を消滅させる政治の一例としてのレーニン主義なるものを、ネグリはそのソビエト論に見ている。自然発生性を、統制するのではなく意思的に「超える」方法を、ソビエトをめぐるレーニンの論戦に探そうとする。連続性は、その実現を阻む自然発生性のあり方から引き剥がし、自立させねばならないものであるから、断層を設定して飛び越える必要があるのだ。いわゆる外部注入にそれ以外の意味はない。「革命的自己統治の組織化を優先して蜂起のスローガンを二の次にするのは、蝿をつかまえてから殺虫剤を振りかけることを推奨するのとほぼおなじことである」[*45]。レーニンはまず、社会的ないし経済的な機関であったソビエト――生産の自主管理組織である――に、政治的な性格――蜂起の機関たること――を付与するよう求めた。政治革命のために別の部隊組織を用意するのではなく、すでにある「社会的」な自己統治組織（ボルシェビキは当初、むしろメンシェビキによって「作られた」ソビエトを警戒していた）を利用しようとした。一九一七年のレーニンの理論的・戦術的な判断はつまり「革命的妥協」であった、とネグリは言う。ソビエトと党の妥協であり、「生きた労働というマルクス的概念と大衆運動の至上の媒介者というレーニン主義的な党の概念とのあいまいな綜合」[*46]である。しかし二月の革命を契機に、ソビエトにはすぐさまもう一つの性格規定が要請される（四月テーゼ）。周知の「プロレタリアの権力機関」である。「ものごとはわれわれが予見した方向とは別の方向にすすんだ」[*47]がために、蜂起の機関たることに加えて、新型の国家づくりの基盤たることが求められたのである。つまりレーニン的戦術はソビエトそのものを矛盾の定在とすることに存したのであり、ものごとが予見とは異なる方向に進みはじめたときに、矛盾によって、自己統治の機関を持続させようと目論んだのである。ソビエトにいわばストレスを与えて、自らを超えることと持続することを同一にさせる矛盾‐戦術である。政治を消滅させる政治が、一つの表現をここに見いだしているだろう。少なくともそのように、ネグリはマルクスからの指令を一貫させるレーニンを描いており、それはほとんど、マルクス主義的な政治戦術の定義を与えているのだと言ってもいい。出現したソビエト的状態に、それを持続させるため、あるいは持続させるような、「矛盾」をもち込むこと。そのソビエト的なものは、ローザの言うように「闘争の産物」にほかならなかった。すなわ

＊44　『構成的権力』、第六章「2　レーニンとソビエト――制度的妥協」。
＊45　同、三七四頁に引用。レーニン「ブルイギン国会のボイコットと蜂起」（一九〇五年）。
＊46　同、三八四頁。
＊47　同、三八六頁に引用。レーニン「戦術にかんする手紙」（一九一七年）。

ち、ゲームが開始されたあとに作り出されたゲームプレーヤーだった。闘争の産物に闘争を強い、さらに別の産物を「権力」として産み落とさせ……、過去と未来を取り換える今を、レーニンの戦術は創設する。産み落とされた権力が権力を消滅させる権力としてのプロレタリア独裁たらねばならないことは、階級「関係」上ではなく過程の上の必然だった。

4

してみると、そもそも時間があるということが、他にもまして、この戦術が正しいことの証拠ではないのか？　革命ははじまり、終わる。それに対し、自己統治の機関であれ、国家機関であれ、組織ははじまりも終わりも捨象した、関係の空間的配置をもって自らを定義づける。「憲法の原理はもはや本質的に無言で無時間的な機能しかない」[*48]。それは国家状態が持続しているかぎりいつでも同じように妥当しなければならず、明示的な変更の瞬間まで、内的な時間をもってはならない。そこに何が書かれていようとも、書かれざるこの原理が、構成された権力としての憲法を支える。合法的な政権交代と革命は、住んでいる次元が違うのだ。無言で無時間的な空間に住まうか、時間のなかに身を置くか。「時間が構成的権力の基本次元である」[*49]——「時間性において主体は定義づけられる」[*50]。構成された権力の空間から見たときには、時間は存在者がいない「ある」（＝現存在する）だけの状態であるが、はじまり、終わる時間にあっては、存在者たちが、過去と未来が交差する「今」を状態へと分離－析出させようとし続けている。この「今」における「われわれの遺産相続にはいかなる遺言もない」[*51]。遺言は法により効力を保証されているのだから。政治が仮に住まわされている空間、そこに住んでいることで「自立」と「自律」を主張している現在の――現在という――場所から、政治を追いたてること、「今」という時間を開くほかないまで――革命過程をはじめるまで――政治状態を追い詰めること、レーニンもスピノザも、それ以外の意味において政治（的構成）を語ってはいない。レーニンは遠方から帰還して、スピノザはレンズ工房に隠遁して、この開放と移動を先導した。構成は、主体の住処を変えることでしかはじまらないのだ。力能がなしうるところまで権利を追い詰めたあげくに。その瞬間にようやく、ローザの要請は圧倒的に正しいものとなる。「必要な」の意味 sens が変わっているのである。ただし新しい住処はずっと以前から、そこに、同じ方向 sens を目指して、あったであろう。

> 指導的な党が、あたえられた瞬間において、必要なスローガンを大衆に手渡す決意に欠けるならば、大衆が一種の幻滅にとらわれることは避けがたい。そうなれば高揚は消え、行動は挫折する。[*52]

---

*48 同、三一三頁。
*49 同、三一二頁。
*50 同、三一八頁。
*51 ルネ・シャールの言葉。『構成的権力』二七二頁に引用。ネグリはこれをハンナ・アレントの『革命について』（志水速雄訳、ちくま学芸文庫）から孫引きしている。
*52 ローザ・ルクセンブルク「つぎはなにを」『選集』2、一一二頁。

歴史のなかの『レーニン講義』、あるいは疎外なきルカーチ

――ネグリ『戦略の工場』解題

2011.11

最近読んだなかで面白かった本は？　と尋ねた私に、彼女は一冊の英語の本を書棚から取り出した。この正月休みのことである。所用でパリを訪れていた旧知の私を、彼女は他の二人の友人とともに夕食に招いてくれていた。見せてくれたのはアグネス・ヘラーのインタビュー本。ヘラーはルカーチの高弟で、師とともにハンガリー動乱（一九五六年）に際しソ連に反旗を翻した人である。私の旧友のほうは私と同じ五〇歳代のイタリア人経済学者。その彼女が、一九七〇年代の自分たち学生活動家にとって、ヘラーがいかにだいじな理論家であったかを滔々と語っている。つまり彼女は、昔大きな影響を受けた人物の最近刊をなつかしい思いで読んでいたというわけである。ヘラーの欲求理論、価値論は決定的だったわね、彼女の講演会とかもやったのよ。

私は不意をつかれたような、つかみどころのない違和感をもって、その話を聞いていた。違和感の

出所の一つははっきりしていた。話からすると、イタリアではどうも七〇年代に〝ルカーチの一党〟が一種のリバイバルを迎えていたらしいが、それが運動史にかんする私のリアリティにどうにもそぐわないのである。一九二〇年代のルカーチ階級意識論、物象化論がそのものとして脚光を浴びたのは五六年のスターリン批判後、せいぜい六〇年代までのことではなかったか。今思い返すに、つまり本稿を書くためにネグリのレーニン講義（七二年―本書）をはじめて読んだ後では、違和感のもう一つ、あるいはむしろ最大の出所もはっきりしている。旧友はさかんに「労働者階級の欲求」や「主体性」について、さらに「階級意識」について語っても、「疎外」の「そ」の字も、「物象化」の「ぶ」の字も、ついに口にしないのである。その点を問うてみると、私、哲学の方面には詳しくないから。

これは、疎外と物象化をめぐる議論が政治党派の違いにまで発展した歴史を六〇年代にもつ日本人ならではの違和感なのだろうか。疎外を採用して初期マルクスの「ヒューマニズム」にスターリニズム克服の道を探るか、物象化を疎外から区別してあくまでも『資本論』のマルクスを守ろうとするのか、私たちはたしかにそれが重大な分岐点だと思うことに慣れてきた。とはいえふたつの概念を特に区別しなかったフランクフルト学派でも、二〇年代の「極左的主観主義」を自己批判するほかなかったルカーチを〝止揚〟する、要するに時代遅れにしてしまうことが、自分たちなりの、つまり西欧的なマルクス再生にとって大きな鍵をなしていたはずではないのか。一九七〇年代に、イタリア以外の先進資本主義国において、ルカーチの名が運動路線的に大きな意味をもったところはないはずである。そしてルカーチといえば、なによりもまず〝物象化のルカーチ〟だ。もちろん、〝党組織論のルカーチ〟も歴史上は存在したけれども、こちらが革命運動において政治的意味をもったのは主として彼の活躍と同時代、つまり一九二〇年代のことだろう(「福本イズム」を想起されたい)。ちょうど七〇年頃に日本では長崎浩が『結社と技術』においてルカーチ組織論から独自の叛乱論と党論を練り上げていたが、それは世界的にはかなり異例のことのように思える。七〇年代、それも半ばになってルカーチとその弟子? 六八年の叛乱が一〇年続いた、と誇らしげに元活動家たちが語るイタリア左翼は、かくも違うものなのか。六二年に『歴史と階級意識』を邦訳(主要二論文のみ)した私の師、平井俊彦など、そのころにはとっくにルカーチを見かぎっていたぞ。〝ハーバーマスの人〟になっていたぞ。それなのに、私の旧友イタリア人は、七〇年代に大衆運動の波のなかで〝ルカーチの一党〟と出会い、地方青年組織の幹部を務めていた共産党を辞めてしまうのだ。

同じような違和感を生じさせる点では、ネグリのレーニン講義も大差ない。ネグリははっきり自覚的に自分をルカーチの後継と位置づけてボリシェビキ指導者の足跡を読んでいる。ルカーチの後継である「レーニン主義」を、「熱い秋」(六九‐七〇年)から続く同時代の叛乱のなかにもち込もうとしている――確定したレーニン主義なるものは存在しないと言いつつ。レーニンからローザ・ルクセンブルクを経てルカーチに延びる系譜を、当のレーニンからグラムシを経てトリアッティ流構造改革路線(議会主義)に至る系譜と対比‐対決させるという、六〇年代に成立した図式をそのまま踏襲し、自身のレーニン読解を前者の延長に置いている。どちらもスターリニズムからの距離によって自己規定するふたつの系譜の一方に自分を積極的に帰属させ、叛乱を蜂起にまで高めようとするオペライズモ(労働者主義)のレーニン的正統性を主張しようとしているのである。ただし「疎外」も「物象化」もなしに、だ――少なくともキーワードとしては。日本でもドイツでもフランスでもイギリスでも、あれほど意味をもった概念なしに、である。今日では、私たちは彼のスピノザ論（『野生のアノマリー』、原著一九八一年、邦訳二〇〇八年）を通して、ネグリが「疎外」すなわち「全面的譲渡をともなう主体的本質の外化」の論理を認めない論客であることはよく知っている。国家的共同性は市民社会の疎外態であるとか相反する諸欲求の媒介であるとか述べる論理を徹底的に斥《しりぞ》けて「革命の政治」を考えようとする姿勢が、哲学者アントニオ・ネグリのいわば看板であると思っている。しかし、マルクス主義史の〝常識〟は、ならばなぜネグリは自分をルカーチの後継と位置づけることができるのか、そうしなくてはならないのか、と問わずにはいられないはずである。「疎外－物象化」を斥けてなお、ルカーチの遺産を受け継ぐと言えるのはなぜか。それを斥けてなお、ルカーチを先駆者としてもち出さねばならないのはなぜか。私の旧友にもネグリにも、このように問う常識は共有されていない。答えの不在が彼らの答えなのだから、と私には思える。というか、概念が不在である理由をその概念をもたない当の本人にそもそも問えるのか？　イタリア・マルクス主義は独自の歴史をもっていると言ってしまえばそれまでなのだが、そして本書はその独自の歴史が七〇年代に示したさらに独自のかたちを証言しているのだが、独自性のありかに照明を当てることができるのはしばしば当事者たちではない。また常識の側にいる人間にはしばしば独自性そのものが理解を阻む壁になる。このジレンマが、七〇年代のイタリア・マルクス主義をめぐる議論にはいまだにまとわりついているように思えてならない。私の違和感はその兆候の一つだろう。それが私のものだけではない証拠に、暴露話めいたエピソードをもう一つ紹介しておきたい。本講義の一部（第11・12講）を、ネグリはその後『構成的権力』（原著一九九二年、邦訳一九九九年）にほぼそのまま再録しているのだが（第六章）、フランソワ・マトゥロンとともに同書の仏訳を引き受けたエチエンヌ・バリバールは、ちょうどその部分を担当することになっていたものの、〝イタリア的特殊性〟に面くらったあげく、そこを含む担当部分のかなりの翻訳作業を投げ出してしまったのである。

以下の記述はそうした特殊性のうち、ただふたつの点のみにかんする〝常識〟の側からのアプローチである。

1　政治的主観主義としての「生産力史観」

［ローザ・］ルクセンブルクにおいては生産諸力としての諸階級という観点が、資本のグローバルな諸運動の動因として目をひきます。（『戦略の工場』邦訳四一ページ）

人も知るとおり、アントニオ・ネグリは生産力主義を標榜する。それは『マルクスを超えるマルクス』でも『〈帝国〉』や『マルチチュード』でも変わらない。不断に増大する生産力が既存の生産関係をやがて自らの発展にとって桎梏とみなすようになり、革命を日程に上せる——ネグリはあくまでもこのいわゆる「生産力史観」、というか史的唯物論の基本命題に忠実である。これに対し、六〇年代の反スターリニズム潮流はおおむね、スターリン時代に公式化された「生産力史観」への反動から、「生産関係」に関心の重点を移していた。曰く、そもそもこの「生産力史観」を裏切るのがロシア革命であり中国革命であったではないか（そこは遅れた資本主義国であった）、おまけにこの史観は、社会主義とは生産力の増大を資本主義以上に実現する社会であるという臆断を生み出し、開発独裁的スターリン体制を正当化したのだ！——この歴史を正しく総括すれば、搾取と支配の関係としての「生産関係」こそをマルクス主義理論の対象としなければならず、云々……。かくしてアルチュセールは生産力を生産関係に積極的に還元さえし、疎外‐物象化論者は生産関係の核心部分にその疎外‐物象化現象を据え、毛沢東主義は生産力よりも階級関係としての、さらには階級闘争としての生産関係を第一位に置き……、という展開をマルクス主義史は辿ったはずだった。「生産力」の一語にかんするかぎり、ネグリは六〇年代「反スタ」マルクス主義の全体に対し挑戦的な姿勢を取っているように見える。ただし、彼の「生産力」は生産量のような数字に表される次元からも、機械に代表される客体的次元からも撤退させられ、生産階級（主として労働者）という人間的主体そのものと同一視されている。彼にとっては、主体が「生産力」なのだ。だから彼はしばしば初期マルクス的なフォイエルバッハの一党とみなされるのだが、ネグリ的「生産力」は、その相方たる「生産関係」（こちらの意味はさしあたって〝常識〟的に理解しておけばいい——支配関係のことだとひとまず述べておく）に対し、フォイエルバッハの「主体」が「対象」との間でもったような鏡像的関係をもたず、「生産力史観」が想定するような潜在的に〝ずれる〟関係（ズレのあからさまな調整が革命だ）を保って、「生産関係」＝「支配関係」を脅かし続ける。そして、生産階級という主体は、「生産力史観」における「生産力」のような、もっとも客体的＝客観的な地位を理論的に与えられる。

ネグリにあっては一貫して、階級であれ「人」であれ、さらには「人民」であれ「マルチチュード」であれ、主体的な存在次元がもっとも客体的＝客観的な場所である。ここにはふたつの問題的特有性を見て取るべきだろう。まず、「もっとも」という形容ないし性格規定は、主体と客体を客体性

＝客観性の軽重や規定力の差異に還元し、問題全体を一元論的なものにする。存在論化する、と言ってもよい。主体と客体はもはや質的には区別されず、同じ存在者として量的な差異しかもたないのだ。しかし、もっとも規定力を有する主体的存在は、その規定力を一元的に発揮することがなく、あるいはできず、客体的＝客観的な存在がその規定力の面前に「桎梏」となって立ち現れる。主体の規定力は客体に、いつかは阻まれる。つまり量的差異は、抗争的な効果を生むような質的差異を二次的にともなっている。第二に、主体は、意識－大衆心理－階級意識のような主観的な要素も必然的に含みもつから、もっとも主観的である意志的なものが主体－客体関係の全体（それを「生産関係」と六〇年代の〝常識〟は呼ぶだろう）を覆す可能性が、理論的に生まれる。意志が主体として、生産関係全般に客体の資格を押しつけてその一切合財を、打ち破るべき「桎梏」とする可能性が生まれるのである。間主体的関係であろうが、主体－客体関係であろうが、構造的関係（物象化された？——ネグリによる本書のアルチュセール批判はそのように読むこともできる）であろうが、すべてを客体として敵にまわして「勝つ」可能性が。この〝敵〟のなかには、主体性の足りない〝遅れた〟意識も含まれるだろう。論敵はおろか「大衆」でさえ客体的「桎梏」となりうるだろう。主体の客観的な力は、客体のなかから飛び出す力、飛び出すことで元の住処をどんどん客体化（対象化）していく力だと見定められることになる。ネグリはこのレーニン講義のなかで実際、「力［潜勢力］への意志」をレーニンの（！）思想だと語っているのだ。

つまりネグリ的生産力主義において、主体と客体ないし主観と客観は奇妙に捩れた関係に置かれることになる。主体は純粋意志になるくらい客体から離れようとしなければ、客観的に主体になれないのである。あらかじめもっとも客体的な生産力だと言われているのに。関係を捩れさせるものが生産力＝主体という定義だと言えるほどである。フォイエルバッハ的な「主体＝対象」にあっては、「＝」は鏡像的であり、主体は自分の能力を射影的に対象に「疎外＝譲渡」した。ヘーゲル的な「主体＝実体」にあっては、「＝」であることが確認されるまでに主体は長い「否定」の道程を辿らねばならず、「＝」は否定の否定として世界の終わりに実証されるのだった。けれども生産力＝主体は、客観的生産関係を超える客体（「超える」のであるから主体「＝」客体ではない）であって、客体と同化しないところに（つねに客体とズレてやがて敵対するところに）客体以上の客体性を発揮する主体である。客体と異質であるところに、客体的力を振るう根拠をもつ主体である。

抽象的（哲学的？）に記すとこのように直観しづらいことにもなってしまうが、このように述べなおしてみると、ネグリのレーニンが証言する特有性は、必ずしもイタリアに固有というわけではなく、むしろ六〇年代の政治経験において共有された時代的なものだったのではないか、とも思えてくる。さらに、「疎外‐物象化」を棚上げしてルカーチを召喚しうる結構もまた見えてくるように。時代のなかで「疎外‐物象化」論は、スターリンの「生産力史観」を「俗流唯物論」や「客観主義」と名指し、それと敵対する「主観主義」として意味をもった。モノがヒトを決定するのではなく、ヒトが自分の本性を「疎外」したり、自分たちの関係を「物象化」したりしてモノを決定づけている、と主張するところに、その現実的で実践的な意味はあった。労働者を強権的にひたすらモノ化するスターリニズムを否定しようとするから、モノによる支配を覆す主体的実践の論理だと自己主張することができた。言い換えるとその政治的な意味は、「モノがヒトを決定するのではなく」というところにこそあった。しかし「俗流唯物論」への対抗という歴史的文脈を外してみれば、論理としての「疎外‐物象化」論は、ヒトによるモノへの能力移譲を説明しているのであるから、移譲の結果「モノがヒトを決定する」事態を排除しないどころか、必然とするはずである。政治哲学としては、「俗流唯物論」と「疎外‐物象化論」は排他的でないどころか、結果的に同じなのである。「疎外」と「物象化」が同じであっても（ルカーチやフランクフルト学派のように）、違っていても（廣松渉のように）、その点は変わらない。「俗流唯物論」におけるのと同じように、モノがヒトを支配しているのだ。「疎外‐物象化論」が政治的に現実的な意味をもちえたとすれば、それはしたがって、哲学的な「疎外‐物象化論」ではない思考の兆候であったと考えるべきだろう。政治的主観主義は、俗流唯物論とも疎外‐物象化論とも異質な論理が〝実践状態で〟働いていたことの印ではないのか。その働きがレーニン‐ローザ‐ルカーチを一連なりの系譜にしているのだとすれば、ネグリが「疎外‐物象化」という契機を外してなおルカーチの後継を自認しているのは、むしろまっとうなことのように見えてくる。政治的主観主義の系譜は、それが実践しようとする「政治」にかんして、「俗流唯物論＋疎外‐物象化論」と異質な性格をもっていたはずである。この主観主義の主観にあっては——意識のなかではの意であるが——「スターリン＋構造改革派」と対立することが〝自派〟のアイデンティティをなしていたが、そうした自覚とは別の行動原理や潜在的理論が、アイデンティティを現実的に維持するには必要だったはずだ。政治的主観主義には俗流唯物論とならんで疎外‐物象化論もまた「桎梏」をなすのでなければ、この思考は同時代の構造改革路線と別の道を進み、一定の成功を収めることなど望むべくもなかったのではないか。そのことへの無自覚が現実の疎外革命論党派を失敗させてきたのかもしれないが。

生産力を主体と同一視するネグリの主観主義は、つまりもっとも客観的なものともっとも主観的なものすら直接無媒介に一致しうると考える主体主義は、実際、歴史のなかではネグリだけのものではなかった。彼がこの同一視をそこに発見したローザ・ルクセンブルクは――彼女が生きた時代に同じ意味における主観（主体）主義であったかどうかさておき――スターリン批判後の左翼世界に、まさにネグリを兆候とする論理を体現して召喚されているように見える。たとえばこの日本に。「かの女にとっては、マルクス・エンゲルスのポーランド論にしてもポーランド民族主義潮流ＰＰＳのそれにしても、（…）ポーランド社会にとって外面的なままにとどまっており、ポーランド・プロレタリアートの直接にはあづ《(ママ)》かり知らないところであった。このようにかの女は、かれらの立場が超越的であることを示し、みずからのそれをポーランド社会の物質過程のうちに深く内在させようとするのである」――「かの女は、ポーランドの闘いのなかで、プロレタリアートを他の諸階級の影響から切り離し自立的に自己運動する階級として登場させることに、全力をあげていた」（竹本信弘「ローザ・ルクセンブルクのポーランド革命論　若きローザの思想と行動（２）」、『経済論叢』京都大学経済学会、一九六六年）。ヨーロッパ全域の経済環境など、ポーランド・プロレタリアートにとっては「あずかり知らない」客観だ。そんな疎外された「外面的」状況から導き出される二段階革命論などクソ喰らえだ。プロレタリアートが「自立的に自己運動する階級」として登場すれば、一切が決せられる。「プロレタリアートの階級的力量」こそ、そこに「内在」すべきもっとも「物質的な過程」だ！　階級的力量を内在的に高めるために、党はプロレタリアートに蜂起を呼びかけよ！　これは本書、レーニン講義においてネグリが読み取っているレーニン思想のエッセンスそのものではないか。イタリアにあっても、ネグリの属する党派の隣には、ローザ主義者の党派がたしかに存在していた(その名も〝ロッタ・コンティヌア(継続革命)〟という)。ネグリはひょっとすると、彼らがローザに帰していた〝思想〟をレーニンに帰する点においてレーニン主義者であっただけかもしれない、と竹本信弘(ペンネーム=滝田修)のローザ論は示唆する。

政治的主観主義にはプロレタリアートの「階級意識」が決定的であるだろう。「階級意識」は個人の主観を超えた客観的主観であるのだから、虚偽意識を克服して真実態になりさえすれば(ルカーチはプロレタリアートの階級意識は必然的にそうならざるをえないと信じていた)、即自的に「疎外」を克服した存在と呼べるだろう。今は虚偽態にあるこの集団意識に働きかけて、我々が生産力であると自覚させることができれば、そのとき革命過程の第一段階は達成されているであろう——政治的主観主義はおおむねそのように考えたはずである。おおむねと言うほかないのは、この主観主義の実際の歴史的バリエーションが途方もない幅を示したことも今日の私たちは知っているからである。「階級意識」を挑発して刺激するやり方は、実際、「階級意識」そのものから導きだすことはできない。そこは主観と客観が交差‐交錯する場所であるという存在論的性格だけが、「階級意識」の意味だからだ。「ルカーチは階級意識とは個人の心理的意識とは質的に異なるものだということを力説する。われわれもそうでなくてはなるまいと考える。あるいは考えさせられる。けれども、個人の意識とはちがった次元に存在する階級意識とは一体何なのか。何処に存在の場をもつのであるか。社会の間にあるいは社会の上にたゆたっている超個人的な怪物ではあるまいか、あるいはすくなくとも怪物と縁のつながるものなのではあるまいかと、不審の念に駆られるのである」(出口勇蔵『社会思想史』筑摩書房、一九七六年)。出口によれば、これはライヒを通じてフランクフルト学派のルカーチ観を準備した階級意識論批判なのであるが、「超個人的な怪物」であるから利用するに値すると考え、実際に利用しようとしてきたのが政治的主観主義だった、と考えるべきではないのか。少なくとも、ネグリは今日しばしば「マルチチュード」をすすんで「怪物」——ラブレーの巨人たちのような——になぞらえようとする。

とにかく、そこから「疎外‐物象化」論を引き去った「階級意識」論が、政治的主観主義の実体として、ネグリのルカーチ擁護からも竹本＝滝田のローザ主義からも立ち現れてくる。そこでは疎外された階級意識(虚偽意識)と真実の階級意識の差異が「階級的力量の成熟度」に置き換えられて「前衛党」を正当化する(もっとも自覚せる、もっとも〝力量ある〟者たちの集団として)一方で、「プロレタリアートの党」の前衛性はたえず否定されるほかかない。「党」は「理論と実践の媒介」(ルカーチ)にすぎない存在として、理論(主観的なもの)と実践(客観的なもの)の区別が完全に消滅している歴史過程(主体が生産力として動かしている)にひたすら追いつこうとしている〝遅れた〟者たちなのだ。政治的主観主義の一面はつまり、速さと遅さの交換にほかならない。遅れの自覚において大衆より進んでいる、たえず危機意識に突き動かされる者たちの集団が、政治的主観主義の党派である。だから大衆が自ら一歩を進めたとき、〝ポテーレ・オペライオ(労働者権力)〟はもう党としてやることはないと宣言して解散したのではなかったか?

つまるところ、政治的主観主義者には自分たちによる政治的「媒介」抜きに、そうやすやすと「弁証法」が実現されるとは信じることができない。

2　実践の逆転という（反）弁証法

レーニンにはある確信があって、それはプロレタリアートが自らを組織するところでは、かれらは階級構成と組織化の関係を逆転させるような、力の効果を生み出すことができるというものです。（『戦略の工場』邦訳一二〇ページ）

実践を革命的に逆転させるというこの弁証法的概念（…）。（同書一二五ページ）

内乱への移行こそが、実践のレーニン的逆転が行なわれる明確な段階なのです。この移行を「階級意識」の深化と呼ぶのです（…）。（同書同ページ）

歴史過程の弁証法は次のように進む。プロレタリアート（無自覚なたんなる〝民〟の状態にある）が階級へと自らを構成し（自治組織ができる段階）、さらに政治的な党派を組織し（労働者党の誕生）、ついに蜂起する（革命）。階級構成－組織化－蜂起。即自から対自へ、そして即かつ対自である爆発へ。しかし『共産党宣言』はこう言っていなかったか？――「共産主義者の当面の目的はプロレタリアートの階級への形成である」（階級構成と階級形成の違いはさしあたって無視してかまわない）。歴史過程が必然であるなら、つまりプロレタリアートはいつか勝手に蜂起するものであるなら、なぜ共産主義者が「当面の目的」などを掲げて介入しなければならないのか。マルクスの答えはこうだった――「大衆は、資本に対してはすでに一個の階級である。しかしまだ大衆それ自体にとっての階級ではない。（…）闘争において、この大衆は自己を相互に結合するようになる。大衆自体にとっての階級に自己を形成するのである」（『哲学の貧困』）。歴史過程の弁証法を進めるには、大衆に闘争させなければならない。弁証法を、強いねばならない。闘争はたんなる一回かぎりの暴動ではないから、「指導」が必要になる。しかし「指導」とは？

ネグリが講義でレーニンから読み取っている答えは、「実践の逆転」ないし「反転」である。階級構成から組織化を経て蜂起に至る、現在進行中の歴史過程の順序をひっくり返すのが革命過程だというのである。革命党が蜂起を提起し、そのもとに労働者を組織しようとするから、プロレタリアートは階級構成を遂げるのである、と。革命党派の実践は、歴史過程の逆でなければならない。この逆向きの介入がなければ、歴史過程は前に進まず弁証法を実現しない。いや、弁証法を逆転させることをこそ弁証法と呼ぶべきだ！　弁証法の反弁証法的使用あるいは、連続する歴史と非連続な実践、歴史の非連続性（飛躍）と実践の連続性（目的意識性と持続性）を直接無媒介に一致させる特殊な弁証法。弁証法を「足で立たせる」――観念的弁証法の唯物弁証法への転倒である――代わりに、歴史過程と革命過程という――あらかじめ同じ資格で唯物論的であることが承認された――ふたつの実践的な過程を逆向きに並存させる努力を、革命党は担うのである。彼らによる〝外からの〟力、未来を現在に押しつけて時の流れを切断する力が加えられなければ、歴史過程に飛躍のときは訪れない。彼らが〝挑発〟しなければ、生産力である主体も客体のように不活性なままである。潜勢態を脱することがない。そこに〝動き〟をもち込む自らのイニシアチブを必要と信じる、言い換えるならプロレタリアートの自発性を信じない点において、彼らは政治的主観主義者なのだ。しかし彼らの介入はあくまで、ほかでもない進行途上の客観的で実在的な過程の先取りと裏返しでなければならないのであるから、この現在を読み間違えれば、彼らはたんなるドン・キホーテの地位に転落する。歴史の行く末を虚空に向かって指し示す、孤独で哀れな存在になりはてる。まさに妄想的主観主義だ。

けれども、歴史過程と革命過程の並存が「今」という時間なのだとしたら？　いつでも脱臼しうる異時間の接合と軋みが現実的な「時間」なのだとしたら？　知ってのとおり、イタリアの「熱い秋」は様々な社会運動上の実験を生み出し、七六年に訪れる二度目の〝革命的〟高揚を準備するとともに、赤い旅団の超主観主義もまた内部から輩出し、ネグリの身の上には大きな不運が降りかかった。一匹の〝怪物〟としてのイタリア版政治的主観主義は、国家権力を奪取する前に斃《たお》れた。そしてネグリその人は、レーニンから読みとったこの特異な「時間」性を、あるいは同時代のイタリアの運動が浮き彫りにし、彼にレーニンのなかに読みとらせた「構成する実践の可逆性」を、政治家としてではなく哲学者として語る実践に移行した。事実、彼の目に映ったスピノザはその骨格においてレーニンそのままである。実体－属性－様態の決定順序から次第に、中間にあって媒介的な属性が姿を消していって、実体による上からの決定と様態による下からの構成過程が、歴史過程と革命過程のように直接無媒介に併存－接合して、現在なる時間と現状をかたちづくる。理論と実践、客観と主観は、〝ルカーチの党〟がそれらの媒介者として危うい接合を証言したように、主体つまり世界（「神即自然」）のコナトゥス（努力）に統合されている。『構成的権力』は、客体世界と主体的実践の非対称やズレを今一度、「構成された権力」と「構成する権力」の関係として描いてみせた。そして言うまでもなく、帝国とマルチチュードは、まるで歴史過程と革命過程のように「同じ」であって「異なる」。もっとも哲学的な次元では、「同じ」であって「異なる」、つまりその両方が併存して差異を噴出させる根源として、ネグリはカイロスの時間に着目した。ひたすら前に進むクロノスの時間でも、永遠の今たるアイオーンの時間でもなく、歴史が裏返って途切れ飛躍する好機に、自らの時間論の対象を見定めた……。つまり、彼の政治的主観主義は「形而上学」に席を譲ったのである。自らに起きたことの次第がそうであったからなのか、ネグリは何度も語っている。形而上学とはそれ自体で政治（学）である。ここに、「疎外」を外してなお残るルカーチ主義の残響を聞きとることはさほど難しくないだろう。「階級意識」は理論のなかに、あるいは理論として、あるのだ。ルカーチにあっては史的唯物論の歴史への登場そのものが、史的唯物論の正しさを実証する「階級意識」の結晶であったように、ネグリにあってはすでに一九七〇年、つまりレーニン講義の二年前に、デカルトが、中世期の神学的政治論とホッブズの近代ブルジョア的機械論－絶対王政論に対抗する「赤色存在論」（小泉義之）の位置を占めていた。コギトと史的唯物論はそれぞれの時代の「階級意識」である。レーニンがネグリに新しく教えたのは、「階級意識」が「理論」というかたちを取るには、生産主体の力をただ信用して待っていても、疎外＝外化の歴史的作用を期待してもだめであって、そんな態度は階級意識たりうる理論にとっては「日和見主義」にほかならず、理論戦線においてこそ「レーニン的逆転」が必要である、ということのはずだ。「階級意識の深化」には、深化（進化？）を待たずに未来から今ここにそれを手繰り寄せる政治的主観主義の性急さが不可欠である、とネグリはレーニンから学んだはずである。

デカルト、スピノザ、マルクス、レーニンはそれを首尾よくやり遂げ、〝階級意識の理論形態〟を残した。ではネグリは？　その問いに答えうるのは、階級が問題になっている以上、私でもネグリでもなく階級そのものだと言うほかないだろうが、問いにまつわる一般的な危惧のありかについては、ルカーチがすでに教えているように思える。

「ハンガリー革命の経験は、サンジカリズム理論の脆さ（革命における党の役割）をきわめて明瞭に教えてくれたが、それでもなお極左的主観主義はその後長くわたしのなかに生き続けていた。わたしが弁証法の唯物論的側面をその包括的な哲学的意味において正確に把握することを妨げたのは、とくにそれであった。わたしの著書『歴史と階級意識』は、この過渡期をきわめて明瞭に示している。マルクスによってヘーゲルを克服し止揚するという試みを、かなり意識的に行ってきたにもかかわらず、弁証法における決定的な諸問題は、まだ観念論的に解かれていた（自然弁証法、模写説など）。わたしはまだルクセンブルクの蓄積論に固執しつづけていて、それが極左的・主観主義的行動主義とチグハグに混ざり合っていたのである」（『ルカーチ七〇歳記念論集』）

『歴史と階級意識』を翻訳する許可をもとめた平井俊彦に、ルカーチは「やめてくれ」と答えたそうである。鉄のカーテンに囲まれて暮らしているその身の事情ゆえに、というわけではなかったろう。まさにルカーチ自身がほんとうに、同書には極左的主観主義が色濃く残存していて、それがローザ・ルクセンブルクの平板な客観主義と「チグハグに混ざり合っている」と考えていたからだろう。「階級意識」は主観と客観を「チグハグに」接合するのだ。それはどこにあるのか？　と様々な人間が問わねばならなかったほどに。言ってしまえば、ネグリによるレーニン読解は、それでよいではないか、きれいに接合されていなくてよいではないか、主観は客観の示す必然に背中を向けてこそ政治になりうるではないか、と理論的に一駒を進めたようなものである。「チグハグ」の箇所から政治は可能になる、と。そこから可能になる政治が革命的である、と。俗流唯物論の客観主義と「疎外‐物象化」論の主体主義はいずれも、なるほど主体‐客体関係について一貫している。しかしその一貫性、継ぎ目になんの隙間もない整合性は、ロシアにあってもイタリアにあっても、政治的には「日和見主義」しかもたらさなかったではないか、とネグリはルカーチに応じるだろう。一貫性を求める思考は、遅れたロシアにはまず民主主義を、進んだイタリアには議会による社会主義への平和的移行を、と主張して、革命に歯止めをかけたではないか。あなたを受け継ぎ、復興するには、「チグハグ」なあなたこそ間違っていなかった、と言わねばならないのです。

（アントニオ・ネグリ『戦略の工場――レーニンを超えるレーニン』中村勝己ほか訳、作品社、二〇一一年）

「我々はみなネグリ主義者である」、あるいは分離の論理の行方

2013.7

0　はじめに

知識、言語、アイデア、イメージ等々の非物質的なものを生産する「一般知性」の活動としての、非物質的労働あるいは生政治的生産。それが一九世紀以来の産業＝工業（インダストリー）を規模と社会的規定力において凌駕し、労働価値説を無効にしている、とネグリ＆ハートは執拗に主張する。その点に、彼らの現代資本主義論と革命論のほぼ一切を賭けている。マルクス主義者はおろか、彼らの現代思想解釈（フーコー、ドゥルーズ＆ガタリ etc.）や特にネグリのスピノザ論に進んで耳を傾けようとする者たちにも、相当に評判の悪い、あるいはほぼ無視されている論点である。マイクロソフトの社員が現代におけるマルチチュードの代表？　仮に先進資本主義国において労働価値説がすでに事

実上失効しているとしても、第三世界では、さらにグローバル資本主義全体のなかでは、依然としてインダストリーが優勢ではないのか？　マルチチュードを「貧者」と言い換え、非正規不安定労働者（プレカリアート）と結びつけてみたところで、彼らと高給取り技術者を一括りにすることには弊害のほうが多くはないか？　少なくとも、ビル・ゲイツの部下たちと多くの潜在的「加藤智大」（秋葉原通り魔事件の犯人）たちの共闘による革命など、夢想もまた夢想のお笑い草であろう。金融業界で働く物理学博士号取得者は非物質的労働を生業としているが、彼らと第三世界のスウェットショップで働く労働者は、はっきり敵対している！

そこかしこで口にされているが、論文にされることのほぼない——されるときには、マルチチュードは「グローバル資本主義の鏡像」であるという上品な言い方に置き換えられる——こうした批判（これも上品な言い方だ）に、ネグリ&ハートに代わって答えるつもりは毛頭ない。それはあくまでも彼らの仕事である。しかし、『マルチチュード』なる雑誌の編集委員会に彼らとともに名を連ね、ともにそこから椅子を蹴って出るようなまねをした人間には、この評判の悪い論点について、どう考えているのかを述べておく一種の説明責任があるかもしれない。とはいえ、そもそも『マルチチュード』なる雑誌は正確には複数形の *Multitudes* を誌名として掲げていた（雑誌は今も存続しているが、私にとっては過去のことであるから過去形で書く）。そのことにより、「マルチチュード」を単数形でしか書かない（文法的には当然のことであるが）ネグリ&ハートのマルチチュードだけがマルチチュードではない、様々なマルチチュード観がありえる、という自己主張を集団として行っていた。そして私は、「マルチチュード」を複数形で書くことは「多が一になる」政治的決断の契機をないがしろにすることだ、というマイケル・ハートからの批判には、複数形を擁護する立場を取っていた。私たちは「問題」を共有するにすぎず、「答え」まで共有できるかどうかは分からない、「多が一になる」かどうかは雑誌が決める問題ではない、という理屈であった。案の定と言うべきか、雑誌は分裂した。「一が二に割れる」前に、「多」が「多」に分解した——編集委員会を出ていった者たちは、今やばらばらである。

1　フーコーに異議を申し立て、非物質的労働が生政治的生産になる

細かいと見えるかもしれないところから話をはじめよう。非物質的労働＝生政治的生産がネグリ＆ハートの体系において一種の最終審級を構成するにあたっては、フーコーに異議を申し立てることが決定的であった。彼らは「生権力 biopouvoir」と「生政治 biopolitique」を区別したのである。フーコーは「社会の生政治的全体を貫いて作動する権力のひとつの形象として管理社会の輪郭を浮き彫りにしてみせた」[*1]ものの、「フーコーに、『誰が、または何が、そのシステムを動かしているのか？』、もっと正確にいえば、『〈生〉《ビオス》とは誰のことか？』という質問を投げかけることができたとすると、それに対する彼の答えは聞き取れないものであるか、まったくの沈黙であるかのいずれかであったろう。フーコーが最終的に把握し損ねたもの、それは、生政治的な社会における生産の真の動態にほかならない」[*2]。私としては、フーコーには「社会における生産の真の動態」への関心はなかった、彼に関心があったのは、生権力と呼ぼうが生政治と呼ぼうが、その歴史的「形態」だけであった、と考えているが、ネグリ＆ハートにとってはこの無関心そのものが「構造主義的認識論」の残滓という否定的評

価を下してしかるべきものであるのだから、[*3] その立場からの異議申し立ては可能であるだろう。とにかく、それによって、「〈生《ビオス》〉」——むろんマルチチュードの「生 vie」と読まれていく——は「生政治」の主体として、つまり「生産の真の動態」のその「動」を司るものとして、定立された。歴史的様態が分析対象となる「生権力」から、主体をもつ「生政治」が切り離された。ネグリの従来からの論理構成に当てはめて言えば、「生権力」は「構成された権力」の位置を、そして「生政治」は「構成的権力」の位置をそれぞれ別に付与されたのである。

この「生政治」観に、必ずしもネグリに由来するわけではなく、イタリア労働者主義において七〇年代以降広く問題にされてきた「非物質的労働」と、『経済学批判要綱《グルントリッセ》』においてマルクスが提出した「一般知性」の二つの概念を接合‐統合して、非物質的労働＝生政治的生産が「社会における生産」の最終審級を構成する、という図式が成立した。難点はすぐに分かる。「非物質的労働」も「一般知性」も、資本主義的生産過程のなかから生み出される、したがって資本主義の一定の発展段階においてのみ現れる「労働」であり「知性」であるのだが、「生権力」とは区別された「生政治」のほうはそうではない。それは歴史を貫通する存在論的な存在である。それらを等置するだけでは、歴史の最終段階——資本主義の現段階がそのような意味をもつとして——において始原的なもの、原理的なも

＊1　アントニオ・ネグリ、マイケル・ハート『〈帝国〉』水嶋一憲ほか訳、以文社、二〇〇三年、四六頁。
＊2　同書同頁。
＊3　同書同頁。

のが裸の姿で現れるという俗流ヘーゲル主義、というかキリスト教的世界観を是認することになる。

難点を回避するために、ネグリ&ハートは二つのことを行わねばならなかった。一つは、大工業と結びつけられることによりあまりに歴史的限定をもった「一般知性」については事実上棚上げにしつつ(実際、その語は次第に言及される機会が減っていく)、「非物質的労働」を「生政治」に接近させること、つまりこの労働から歴史的限定をはずすこと、である。この労働を、資本主義の発展段階と結びつけることをやめ、特殊な操作を施さねば所有可能にならない〈共〉を生産する本性的に共同的な労働へと一般化するのである。イタリア労働者主義において「非物質的労働」の典型をなした家事労働は、生産活動が工場のそとに溢れ出て、社会そのものが一個の工場と化す資本主義の一段階——労働者の「消費」=生の生産が資本蓄積の半身をなすフォーディズム段階——においてこそ、賃労働たる権利を正当に主張しうる「労働」となった。ネグリ&ハートはそうした家事労働を社会学的な「感情労働」に、つまり人間関係を生産する労働に一般化する。そして自然と人間の関係のあり方を変える技術と、存在論的に同一視する。さらにそして、関係を「変容させる=生産する」のは、「私」でも「あなた」(あるいはモノ)でもなく「私たち」(あるいは人間と自然)の関係である——「私」からのイニシアチブと見えるものはつねに関係の結果にすぎない——という、分かりやすい関係主義ないしオートポイエーシス機制にもとづき、非物質的生産とは〈共〉の生産である、とみなす。誰が作り、誰に属すと言うべきかはっきりしない何かの生産全般が非物質的労働になるのである。この規定はもはや対象の非物質性には依存していない。対象と主体の実体的同一性により、非物質性は定義される。たとえば「知識」の生産は、最終的に「人間が人間を作る」という次元に落とし込まれて理解されるのである。非物質的労働が「生政治」的であるのは、人間の社会的関係を変えるからである。政治概念のほうをそこまで拡張するのは粗雑にすぎると思えるなら、〈共〉の生産は私有に抗う存在をこの世に生み出すから、所有制と衝突を来して政治的になるほかない、と言い換えてもいい。

もう一つは逆方向の操作である。すなわち、存在論的な「生政治」のほうを「労働」と「生産」に近づけること。これは唯物論を標榜するかぎり、ほとんど自動的に達成される操作である。存在論化する、とは唯物論者にとって、モノ化するという意味であり、この場合のモノとは、政治が人間の行為であるかぎり、人間の身体にほかならない。実際、ネグリはフーコーの概念である「生政治」を存在論化するにあたり、メルロ＝ポンティの「肉」の概念を活用している。「生政治」とは「肉」の営みであるのだ、というふうに。自他や内外の区別をたえず突き崩しながら、しかし同時に、境界線の両側を一個の存在に溶融させるのではなく、別様に生み出してもいくメルロ＝ポンティ的「肉」が、特異性と「一」性を難なく共存させるマルチチュードの本性そのものとして援用される。「肉」を通じて身体化されることにより、「生政治」は即、一個の政治でありつつも「労働」ないし「生産」という意味を獲得する。身体の行為であるのだから。身体の営みが労働であり生産であることは、唯物論＝存在論という立場からの当然の帰結であり要求であるだろう。あるいはむしろ、言い換えのレベルにすぎない解釈である。

かくして、マルチチュードの生としての非物質的労働＝生政治的生産は、資本主義の一段階から、さらに資本主義そのものからそとに出て、資本主義に存在論的に先立つものとなる。それは〈共〉を作る「肉」の営みとして資本主義はおろかあらゆる所有制に抗う闘争——その主体がマルチチュードだ――となる。一九六〇年代にマリオ・トロンティが遂行した、資本主義の発展と労働者の闘争の逆転を、ネグリ&ハートは資本主義そのものとマルチチュードの間で遂行する。「必要なのは、問題を逆転させること、方向を変えて、最初からはじめることだ――最初とは、労働者階級の闘争である。社会的に発展した資本のレベルでは、資本主義の発展は労働者の闘争に従属し、労働者の闘争の後に来るものであり、資本を再生産する政治的メカニズムを労働者の闘争に対応するものにしなければならない」(トロンティ『労働者と資本』[*4])。トロンティにあっては「社会的に発展した資本のレベル」で歴史的に生起するとされた逆転――それゆえに思考をそれに合わせて逆転させるべき――が、ネグリ&ハートにあっては、存在論的レベルにある、つまりつねにすでに生起しているとみなされ、資本主義と所有制の全体を、どこか他所から来る要因として外部化する。マルクス主義の語法に言い換えれば、ネグリ&ハートにあっては、共産主義の成長が歴史の、ゆえに資本主義の本体である。マルクス－スピノザ主義としては、当然のことか。

2 「人間による人間の生産」により、労働者が「貧者」になる

〈共〉が本源的であるとすれば、つねにすでに「ある」とすれば、では私有のほうは、資本主義のほうはどこから来るのか。〈共〉からの派生以外に、何かの出所は存在論的にあるのか。「ない」と言ってすます――哲学的にはそれが正しいだろう――ことはできるし、そこから歴史的変動をめぐる興味深い形而上学を展開する――ネグリは形而上学を否定したことは一度もない(「形而上学はつねに政治学である」)――こともできるが、それは現時点における政治としては、端的に無意味だろう。ある

いは、あまりに迂遠であるだろう。君たちは、あるいは君たちが、主役なのだと「人間」――自らを作っている主体――に告げることは、まさにつねにすでに政治的に意味のあることかもしれないが。この空《くう》を舞うアジテーションを聞く感覚が、ネグリ&ハートに対する批判のほとんどに伏在しているはずである。そんなことが言いたかったのか……、である。

しかし、空を舞うことには効用がある。どちらが天でどちらが地であろうと、必然の領域と偶然の領域が分離されるからである。現時点を、過去からの必然として描き、受け入れる必要がなくなるからである。トロンティ以来のイタリア労働者主義がもっていた「分離の論理」――ネグリにおけるこの論理の効用については一五年前の拙稿を参照されたい[*5]――の効用が、ここでも発揮される。『コモンウェルス』(5-2)が強調するように、「一は二に割れる」(毛沢東)としても、再統合されないのだ。再統合されない時間として現在を描き直すことが、資本主義の理論に任務として課されることになる。カイロス(=革命が可能となる好機の時間)の様態として、資本主義の現在を描くことが。

実際、馬鹿げた主張に聞こえる、マイクロソフト社員とプレカリアートの共通性は、資本主義のほうが富の生産にとって外的になってしまったことを物語っていると受け取れば、むしろ慧眼の部類に属すだろう。ケインズ主義とフォーディズムは、少なくとも富の生産方式として資本家と労働者に共

＊4 トロンティ同書の邦訳はない。ただしこの文章は、アントニオ・ネグリ、マイケル・ハート『コモンウェルス』下(水嶋一憲監修、幾島幸子・古賀祥子訳、NHKブックス、二〇一二年)一四三頁に引用されている。
＊5 「トニ・ネグリを読むために」(本書第I章所収)。

有されており、それゆえ有効であったのに対し、現代の資本主義は富の生産とは本質的に関係がなく、一部の非物質的労働者（不安定サービス労働者）から一部の同じ非物質的労働者（「知識」の生産者）に富を移転させるところに特徴をもつ、と語っているのである。古典的な剰余価値搾取とは異なる搾取のシステムがある、と。

ならば労働者が労働者を搾取するのか？　とんでもなく非マルクス主義的なことを述べているようにも聞こえるが、この労働者たちは「人間による人間の生産」における「固定資本」つまり「人的資本」であるとも言われているから、資本と労働の本源的異質性‐敵対性が「人間」のなかに──「人間」間にではない──まで入ってきた、と受け取っておけばよい。それも新自由主義の変種？　そうであるかもしれないが、「人的資本」論は新自由主義の専売特許ではないのである。それはスターリンのものでもあった。「世界に存在するあらゆる貴重な資本のうちで、もっとも貴重かつもっとも決定的なもの、それは人間であり、幹部であることを理解しなければならない。わが国においては、現状を鑑みるなら、『幹部がすべてを決定する』ことを理解しなければならない。工業、農業、交通部門、軍隊に多くの優秀な幹部がいるならば、わが国は無敵である」（一九三五年五月四日、赤軍大学校卒業式における演説）。いずれにしても、同じ「人間」における敵対的二重性は、「分離の論理」からすれば、やがて維持されなくなって当然の、歴史的偶然でしかない性質である。この偶然の領域にあっては、新自由主義はスターリン主義の亜種であったのだ。少なくとも、両者はそこで偶然の出会いを果たす（「人的資本」については、私たちの論考『債務共和国の終焉』[*6]も参照されたい）。その帰結が現在の中国である。

同じ非物質的労働者として、高給取り技術者と低所得介護労働者の間には、資本主義が規定する、資本主義に内在する利害対立はない。彼らは同じように「貧者」であるにすぎない。「マルチチュードの貧困は（…）社会的主体性の生産を指し示す。言い換えれば貧者とは持たざる者を指すのではなく、社会的階級や財産とは関係なく社会的生産のメカニズムに挿入されたすべての人々という、きわめて幅広い多様性をもつ集団を指す。（…）階層や財産とは無関係なその存在（…）」[*7]。だから−それでも−連帯は−（不）可能か、と問う以前に、いくら収入があった−なかったとしても、彼らはともに「貧しい」という点について考えてみるべきだろう。「貧しい」か否かは収入の多寡とは関係がない、という点について。ヤノマミ族の暮らしが、つねにサラリー減と解雇に怯える金融マンのそれより「貧しい」とは言えない、と誰でも今や思っているはずであるのに、どうして金融マン――彼らには、君たちは「貧しい」と言ってやればよい――と介護労働者の間の収入格差は問題になるのだろうか。それを問題にするなと言うのではない。どこからそれが来るのか、なにがそれを可能にしているのか、はもはや「階級」問題ではなく、つまり社会の経済的−物質的構造に由来する「必然」の問題ではなく、ゆえにいつでも社会的に除去可能なことがら、除去しても「生産」を傷つけることのないことがら、つまるところ「政治」問題にすぎないのである。現代の資本主義「経済」は直接的に「政治」だ。富を生産することなく、移転させる――搾取を実現する――「政治的」メカニズムが現代の

＊6　市田良彦・王寺賢太・小泉義之・長原豊『債務共和国の終焉』、河出書房新社、二〇一三年。
＊7　前掲『コモンウェルス』下、八〇−八一頁。

「経済」である。

非物質的労働＝生政治的生産とインダストリーの関係ないし分節も、この観点から捉え直されるべきだろう。同じように「富」であることにより、稀少性を本性的にもたない〈共〉と、稀少であることを物質的に運命づけられた〈財〉という二種類の労働生産物が、前者の圧倒的優位のもとで〈商品〉化されている。スウェットショップで作られる〈財〉は「ナイキ」ブランドだから売れる。イメージを商品化することにより、モノに体化された剰余価値も実現される。この事実を、あくまでも「真面目」に受け取るべきだ。

3　二つの「経済＝政治」と一つの「経済と政治」

してみると、私たちは現在、二つの異質な「経済＝政治」の次元を抱えつつ、両者の間に、政治と経済が異なる領域を形成する第三の——「正統」資本主義的な——次元をもっていることになる。

第一の「経済＝政治」の次元が〈共〉の生政治的生産である。「社会的生や〈共〉、生政治的生産のあらゆる生産物は、尺度にもとづく測定を寄せつけず、尺度を超出してしまう。(…)生政治的な価値創出において主体性の生産が重要性を増しつつあるという点を考えてみよう。主体性は使用価値だが、自律的に生産する能力をもち、それは交換価値でもあるが、数量化は不可能である」[*8]。最終的にその通りであるとしても、説明と解釈とさらなる考察が必要な定式であるだろう。サービスや知識の生産には複数の人間がかかわり、すでに見たように、そこでの生産者は彼らの関係そのものであり、この関係は最終的には「人類」にまで広がる無限定性をもっている。感情労働が感情労働として機能しうるには、同じ言語を話したり、同じ家族を形成したり、等々の限定が必要であるとはいえ、その限定を限定たらしめ「生産的」関係にするのは最終的に、歴史をもった「全体」（国民？「人種」？……）であり、さらに「人類」である。知識を生産するのは、同様に、最終的には知識の全体である。みなさんのおかげです。そして、サービスや知識が「使用価値」として生産されたときには、その使用価値の個別的生産者（限定された関係に加わる者）の間、そして彼らと「全体」の間の「交換」はすでに終わっている。感情労働は感情の交換であり、性的サービスは身体の接触‐交換であり、発明は技術と技術の組み合わせ‐交換であり……。そこでの「使用」とは「交換」されることに等しい。「使う」ためには「交換」しなければならないが、「使い」さえすれば「交換」は果たされる。そして「交換」すれば、「使った」ことになる。

ここには、マルクスが描いた交換過程のジレンマは存在していない。「商品は、自分を価値として実現しうるまえに、自分を使用価値として実証しなければならない。（…）ところが、その労働が他人にとって有用であるかどうか、したがってまたその生産物が他人の欲望を満足させるかどうかは、ただ商品の交換だけが証明することができる」[*9]。〈共〉は、尺度を「超出」しているというより、このジレンマを知らないために「尺度」の網にはかからない。無料で交換しても、途方もない金額で取引

＊8　同書、一三七頁。
＊9　カール・マルクス『資本論』第一編第二章「交換過程」、大月書店版『マルクス＝エンゲルス全集』23 a、一一五頁。

してもかまわないし、とにかくそこでは労働時間による測定などなんの意味もない。「互いに他人であるという関係は、自然発生的な共同体の成員にとっては存在しない」[*10]とマルクスが述べたとき、彼の念頭にあったのは「家父長制家族」と「古代インドの共同体」と「インカ帝国その他」であったが、〈共〉の生産にあっては、「人類」が「他人」のいない「自然発生的な共同体」になる。あるいは、「商品交換は、共同体の果てるところで、共同体が他の共同体またはその成員と接触する点ではじまる」[*11]とすれば、〈共〉の「果てるところ」はいくらでも、原理的に無限に、遠ざかっていく。要するに「ない」。

だから第二の「経済＝政治」の次元がそと――その存在は、二つの「経済＝政治」が同じところには位置しえないという根源的「分離」の効果である――から介入して、〈共〉を取引可能な形態に変換しようとする。厳密な意味における〈共〉を破壊しようとする。人々が土地を自然の〈共〉としていた時代に、本源的蓄積が遂行したのはそれであろう。今日、知的所有権が「知識」や「意匠」に対して行っているのも、それであろう。サービス労働に最低限の「賃金」しか割り当てないのも、それであろう。とにかく、所有権なるものを〈共〉に持ち込んで、「自己労働による生産物」と同じにすることを、第二の「経済＝政治」は行う。自然の〈共〉をとりあえず無視すれば、その操作は基本的に奴隷制の設立と同じことだ。「人間による人間の生産」には内在的に「囲い込み」を発生させる契機がないから、「人間」そのものを所有対象にしてしまえ、という発想である。マイクロソフト社の高給と介護労働者の低賃金はいずれも奴隷に与えられる「手当」と本性的に変わるところがない。だから「階層や財産とは無関係」に、非物質的労働者は「貧者」なのである。

これら二つの次元は、「経済と政治」という第三の次元を、どのようにして挟んでいるのだろうか。「挟んでいる」という直感的捉え方は、当を得ているのだろうか。三つの次元が共存しているのはたしかなことだが、共存はいかに維持されているのか。しかし共存の仕方を云々する前に、この共存自体が、資本にとっても労働にとっても、分裂である点を再度強調しておくべきかもしれない。産業資本と、所有されて資本化された〈共〉（の残骸たる「人的資本」）は同じ資本ではない。プロレタリアートと、奴隷制下のマルチチュードは同じ労働者ではない。ネグリ&ハート版「一は二に割れる」である。彼らには、たしかに、それらが異質で再統合されないという「哲学的」論理はある。存在論的次元に照らして資本主義には「無理」があるという、宇野弘蔵にも近しい「原理論」と、その「無理」が資本と労働それぞれを内部分裂させるという、「存在論」から強力に（無理やり？）演繹される「現状分析」があり、さらにその両方を、スピノザ流の逆説的一元論——彼らは今や「情動 affects」に代えて「愛」を語るが、それをさらに「肉」と言い換えても彼らにとってはさして変わらない——が支えている。

4 金融的コントロールによる第三の戦略？

「二は一に」再統合されえないとして、では分裂状態を維持させている機制、「革命」がまだ訪れな

＊10 同書、一一七頁。
＊11 同書、一一八頁。

いことを可能にしている要因、なぜ経済と政治はいまだ分かれたままなのか——分かれたままで「経済＝政治」に服している——を説明する論理は、あるのか。とりあえず、常識的な「観察」はある。「この分裂した状況のなかで権力を維持するために考えられる主要な資本主義的戦略は、(…)金融的コントロールである」[12]。「急速に変化し、ますますグローバル化していく生政治的経済の社会的な生産回路についていきながら、そこから富を引き出し、それに指令を下すことができるのは金融しかない。そしてまた、生政治的な労働力に柔軟性《フレキシビリティ》や流動性《モビリティ》、不安定な状態《プリケアリアスネス》を強いながらその状態を監視し、同時に社会福祉の費用も削ることができるのは、金融しかないのだ！」[13]。なぜそうなのか語られない以上、ネグリ＆ハート用語を差し引けば、金融が「実体経済」——それを彼ら流に言い換えれば「生政治的経済」となる——を侵食し変質させている、金融が「生産」を食い物にしている、という、現代人なら誰でも看取している現象を語っているにすぎないだろう。そして問う、「社会的な生産領域を表象する貨幣（および金融世界全般）の力をマルチチュードが掌握すれば、それは悲惨な状況と貧困を覆す能力をもった、自由の手段となりうるのか？」[14]。実を言えばこれが、リーマンショックの後に、複数形「マルチチュード」派を分裂させた問題であった。「貨幣の力」をマルチチュードが掌握可能で、その力は「自由の手段」となりうる、と考えたのが、『マルチチュード』誌に残った「経済学者」であった。去ったネグリ＆ハートは、しかし、こう答えるにとどめている。「問いに対する納得のいく答えは、まだ得られていない」[15]。件の「経済学者」への控えめだが率直な不満であるだろう。しかしまた、こう付言してもいる。「だが、このような形で貨幣を再領有する試みは、今日の革命的活動の進むべき方向性を指し示していると私たちは考える」[16]。「大昔の使用価値からなる世界への回帰を夢見」ることも、貨幣の「指令を下すのに役立つ力」だけを「破壊する」こともできないから、というのがその理由である。[*17] とにかく、こと「マルチチュード」派（単数形？　複数形？）にかんしては、決定的な断絶も対立を別の平面に移す試みもなされず、問題が問題として宙吊りにされた。

端的に限界と言うべきだろう。答えを先送りしているからでも融和的な態度をなお取り続けているからでもない。「進むべき方向性」を「第三の戦略」と位置づけさせる、第一の戦略（使用価値からなる世界への回帰）と第二の戦略（「指令を下すのに役立つ力」を破壊する）が、貨幣論としてはあまりにナイーブな理論を前提としているからである。第一の戦略の場合、「貨幣は、その政治的に中立な側面においては一般的等価物である」[*18]。一般的等価物を即「貨幣」と呼ぶことは可能ではあるものの、「貨幣」には「商品貨幣」も「金」も国家が発行する「通貨」もある。しかし、みな同じように「使用価値」と交換可能であっても、「政治的に中立」であるのは、物々交換から自然発生的に生まれる「商品貨幣」のみだ。「金」は価値を「ストック」することと、つまり所有による支配を持続させる手

＊12　前掲『コモンウェルス』下、一四七頁。
＊13　同書、一三九頁。
＊14　同書、一四八－一四九頁。
＊15　同書、一四九頁。
＊16　同書、同頁。
＊17　同書、一四八頁。
＊18　同書、一四七頁。

法と、「通貨」は税を徴収したり戦費を調達したりする技術と、それぞれ不可分であってけっして「政治的に中立」ではない。貨幣全般を一般的等価物と等値するのは、マルクスの価値形態論によりかかりすぎた憶断にすぎない。

さらに第二の戦略の場合には、その裏側に、価値形態論をルネ・ジラールの供犠論と重ね合わせて「主権」成立のメカニズムと読んだレギュラシオン学派の貨幣論[*19]がそのまま貼り付いている。おそらく、あまり自覚もされないままに。この学派がEU推進派となったのは、「通貨」発行権をヨーロッパ中央銀行が握ってさえいれば、たとえEUにより国家主権が弱められても、主権なるもの――「指令を下す力」の本体――は担保されていると考えたからではなかったか。その主権の力により金融資本の暴走をなんとかしようとしたからではなかったか。ユーロの現実はしかし、通貨そのものに主権的権力などない、ということを十分に示しているはずである。「指令を下す力」の破壊は、貨幣には共同性を主権的に構築する力があると前提して、その力の破壊を問題にする。いかにヨーロッパ単位で金融政策を施してみても、「下す」／授けることができたのは「指令」ではなく、主権間で生じる問題の先送り手段だけであった。「指令を下す」貨幣の力はすでに相当程度「破壊」されているのである。

つまり「第三の戦略」は「第三」となる足場を欠いている。ならば、それを再領有すればマルチチュードの「自由」が実現されるような、戦略的に「統合的」な機能を貨幣がもっているかどうかは極めて疑わしい、と言うべきだ。あるいは「再領有」は、今のところ意味の中身を欠いている、と。「金持ち」になれば「貧者」でなくなる、とさえ読めるのだから。もし「金融的コントロール」に、政治と経済をめぐる先の三つの次元を共存させ、すでに「割れて」いる「二」をまだ「一」であるかのような「二」として存続させる力があるとすれば、それは「再領有」を云々する前に、端的に「破壊」すべきものである。少なくとも、分離の論理はそのような考え方をしてきたはずである。そして、破壊のツケを誰に回すかは「金融的コントロール」の問題ではないということを、私たちはリーマンショックの事後処理の過程で目にした。国家と金融資本が談合したのである。じわじわと「貧者」にツケを回すという方向で。金融ゲームの失敗に公的資金を投入するとは、民間債務を税によって肩代わりし、薄く広くばらまくという政治的決断にほかならない。つまり彼らのほうは、またしても貨幣を「再領有」したのである。「使う」ことと「交換する」ことが等しい貨幣は、たしかに〈共〉の性格を表示している。けれども貨幣をもっぱら〈共〉に奉仕させるためには、貨幣にこの表示機能をいったん捨てさせる必要があるだろう。貨幣は今のところ、誰のものでもない借金を作る、誰かの借金を全員の借金にするように〈共〉的機能を果たしているからだ。貨幣の「再領有」とは、貨幣からこの戦略的機能を奪っていくという意味であるべきである。そしてそれは、貨幣のそとからの貨幣への介入であるかぎり、ただひたすら「政治」であるほかない。

それでも、ネグリ&ハートの限界には効用がある、とここでもまた思える。この限界は、何が考え

＊19　特に次の二書を参照。ミシェル・アグリエッタ、アンドレ・オルレアン『貨幣の暴力』井上泰夫・斎藤日出治訳、法政大学出版局、一九九一年。同『貨幣主権論』坂口明義監修、中野佳裕・中原隆幸訳、藤原書店、二〇一二年。

られていないかを自ら明らかにする限界である。それは、「納得のいく答えはまだ得られていない」と述べつつ、「進むべき方向性を指し示している」とも承認することにより、自分たちも分かっていないのだと正直に標識を置いているように見える。そもそも分離の論理とはそういうものではなかったか。「二」に分裂した「一」の再統合の仕方-され方まで提示してしまっては、趣旨に反するというものだ。とはいえ、後は実践に委ねる、のではない。むしろ、「問題」を開くと見なすべきである。立ち止まり、戻りながら前へ進むべき地点を。ことが主体的行為としての政治にかかわるのであれば、さらにこの政治は最終的に集団的に実現されるほかないのだとすれば、理論家の営みとしてはそれで十分であるだろう。単数形マルチチュードと複数形マルチチュードの差異は、それがあるのかないのか分からない地点を開示することに、理論-政治的な意味をもっている。「我々はみなネグリ主義者である」——雑誌の「一」が「二」に割れた瞬間、どちらからともなく言われた台詞である。これが我々の限界であったし、今でもそうである。

様々なマルチチュード

「一」は割れずに緊張を生む

第Ⅱ章

リスク人民戦線

2002.3

『マルチチュード』八号(二〇〇二年三-四月号)に掲載された論文である。今日の日本の読者には背景説明を必要とするテキストであるだろう。二〇〇〇年に創刊された同誌は、「フーコー死後のフーコー」を問うことを一つの柱としており(創刊号第一特集が「生政治と生権力」であった)、創刊とほぼ同じ頃にフランソワ・エヴァルドとドゥニ・ケスレーが『デバ』誌に発表した共著論文「リスクと政治の結婚」は、私もメンバーであった編集委員会においてある種の衝撃をもって受け止められた。

エヴァルドはフーコーのコレージュ・ド・フランスにおける助手であったのみならず、その死後には遺言執行人の一人として遺稿管理にあたり、単行本未収録であったテキストや対談の収集と書籍化(邦訳、『ミシェル・フーコー思考集成』全一〇巻、筑摩書房、一九九八-二〇〇二年)、コレージュ・ド・フランス講義録(邦訳、『ミシェル・フーコー講義集成』全一三巻、既刊八巻、筑摩書房、二〇〇二年-刊行中)の編纂に中心的な役割を果たしている。そしてケスレー、ダニエル・ドゥフェール(フーコーの私生活上のパートナーで、同じく遺言執行人)と同じく、彼ももともとは毛沢東派の活動家であった。

フーコーがコレージュ・ド・フランスで講義のかたわら主宰したゼミには、ピエール・ロザンヴァロン（労働運動史、経済思想史）やロベール・バダンテール（弁護士）といった、やがて社会党政権への関与を深め、「フーコー右派」と呼ばれることになる人々も参加していたが、エヴァルドは彼の政治的出自と、こうした「右派」との距離の取り方から、自他ともに認める「フーコー左派」の位置にあった。とりわけ一九八六年に刊行された彼の大著『福祉国家』（未邦訳）は、晩年のフーコーの「生政治」と「統治性」の問題設定を受け継ぎながら、リベラリズムと社会民主主義の両方を「左から」批判するものとみなされていた。これに対しケスレーは、左翼運動から労働運動を経て、一九九八年に創設されたフランス経団連（正式名称「フランス企業運動MEDEF」——「フランス経営者連合」の後継組織）のイデオローグへと「転向」し、九〇年代後半に破綻の色を強めていく年金制度にかんする財界からの改革プラン「社会再定置 Refondation Sociale」の実質的作成者となる。問題の論文「リスクと政治の結婚」は、その「転向マオイスト」ケスレーに「フーコー左派」であるはずのエヴァルドが合流し、二人して「フーコー右派」よりもさらに「右」へ「フーコー死後のフーコー」の舵を切ってみせた、と『マルチチュード』編集委員会の面々からは受け取られた。

そのため急遽、「エヴァルド＝ケスレー問題」を扱う特集が企画され、それは四号（二〇〇一年三月）において「経営者たちのフーコー」という第二特集として実現された（マウリツィオ・ラッツァラート他五名の論文とインタビューを収録）。当時の私の力量では、しかし、四号に間に合うように原稿を用意することができず、晩年のフーコー——とりわけそこにおけるリベラリズムの曖昧とも見える扱い方——については、誌面でも継続的に取り上げていくことになっていたため、遅れて完成された拙稿は、単独の論考ではあるがいわば四号の続きとして八号に掲載された。

私の目には、当時のフランス、とりわけ左翼知識人たちの間では、「経済学」が等閑視されすぎている、と映っていた。四号の特集も、「（新）フーコー右派」に対する「哲学」を経由した「政治的」批判にとどまっているように思え、そのなかでは唯一「経済学」的であったアントネッラ・コルサーニの論文も、フーコーとは直接の関係がない賃労働の変容を扱っていた。すぐに「哲学」に傾く「政治」とプラグマティックな政策論争に両極分解しがちな知的風土のなかで、エヴァルドたちは、「経済学」に免疫がないから「最新の金融工学」に感染したのでは？　とさえ、左翼思想が「経済学」からはじまる国から来た私には思えた。さらに、「社会学」と言えばブルデュー、というフランス人の「常識」にも疑問を感じていた。この相対的に新しい学に対し、一般的にどういう「思想的」態度をもって臨むかとは別次元で、ドイツやイギリスにおいてこの学がもっている現実的な影響力について、フランス人左翼は目配りが足りない、と思っていた。だから、「経済学」と「社会学」への己の半可通を承知で、それらとフーコー、さらにドゥルーズ＝ガタリをリンクさせる題材としても、「エヴァルド＝ケスレー問題」を利用しようとした。

しかし、ここで扱われている「リスク」論も「金融工学」も、原稿が執筆されて以降の年月のなかで、ほとんど常識と化している面があることは否めない。今日の読者のなかには、なにをぐずぐずと分かりきったことを解説しているのだ？　と思う人もいるだろう。筆者自身、翻訳のために読み返し、その感を拭えなかった。それでも、当時はまだ「ニューエコノミー」——それが不況なるものを最終的に克服したのではないかとまことしやかに囁かれた——さえ、化けの皮が剝がれたとは必ずしも思われていなかった。日本で中谷巌の新自由主義からの「転向」が騒がれたのは二〇〇八年のことである。新自由主義の栄光を体現するかのごときであった「ニューエコノミー」なる語は今日、完全に経済論壇から姿を消している。しかし、「新しい経済」を支えるはずであった「金融工学」は、いくつかの破綻劇にもかかわらず、原稿執筆の時点ではまだ「革新」の光彩を放っていた。ジョージ・ソロスが仕掛けたとまで言われた九七年のアジア通貨危機などは、むしろこの新技術の力を誇示する結果になったほどである。エヴァルドとケスレーの、リスク論による「社会再定置」の試みは、間違いなく、「ニューエコノミー」と「金融工学」が左翼にまで浸透してきたことの歴史的証言である。時代の空気のなかで、ひょっとしてこれは「左から」使えるのではないか、と彼らは（少なくともエヴァルドは）思ったのかもしれない。
個人的には、この論考は二〇〇八年末の編集委員辞任を運命づけることになった。辞任は委員会そのものの分裂にともなうものであったのだが、私としては、ここに書いた内容からして、委員会主流派の路線を是認することができなかったのである。「サブプライムローン」と「グリーンニューディール」を肯定的に評価する主流派は、「金融技術のマルチチュード的使用」を可能とみなすどころか追求すると言いはじめており（詳しくは本書に収録されている二〇一三年の論文「我々はみなネグリ主義者である」を参照されたい）、私には「エヴァルド=ケスラー」を焼き直しているようにしか見えなかった。

福祉国家の「うずく危機」を、フランソワ・エヴァルドはドゥニ・ケスラーとともに確認する。[*1] エヴァルドにとり、この危機の時代を特徴づける根本的新しさとはどのようなものであるのだろうか。彼にとって、福祉国家はなぜ、またいかにして、資本主義的生産関係をコントロールする――その「主体」を生政治的に生産しながら――能力のすべてとは言わないまでもかなりを失ってしまったのか。「社会再定置」プログラムは法と国家的保護を、経営者と組合の契約、利潤原理に取り換えようとする。[*2] いったい社会におけるどんな根本的変化が、かつて「フーコー左派とみなされた」[*3] フランソワ・エヴァルドに、経営者たちとの同盟を正当化させるのか。

＊1　François Ewald et Denis Kessler, « Les noces du risque et de la politique », *Le Débat*, mars-avril 2000, p. 55.（フランソワ・エヴァルド、ドゥニ・ケスレー「リスクと政治の結婚」、『デバ』二〇〇〇年三‐四月号、五五頁、未邦訳）

こうした問いに対する答えは一語に要約できる。リスクである。我々の時代の歴史的新しさを特徴づけるのは、リスクの質と量だというのである。「我々が経験しているリスク、我々の意識にリスクを感じさせるようなリスクは、もはや一八－一九世紀と、さらに二〇世紀とも同じではない」[*4]。この客観的変化に加えて、主体的要因の進化もまた見て取る必要がある。「すべての個人的、集団的な出来事をリスクとして考えることが、それ自体で新しさをなしている」[*5]。つまり、「リスクが増えているように人々は感じているのだが、それは新しいリスクが（客観的に）出現しているだけではなく、どんな出来事でもリスクとして位置づける傾向がある、ということに由来する」[*6]。かくて今日では、「政治はリスクの名のもとに置かれている」[*7]。しかし『福祉国家』におけるエヴァルドの力強い分析は、とうてい忘れることのできるものではない。彼は一九八六年の時点ですでに、福祉国家をリスクという同じ概念によって定義していたのである[*8]。それに従えば、一九世紀のリベラル派政治経済学は、最終的にはリスク管理の学として構想されており、福祉国家のパラダイムをなす知であるとみなされていた。その点を踏まえ、同書第二章は「リスクについて」と題されている。福祉国家は、政治の目標としてのリスクから、それを管理する特有の手法とともに生まれたのである。つまり、リスクそのものは福祉国家にとって未知の存在ではなかったわけであり、福祉国家の危機を、この国家にとって外的なものとしてのリスクが侵入してくる事態と捉えることはできない。合理的に考えれば、危機はこの国家の内部から、この国家自身によって生み出されているとみなすべきだろう。リスクを問題化してきたのは福祉国家なのであり、ゆえにリスクを増殖させてきたのも福祉国家なのである。

フランソワ・エヴァルドとドゥニ・ケスレーが、次のように記すことで述べているのも、この事実であるだろう。「福祉国家の野心はすべてのリスクを企業活動として引き受けることにあり、だからこそ同時に、適切なリスク・ガバナンスを欠くことにもなった。これが福祉国家の矛盾である」[*9]。だとすればしかし、同時にこうも言えるはずである。我々が今日目にしているのは、根本的に新しい事態の出現というより、一つの時代の終わりであり、それも最初から組み込まれていたに等しい終わりなのだ。危機を脱出するのにリスクという問題設定に頼ることはできない、と言ってもいい。リスクと政治の結婚を言祝ぐのは空しい。危機に陥っているのは両者の結婚生活であって、国家ではなく企

＊2 François Ewald « *Le contrat contre la loi* : entretien avec Tiennot Grumbach », *Multitudes*, n° 4, mars 2001.（フランソワ・エヴァルド「法に抗する契約——ティエノ・グランバッハとの対談」、『マルチチュード』四号、二〇〇一年三月、未邦訳）
＊3 *Ibid.*, p. 183.
＊4 Ewald et Kessler, *op. cit.*, p. 61.
＊5 *Ibid.*
＊6 *Ibid.*
＊7 *Ibid.*, p. 57.
＊8 François Ewald, *L'État providence*, Grasset, 1986.（フランソワ・エヴァルド『福祉国家』未邦訳）
＊9 Ewald et Kessler, *op. cit.*, p. 69.

業によって結婚が祝福されても、そのことに変わりはない。

しかし、フランソワ・エヴァルドに固有の曖昧さはさておき、彼の書物と軌を一にするかのように、リスクを問題化する汎ヨーロッパ的な動きがあることはたしかである。フランスで『福祉国家』が刊行されたのと同じ一九八六年、ドイツではウルリッヒ・ベックが『リスク社会』[*10]を発表した。今やドイツとイギリスにおいて、エコロジストたちの基本書となっている書物である。二つの書物のどちらにも互いに対する言及は見られないものの、ベックはその七年後、『福祉国家』の独語訳[*11]に序文を書くことになるだろう。一九九一年にはニクラス・ルーマンが『リスク社会学』[*12]を著し、九四年にはトニー・ブレアのブレーンの一人、アンソニー・ギデンスが『右派左派を超えて――ラディカルな政治の未来像』[*13]を出版する。同書においては、エヴァルドとケスラーの言に従えば、リスク概念が「包括的政治哲学をなしており、今日の後期近代あるいはポスト近代の時代において政治を考え直す方法となっている」[*14]。その年にはまた、ベックとギデンスはスコット・ラッシュとともに『再帰的近代化』[*15]を刊行している。こうした理論‐政治状況のなか、およそ一五年をかけて一種のリスク人民戦線が姿を現すのが見て取れるだろう。各自の理論‐政治的立場の違いを超え、リスク概念によって武装しつつネオリベラリズムに闘いを挑む人民戦線である。この人民戦線は、「ポストモダン」なる規定を持ち出さずに現在の状況を「批判的に」素描し、エヴァルドとケスラーによれば、国家と市場の間で「新しい中道」ないし「第三の道」を歩もうとしている[*16]。

この人民戦線は共通の政治プログラムを明確に定めるにはいたっておらず、それどころか三人の立役者（ベック、ルーマン、エヴァルド）は目下のところ、共通プログラムの実際的策定を阻害しかねない理論的差異を示している。ウルリッヒ・ベックにとって、リスクはほぼつねに客観的なものである。すなわち、ある出来事がリスクになるのはリスクが客観的だからであり、たとえ損害が現実化される前であっても、誰もその潜在的損害そのものを否定することはできない。[*17] したがって、損害の現実化を阻むはずのシステムの弱点もまた客観的であり、とりわけチェルノブイリ以降、そうであるという。

ところが、リスクのこうした客観性テーゼの見た目の分かりやすさは、リスクのルーマン的概念——ベックの目には相当に疑わしく映っている[*18]——に突き合わせてみたときには消え失せる。疑わし

---

*10 仏訳は二〇〇一年に刊行されている。*La Société du risque : Sur la voie d'une autre modernité*, Aubier, 2001. 邦訳タイトルは『危険社会』（東廉・伊藤美登里訳、法政大学出版局、一九九八年）。

*11 François Ewald, *Vorsorgestaat*, Suhrkamp, 1993.（フランソワ・エヴァルド『福祉国家』独語版、一九九三年）

*12 Niklas Luhman, *Soziologie des Risikos*, Walter de Gruyter, 1991.（ニクラス・ルーマン『リスク社会学』未邦訳）

*13 邦訳は、アンソニー・ギデンズ『右派左派を超えて——ラジカルな政治の未来像』松尾精文・立花隆介訳、而立書房、二〇〇二年。

*14 Ewald et Kessler, *op. cit.*, p. 56.

*15 邦訳は、ウルリッヒ・ベック、アンソニー・ギデンズ、スコット・ラッシュ『再帰的近代化——近現代における政治、伝統、美的原理』松尾精文・小幡正敏・叶堂隆三訳、而立書房、一九九七年。

*16 Ewald et Kessler, *op. cit.*, p. 69.

*17 特にベックの次の書物を参照。Ulrich Beck, *Gegengift : Die organisierte Unverantwortlichkeit*, Suhrkamp, 1988.（ウルリッヒ・ベック『解毒剤——組織の無責任』未邦訳）

いものに見えてくる。ルーマンはリスクを、言うところの「オートポイエーシス的」つまり「自己組織化する」過程のなかに挿入する。ルーマンにとって、リスクは普遍的過程に内在するのである。リスクは諸決定（政治的、経済的、さらには物理的であることすらある）の避けがたい偶然性によってまず根本的に、ついで「不透明」なコミュニケーションによって二次的に生産される。[*19] 人間的コミュニケーションが働いているかぎり、ルーマン的リスクは主体的（個人的かつ集団的）不確実性と分かちがたいのである。たとえこの不確実性そのものが、量子力学の想定するような「客観的」不確実性に基礎づけられているとしても、である。ルーマンはつねに彼の構成主義を手放さない。リスクは社会あるいは集団的主体によって／のなかで「客体」として構成されるのである。

ここにおいて、フランスのリスク理論家はドイツの社会学者に接近する。リスクを現代のエピステーメーと呼ぶエヴァルド[*20]もまた、リスクを客体性と主体性の区別の手前で捉えようとするのである。実際、彼の議論はリスクの二側面（客体的かつ主体的）を強調する。[*21] しかし同じくここにおいて、二人の間で、政治的に決定的な分岐もまたはじまることになる。ルーマンがリスクに固有の不確実性に計算不可能性の一形態を見て、その結果、現代的リスクの本質を、市場——経済的計算の場——と規範——法的計算の場——の両方のそとに位置づけるのに対し、[*22] エヴァルドは同じ不確実性を、数学的確率の客観性をめぐる歴史的論争を想起させる枠組みにより分析する。すなわち、リスク／確率は客観的に実在するのか、それとも不完全な情報ないし、人間的認識の本質的欠陥を指示するのか。エヴァルドにとっては、『福祉国家』以来、リスクは確率と同じく、それを計算することと対になっているのである。計算は、客体的なものと主体的なものを超えたところで実行される。様々なリスクは、計算されることにより感じ取られ、発見され、把握される。さらにリスクのエピステーメー化は、確率計算を前提にすると同時に、それを促進する。[23]それに対しルーマンのリスク観にあっては、事故による出費（マイナスの利潤）は前もって計算されえず、その法的責任もしばしば同定しがたく、そうであるがゆえに、ＮＰＯや市民の社会運動を活用するような政治戦略が要請される。それに従えば、リスクの負担は、「経済的」でも「法的」でもない「社会的」論理により分担されねばならない。リスク概念は、この新しい領域を作る／拡張するよう働くわけだ。[24]ところが「社会再定置」プログラムにあっては、リスクはあくまでも計算と対であると想定されている。このプログラムは事実上、リス

＊18 *Ibid.*, p. 171sq.

＊19 Luhman, *op. cit.*, pp. 77, 153.

＊20 Ewald et Kessler, *op. cit.*, p. 68.

＊21 *Ibid.*, p. 61.

＊22 Niklas Luhman, « Risiko und Gefahr », *Soziologische Aufklärung*, Bd 5, Westdeutscher Verlag, 1990.（ニクラス・ルーマン「リスクと危険」、『社会学論集』五巻、未邦訳）

＊23 エヴァルドとケスレーは、次のように言う。「我々がリスクの世界に入るのは、リスク値が計算に由来するとき、すぐれて確率計算に由来するときである」（Ewald et Kessler, *op. cit.*, p. 64）。

＊24 ルーマンのこうしたリスク把握は同様に、新保守主義にも通じる。市場と法を超えたところで、「伝統」や中立的調停者としての「専門家」の能力に期待する考え方である。その点については、シャンタル・ムフによるルーマンとロールズの比較も参照のこと。シャンタル・ムフ『政治的なるものの再興』（原著は一九九三年刊）、千葉真他訳、日本経済評論社、一九九八年、第三章。

クとは計算可能なものであると主張しており、誰でも利用できる計算技術がありさえすれば、リスク管理のため国家を特別扱いする必要はない、と述べているのである。

リスク計算を可能にする経済学

不確実性を前に決定を下し、選択しなければならないとき、さらに、様々な証券類の価格について証券ごとに態度を決めねばならないとき、ひとつの学問が特別のステータスを誇ることになる。経済学である。（…）その野心は、リスク世界のただなかにおいて、価値の一般理論を提供することである。決定の理論から出発して、それをなすことである。（…）不確実性があるところでは、証券価格はリスクに依存する。近代のエピステーメーがリスクのエピステーメーであるという事実が、経済学を人文諸科学における支配的学問にする。[*25]

彼らはいかなる経済学について語っているのだろうか。リスクの時代に「支配的」な知である経済学とは、何をする学問なのだろうか。いずれにしても、読者にはひとつのことがすぐに確認できる。一九世紀末について語ろうが、二〇世紀世紀半ばについて語ろうが、さらに福祉国家が衰退に向かう現代について語ろうが、エヴァルドにあっては経済学が、エピステーメー全体にパラダイムを提供する知という特権的ステータスを失うことはけっしてないのである。『福祉国家』において彼は、リベラリストの経済学、とりわけ保険（リスク計算）にかんする彼らの議論が福祉国家エピステーメーの形成に中心的役割を果したことを突き止めた。そして彼は、J・ハルペリンを引きつつ、保険の誕生を資本主義そのものの誕生と結びつけた。「最初の保険形態が海洋保険であったことは偶然ではない。封建制の厳格な骨組みから抜け出ることを可能にする唯一の領域は海だったのである。封建世界の基礎は本質的に土地であった。海は社会的かつ政治的なヒエラルキーを免れていた。海はいかなる国家や政府の権威にも服さなかった。海より非封建的なものはなかったのである」[*26]。かくてエヴァルドは、「保険は資本の娘である」[*27]と考える。「政治がリスクの名のもとに置かれる」かぎり、すなわちリスク・テクノロジーが要請され、開発されるかぎり、彼にとってはつねに経済学が、資本主義の歴史における特権的知であり続ける。たとえ福祉国家が後退し、時代のエピステーメーを形成する力をリスクそのものに譲ったとしても、である。ならば我々はいっそう、今日いかなる経済学なのか、と問わねばならないだろう。というのも、『福祉国家』では一九世紀の経済学が綿密かつ詳細に分析されているのに対し、ケスレーとの共著論文では、経済学への言及がまったくないのである。一九世紀末に福祉国家のど真ん中に導入された経済学は、福祉国家の危機を超えて生き残っているのだろうか。

しかしその答えは、フランス経団連ナンバー2との共著論文のなかではなく、ミシェル・ビッシュの著書『生のオプション――保険の基礎理論』[*28]にエヴァルドが寄せた序文のなかですでに与えられて

＊25 Ewald et Kessler, *op. cit.*, p. 68.

＊26 Ewald, *op. cit.*, p. 182.

＊27 *Ibid.*

＊28 Michel Bisch, *Les options de vie : les fondamentaux de l'assurance*, Economica, 1999.（ミシェル・ビッシュ『生のオプション――保険の基礎理論』未邦訳）

いる。エヴァルドにとり、ビッシュは「パスカル、プライス、モルガン以来、たいした革新もなかった領域である生命保険における革新者である」[*29]。その理由はつまるところ、ビッシュが「金融リスクのカバーにかんする最新技術から『オプション』概念を借りている」ことにある。「それらの技術を保険契約に取り入れることにより、彼は保険契約に大きな柔軟性とみごとな洗練をもたらしている。保険がオーダーメイドの領域に入るのである」[*30]。「金融リスクのカバーにかんする最新技術」が何を指しているかは周知であるだろう。それは、一九九七年に二人のアメリカ人、M・ショールズとR・マートンにノーベル経済学賞をもたらすことになった「技術」である。エヴァルドにとっては、現代における「支配的学問」の資格、リスク・エピステーメーにおけるパラダイム知の資格をもった経済学は、金融「派生」商品の適正価格の理論にほかならないのである。ミシェル・ビッシュが「革新者」であるのは、金融オプション（すぐれて派生商品である）を保険計理上の概念——「生のオプション」——に翻訳したからだ。オプション取引の経済学があれば、福祉国家はやがて不要になるだろう！　この国家の最終目標は主体を生政治的に生産することにあった。保険が「オーダーメイド」になれば、主体を生産する審級は不要になり、現代の主体は自ら構成的となりうる状態に置かれるだろう！　保険技術の諸規則が、「みなそれぞれ特異である生の設計に役立つ精緻な道具」[*31]となってくれる。オプション取引の経済学という武具をまとった生命保険が、フーコー晩年の夢、彼のギリシャ的あるいはローマ的なユートピアを実現させてくれる？

そんなわけはない。最近のある出来事を想起すれば、すぐに分かるだろう。一九九八年に起きた、ＬＴＣＭ（Long Term Capital Management）の破綻である。ＬＴＣＭとは二人のノーベル経済学賞受賞者が自らの理論を実践に移して、投資家たちの用に供したヘッジファンドである。[*32] その運命は、オプション取引の経済学がもつ極度の両義性ないし逆説を我々に証明した。それは、「金融リスクをカバーする技術」がリスクを減らすどころか増やすこと、最高に洗練された保険マシーンが自分の作動さえコントロールできないこと、ウルトラモダンなリスクと保険が「ニューエコノミー」の依然として不安定な性格をそのまま取り込んでいたことを実証したのである。新しい経済をめぐる諸言説のユートピア的オプティミスムを一瞬にして吹き飛ばしたこの破綻劇を見れば、エヴァルドがひとつの点にかんしてだけは圧倒的に正しかったと言えるだろう。保険は資本の娘である。現代においてもあいかわらず、そして現代においてこそ。

＊29　*Ibid.*, p. VII.
＊30　*Ibid.*, p. VIII.
＊31　*Ibid.*
＊32　ＬＴＣＭの歴史については、ニコラス・ダンバー『ＬＴＣＭ伝説——怪物ヘッジファンドの栄光と挫折』（原著は二〇〇〇年刊、原題を直訳すると『マネーを発明する』）、寺沢芳男訳、東洋経済新報社、二〇〇一年、を参照のこと。

実際、ショールズ、マートン、ブラックが証明したのは、派生商品（「プット」オプションと「コール」オプション）が証券市場の価格変動に対する保険手段を提供する、ということであった。自らも証券市場における商品でありながら、である。完全市場においては、あらゆる証券リスク、金融リスクを相殺してくれる「派生商品」と「オリジナル商品」の組み合わせが存在する、というのである。彼らが作り上げた数学的公式は、市場の状態がどう変わってもポートフォリオ（派生商品とオリジナル商品から構成される）の価値を一定に保たせる、派生商品の適正価格を教えてくれる。[*33] 言い換えれば、市場が完全であるかぎり、そこにはいかなるリスクもない（＝どんなリスクに対してもなんらかの保険が存在する）し、リスクなしには誰も利子率以上の儲けを得ることができない。「最新の技術」が、非常に古典的な経済原則を再確認したわけである。すなわち、完全市場には裁定のチャンス――無償で儲けが獲得される機会――は存在しない。正しい投機ゲームは結局のところマーチンゲール法（いわゆる倍々プッシュ）を実行することにしかないのだ。それを実行して一度でも勝てば損をすることはないが、そのときに賭金の総額以上に得られるのはしかし、最初に賭けたのと同額だけである。「種を蒔いた分しか収穫できない」[*34]。とはいえ周知のとおり、そこからこの「技術」に特有の逆説が生まれた。ショールズ、ブラック、マートンを含み、誰もこの技術を、公式が字義どおりに語っていることを市場において観察したり、確かめたりするためには使わなかったのである。現実の市場は完全ではない、つまり情報は部分的で偏っており、「適正」価格と現実の価格の間にはずれが存在し、そのずれが裁定のチャンスを生むことができる――投資家たちは公式にこういうメッセージを読み取った。そして実際に、ずれを発見するために公式を使い、ずれを金儲けマシーンに変えようとしたのである。

「最新の技術」はリスクなしの儲け、実物「資産」なしの儲けを可能にする技術であるとみなされた。厳密に考えれば、ずれはリスクを構成する。リスクなしの状態はずれがないことではじめて保証される。しかしこの技術は同時に、このリスクをカバーする手段も提供している。「梃子の原理」を生かす応用法を通じて、である。[*35] この応用により、ポケットにもっている金の何倍も賭けることが可能になった。ノーベル経済学賞受賞者が教えたのは、「借りる」ことは必ずしも危険の増加と歩調を合わせない、ということだ。「適正」価格の理論はかくて「相対」価値の理論として機能することになった。ＬＴＣＭはリスクも裁定チャンスもない状態からずれた価格のことを、そう呼んでいた。「新しい情報コミュニケーション技術（ＮＴＩＣ）」に支えられ、この理論はリアルにグローバルな

＊33　ノーベル賞を受賞したのはショールズとマートンであったが、対象となった業績は今日、「ブラック＝ショールズ方程式」として知られる。方程式に名を残すフィッシャー・ブラックが同賞を得なかったのは、受賞年である一九九七年にすでに死亡していたためである。

＊34　エヴァルド、ケスレー前掲論文、六八頁。もちろん、彼らはこのフレーズを異なる文脈のなかに置いている。そこではエピステーメーとしてのリスク全般が問題になっている。「人は種を蒔いた分しか収穫できない。リスクは我々が出来事を客体化する仕方のなかにも、出来事そのもののなかにもある。そして我々は人間的冒険をリスクの名のもとで把握してきた。我々はエピステーメーを決定するようなことはできず、エピステーメーとともに生きるほかないのである」。

＊35　この技術はＶＡＲ（Value at risk）と名づけられている。ＬＴＣＭはＶＡＲに依拠した包括的リスク管理システムをもっており、それはリスク・アグリゲーターと呼ばれた。ダンバー前掲書第八章を参照。

金融市場を作り出した。市場の実体は、ほぼリアルタイムでいかなる国境も越える巨大資本の移動であるのだが、資本のかなりの割合は「バーチャル」な価値しかもっていない。保険あるいはリスク管理技術の理論でありながら、この理論は現実には保険の「止揚」――自己否定かつ矛盾の共存という意味における――をもたらしたのである。一九九八年のロシア国債暴落とＬＴＣＭ王国の崩壊が明るみに出したのは、そのことであった。ＦＲＢ議長グリーンスパンとニューヨーク連銀による国家的介入という「止揚」だ。過剰に洗練された保険技術は、最終的に、現実の価値を破壊する技術たることを自ら証明した。

証券価格（＝価値の価値）の理論

フランソワ・エヴァルドは間違っていたわけではない。「リスクは様々な価値の価値を測るやり方である」[*36]。つまりリスクは、そのものとしては相互に比較しえない諸量の間に貨幣的尺度を持ち込むものとして登場する。「それ［＝リスク］は今日の文化において、モラルと認識と政治が対話する境位をなす。リスクはこうした異なる領域から生まれつつ、それらをたえず相互に結びつける」[*37]。「生存のリスク」というエヴァルドの概念は、異なるタイプのリスク――環境リスク、技術的リスク、倫理的リスク、等々――を「測る」ことを可能にするだろう。事実、カリフォルニア州には「リスク比較プロジェクト」という州政府の事業があり、そこでは「専門家」ではなく市民が、健康、環境、安全にかんする異なるタイプのリスクを評価し、「市民」の視点から等級づけることを行っている[*38]。しかしエヴァルドは、異なる領域を「測り」、「分節する」ことが問題になるや、経済学に格別の地位を与える。「リスク概念を基礎にした新しい統治性が姿を現す最初の領域、主要な領域は、もちろん経済学である」[*39]。リスクを扱う技術としての金融技術について、彼は間違ってなどいなかった。投資を行おうとして、株式市場や金融市場で買うべき銘柄を探しているとき、各証券の「絶対価値」(価格を指すLTCM用語法である)はなにも教えてくれない。IBMの株が一〇フランでありELFの株が五〇フランであるとして、そうした「価値」はいずれの銘柄を購入すべきかについては教えてくれない。それらの「価値」は、価値として比較不可能である。色彩の波長と温度の値を比較するようなものだ。二つの値が将来どう変化するかは不確かなのである。どう予測してみたところで多かれ少なかれ裏切られ、リスクはつねに同じままである。それぞれの「価値」は、ある一定時点における企業の状態、産業の状態、市場全体の状態をそれなりに表現しており、どんな価格変動も、これらの状態の質的変化を含意している。こうした変化の総体が市場の未来を構成している。それぞれの変化は還元不可能、比較不可能であり、各証券の将来価値にやがて表現されることになる変化の全体は、現時点ではいっそう不確かである。証券を買おうというときには、誰でもこうした状況にいるのであり、計り知れな

*36 Ewald et Kessler, *op. cit.*, p. 67.
*37 *Ibid.*
*38 『第三の道』(原著一九九八年刊。邦訳は佐和隆光訳、日本経済新聞社、一九九九年)において、アンソニー・ギデンズはこの事業を彼の「第三の道」のモデルとして扱っている。
*39 Ewald et Kessler, *op. cit.*, p. 70.

い不確実性、尺度を欠いた不確実性に直面している。一九九七年のノーベル経済学賞が先の二人に授与されたのは、彼らがこの問題に答えるひとつの方法を発明したからにほかならない。「絶対価値」の「相対価値」を決定する方法を、である。そのように、彼らの定理は利用されてきた。定理そのものはただ新古典派経済学のユートピア――誰にも裁定のチャンスはなく、無償の儲けは存在しない――を表現しているだけであるのに。彼らの理論は、各証券価格をまるで使用価値のように扱い、価格の交換価値を決定することに成功したのだ。彼らの天才は、予測自体を諦めたところ、市場の不確実性や質的変化を数学的意味における偶然性として受け入れたところにある。[*40] それによって、量子力学的技術、したがってまた確率論が、投資に利用可能となった。

（絶対）価値の（相対）価値は、市場が分子の偶然的運動の空間であると想定されることを条件に、決定される。条件はつまり、質的変化とその不確実性を量子力学的運動にコンバートすることである。そこでは現在と未来の質的差異が、「平均値」と「偏差値」（変動の激しさを表す「ボラティリティ」）を用いて近似的に測定可能な差異に還元される。相対価値とはつまり、市場においてストックされる時間なのだ。それは変動のストック化であり、不確実性そのものをストックする技術である。そして周知のとおり、それはリスクの価値化である。相対価値は、現実の価格がいかに潜在的に「適正」水準からずれているかを表現しているのだから。ある証券が相対的に価値をもてばもつほど、それは多くのリスクを内包している。ここでもまた、非常に古典的な原理が再確認されているにすぎない。すなわち、ハイリスク・ハイリターン。

しかし、すでに見たように、価値の価値をめぐる新しい理論はリスクをカバーするやり方を教える。

様々なオプション、「オプションとその複製（派生商品との関係におけるオリジナル証券）」からなるポートフォリオを合成するやり方である。この理論はまさにリスクと保険の理論である。しかし現実には、リスクと保険の対は安全装置としてより、時間のストック化を通じて資本に超過利潤をもたらす捕獲装置[*41]として働くのである。質的で不確実な差異をストックに変えて捕獲すること、それがこの理論を用いる実践的動機であり、投資の安全性ではなく超過利潤のチャンスが、資本のグローバル化を加速してきた。世界金融市場は、あらゆる情報がリアルタイムで隅々まで行き交う同質な平滑空間――狡知による成長の余地がない空間――であるよりは、時間的差異や不確実性がそこかしこでストックされる多孔空間なのだ。価値の価値は、市場という空間に孔を開けるのに欠かせない装置である。市場に孔を開けるかぎりで、価値の価値は「ニューエコノミー」に貢献する。[*42]比較不可能な諸価値をダイレクトに比較可能にすることにより、価値の価値は資本による時間――質的変化や不確実性としての時間――の独占を実現する。資本は新たな搾取装置を獲得したのだ。

＊40　精確には「ブラウン運動」あるいは「ランダム・ウォーク」として。
＊41　「捕獲装置」という語は、ジル・ドゥルーズ、フェリックス・ガタリ『千のプラトー』（原著は一九八〇年刊。邦訳は宇野邦一ほか訳、河出書房新社、一九九四年）第一三章「命題一二　捕獲」による。後出の「平滑空間」、「多孔空間」は同書第一四章による。
＊42　ここで言う「ニューエコノミー」は、ドゥルーズ＝ガタリが特徴づける資本主義一般との関係において「新しい」。彼らによれば、資本主義一般には「土地」、「労働」、「貨幣」という三つの「捕獲装置」しか存在しない。

この点こそが新しい。保険の歴史においても新しい。古典的あるいは「ノーマル」な保険は、航海のリスクと最終的に土地に基礎を置く保険の関係を見れば明らかなように、リスクと保険の間に外在的関係を想定している。ところが金融リスクを金融的手段によってカバーしようとする金融的保険は、リスクと保険を同じ平面の上に置くのである。一般的には、リスクと保険は互いの大きさを増大させあう循環的関係を結ぶ。リスクが増えれば保険料は上がるし、保険は「リスクを取る」能力を大きくして、「冒険」を試みることさえ可能にする。企業精神としての資本主義の精神は保険を利用して発達し、資本蓄積に保険は不可欠であった。『福祉国家』においてエヴァルドがみごとに描いているとおりである。[*43] リスクと保険の間に外的な関係が維持されているかぎり、つまり補償金がリスクの生まれる領域の外部から持ち込まれるかぎり、損害は最終的に引受人の会計に記載される。補償金がつねに損害を回復させるわけではないとしても、その点に変わりはない。だから引受人の破産が破産の連鎖反応を引き起こすこともたびたび起きる。しかし、保険のおかげでダメージの伝播が止まるのでなければ、そして損害が引受人と被保険者の関係のなかに封じ込まれるのでなければ、損害は社会のなかで細分化されて負担されるしかない。そのときにも、外在的関係に保護された保険は、崩壊現象の拡大に制限をかけるだろう。外在性はこの制限の仕組みとして存在しているのである。ところが金融的保険にあっては、保険が、保険によってカバーされるリスクと内在的に結びついている。両者は同じ「土地」のなかで、同じ「素材」からなる同じ手段を用いて作用する。リスクと保険の間にはいかなる物的区別もないのだ。あらゆる「価値＝証券」が程度の異なるリスクを含んでいる。保険のために選ばれる「価値＝証券」はそれ自体で、それがカバーするはずのリスクと同質のリスクに晒されている。保険とはたんに、他のリスクより小さいリスクを意味するにすぎず、現代のバンカーたちは事実、自分たちは「お金」ではなくリスクを売っている、という言い方をする。そして「梃子の原理」はすべてのリスクを増大させ、そのときにもリスクと保険は「ゼロサム」ゲームを構成する。さらに、ファイナンスの理論が証明するところによれば、証券投資の手法とは要するにマーチンゲール法であって、最終的に「撒いた種を回収する」ためにも、それを確実にするにはポケットに無限の「種銭」をもっていなければならないのだ。だから、ヴェネチアのカジノでルーレットに興じるカサノバは破産した。要するに、すべてが程度差のあるリスクだと定義される金融市場においては、リスクの全体は、金融技術によってはカバーなどされていないのである。

それでも損害が生起したときには、回復が必要である。何によって？　金融リスクに対する最終的保険はなんなのか。問いは我々を即座にグローバル資本主義の中心へと差し向ける。短期資本市場においては、どんな種類の負債に対しても最高度に信頼性があって有効な担保は、目下のところ、米国債なのだ。米国債はドルよりも信頼性が高い。貨幣であるドルはまったく利子を生まない（したがっ

＊43　さらに保険は、エヴァルドによれば、人間を資本とみなすことを可能にした。それにかんして、彼は一八六六年に出版された『人間は資本である』という書物を引いている。「まったく単純なことである。一家の父親が行政職か商業か工業で雇用されているとしよう。そしてその職が彼に年間一万フランをもたらすとしよう。年率五パーセントで計算すれば、一万フランとは二〇万フランがもたらす収入である。ゆえにこの父親は二〇万フランの資本を代表しているのである」（『福祉国家』一八三頁）。

て狭義の投資リスクはない）けれども、為替リスクを免れない。国債はそれに対し、一定の利息を保証しており、この保証の確からしさは、どんな動産や不動産よりも高い。ＬＴＣＭの破綻が我々に教えたのは、ある閾を超える金融リスクを引き受けることができるのは国家だけ、ということであった。実際、アメリカにおいても日本においても、投資バブルが崩壊するや、回収不能債権は国家によって清算された。市場はリスクの評価しか行わず、その評価こそ市場に内的な保険を部分的に可能にするのだが、市場の全体は国家を欲している。国家による信用、担保、介入を。猛烈なスピードで移動する資本にとっては、最高の流動性は国家の力にあるのだ。この力は貨幣よりも流動性が高い。資本の現在の脱領土化は、様々な「価値」の碇がつながれる場として、国家を再領土化している。一国家にリスクのカバーができないのであれば規模を変えて行うべし、それがユーロの試みであったではないか。

国家に対抗する経営者と労働者の人民戦線としてのリスク人民戦線は、やがて国家に依存する己を再発見することになるだろう。このとき依存される国家は、もはや福祉国家ではない。

いくつかの存在論的空虚について

2002.5

『マルチチュード』九号（二〇〇二年五–六月）に掲載された。創刊三年目に入る節目の号であり、それまでの二年を振り返りつつ「我々のマルチチュード像」を改めて提示すべく、第一特集「マルチチュードの政治哲学」が編まれた。本稿もそこに含まれている。同特集からは、すでにいくつかの論考が邦訳され、『現代思想』二〇〇三年二月号に掲載されている。そのうちの一つ、特集冒頭の共著論文「マルチチュードの政治」には、私も筆者の一人として名前を連ねている（他の筆者はマウリツィオ・ラッツァラート、フランソワ・マトゥロン、ヤン・ムーリエ・ブータン）。個人的には、特集の企画そのものに深くかかわった最初の号として、編集と執筆の最初から最後まで、様々なことが忘れがたい。

フランスにおいてネグリ＆ハートの『〈帝国〉』が刊行されたのは、雑誌創刊直後の二〇〇〇年のこと。以来二年間、この世界的ベストセラーはフランスでもそれなりの評判は呼んでいたと記憶する。しかし、明らかに英語圏におけるほどではなかったし、書物の理論的基礎に踏み込み、批判的にであってもその基礎自体を正面から論じた者は、ある意味の「お膝元」であるはずのフランスにおいて少ない、と私たちには思えていた。ネグリの『野生のアノマリー』仏訳刊行（一九八二年）の頃（フランスへの亡命は一九八三年）とは、明らかに様子が違っていた。そこで、あえて「哲学」の一語をタイトルに含む特集が企画されたのである。しかし、そこには若干の波風もあった。編集委員会のなかには、フランスの左翼思想はアルチュセール以来「哲学臭」が強すぎるという雰囲気があったのである。実際、なるべく具体的なテーマに即して特集を組むことが方針化されており、「哲学」を取り上げることは意図的に避けられてきた。我々の雑誌はあくまで「理論的」たろうとするが、「理論的＝哲学的」ではない、というわけだ。それでも委員のなかには哲学畑の人間も多く、『〈帝国〉』に対する外部からの反応の鈍さに鑑みても、「政治（と）哲学」という主題がまさにエアポケットに入っているのではないか、という不満が委員会の一部にはくすぶっていた。ソ連圏崩壊以降「政治化」していたデリダも、「政治哲学」を「法権利」の土俵に移し替えていないか？　マルクス擁護派である我々も、もう「政治哲学」などと言わないほうがいい、「非物質的労働の経済学」（要はインターネットの「政治経済学」）に特化したほうがいいのか？　そうしたいわば「哲学」派の疑問がようやく三年目にして誌面に反映された、という側面がこの特集にはある。

　私の論文は、こうした議論を反映してあくまで固有の「政治哲学」にこだわっている。「法権利」（自由、平等、主権 etc.）や「労働」をめぐる思考ではない「政治哲学」がある、という想定が論述の背後で強く働いている。とはいえ、そこに直接踏み込むまでにはいたらず、デリダ派およびアラン・バディウとの差異を補助線に、「マルチチュードの」という限定を付した「政治哲学」を浮かび上がらせようとしている。その点では、拙著『革命論』（平凡社新書、二〇一二年）の内容を部分的に先取りするものとなっているのだが、限定をはずしたときにどうなるのか――いったい、政治的であるとはどういうことなのか？――は、いまだによく分からないところが多い。

　補助線を設定するにあたっては、論文中に引かれているセリーヌ・スペクトールによるネグリ批判を読んだことも大きかった。フランス人論者による批判としては、当時もっとも本格的かつ当を得ていると思え、これに応答するにはどうすればよいかを思案し、件の補助線を導入するやり方に落ち着いたという面がある。彼女は現代の左翼思想史を踏まえていない、と思えたのである。とはいえ、特にバディウについては、哲学的著述の難解さと政治的主張の極端さ（「選挙は政治ではない」……）ゆえに、まともに、つまりあくまで「哲学」として読まれているとは言いがたい状況であったし、その点は今日でもあまり変わらないだろう。ことはつまり必ずしもスペクトールの問題というわけではなく、ネグリと対比しつつ、バディウの仕事をバディウ・サークルの外部の人に向かって整理する、という動機も本稿にはあった。彼の主著の翻訳をまだ手にしていない日本人読者にとっては、一種のバディウ入門としても読めるかもしれない。とはいえネグリとの対比は、バディウ哲学の読解にとっては悪しきバイアスかもしれず、それでも、なんらかのバイアスを持ち込むことが「政治哲学」の実践であるだろう、という直感は働いていた。その直感を「哲学」的に正当化することは、いまだにうまくできないのであるが。

1

弁証法を足で立たせねばならない。「構成するもの」と「構成されるもの」の地位を変えることを問題にしたとき、我々は青年マルクスのこの言葉とそう遠いところにはいなかったはずである。我々はフーコーについて、こう述べた。抵抗する主体は彼において権力に臣従していないし、権力によって主体化されてもおらず、すぐれて「構成的権力」である、と。[*1] 我々なりの生権力観にもとづき、実

＊1　このフーコー読解から『マルチチュード』誌の冒険ははじまった、と言えるだろう。第一号を参照されたい。この段落中、注を付していない引用はそこからのものである。

際、フーコーを転倒したのである。たとえ、権力と主体を「一つのプロセスの二つの側面」と考えるつもりであったとしても。というのも、フーコーに対しこう問うたからである。「誰（あるいはなに）がシステムを導くのか」。さらにフーコーおよび他の人に対し、こう要求したからである。「いかなる曖昧さもなしに、主体の力と自由のダイナミズムから出発すること」。我々においても、転倒は循環的行程——ヘーゲルにとって特別の意味をもった——を出現させるだろう。「この極限点において、主体は自らのもとへ戻り、そこで自らの最重要原理を再発見する」[*2]。疎外が解消された、つまり成就されたということか。

「自らのもと」へ戻り、プロセスは向きを変えるだろう。そのときまで疎外されていた主体が、権力政治の主体と対象の両方へと自らを振り分けるようになるのだ。しかしその転換点は、ここで一つの空虚として設定されている。構成するものと構成されるものの相互送付の果てに、我々がフーコーにおける最終的主体として発見したのは、行為かつ循環的関係であるような「自己への関係」である。この円環は内部に空虚を生み出しつつ、自ら空虚に変わる。「構成的権力は空虚の出現として定義される。渦巻きのそとに、空虚、深淵、諸規定の不在が飛び出すのだ。完全に開かれた欲求として」[*3]。「構成的原理のラディカルさは絶対的である。それは空虚から生まれ、すべてを構成する」[*4]。空虚としての構成的権力は、弁証法的転倒の遂行を妨げるかのようだ。疎外可能なものがない（空虚であるのだから）ところには、疎外もまたないのだから。とはいえ、そのことは『大論理学』の著者を納得させはしないだろう。彼はこう書いていたのである。「はじまりは空虚であり、ゆえになにかにならねばならない。はじまりは純粋な無であるが、なにかがそこから出てくる無である」[*5]。

だとすれば、無限に生産的なこれら二つの空虚——構成的権力の空虚と弁証法の空虚——の差異とは何かが問われねばならないだろう。なるほど、前者の空虚の表現的内在性を、超越‐主権性‐代理（表象）という、ネグリも強調している後者の三位一体性に対立させることはできる。それでも、一定の「抽象的」ないし形而上学的レベルにおいて見たとき、「マルチチュード」の概念装置には、マルクスにならって言えば、ヘーゲル弁証法に「媚を売る」ところがある。これはむしろ、アルチュセールとマシュレがマルクスについて明確に述べたような、[*6]「マルチチュード」の根本的あるいは逆説的な独自性であるのだろうか。それともやはり、政治に対する哲学の本質的無関心、政治的差異に我々を導くことができず、政治路線を生み出すことができないマルチチュードに固有の無力を証言しているのだろうか。だとすればしかし、政治とはなんなのか。哲学との関係における政治の種別性、

＊2　Antonio Negri, *Le pouvoir constituant*, trad. Française, PUF, 1992, p. 41.（アントニオ・ネグリ『構成的権力』杉村昌昭・斉藤悦則訳、松籟社、一九九九年、五九頁）

＊3　*Ibid.*, p. 21.（同書、三九頁）

＊4　*Ibid.*, p. 23.（同書、四一頁）

＊5　G. W. F. Hegel, *Science de la logique*, trad. Française, Aubier-Montaigne, 1972-1981, vol. 1, p. 45.（G・W・F・ヘーゲル『大論理学』上巻の一、武市健人訳、岩波書店、一九五六年、六六頁）

＊6　たとえば次を参照。ルイ・アルチュセール「G・デュメニル著『「資本論」における経済法則の概念』への序」（一九七七年）『マキャヴェリの孤独』福井和美訳、藤原書店、二〇〇一年。ピエール・マシュレ『ヘーゲルかスピノザか』鈴木一策・桑田礼彰訳、新評論、一九八六年。

他者性はどうなっているのか。政治の自律性を擁護することと、政治を「公共空間」や他の舞台に閉じ込めるのを拒否することとは、哲学的に両立しうるのか。

「形而上学は近代における真の政治学である」[*7]と主張することにより、マルチチュードの哲学は、スピノザを引き継いで、ある種の政治的曖昧さを引き受けようとするかにさえ見える。言説の骨格に還元されてしまえば、帝国／マルチチュードの対は、グローバル資本主義のスター、ジョージ・ソロスが提出する帝国／開かれた社会の対とほとんど差がないのだ。現実の社会主義が消滅した後に現れる新しい対立をどう規定するかにかんしては。ソロスの帝国もまた「抽象的機械」、「超国家的主権」等々と呼ばれている。[*8]『〈帝国〉』はそうした曖昧さを、「ポストモダン期」に特有の「移行の兆候」として是認している。曰く、「差異の政治」は近代性のラディカルな批判であり、かつ世界市場のイデオロギーである。「真理」と「啓蒙」は保守的な観念にして抵抗の武器である。ソフトウェア産業はポストモダンのリーダーである、等々。[*9]リナックスとオープン・ソースが現代の中国に、マイクロソフトとアメリカ合州国に対抗する国家戦略（「紅旗リナックス」！）を与えているのは周知のとおりである。アポリアに到達するという点では、哲学的決定不可能性は政治における決定不可能性に照応しているのであり、そのこともまた、マルクスを引くアルチュセールを我々に想起させる。「あるカテゴリーが観念論的か唯物論的かという問いに対しては、マルクスの語をもって答えねばならない。すなわち、『ことと次第による』[*10]」。

アポリアを明るみに出すことは、しかし、それを容認して袋小路に釘付けになることではない。この哲学はこうも主張しているからである。「構成する権力と構成される権力は悪循環ではなく、(…)良循環を形成する」[*11]。「はじめは必然性の支配下で辿られた道が、自由のプロセスのために空間を開くのだ」[*12]。一つの哲学の本性、一つの政治の本性に偶然性が見いだされ、その哲学の政治的含意、その政治の哲学的意味にも偶然性が見いだされるものの、それは結語などではない。「形而上学」と「政治学」が積極的に無差異となる空間のなかで踏み出される、最初の一歩にすぎないのである。無差異が出発点にすぎないなら、それが「唯物弁証法」にいたると主張するのは、いかにこの弁証法もまた政治と哲学の差異を知らないとはいえ、意味のない即断であるだろう。哲学が政治路線を導き出さないことをもってアポリアを結語とするのは、あまりに哲学的であり、かつあまりに政治的であるだろう。

そうしたアポリアの指摘はしばしば、「形而上学」と「政治学」の無差異にかんするある種の憶断を前提にしている。融合による結合であれ、「唯物弁証法」におけるように媒介による結合であれ、

---

*7 Negri, *op. cit.*, p. 401.(ネグリ前掲書、四一三頁)
*8 ジョージ・ソロス『グローバル資本主義の危機』大原進訳、日本経済新聞社、一九九九年。
*9 Michael Hardt et Antonio Negri, *Empire*, trad. française, Exils, ch. II-4.(アントニオ・ネグリ、マイケル・ハート『〈帝国〉』水嶋一憲ほか訳、以文社、二〇〇三年、「2-4 移行の徴候」)
*10 Louis Althusser, *Réponse à John Lewis*, Maspero, 1973, p. 58.(ルイ・アルチュセール「ジョン・ルイスへの回答」『歴史・階級・人間』西川長夫訳、福村出版、一九七四年、九五頁)
*11 Negri, *op. cit.*, p. 26.(ネグリ前掲書、四四頁)
*12 *Ibid.*, p. 41.(同書、五九頁)

二つの領域間に一対一の結びつきを求めるのである。『構成的権力』ではたしかに二つの「決定不可能なもの」の照応が承認されている。しかし、それは肯定性の、より精確には生産性の徴として持ち出され、さらに言えば、そうした照応こそ政治と哲学それぞれにとっての「絶対的」条件である、と位置づけられている。「解放 libération の活動に内的でないような諸規定からは絶対的に自由である、という意味で絶対的な[*13]」条件である。ここにもたしかに一義的な関係が設定されているのだが、それは一者における自由の一義性と言うべきものであり、二つの外在的領域の関係における必然性の一義性ではないのだ。

言い換えれば、我々にとっては、次のような性格づけをむしろ進んで受け入れることが可能であり、かつ必然である。「近代の弁証法的合理性を批判するという名目で、差異と特異性を強調しても、来るべき闘争にかんする首尾一貫したプログラムを構成するには十分でないだろう[*14]」。さらに、次のような問いを共有することも、可能かつ必然である。「はっきりした形式に結晶化したときですら、マルチチュードに内在する欲望がマルチチュードを『組織する』ことはいかにして現実的に可能であるのか」。「いかにしてマルチチュードを政治主体として登場させるのか[*15]」。問いを共有するとはいえ、我々はそれを決定的アポリアの指標としては受け取らないだろう。我々はそれをむしろ、マルチチュードという観念をめぐる哲学的かつ政治的な作業を行うための条件となすだろう。問いと答えを混同しなければ、我々はこうした「批判」を逆向きに読むことができる。大きな矛盾を特異な諸プロセスへ解体する、とは、いかなる政治がそこから出てくるにせよ、政治を哲学的省察から派生させることではなく、マルチチュードの政治が、プロセス総体に等しい内在面のなかに分割線を引くための条件であるにすぎない。形式的あるいは論理的にいかに曖昧かつ決定不可能であっても、マルチチュード的政治は、論理的振動を自らに引き受けることにより、「許しがたいものをめぐる新たな区分[*16]」を作り出す。すなわち、我々の感受性を変える／作り出す首尾一貫したやり方を与える。これが、「形而上学」のカテゴリーと「政治」の観念の間に区別を設けることを拒む自由の一義性から生まれる主意主義だ。それは、政治的自由の名において無矛盾性原理をあえて無視し、「解放の活動に内的でないような諸規定から自由」になる。

2

最初の分割線はすでに引かれている。マルチチュードの政治は実際、「すべては政治的である」と

＊13　*Ibid.*（同前）

＊14　Céline Spector, « La multitude ou le peuple ? — Réflexion sur une politique de la multiplicité », *Critique*, n° 645, nov. 2001, p. 891.（セリーヌ・スペクトール「マルチチュードか人民か —— 多様性の政治をめぐる考察」、『クリティック』六四五号、二〇〇一年一一月、未邦訳）

＊15　*Ibid.*, pp. 893, 894.

＊16　フランソワ・ズーラヴィクヴィリによるドゥルーズ的な「政治的出来事」の定義を参照せよ。François Zourabichvili, « Deleuze et le possible (de l'involontarisme en politique », Eric Alliez ed., *Gilles Deleuze. Une vie philosophique*, Institut Synthélabo / PUF, 1998, p. 341.（フランソワ・ズーラヴィクヴィリ「ドゥルーズと可能なもの（政治における非主意主義）」、エリック・アリエズ編『ジル・ドゥルーズ、ひとつの哲学的な生』未邦訳）

いうしばしば異を唱えられる命題を進んで承認する。この命題を「全体主義」の一歩だと非難したのは、『革命について』のハンナ・アレントであった。彼女は、政治的なものと社会的なものを厳格に区別し、「二つの革命」というテーゼを立てる。政治革命が生み出す「公共空間」を、社会革命は破壊する。政治的なものを社会的なものに従属させ、吸収し、二つの革命の区別を失わせることにより、社会革命は自由の探求を空転させて、その探求をどんどん盲目的なものにする。こうした非難の遠い反響を、ネグリ的存在論に今日下される評価に聞き取ることは難しくない。「政治はもはや、それが住まう社会的なものから区別されない。政治は社会的協同関係の普遍性としてしか打ち立てられない。市民が生きた労働者と同一視されるのだ[*17]」。ここでは次の事実を思い出しておくのも無駄ではないだろう。八〇年代の初頭、フィリップ・ラクー＝ラバルトとジャン＝リュック・ナンシーは「政治的なものにかんする哲学研究センター」の活動に、「全体主義現象」を問うという枠組みを課していたのだが、その現象は「政治的なもの」の過大評価と同一視されていた。「政治的なものの余すところなき成就、つまり政治的なものの単独支配（ハンナ・アレントが言うような、他の参照領域の完全な排除であり、今日ほぼいたるところで支配的となっている「すべては政治的である」という事態）、そしてこの支配ないし制圧状況下における哲学的なものの成就[*18]（…）」。センターの企てはもちろん、「すべては政治的である」という事態に抗して政治的なものの種別性を主張し、守ることにあったのだが、その企ては「哲学的なものと政治的なものの本質的共属性[*19]」というデリダ的ないしハイデッガー的なテーゼを承認していた。というか、このテーゼの枠のなかにあった。

　ラクー＝ラバルトとナンシーの二人はこの共属を否定すると同時に肯定する。いかにしてか。言い換えると、主としてカント的であって、それゆえ道徳的な政治観に由来するハンナ・アレントの「自由」と、「ゲシュテル」（組み‐立て）としての本質を経由して政治を技術に接近させるハイデッガーの「存在」を、いかにして同時に擁護するのか。単純化して言えば、「ゲシュテーレン」（組み‐立てること、もたらすこと）を「後退する（遠ざかる）」へと転倒させることによってだ。ハンナ・アレントのポリスは「けっして到来しなかった主権性、ゆえに『来るべき』場所が謎のままであり、究極的には手に入れがたい主権性」[*20]であるとされる。この解釈はクロード・ルフォールによって引き継がれ、彼にあっては民主主義が「空虚な場所」、「無規定を受け入れ、収蔵する」[*21]場所として定義される。アレントとルフォールを受け、政治はラクー＝ラバルトとナンシーにおいて、「非‐場所」に見いだされることになる。「政治はおそらく本質的『後退』として、あるいは本質的『後退』によって、規定されるだろう。単一性の後退、全体性の後退、共同性の実際的顕現の後退が、本質における『後退』

＊17　Céline Spector, *op. cit.*, p. 889.
＊18　Philippe Lacoue-Labarthe et Jean-Luc Nancy, « Le retrait du politique », *Le retrait du politique*, Galilée, 1983, p. 188.（フィリップ・ラクー＝ラバルト、ジャン＝リュック・ナンシー「政治的なものの後退」『政治的なものの後退』未邦訳）
＊19　Jacques Derrida, « Les fins de l'homme», *Marges de la philosophie*, Minuit, 1972.（ジャック・デリダ「人間の終焉」『哲学の余白』上巻、高橋允昭・藤本一勇訳、法政大学出版局、二〇〇七年）
＊20　Lacoue-Labarthe et Nancy, *op. cit.*, p. 194.
＊21　Claude Lefort, « La question de la démocratie », *Le retrait du politique*, pp. 80, 82.（クロード・ルフォール「民主主義の問い」『政治的なものの後退』）

であるだろう」[22]。そこから、政治的なものは次のように定義される。「政治的なもの『それ自体』は、政治的なものの後退から出現するのだ。政治的なものが問われ、求められるのは、それが後退するからである」[23]。政治的なものに「避けがたく哲学的な」[24]性格を与える定義である。それが哲学的であるのは、政治的なものの哲学的基礎づけを「ゲシュテーレン」の転倒――「本質的」に哲学的な操作――により否定するからだ。「後退」が政治に対し固有の領域性、閉域を与える。後退が生起するところに、政治の領域は打ち立てられる。ルフォールの民主主義のように、政治的なものがそこへと向かって後退していく空席が、政治の領域となる。二人の哲学者にとって、政治とは後退が物象化された空虚なのである。「非-場所」であるためそれ自体が空虚である後退の物象化である。だとすればしかし、これは「すべては政治的である」を保存する一つのやり方ではないのか。というのも、場所をもたない後退により政治的なものを限定しようとすれば、全体のあらゆる箇所において政治が可能となるからだ。後退は全体からの後退であり、全体への対抗運動である。政治と全体は、後退の身振りにより同時に到来するのであり、どこで後退が起きるのかをあらかじめ指定するものはなにもない。政治的なものの後退によって構成される政治、この後退によって限定される政治は、その場所ないし位置にかんしては、無時間的同語反復の空虚のなかに沈むほかないのだ。その結果、(反)主権論的な二者択一が現れる。全体性／主権性／共同性か、それともその不在か。

分割線はまさに空虚の観念のなかに引かれる。ハイデッガーによるアレントの脱構築、あるいはアレントによるハイデッガーの脱構築、さらにあるいは彼らを脱構築的に和解させることは、空虚を一つの無媒介な反復のなかに閉じ込め(「政治的なものは政治的なものの後退から生起する」という、出現と消失の同時性）、政治に対し、全体性とその不在の間を瞬時に往還する運動を課す。それはまた、民主主義とその不可能性、契約主義的な主権性とバタイユの至高性＝主権性の間の往還運動でもあるだろう。そこではとりわけ、「超越性の解消」から生まれる「前代未聞の全体主義」が問題にされている。「生のあらゆる領域をくまなく、さらに区別なく浸す[*25]」全体主義である。現実にそれが問題であるなら、マルチチュードにかんしては、「多数派マルチチュードの反ファシズムと少数派マルチチュードの反ファシズムの間に一種の実践理性のアンチノミーがあると示唆[*26]」しているだけかもしれない。どんな分割線も呑み込んでしまうアンチノミーの牢獄が待っているだけかもしれない。実際、『構成的権力』の著者もアレントにおける空虚の概念を是認している。「不在、空虚、欲望は、民主主義そのものの政治的ダイナミズムを生むモーターである（…）。ハンナ・アレントは構成的権力のこの真理をよく理解していた[*27]」。ネグリはアレントの定式を自らのものとして引き受ける。「自由の理念と『新しいはじまり』ないし到来の理念の一致は、近代における革命を理解するうえで決定的である[*28]」。

＊22　Lacoue-Labarthe et Nancy, *op. cit.*, p. 195.
＊23　*Ibid.*
＊24　*Ibid.*
＊25　*Ibid.*, p. 192.
＊26　Etienne Balibar, « Trois concepts de la politique », *La crainte des masses*, Galilée, 1997, p. 52.（エチエンヌ・バリバール「政治的なものの三概念」『大衆の恐怖』未邦訳）
＊27　Negri, *op. cit.*, p. 21.（ネグリ前掲書、三九頁）

「はじまり、絶対的根拠づけの両義性（存在のハイデッガー的把握と、そこから出てくる自由の構成的オルタナティブの両義性）を、ハンナ・アレントは現実には形式的な術語に解消している。観念論の諸規則にしたがって制度のなかに対応物を見いだし、それでよしとするのである（…）。政治的解放は存在論的はじまりとなる代わりに、解釈学の伝承となる」[29]。つまり、両義性を形式的術語に解消するアレントは、「自由の構成」を、構成的権力の定義をめぐる「理論的問題」を惹起するものとは捉えず、「アメリカ建国の歴史的エピソード」として扱い、それでよしとするわけだ[30]。彼女は「理論的問題」を形式的に解けないものとして放置し、そうすることで、形式的かつ不可能な問題を作り出したのである。構成的権力と構成される権力の関係は、このとき一つの悪循環を形成する。形式的には、構成的権力とその「幻影」の差異は見定めがたい。ならば分割線は、空虚の形式 Forme とその質量＝物質 Matière の間に引かれねばならないだろう。しかしマルチチュードの存在論にとって、形式と物質の差異とはなにに存するのか。つまり構成的権力の唯物論は、なにをもって唯物論であるのか。一見したところ、ネグリの答えはとても満足のいくものとは思えない。彼が持ち出す「現実的なもの」は、「歴史的エピソード」とよく似ている。「私の思うに、「構成的主体／権力の」形式的な姿は、ここで現実的なものと突き合わせられねばならない。主体と構成の歴史、生と政治が参照されねばならないい」[31]。これも一つの二分法であるには違いなく、現実的なものは、特異かつ偶然的な歴史に送り返されて、構成的権力の可能性／不可能性に回収されるように見える。次のフレーズは、形式と物質の無差異こそを物語っているのかもしれない。「マルクス的時間性は、我が身を手続きと形式的に適合させようとしている主体が、自らをプロセスに挿入することを物質的に可能にする鍵を構成する。自らを構成的主体として規定する鍵を」[*32]。とはいえ問題は、時間の存在様態に関係づけられている。「だとすれば、我々の前には、分岐する二つの道が開けている。一方の道を辿れば、時間性は存在に連れ戻されて、それと見分けがつかなくなり、存在を構成している存在者はいなくなる。つまり時間性は、存在に対する存在の関係という『閉じた原理』に根を置かざるをえない神秘的表象に還元される。他方の道を辿れば、時間性は、人間を生産する能力のなか、生成——絶対的に構成的な開かれた時間性——の存在論のなかに根を置き、存在を暴きだす代わりに存在者を生産する」[*33]。開放か閉鎖か、このように形式的な術語により、問題の差異は規定されている。時間の物質的、あるいは唯物論的な様態は形式的にしか定義されないように見える。しかし、差異の問題化はここで、別の差異を生産するという仕方で機能しているのだ。時間に含まれる「関係」は内容を吐き出し、消去し、純粋な形式としての空虚のほうに向かっていくのだが、「生産」のほうは、生産しか要求していないのである。自己言及的な機能様態により、空虚はここで生産の可能性を保証している。新たな諸規定の生産、新

＊28　ハンナ・アレント『革命について』（志水速雄訳、ちくま学芸文庫、一九九五年）からの引用。ネグリ『構成的権力』四〇頁。

＊29　*Ibid.*, p. 25. 強調は我々による。（ネグリ前掲書、四三頁）

＊30　*Ibid.*, pp. 25-26（同書、四三－四四頁）

＊31　*Ibid.*, p. 44.（同書、六二頁）

＊32　*Ibid.*, p. 45. 強調は我々による。（同書、六三頁）

＊33　*Ibid.*, p. 44.（同書、六二頁）

たな概念、新たな現実の生産である。空虚は、変化の運動に内在する変化の可能性と能力としてのみ実在している。それは、ある状態が超えられる瞬間に属し、この状態の推移可能性に属しているのである。物質は、我々が生産を実行するかぎりにおいて説明－展開されうるだろう。革新と同一視されることにより、説明－展開はそれ自体が「絶対的手続き」のなかに巻き込まれている。これが、ハイデッガー的存在の空虚に対立する、ネグリ版スピノザ平行論である。

3

だとすれば、認めねばならない。政治の本質を後退（遠ざかり）とみなす思考については、我々はアラン・バディウと診断を共有している。「［ラクー＝ラバルトとナンシーの］政治的哲学素の難点は、共同体的な社会的紐帯とその主権的代表性の間にいかなる推移性もない、と発見してしまうところにある。政治的なものが、市民社会と国家の間をうろうろするようになるのだ[*34]」。政治的なものの本質を後退そのものに見いだすとき、思考は、ほとんどゼロである距離としての空虚のなかを歩むことになる。一方における、特異な出来事ないし「（不）可能」な原理（革命、共同性）と、他方における、国家的管理ないしその代表能力がひたすら反復されることとの間の距離である。この思考は現実には、「すべては政治的である」を受け入れる一つの政治を到来させる。「政治が解き放たれるのだ。その動性は、政治的なものの本質性をたえず再構成しつつ、その本質性に哲学的に奉仕する[*35]」。我々が空虚のなかに引いた分割線は、我々をバディウの側に与《くみ》させる。分割線のこちら側では、ネグリがマルクスによる「二つの循環過程[*36]」の区別から引き出した「分離の論理」は、フランスの毛沢東派理論家の次の主張に、自らの立場との大きな類似性を見いだすはずである。「労働者階級は資本主義社会に内的な一部品であると同時に、この社会には異質な力であり、本質的にはこの社会の破壊しか体現していないほど異質である」[*37]。アウトノミアの論理もまた、「切断はプロセスの内部で起きる」[*38]という革命観に、マルクス主義理論としての自らの特有性を置いていたのである。なるほど、我々も知るとおり、マルチチュードの理論装置を構成する部品は、バディウのそれと同じ名前をもっている。空虚、主体、多数多様性、存在論的内在性につきまとう決定不可能性。では第二の分割線はどう引かれるのか。

政治的なものの虚構に対するバディウの論難は、哲学と政治の結び目、縫い目 suture を解こうとする彼の包括的なプログラム[*39]に由来する。スターリン的「唯物弁証法」と完全に手を切るためのこのプログラムから出発して、バディウは政治的なものの固有に哲学的な概念化を放棄し、ドゥルーズに対

＊34 Alain Badiou, *Peut-on penser la politique ?*, Seuil, 1985, p. 15.（アラン・バディウ『政治を思考することは可能か』未邦訳）

＊35 *Ibid.*, p. 11.

＊36 Antonio Negri, *Marx au-delà de Marx*, trad. française, Christian Bourgeois, 1979, Leçon 7.（アントニオ・ネグリ『マルクスを超えるマルクス』清水和巳・小倉利丸ほか訳、作品社、二〇〇三年、「第七講義」）

＊37 Alain Badiou et al., *Le noyau rationnel de la dialectique hégélienne*, Maspero, 1978, p. 39.（アラン・バディウほか『ヘーゲル弁証法の合理的核心』未邦訳）

＊38 Negri, *Marx au-delà de Marx*, p. 251.（ネグリ前掲書、二六七頁）

しても、こう問うことになる。「政治が自律した思考でないのはどうしてか。カオスのなかに、芸術、科学、哲学とは異なる特異な切断を持ち込むものでないのはどうしてか」[*40]。形而上学と政治の積極的無差異を主張する存在論との距離は明白であろう。しかしこの距離は、線が引かれる土俵が設定されないうちは、いかなる分割線も主張しえないだろう。差異は明白であっても、それだけでは争点を生み出すことはできない。二つの異なる思考システムは、まだ共存可能状態にとどまっている。

バディウにおいて、政治と哲学の関係は主体と「類的手続き」の関係に等しい。後者は数学的集合論によって明らかになるとされ、数学的集合論はそれ自体が存在論であるとみなされている[*41]。つまり、哲学との関係における政治の他性は、主体の理論が存在論に吸収されえないのと同じようにして保たれている。ネグリ的存在論が哲学と政治の間に、自由の一義性以外のいかなる関係も想定しないかぎりにおいて、政治と哲学の他性は、二つの存在論の間に不和をもたらす要因には必ずしもならない。一義性は他性を消滅させるわけではないし、逆もまた真だからである。ところが、「絶対的手続き」に対する自らの外在性をたえず主張する主体は、その外在性がどのような種類のものであれ、また本性的に政治的であって潜在的に集団的であっても、マルチチュードと呼ばれることはできないだろう。手続きの絶対性は、バディウ的手続きの「類的」本質と、この「類性」のなかにおける主体の存在論的地位を、必然的に問わせることになるだろう。

ここでは二つの点を指摘することができる。第一点は言うまでもなく、歴史的かつ理論的に前哲学的である数学、「存在としての存在」についての学である数学が、バディウにとっては存在論を構成するということ。この学における存在は、いかなる質、生にかかわるいかなる規定にも先立っている。

哲学（プラトンとバディウの哲学である）がなすのは、存在論と同一視される数学がなにをなすのかをたんに述べることである。「仕事をしている数学者は（…）『そうとは知らずに存在論学者』である」[42]。カントールが再定置した近代数学は、数としては、0と1と多しか知らない。他の数はこの三つから、同じ手続きにより導出される（構成される）二次的なものにすぎない。本質的に、2は存在しないのである。ゆえにコンフリクト、対立、矛盾、等々——それらは伝統的に2に付与されてきた質である——にとっては、占めるべき場がない。0と1は、空虚な無と充溢せる存在のようには対立しない。存在が、一つに数えられる純粋な多であるからだ。そして、どんな数にもなることのできる純粋な多は、本性的に「不安定 inconsistant」であり、「数える操作の無」のみを指示し（数える操作は、安定して存在するものを想定する）、ゆえに空集合を構成する[43]。かくして、バディウの存在論を象徴する等式が得られるだろう。存在＝純粋な多＝空虚。どんな対立、どんな媒介も知らない三位一体である。一

＊39　特に次を参照。Alain Badiou, « Philosophie et politique », dans *Conditions*, Seuil, 1992.（アラン・バディウ「哲学と政治」『状況』未邦訳）

＊40　Alain Badiou, « Un, multiple, multiplicité(s) », *Multitudes*, n° 1, 2000, p. 196.（アラン・バディウ「単数、複数、多数性」『マルチチュード』一号、二〇〇〇年、未邦訳）

＊41　特に次を参照。Alain Badiou, *L'être et l'événement*, « Introduction », Seuil, 1988.（アラン・バディウ『存在と出来事』序文、未邦訳）

＊42　*Ibid.*, pp. 19-20.

＊43　*Ibid.*, « Introduction ».

者は直接的に多であり、空虚だ！　トニ・ネグリの書いたもののなかに登場してもおかしくない公式である。

第二点はバディウの主体の理論にかかわる。とりわけ『存在と出来事』以降、この理論は言うところのメタ存在論としての彼の哲学に統合されているのだが、その対象は「存在としての存在ではないもの」としての出来事であり主体である。そしてこの理論は実際的には、ラカン的な理論として提示されている。すなわち、代数的集合概念を援用しない特異な「トポロジー」として展開されている。二つの「数学素」（多の存在論とトポロジー）が総合されるのは、哲学のイニシアチブによってだ。「内部と外部について――ヘーゲル的トポロジー」[*44]というタイトルのもとで展開された、一九七八年の彼の主体の理論にあっては、概念的には二つの要素が基礎となっていた。メビウスの帯と切断である。「［ヘーゲルにおいて］一者の真理は二である。とはいえそれが全的に語られることはない。なぜなら全体はどこにおいても分割の操作として存在するからである。この道は、ラカンがメビウスの帯のような方向づけられえない表面を援用したときに辿られていたものである（とはいえすでにマラルメによっても辿られていた）。全体として捩れていることにより、この帯には外部と内部の区別がない。全体が内部と外部の分裂を再物質化するためには、帯を切断する必要がある。周知のように、ラカンにとってはこの切断こそ、主体がそこから出てくるところのものである。一つの主体とは、全体の一と、内／外の整列効果の間に位置づけられる行為である。『一つ』の主体とは、捩れの解消なのだ」[*45]。

単純かつ明晰な主体の定義であり、一者と真理と主体をみごとに関連づけている。この理論はその後、固有名詞の理論（論理学と言語学）によって補強され、それによって存在論につながれることになるのだが、それでも、こうしたトポロジックな「根幹」が修正されたり退けられたりした気配はない。したがって、こう言えるだろう。バディウにあっては、互いに還元不可能な二つの「数学」——1‐多の数学と1‐2の数学——があり、両者の総合は哲学にかかっている。数学としての数学が数学的には統一されないことは、近代数学の結論であり（たとえばゲーデルを参照）、バディウはあくまでもそれに忠実である。つまり、主体の存在論的地位は存在論によっては確定されえず、哲学を俟《ま》つほかない。これはしかし、総合の失敗ではないのだろうか。というのも、バディウの企てはメタ存在論としての哲学を作ることにあるのだが、「メタ」存在論である哲学はそれ自体一つの存在論でなければならず（メタ言語が一つの言語であるのと同様に）、だとすれば、存在論と集合論の同一視は主体に対し、メタ存在論＝哲学のなかで地位を与えないはずだからである。哲学について語るバディウは、「仕事をしている数学者」がなすことを述べるのとは別のことを、実際にはしているはずだ。何かを、自らの哲学の定義に加えているはずだ。存在論を基礎にしては、哲学と政治の「縫い目を解く」——両者を分ける——試みは覚束ないと言うべきだろう。政治的な本性をもつ主体が、哲学によって存在論につながれているかぎりは。主体のトポロジックな本質は存在論には還元されえず、存在論に対する外在性を主体に維持させる。さらに、1‐2／内‐外の「戯れ」は、主体の本質をハイデッガー的存在の空虚に接近させる。実際、内部と外部の決定不可能性を現出させるメビウスの帯は、内的本質

＊44 Badiou, *Le noyau rationnel de la dialectique hégélienne*, pp. 38-40.
＊45 *Ibid.*, pp. 38-39.

（共同体的紐帯）と外的現象（主権的表象）の間にいかなる推移性も許容せず、運動全体を帯の捩れに閉じ込める。主体によって帯が切断されるまで。しかし、精確に言えば、主体が切断するのではなく、切断が主体を、分裂として生起させるのだ。主体は切断の実在、物質化にほかならない。「一つの主体とは、全体の一と、内／外の整列効果の間に位置づけられる行為である。『一つ』の主体とは、捩れの解消なのだ[*46]」。たとえ存在の空虚のなか、循環的で捩れたプロセスのなかに主体はないとしても、この空虚の縁には主体が存在している。プロセスの全体性ないし単一性（の終わり）として、それは「ある」のだから。この点において、バディウ（あるいはラカン）は、ハイデッガーとの曖昧な関係をあくまで保とうとする。

だとすれば、我々としては、第二の分割線もまた空虚の把握をめぐって引かれる、と言うことができる。切断の「現存在」として、バディウの主体は空虚である。たとえ切断がプロセス化されており、ゆえに空虚が特殊な点を構成することがないとしても、この主体は空虚である。二の論理あるいはトポロジーが働くところでは、「二つのものの間には空虚しかない[*47]」し、主体化があるところでは、それは「二の形式のなか[*48]」にある。ゆえに、主体の誕生は「空虚の生起[*49]」なのである。そして空虚であることにより、主体は「存在としての存在」すなわち純粋な多と、ようやく結びつくことができる。トポロジックな存在者と存在論的な存在（前者は存続性 consistance をもち、後者はもたないとされる）がともに同じ名前、空虚をもっているからではない。バディウによれば、「空虚とは存在の固有名詞[*50]」であって、「主体化とは状況におけるこの類的固有名詞の固有名詞[*51]」だからである。バディウの言う

「質化されている」主体（「あらゆる主体は質化されている」[52]）は、どんな質にも先立って実在する純粋な多と、質の無ないし純粋な指示としての固有名詞である空虚によって結びつく。テクニカルな装いを凝らしてはいるものの、二つの「数学素」の哲学的総合が一種の脱質化――バディウ的空虚の特有性はそこに現れる――の操作を通して果たされる。否定の形式により、バディウは自らの哲学の中心に「質的なもの」を導入するのだ。特異かつ質的な主体が生まれる分裂のなかに、彼は特異なものとしての質と、類的なものとしての存在論的なものの分裂もまた見ている、と言ってもいい。「一つの出来事の名前と、類的手続きの開始の間の分裂」[53]。さらに、こうも言えるだろう。バディウの数学‐哲学的体系に統一性を与えているのは、空虚の多義性にほかならない。代数的空虚、トポロジックな空虚、そして固有名詞の空虚。そこには、我々が変化の運動、状態の推移に内在すると見定めた質的空虚はない。だからバディウは、スピノザには空虚の排除 forclusion があると言わねばならなかった

＊46　*Ibid.*
＊47　Badiou, *L'être et l'événement*, p. 230.
＊48　*Ibid.*, p. 430.
＊49　*Ibid.*, p. 431.
＊50　*Ibid.*, p. 72.
＊51　*Ibid.*, p. 431.
＊52　*Ibid.*, p. 430.
＊53　*Ibid.*, p. 431.

のか？「構造とメタ構造を同一視し、状態そのものに傾向を割り当て、帰属と包含を無差異にする試みとして、かつて存在したもっともラジカルな存在論的企てがスピノザ哲学である。それは空虚を排除する哲学なのである」[*54]。もちろん、空虚に対しスピノザが挑んだ論戦はよく知られている。「自然のなかに空虚はない。（…）自然のすべての部分は、空虚が存在しないような仕方で相互に適合していなければならない」（『エチカ』第一部、定理15、補遺）。スピノザにおける構成的プロセスは、充溢が果たされていくプロセスであり、存在の満ち足りた無償性が構成されていくプロセスである。そこでの存在の地平に隙間はない。しかしそれは「地平が、その向こうに深淵が神秘的に開ける縁であるからではない。そうではなく、身体のコナトゥス［努力］と魂のポテンチア［潜勢力］の人間的総合としてのクピディタス［欲望］が、己の限界を踏み越えていき、そのことにより新しい充溢を構成する、それ自体で充溢した突端が地平であるからである。この地平は存在の力を形而上学的に展開しつつ、それを、クピディタスを内的に構成する緊張状態の現状に定着させる」[*55]。つまりここには、世界の充溢した内部とその空虚な外部のような、充溢と空虚の二者択一がないのである。スピノザ的充溢は、なんらの変化もその内容に受けることなく、カイロス――「まさに今」という時間――の空虚に翻訳される。「そこでは一つの現在が問題である。特異で開かれた現在である。現在が開かれる空虚にかんして、この現在は特異な決断を表現する。カイロスとは、それを通して存在が自らを開く時間のあり方にほかならない。カイロスは時間の限界にある空虚に導かれ、その空虚を埋めようと決断する」[*56]。「カイロスとは時間の充溢を目撃する力である。時間が存在の空虚のうえに開かれようとするときに、時間の充溢を発見する力である。この開示を革新として把握する力なのである」[*57]。

一方には、三つの空虚の分節によって支えられる哲学的統一性がある。他方には、充溢から区別されえず、充溢とともに「同」を構成して、スピノザがクピディタスと名づけたような身体的で生命的な質の横溢のなかにある空虚がある。政治と哲学について、前者の哲学は我々に今日、非常に特殊な地位を主張している。「稀さ」である。「政治は稀である」、そして「主体は稀である」*58。存在論的で、ゆえに全能である平面から切り離されて、政治と主体はこの地位のなかに力を保存しているのだが、その力たるや、八〇年代以降は弱まりを見せ、政治の後退の到来を傍証しているかのようである。「稀さ」が政治と主体の共通の本質を構成するのであれば、両者の現象的な弱まりは、なんら嘆くに値しないだろう。政治を「稀」と規定することの政治的効果は、政治的なものを「後退」と規定する効果とほとんど変わらない。主体の政治的弱体化を証言する後退、という一つの同じ弱まりに対し、知的な抵抗を呼びかけることだ。しかし、それを確認する前に、我々としてはこう問うことができる。「稀さ」はほんとうにバディウの哲学的全体性に不可欠な要素であるのか。それは彼の哲学の統一性

---

*54 *Ibid.*, p. 130.

*55 Antonio Negri, *L'anomalie sauvage*, trad. française, PUF, 1982, pp. 248-249.（アントニオ・ネグリ『野生のアノマリー』杉村昌昭・信友建志訳、作品社、二〇〇八年、三五三頁）

*56 Antonio Negri, *Kairos, Alma Venus, multitude*, trad. française, Calmann-Lévy, 2001, pp. 19-20.（アントニオ・ネグリ『革命の秋』長原豊ほか訳、世界書院、二〇一〇年、二三八頁）

*57 *Ibid.*, pp. 29-30.（同書、二四九頁）

*58 Badiou, *L'être et l'événement*, « 35. Théorie du sujet », et *Conditions*, « Philosophie et politique ».

のなかで必然であるのか。というのも、彼の一九七八年の小論においては、主体と政治と両者の一貫性consistanceをめぐる「トポロジー」と、「代数」（「存在論」と読むべきだろう）との間の関係には、権利上同等な三つの可能性があるとされていたのである。「政治的対立は、対立を支える代数とは根本的に異質な一貫性原理を生じさせる。存在は二つの、したがって三つのやり方で語られる。（…）／（1）一貫性に対する原因の優位（トポロジーに対する代数の優位）、／（2）原因と一貫性の均衡、／（3）原因に対する一貫性の優位[*59]」。「稀さ」は（1）とのみ両立できるだろう。というのも、政治と主体が「稀」であるのは、まさに存在論が「つねに」を設定し、原因を形成しているからである。「稀さ」は原因との関係において「稀」になるのだ。

ネグリの「絶対的手続き」は、そのユニークな空虚概念によって政治‐哲学的な特異性を主張するものの、まさにその空虚に固有の不可能性を引き受けねばならないだろう。空虚の構成的な力は無限の革新可能性しか含意しておらず、新しい何かを生むまではけっして現実化しないのである。新しい状態を実際に構成する必要があるのだ。その力は、自身が構成するものによってしか証明されえない。スピノザの神が、過去に世界を創造した事実によってではなく、世界をたえず新たに作り出すことによって、自らの全能性を証明するように。ネグリにおけるスピノザ的平行論は、何が可能かを述べるためには、その可能なことを同時に行う必要がある、と要求する。かくて一つの不可能性が、主体的なものと客体的なものが対峙する一つのプロセスに変容を遂げ、我々は新たな問いを立てるよう迫られる。このプロセスを、いかに記述すればよいのか。その点について、トニ・ネグリの仕事はすべてを自然発生的な「実践」（語る実践、行う実践）の手に委ねて満足しているわけではなく、なにごとかを実際に述べている、と言うことはできるだろう。『マルクスを超えるマルクス』は、少なくとも次の点を明確にしている。主体的なものと客体的なものは、弁証法的対立を余儀なくされるわけでも媒介を待っているわけでもなく、二つの異質な論理を形成しうる、ということだ。マルクスにおいて、客体的なものが客体的であるのは、精確には、それが二つの対立項から「中間項」を抽出して客体化するからであり、媒介の道をすでに辿っているからである（中間項としての客体的なものが、対立を作り出すと同時に媒介する）。しかし主体的なものは、「無媒介性」しか知らず、あらゆる関係を「危機」に導く。「危機」とは、関係を構成する相互に媒介されない要素が互いに離れはじめる状態にほかならず、主体的なもの自身を客体的なものから自立－自律させ、主体的なものが「自らを構成する」ことを可能にする。互いの間の距離を大きくしつつ、主体的なものと客体的なものはそれぞれの道を平行的に辿るのだ。ネグリはそのプロセスを、マルクスの『経済学批判要綱《グルントリッセ》』における「二つの循環過程」に読み取っている。とにかくここで、プロセスのなかにもう一つの「無媒介性」が生まれている、と分かるだろう。客体的なものとの媒介されない（無）関係に加えて、主体的なものが、自らのうちに分離と構成の無媒介性を宿しているのである。構成の問題について、『野生のアノマリー』は二つの運動を区別している。諸力の自然発生的な成長（実体による様態の構成）と、想像力の介入（情動による身体と魂の構成）であり、それらの間にも「無媒介」な関係しかない。[*60] ネグリにおいて、

＊59 Alain Badiou, *Théorie du sujet*, Seuil, 1982, pp. 253-255.（アラン・バディウ『主体の理論』未邦訳）

無媒介性はプロセスのなかでたえず自らを二つに分割しており、さらに言えば、プロセスは無媒介性を生んでいる。「間」の空虚である無媒介性を。弁証法が党の構成という政治を含意していたとすれば、ここにはすでに別の政治があるのではないか。少なくとも、方法として我々の「手続き」を導くことのできる政治が。それは告げている。構成が存在するところで、無媒介性を生産せよ。

＊60 ネグリ『野生のアノマリー』（邦訳前掲）第五章「体系の中断」を参照のこと。

貨幣の帝国循環と価値の金融的捕獲

2003.6

『マルチチュード』一三号「日本」特集号（「日本のほうへ——帝国の余白と鏡」）に掲載された。邦訳はすでに共著書『非対称化する世界』（西谷修、酒井直樹他、以文社、二〇〇五年）に収録されている。ただし冒頭の数段落（一行余白の箇所まで）はフランス語原文にはなく、同書刊行時に追加された。特集は私とヤン・ムーリエ・ブータンが二人で企画・編集にあたり、日本人執筆者として、酒井直樹、米山リサ、武藤一羊の参加を得た（英語で執筆してもらい、それを仏訳）。フェリックス・ガタリ来日時の仏語未刊行テキストも収録されている（「誇り高き東京」——邦訳は『東京劇場——ガタリ、東京を行く』ユー・ピー・ユー、一九八六年に収録）。ムーリエ・ブータンは日本に留学経験があるだけでなく、日本論の著書『Tanin（他人／タンニン）——日本庭園マニュアル』（一九八七年）も刊行しており、「日本」特集を編むことは、『マルチチュード』創刊時からの彼の念願であった。

貨幣の重要性の要は、現在と未来の結び目をなすところにある。
——J・M・ケインズ（一九三六年）

〈帝国〉とジャパン・マネー

「帝国」という呼称を、冷戦終結後の世界的権力構造を指して用いたのは、実はネグリとハートが最初ではない。誰が最初かはさておき、少なくとも『〈帝国〉』刊行よりも早く、かの「クォンタム・ファンド」主宰にしてアジア経済危機の際に名を馳せたジョージ・ソロスが、リアルタイムで世界を移動するグローバル金融資本の運動に照応した新しいタイプの政治権力を「帝国」と呼んでいる（『グローバル資本主義の危機』日本経済新聞社、一九九一年）。そしてソロス版「帝国」はネグリ＆ハートのそれと、定義に含まれない要因をさしあたり無視すればほぼ同じだ。いずれにあっても、国家としての機構的実体は存在せずに各国政府と国際機関が事実上その下位機関として振る舞うことにより抽象的次元に成立してしまうのが「帝国」であり、それはまさに世界資本主義の権力である。もちろん資本主義はその誕生以来、活動範囲において世界性を欠いたことはなかったが、国民国家という権力形態に総括されることにより活動の世界性が支えられていた時代は終わり、今日の資本主義はその政治装置としていわば即自的に世界的なものを要求している。それが、金融業界のスターと極左思想家に共通する認識だ。そして「帝国」の向こうに展望されるべき社会像についても両者の間にはそれほどの違いはないとさえ言える。ソロスの「開かれた社会」と、ネグリ＆ハートの絶対的民主主義としての「共産主義」である。どちらも徹底的に「自由」を擁護する。

金融業界から「ビジネス」界に目を転じても、『〈帝国〉』の著者たちと考えを同じくする論者はいる。大前研一やピーター・ドラッカーといった、情報（知識）‐生産‐経営の三位一体的新モデル、いわゆるドットコム・ビジネスのイデオローグたちである。ドラッカーは実際、ネグリ&ハートが「非物質的生産」の概念を提示するにあたって一つの典拠とさえなっている。「基本的な経済資源すなわち経済用語で言うところの『生産手段』はもはや、資本でも天然資源（経済学の「土地」）でもなく、『労働』でもない。それは知識となる」というドラッカーの診断（『ポスト資本主義社会』ダイヤモンド社、一九九三年）に対して、『〈帝国〉』の著者たちが付すのは次の留保だけである。「ドラッカーが理解していないのは、知識は与えられるものではなく生産されるものであるということである。またこの生産は新しい種類の生産手段と労働をともなっているということである」[*1]。してみると〈知識による知識の生産〉がネグリ&ハート的な「非物質的生産」の簡潔かつ正しい定義であるといってもいいだろう。するとわれわれはさらにもう一人彼らの同志をビジネス・コンサルタントたちのなかに発見する。『知識資本主義』（日本経済新聞社、二〇〇一年）を著したアラン・バートン＝ジョーンズである。これは偶然の照応などではまったくなく、「知識資本主義」（「認知資本主義」とも訳される）という語そのものや同書中の主要な諸概念（暗黙知‐形式知、自由労働等々）はネグリの仲間たちの著作にその後そのまま流れ込んでいる。ビジネス界の「最先端」に理論的同盟者を認めることは、イタリア・アウトノミストにあっては一つの大きな傾向となっている。

＊1　アントニオ・ネグリ、マイケル・ハート『〈帝国〉』水嶋一憲ほか訳、以文社、二〇〇三年、五一八頁。

似たような傾向は『〈帝国〉』に引かれている「インターネットの理論家」ピエール・レヴィにも見られるだろう。彼にあってはインターネットこそ、ドゥルーズ的潜在性とマルクス＝ネグリ的集団的知性と普遍的民主主義の現在形にほかならない。

目を日本に転じると、面白い偶然の照応も見つかる。『〈帝国〉』の刊行に先立つこと二年、日本の論壇では一冊の新書が大きな話題を呼んだ。元日本興業銀行員という経歴をもち、『諸君！』にも執筆する経済学者、吉川元忠の著した文春新書『マネー敗戦』（一九九八年）である。この書物はバブル経済もその崩壊も、日本に膨大な債務を負うアメリカが日本の国力を殺ぐために仕組んだドル安に究極の原因があるとする極論をそれなりの説得力をもって展開し、反米的な心性を共有する保守と左翼の両方から歓呼の声をもって迎えられた。そのため親米的で学問的にはよりスマートな論者たちから「新しい」経済学として古いというような冷たく厳しい批判にさらされた。もっともその批判において「新しい」とされた経済学は、数十年頑なに自らのプロブレマティックを守ってきた新古典派に属するものではあったのだが。しかしここでの問題はそうした反米／親米／保守／左翼が絡み合う日本的構図ではなく、同書の説得力を支えた、八〇－九〇年代日米関係の経済史的特異性をめぐる分析である。誰でも知っていることではあるのだが、この時代の日米関係は、世界最大の債権国（日本）が世界最大の債務国（アメリカ）に資金を還流させてその世界的なヘゲモニーを支えるというあり方をしていた。言ってみれば、経済的に強いはずの国が弱いはずの国を、「助ける」どころか自分よりも強い位置に押し上げていたわけであり、自分の経済力を「人質」に差し出す国辱的無能ぶりを発揮していた。

「世界最大の債権国であるかぎり、我々は世界最大の債務国の軍事的ヘゲモニーを支える資金ポンプたり続けるほかないのか」。[*2] 一九八五年、大蔵省財務官の大場智満は、ドル安誘導のために為替市場への協調介入をアメリカ財務省が求めてきたとき、こう自問したと伝えられる。このポンプはすでに数年来、動き続けていた。日本の低金利状態は、為替リスクにもかかわらずアメリカへの証券投資を魅力あるものにしていたのである。協調介入を受け入れるとは、このリスクを現実化することにほかならず、大場の静かな怒りもそこへ向けられていた。

彼の上司たる当時の大蔵大臣、竹下登は、ニューヨークのホテル・プラザで行われたG7蔵相会議において、この要求に応じる選択をする。当時二四〇円だったドルが二〇〇円の大台を割り込むことはないだろうと予想してのことである。[*3]

しかし、その後の展開は竹下が楽観的すぎたことを物語っている。ドルの下落は一〇年間、一ドル八〇円になるまでやむことはなかった。一九九〇年には日本のバブル景気の崩壊が、アメリカ合州国におけるニューエコノミー開始のファンファーレとなるかのような符合をわれわれは目にする。資金ポンプのほうは、しだいに日本から一〇ヶ国あまりに分散されていったとはいえ、それらの国々に膨大な為替差損を被らせつつとどまることはなかった。

＊2　『朝日新聞』二〇〇二年一〇月六日付。
＊3　『検証バブル——犯意なき過ち』（日本経済新聞編、日本経済新聞社、二〇〇〇年）による。

金ドル本位制に支えられたブレトンウッズ体制の終焉とベトナム戦争終結の後、アメリカ経済は、ホブズボームが明快に描き出した「帝国主義的」貨幣循環との対比において、「帝国的」と呼びうる貨幣循環システムに支えられてきた。[*4]帝国主義諸国が、その余剰生産物を植民地化された「周辺部」に流出させ、そこでその価値を貨幣に実現して還流させる「中心」だった（さらにこの「中心」は実現された剰余価値を再度「周辺部」に投資した）のに対し、今日のアメリカはもはや輸出超過国ではない。彼らは輸出する以上に輸入し、つまるところ、生産する以上に消費している。この過剰消費を支えるのに必要な条件は、彼らの「資本」を買ってくれる、言い換えるなら彼らに資金を「貸して」くれる外国人を見つけることである。いかなる国も、外国からの資本流入の総額を超える貿易赤字を計上することはできない。一九八〇年代にはアメリカの貿易赤字をカバーしていたのは主に日本の資金（ジャパン・マネー）であり、当時の日本人は貿易で稼ぎ出したドルの全額あるいはそれ以上を対米投資に使っていた。このドルの流出と還流が貨幣の「帝国」循環の本質的側面をなす。しかし、もう一つ無視しえない側面があった。アメリカは日本と世界中から戻ってくるドルを再び外国に投資して、低債務から生じる利子払いに当てる資金を稼いでいたのである。日本からの資金還流だけではなく、低開発国（主にラテンアメリカ）への資金再流出が、八〇年代アメリカの貨幣システムを特徴づけていた。要するにアメリカは売った以上に買い、日本と諸外国がこの過剰購入を「ファイナンス」し、アメリカは外国投資から上がる利益によってこの融資を購っていたのである。アメリカはもはや、かつての帝国主義センターのような商品の「生産」センターではなく、貨幣の吸入と排出のセンターであり、帝国循環のその意味における心臓部をなしている。

循環の要を最初に形成したのはしかし日本のドルではなく、ＯＰＥＣ諸国のオイルダラーであった。一九七〇年代、アメリカの銀行は石油取引から生まれる「ファンド」の二次的運用をコントロールすることに成功する。こうしたファンドは主にアメリカの投資銀行に託され、アメリカの外に再投資されることにより金融グローバル化をもたらした。そしてレーガン時代（一九八一－一九八九年）の双子の赤字（貿易赤字＋財政赤字）が、日本の資金により世界的資金循環を完結させるシステムを作り出す。本位通貨たるドルは赤字というトンネルを通って世界に流通するようになったのである。システムの核は、七〇年代末から八〇年代初頭にかけての歴史的高金利（最高は一九八一年のフェデラル・ファンド金利一四パーセント）である。激しいインフレの結果でもあり「国内」経済レベルでそれと闘う道具でもあった例外的高金利が、「国際」経済においては、運用可能な資金ファンドを吸収する役割を担った。

国内経済と国際経済、すなわち生産経済と交換経済にかんする規範的な区別によれば、貿易赤字を計上した国がとるべき政策は最終的には国内産業の活性化しかない。実際、赤字とはその国が国外市場において競争力を失った指標であり、外国製品を必要としているにもかかわらず、国際市場に自国産業の製品を持ち込めない状態を指している。新産業の発達があるまで、その国は国際市場において

＊4　E. J. Hobsbawm, *The Age of Empire, 1875-1914*, Weidenfeld and Nicolson, 1987.（エリック・ホブズボーム『帝国の時代　１８７５－１９１４』１・２、野口健彦・野口照子・長尾史郎訳、みすず書房、一九九三－一九九八年）

バランスを回復することはできないだろう。高金利はこの発達のための投資を阻害する。古典的な観点からすれば、貿易赤字を貨幣循環が埋めるというのは正常ではないわけだ。ところが、ＩＴ技術に拠りつつ輸出可能な「価値」を作り出し、その意味で新しい産業を形成した「ニューエコノミー」が出現してもなお、この不正常な循環は姿を消さなかった。決してノーマルではない貨幣循環は、「知識（＝認知）資本主義」が到来するまでの時間を稼ぐ手段ではなかったのである。新しい資本主義はアメリカが赤字状態からも不健全な資金循環からも脱することを可能にしなかった。つまりそれは、赤字と貨幣的アノマリーを解消させるほどには「生産的」ではなかったのである。「国内」の生産経済にとって、帝国循環はまたアキレス腱をなすだろう。アメリカに還流するドルは外国人に所有権のある預金であり、アメリカ以外の国々にアメリカ人が公的・私的に負う債務だからである。毎年の利子払い負担に加え、債務の累積とその累積スピードは、もし為替相場が一九八〇年の水準のままであったなら、二一世紀初頭にはアメリカ国家を一九八二年にメキシコが陥ったような債務不履行に至らしめ、実質的に破産させてしまうほどであった。

　しかし資本にとってなんらポジティブな効果をもたらさないなら、帝国的貨幣循環はかくも長きにわたって存続したろうか。正常でなく、例外的なうえにリスクがあって不健全なシステムであるなら、なぜそれはいまだに資本主義の定数的要素であるのだろうか。この疑問はわれわれをケインズの古い問いへと送り返す。『一般理論』のではなく『貨幣論』のケインズの問いにである。いったい貨幣は生産にとり「中立的」なのか。確実であるのは、一九九〇年代のアメリカの経済成長は、負債を持続的に「サステイナブル」（持続可能）にして負債そのものから「利益」を引き出す、つまり負債を利益に変えることを可能にするシステムがなければありえなかったということである。アメリカ経済の力とは借金する力、負債を累積させる力であり、この力は言うまでもなく軍事力に支えられている。実際、合州国への投資がきわめて安全である事実は、アメリカの軍事的ヘゲモニーの安定性によって説明されるだろう。しかしレーガン政権における財政赤字の巨大さを考えてみれば、アメリカへの証券投資を安全にするような借金能力こそが、アメリカの軍事的ヘゲモニーとその維持を支えていたとも言えるだろう。軍事的安全と証券の安全は相互に支え合っているのであり、帝国循環とはこの相互性の表現にほかならない。

プラザ合意の市場的帰結

貨幣は、より正確に言うと為替相場は、金融市場においてマジックを執り行う。すべての有価証券を実質的な「貨幣」に変える坩堝たる市場においてだ。八〇年代の円ドル関係はわれわれにその範例的なケースを見せてくれる。次の二つの条件を前提にしてである。

——円とドルの交換の九〇パーセント以上がもはや財とサービスの現実的な移動とは関係がない。言い換えると、為替相場はもはや二国間の貿易の実態を反映しておらず、貿易収支を均衡させる力をもたない。

——この市場には無数の二次的な「貨幣」（株式、社債、国債とそれらの「オプション」すなわち「派生商品」）と、国家が包括的に発行する通貨の二つがあり、両者が一つの分割しえない全体を形成している。

プラザ合意以降のドル相場下落は日本に膨大な為替差損を発生させた。つまりアメリカは逆に同じだけの差益を得たということであり、日本に対する負債（ドルで支払われるべき）を軽減させたということだ。このように、ドル下落はアメリカの国富の将来の対外流出を抑える働きをする。負担を軽くするという意味で、これは為替変動の消極的な効果である。しかしどれだけ大きくとも、この効果は日本の富を現時点でアメリカへ移動させることはないのだから、ドル価値下落の日本に対する直接の痛ましい影響は見たところない。ところが、両国の通貨当局によるドルを下落させるための協調は、通貨市場にいる現在の「プレーヤー」に例外的な機会を提供するのだ。価値の下落が予想されるときには、その価値をもっていないかぎりで「空売り」のテクニックを使うことができるのである。このメカニズムは次のように表せる。


――日本人がアメリカ人に一ドル一〇〇円で一億ドルを貸す。

――アメリカ人はこの一億ドルをすぐに同じ交換比率で日本円に両替し、一〇〇億円を手にする。

――一ドル八〇円に下がったとき、アメリカ人はこの円をドルに両替して一億二五〇〇万ドルを手にする。

――アメリカ人は日本人に借りた一億ドルを返して二五〇〇万ドルを手に入れる。

――返された一億ドルは日本円にして八〇億円にしかならない。

この取引により、日本人の側からすると二〇億円をアメリカ人に無償で提供したことになる。これが為替変動の積極的かつ即時の効果であり、借り手のみが享受しうる効果である。アメリカ人はこの利益を、借りたドル、自国に還流してきたドルを「売る」ことによって実現することができた。貿易不均衡を旗印に行われたプラザ合意とそれに続く一連の貨幣協調は、現実にはこうした価値の「無償」移転の是認だったのである。

すなわち、最終的には政治的・軍事的力関係に基礎をおく、深い非対称性が市場には存在している。強者は借りた金を元手にゲームを遂行することができ、そこから上がる利益を支払うのは貸したほうである。将来の値上がりを見越して投資家が有価証券や実物財や、さらには一企業をまるごと買うとき、つまり見たところ空売りとは正反対のいわゆる「買いポジション」をとるとき、もし彼がその投資を借りた金で行うなら、このときもまた彼は自分が借りた金額の貨幣「価値」が下がることを見越していることになる。

移転されるものは貨幣循環から出て消費されたり、さらには財やサービスのように破壊されることがない。というのもそれは価値の記号すなわち「貨幣」だからである。この支払いにあって移動するのは購買力すなわち未来の消費にほかならない。そして移動は過去に借りた購買力の低下というかたちで行われる。未来の消費が現在の価値を遡行的な操作により変えるのである。現在の取引が未来と過去を交差させ、時間の絡み合い《キアスム》が実現される。それは、貸与の一部が贈与であった、無償の移転であったという事実を事後的に作り出す。

ここで確認しておかねばならないのは次の点である。貨幣が現実化しているのは賃労働関係と同じ時間的構造であるということ、信用貨幣によって賃労働関係が結ばれるようになって以来、すなわち資本主義の歴史とほぼ重なる間、賃労働関係が現実化してきたのと同じ構造であるということだ。ベルナール・シュミットはそのモデルを、マルクス主義搾取理論のポストケインジアン・バージョンとして与えている。[*5] 彼によれば利潤は分配される賃金に含まれていて、貨幣循環を通して企業により捕獲されるのである。利潤とは事後的に天引きされる収入にほかならない。彼のモデルは次のように再定式化できるだろう。

——経済は、信用としての貨幣の流通によって条件づけられるが、信用とは生産サイクルの始点で中央銀行によって無から創造され、同じサイクルの終点で同銀行によって無化されるものである。この経済においては「資産 actif」の全体は厳密かつ恒常的に「債務 passif」の全体に等しい。貨幣とは経済価値ゼロの「資産にして債務 actif-passif」である——「貨幣の価値は、無でなければ存在しない」[*6]。

——二種類（二階級）の生産エージェントが存在する。その生産活動を銀行からの借り入れによって、つまり債務者となることによってはじめる企業（資本家）と、その賃金を企業の最終生産物の購入に当てる被雇用者（労働者）である。ミハイル・カレツキの定式にしたがえば、企業はまず費用を支払ってからそれを回収するが、被雇用者は受け取ったものを支払う。

——企業の全債務はしたがって被雇用者の購入により清算されねばならない。すなわち、（1）純生産＝名目賃金。だとするとしかし、企業にはどのような利潤も不可能であるように思える。

もちろんその場合にはどのような生産も実行されないだろう。生産が実行され、貨幣循環が閉じられるためには、もう一つ不可欠の条件がある。（2）純生産＝実質賃金＋実質利潤。一見して矛盾したこれら二つの条件をどのようにして満たせばいいのだろうか――貨幣とはそれを可能にする道具であり、貨幣がそれを可能にするのは「価格を付けて商品を売る」という操作を通じてにほかならない。

賃金を受け取った後、それぞれに定められた価格で商品を購入する（あるいは自らが生産した生産物を買い戻す）まさにそのとき、労働者は発見する。彼らが手にしている貨幣の購買力は「約束された」水準より劣っている、そして、企業はその差額をすでに、賃金を支払った時点で使ってしまっているではないか！　名目賃金よりも高く付けられた価格で商品を購入することにより、次の額が賃金から天引きされたと同じことになるのである。すなわち

$Sn \times (1-\frac{1}{\gamma})$　（*Sn*：名目賃金　γ：利潤率＞1）[＊7]

言い換えると（1）の条件のもとで捕獲される剰余価値とは、天引きにより生まれる過少価値にほ

＊5　Bernard Schmitt, *Monnaie, salaire et profits*, PUF, 1966 et *Théorie unitaire de la monnaie, nationale et internationale*, Castella, 1975.（ベルナール・シュミット『貨幣、賃金、利潤』、『国内通貨・国際通貨の統一理論』、いずれも未邦訳）

＊6　Bernard Schmitt, *Théorie unitaire de la monnaie, nationale et internationale*, p. 15.

かならないが、この天引きは労働者による生産物購入と同時にしか実現されない。時間的構造ないし利益をもたらすメカニズムは、ドルの「空売り」の場合と同一なのである。企業は将来の価値低下を期待して資本を借り、そして生産物を売るときに、借りたときよりも安い価格でその資本を買い戻すことを実際に行っている。その差額が利潤である。労働者を雇い入れることにより、企業は自らの債務の価値を自らのへゲモニーにより低下させることに成功する。借りた資本の名目上の総額を変えずに、だ。

一つの国民通貨であれ、多数の有価証券であれ、価値の記号たる「貨幣」は未来と過去の、生産と流通の結び目として存在しており、その結び目を通して、「捕獲された」価値が「借り手」のほうに移転する。貨幣は価値の交錯ダンスを演出するのだ。「借り手」と「貸し手」の間には現実的な非対称性が存在している。商品市場と金融市場の同型性は単に論理的であるだけでなく、存在論的でもあるだろう。というのも金融市場における「貸し手」は最終的には「労働者」であるからである。賃金を貯蓄することにより、投資財源となる「ファンド」を提供するのは彼らである。

新しい金融資本主義にあっては、労働者はもはや「雇用される」ことによってのみならず、貯蓄することにより、つまり彼らの消費を先延ばしすることにより、搾取される。生産過程への統合から「市場」への直接的な統合へと、搾取の主たる場所は移動している。搾取の新しい中心は生産過程よりもはるかに長いサイクル――しばしば労働者の寿命よりも長い――をもつ消費過程のなかにある。貨幣は今日、工場で生産される価値よりも多くの価値を、この長い消費過程に蓄えられストックされた価値から捕獲している。産業的なやり方ではもはや創造された価値を捕まえられなくなったために、金融的な、さらには投機的な捕獲様式がそれを引き継いでいるわけである。生産に直接的かつ即座に働きかけることのない、二次的な捕獲の方法。ストックされた価値の捕獲は九〇年代アメリカにおける貯蓄率の劇的低下を招き、今日、それをマイナスにまでしている。そして合州国内部で飽和してしまった捕獲は、国境を越えて貯蓄率の国際的差異を食いつぶすところにまで進んでいる。「ニューエコノミー」は消費過程からの搾取の世界化に裏打ちされているのだ。

貨幣の帝国循環と戦争

日本人は今日、一九九〇年から二〇〇〇年までを「失われた一〇年」と呼ぶ。彼らの目にアメリカ

---

*7　条件（2）はつぎのように実現される。

$$Sn = Sn \times \frac{1}{\gamma} + Sn \times \left(1 - \frac{1}{\gamma}\right)$$

ところで、空売りによる価値の移転メカニズムは次のように定式化できる。

$$X = X \times \frac{1}{1+\eta} + X \times \frac{\eta}{1+\eta}$$

ここでXは外国人が購入するアメリカ資本を、ηはドルの下落率を示す。言い換えるとアメリカ人はドルの空売りにより

$$X \times \frac{\eta}{1+\eta}$$

に等しい額を手に入れることができる。ここで$\gamma = 1 + \eta$とおけば、二つの式は完全に同じである。

経済とのコントラストはかくも鮮やかであり、自国のデフレ過程はいっそうペシミスティックに描かれることになる。次のようなマイナスのスパイラルとしてである。土地価格の下落が、土地を担保に不動産開発に融資してきた銀行の資産状態を悪化させ、この悪化が銀行の産業融資全体を縮小させ、かくてビジネス全般の後退を招く。相変わらず預金金利と貸出し金利の差に利益の源泉を求めた日本の銀行は、その一〇年の間、アメリカ流「金融スーパー」に変貌して「ポートフォリオ」サービスを売るという転換を果たすことがなかった。新しい捕獲様式は定着せず、古い資本主義はもはやない、それが失われた一〇年の中身であり、フォーディズムに支えられた福祉国家からリベラルな市場へという道筋だけがはっきりしているように目に映る。しかしそこにも逆説はある。四大メガバンクの再編は、政府の提出したプランによれば、じわじわ進む準国有化によりネオリベラルな方向に再編するというのだ。国家的かつリベラルなこの方策を実行し、日本経済全体を、ネオリベラルな方向に再編するための「ファンド」が、ケインズ的な手法により確保される。将来清算されるべき財政赤字である。「公的資金の注入」とは、言ってみれば、アメリカがジャパン・マネーに支えられて行った転換を自前でやろうとすることにほかならず、その日本には当然のことながらジャパン・マネーは存在しない。

こうした事情を背景にしてはじめて、一九九七年のアジア経済危機のさなか、アジア通貨基金（AMF）の設立をめぐり日本とアメリカの間に生まれた緊張が理解されるだろう。日本が構想する基金の基本的理念は、アジア地域諸国の外貨準備を一部共同管理のもとにおき、一種の超国家的準中央銀行を設立しようというものだった。計画はアメリカの強い反発を招き、ヨーロッパ諸国もアメリカに同調した。ＩＭＦの課す規律を崩壊させかねないという理由によってである。かくして計画は、日本経済のヘゲモニー拡大を警戒する中国の同意をえられず流産する。

まるで疫病に見舞われるかのように次々に自国通貨の空売り、為替相場の急落、資本流出に襲われた諸国は、それまで非常に特殊な通貨戦略を採用していた。自国通貨とドルの交換比率を固定するドル本位制である。問題の諸国（マレーシア、タイ、フィリピン、シンガポール、韓国）は「さまざまな貨幣」が激しく価値を変動させる市場には入らないという選択をしていたのだが、彼らが一体化しようとした通貨圏の本位通貨たるドルは、世界市場における主要な変動要因だった。彼らはアメリカの保護のもとで日本に倣おうとしていたのだが、そのアメリカは同じ頃、日本に対してはその発展モデルを放棄するよう強く迫っていた。

アジア経済危機はこの選択がもはや不可能になったと告げた。価値のストックがこのように流出するうえ、ゲームはストックすることをやめた側に有利であるとあらかじめ分かっていてなお世界的ゲームに参入する理由はない。かくしてAMF構想は現行IMFの地域版というよりは、ケインズの古《いにしえ》の理想に近づこうとする。国内経済と国際経済、生産と消費を厳格に分離すべく、彼は新しい機構がその支払手段として、紙幣のない通貨、機構の会計に数字としてのみ存在する純粋貨幣をもつよう提案したのだった。アジア通貨基金の基軸通貨は円でもドルでもあってはならない。実際、構想の立役者たる榊原英資は注意深く円の「国際化」と基金構想を区別しており、前者には反対の立場を取っている。彼の描くAMFは共通の通貨圏を作り出せるものでなければならない。[*8] 今日の情勢下にあっ

＊8　『朝日新聞』二〇〇二年一〇月九日付。

ては、ある貨幣の「国際化」とはすなわちその貨幣の商品化を加速することを意味しているだろう。これはケインズ的通貨基金の理念とは矛盾する事態である。少なくとも一九九七年の素案にかんするかぎり、アジア通貨基金は貨幣を「生産経済」の論理の枠内に閉じ込めよう、「さまざまな貨幣」の急速な運動の専制に抵抗しようとしている。それゆえに構想をめぐる日米の緊張は生まれたのである。

二〇〇一年と二〇〇二年に開催された東南アジア諸国連合、日本、中国、韓国のサミット会議での発言からも窺えるように、アジア通貨基金の設立を求める声は依然として強い。しかし「失われた一〇年」の重みは日本に、地域のリーダーとしての役割負担を軽くするよう仕向けているようにも見える。何よりも、日本人はもはや他の諸国ほどはストックされた価値の流出に神経を尖らせていないからである。「一〇年」の果てに、国産品であること（「メイド・イン・ジャパン」）はもはや国際市場における競争力を保証するものではなくなり、国内でストックされた価値は国外で製品を作ること（半「メイド・イン・ジャパン」）にか、グローバル金融市場に向けられるべきとされる。いずれにしても国外に、である。つまり、自国の工場がどんどん中国などに移転していくのを目にして、「ニューエコノミー」で武装した「ヤンキー」に負けたフォーディズムの元チャンピオンは、自分を打ち負かした者を必死に模倣する道を探っているのである。第二次世界大戦の後、そうしたように。それがうまくいけば、日本はアジアにおける貨幣のサブ帝国循環の中心へと変貌を遂げているだろう。日本はもはやファンドの提供者ではなく、地域の「価値」を呑み込み吐き出すセンターとなっているだろう。もちろん、他の諸国のように日本もまた、債務清算のためにアジア通貨基金の創設を求めるようになっている可能性もある。いずれにしても、地域には基金に必要な外貨を提供できる国はなくなっているだろう。

しかしアメリカ合州国はほんとうに金融戦争の勝者なのだろうか。日本が「失われた一〇年」を宣した事実にアメリカの勝利を読み取ることのできたまさにそのときに、「ニューエコノミー」はクリントン政権とともに瓦解したのではなかったか。9・11の後、帝国的貨幣循環はその回路がやせ細ってきている。二〇〇二年上半期にアメリカにドルが還流するスピード（二三九四億ドル）は明らかに前年を下回っている（年間五二一八億ドル）。企業買収のための資金は九〇年代末とは反対に、大西洋を西から東に横断している。この戦争における勝利はしだいにほんものの戦争の趨勢に左右されるようになっているのだ。主として日本から得た五四〇億ドルに上る「国際貢献」は、それだけで一九九一年の貿易赤字をカバーすることができたし、湾岸戦争は実際、衰えた資金ポンプに「活を入れた」。今日、日本政府がアフガニスタン復興にアメリカ政府に代わってドルベースの援助資金を提供していることと、日本が北朝鮮のミサイルを脅威に感じていることは決して無関係ではないし、爆撃も始まらないうちからイラク戦争後の復興援助を約していることも同じ文脈にあるだろう。一方において、恒常的な戦争状態とはアメリカの外にあるドルがアメリカに戻ってこなくてもよい状態、債務の清算を先延ばしにできる状態であり、他方において、戦争状態は外にあるドルが戻ってくるチャンスも増やす。戦争が続いているかぎり、傭兵を破産させるわけにはいかないのだ。考えてみれば、信用貨幣は最初、戦費の支払いを遅らせるために発明されたのではなかったか？

2003.11

主体から主体

――政治において、我々はみなシュミット主義者であるのか？

二〇〇三年の一一月にフランクフルト大学で開催された *Indeterminate ! Kommunismus*（「共産主義は未決だ！」）というコロキウムで口頭発表された原稿である。二〇〇五年に刊行された同タイトルのコロキウム報告集（Unras-Verlag 刊）にドイツ語版が収録されているほか、英訳短縮版が電子ジャーナル *borderlands* Vol.4 No.2（二〇〇五年一〇月：www.borderlands.net.au）に掲載されている。コロキウムには、『マルチチュード』編集委員の一人であるドイツ人、トーマス・アッツァートの仲介で招待された。他の参加者にはランシエール、バディウ、ジジェク、アレックス・デミロヴィッチ（フランクフルト学派）などがいる。私は日本人としてというより、『マルチチュード』誌の編集委員としてマウリツィオ・ラッツァラートとともに招かれ、アッツァートと三人で同誌からの参加ということになるはずであったが、ラッツァラートは結局、当日になって参加できなかった。

論文のタイトルと内容は、当時フランスでそれなりに話題を呼んでいた「左翼シュミット主義」論争を踏まえている。詳しくは拙著『革命論』（平凡社新書、二〇一二年）第一章を参照していただきたいが、論争で問題とされたのは、フランスの左翼がこぞってカール・シュミットに注目するかに見える（ネグリも、バディウやバリバールといった旧アルチュセール派も、さらに、フランス人ではないがジジェクやアガンベンも……）現状をどう捉えるかであった。私としては、発表を機会に、それを主体および主体性の問題として深めてみたいと考えた。論文の最後に出てくる「お呼び出しの革命主体はただいま外出しております」というフレーズ（留守番電話の自動応答メッセージをもじっている）は、文脈上やや唐突に響くかもしれないが、私が参加した部会のタイトルをそのまま引いている。ビッグネームが一堂に会した全体会は、大講堂に文字通り満杯の人を集めていたが、その部会はこじんまりと、五〇人程度で行われた。

コロキウムとはいっても、イベントはほとんど政治集会であった。参加延べ人数は千を下回らなかったであろう。ヨーロッパにおけるオルタ・グローバリゼーション運動の最盛期と言ってもよい頃であったように記憶する。直後にパリでヨーロッパ社会フォーラムが予定されていたため、その両方に参加するというバックパッカーがヨーロッパ各地から訪れ、寝所を確保できなかった人が大学構内にテントを張って野宿をする光景も見られた。当時のフランクフルト大学では学生運動が再燃していたようで、イベント期間中にも、建物を占拠する学生を排除するために機動隊が導入される事件があった。大学構内のいたるところに、六八年当時のビラや新聞の複製が、現在進行中の運動にかかわるステッカーとともにおびただしく貼られており、真面目な学生風の活動家と、モヒカンにタトゥーのパンクスが、期間中もそれらの数を増やし続けていた。

パリの社会フォーラムには、ネグリが一九九七年の帰国とその後数年間の収監生活の後、はじめて人前に姿を現した。講演会場の収容人数の数倍の聴衆が集まったため、急遽、屋外での開催となったが、それはもはや講演というより、ロックコンサートのような演説会であった。

1　二つの主体とその共通のリミット

一九六八年のある未完のテキストにおいて、ルイ・アルチュセールはブレヒトの演劇について書いている。かの「異化効果」についてである。「芝居は自らのうちにその中心をもっていない。芝居の中心はそのそとにある。（…）芝居にはもはや主人公がいてはならず、（…）古典的争いが展開され、すべてが現前し要約されるハイライトシーンがあってはならない。たとえば、『ガリレオ』におけるブレヒトの天才は、裁判シーンを見せなかったことにある。（…）誰もがあの歴史的な台詞、『それでも地球は回っている』がガリレオの口から発せられるのを待っているのだが、ブレヒトは裁判を見せず、ガリレオは歴史的台詞を口にしない」[*1]。アルチュセールは「演劇の固有性は見せることにある」[*2]と言っておきながら、ブレヒト演劇が観客に見えるようにするのは、見せたいもの、見せねばならないものの不在にほかならない、と告げるのである。ドラマとそれが舞台の上で迎える結末について観客が抱く自然発生的表象に、この演劇は媚びない。観客は芝居を楽しむのだが、それとこれとは別である。決定的瞬間とその主体＝主人公は、舞台の上にはけっして現れないのだ。より正確に言えば、戯曲、演出、俳優たちの演技は、観客の意識のなかで芝居の中心が明確になっていくにつれて、その中心を次第にそとへ移動させていくのである。中心が移動する痕跡である「距離」――舞台と客席、現前と不在の間に生まれる――を通じて、政治的主体が、最後に、劇場のそと＝現実のなかに生み落とされる。「異化効果」はある距離を、主体が発生する産道、主体化の手続きに変える。それは距離の定置を生産に変える手続きであるのだ。見せられ、可視的なものになったとき、距離はもはやたんなる不在でも空虚でもなく、生産手段である。とはいえ急いで付言しておかねばならないが、このようにして生み出された主体は、その現実性にもかかわらず、まだ現動的ではない。主体がその十全な現動性を得る決定的瞬間は、まだ現実世界に訪れていないからである。目下のところ、すべては「演劇的」である。たとえ幕が降りても、最終的効果は演劇に依存したままなのである。

私たちはかつてマルチチュードについて、それを潜在的だと特徴付けたことがある。[*3] 実際、この主体は通常の意味における政治的舞台の上には現れないし、街頭スローガンのなかに姿を見せることもない。少なくとも今日では、誰も他人の前で私はマルチチュードだと名乗ったりはしないだろう。「私は黒人である」、「私はヨーロッパ人である」、「私は同性愛者である」等々の言明を、政治的なものとして口にしても困惑を招くことはないが、「私はマルチチュードである」と語って受ける反応は、かつてオーギュスト・ブランキが、法廷で裁判官から身分＝アイデンティティを問われ、「私はプロレタリアートである」と答えて受けた反応と同様であるだろう。マルチチュードも——単数形であろ

＊1　Louis Althusser, « Sur Brecht et Marx », *Ecrits philosophiques et politiques*, tome II, STOCK/IMEC, 1995, p. 551.（ルイ・アルチュセール「ブレヒトとマルクスについて」『哲学・政治著作集』第二巻、市田良彦ほか訳、藤原書店、一九九九年、一一一六頁）

＊2　*Ibid.*, p. 553.（同書、一一一七頁）

＊3　Yoshihiko Ichida, Maurizio Lazzarato, François Matheron et Yann Moulier Boutang, « La politique des Multitudes », *Multitudes*, n°9, 2002.（市田良彦＋マウリチオ・ラッツァラート＋フランソワ・マトロン＋ヤン・ムーリエ・ブータン「マルチチュードの政治」箱田徹訳、『現代思想』二〇〇三年二月号）

うと複数形であろうと――いつの日か、プロレタリアートや人民のように、政治主体として認知されるのだろうか。彼らはそれを目指してなお闘わねばならないのだろうか。すなわち、マルチチュードの闘いの賭金は、他の政治主体と同じ資格で政治主体としてカウントされることにあるのだろうか。しかしマルチチュードは、プロレタリアートが既存の政治舞台に上がることを可能にした「党」という装置をあらかじめ拒否しており、さらに、マルチチュードの名は潜在的にであってもすでに「全員」を指している――つまり究極的には、マルチチュードには、彼らをマルチチュードと呼ぶと同時に自分をマルチチュードではないXだと言う他者が存在しない――のだから、彼らの潜在性を現動化すること、政治主体への彼らの生成は、我々が過去や現在の政治舞台について知っているいかなる形式も原理的に取りえない。とはいえ、思い出してみれば、プロレタリアートが舞台に上がったのは、それを消滅させるため（最終目標は国家の消滅であった）であって、そこに場を占めて居座るためではなかったのだから、政治をめぐる困難があることを、マルチチュードに固有のものとみなすことはできないだろう。舞台の上で固有名詞をもつか否かは、プロレタリアートにとってもマルチチュードにとっても、さらには「人民」にとってさえ、実は本質的な関心事ではないのだ。言い換えれば、彼らにとって真の政治的問いは、いかに主人公を演じるかではなく、いかに政治演劇のそとで自らを主体へと構成するかである。自分が舞台の最前面に出たときには、劇場と世界の区別がなくなっている、と彼らは知っている。そのときには彼らは「全員」であり、彼ら以外に観客はいない、と知っている。

　我々の予備的な問いは、したがって、つぎのようなものである。この「主体になること」、現在の政治的現動性を脱臼させるこの現動化は、アイデンティティの主体がもつ演劇性を、いかなる意味においてもなしですますことができるのか？　舞台の上とそとで進む二つの異質な過程は、特に分節されることはないのか？　二つの主体は、それぞれに内在的で、「主体」と名づけうる共通のリミットをけっしてもつことがないのか？　実践すべき政治を分かち合わず、戦場を共有しないかぎりにおいて、二つの主体性——純粋形式としての「主体」を満たす二つの内容——に共通したものはない。それぞれの政治的優先事項はかけ離れている。一方にとっては、芝居の中心に近づくことが問題であり、他方にとっては、そこから遠ざかることが問題なのである。しかし、善かれ悪しかれ、この存在しない共通性とエーテル的形式を合成し、それを「主体」と受け取ることはまったく可能である。カール・シュミットが行ったのは、おそらくそれだ。この可能性はそれ自体としては抽象的で思弁的なものであるが、それでもアクチュアルである。シュミット的主体の内容の無と彼の形式主義は今日、政治哲学的に重要な賭金を構成していように見える。カール・シュミットの名が、「六八年思想」とこの親ナチ法律学者の反民主主義的な共犯関係を証言するために持ち出されているのである。アラン・バディウ、トニ・ネグリ、エチエンヌ・バリバール、ジョルジョ・アガンベン等々は、みな「左翼シュミット主義者」だ！　事実、『構成的権力』の著者は、シュミット、アレント、さらにスピノザまでが「構成的権力」という根本概念において交差することを発見している。「まったく当然の反対物の一致」[*4]がそこにはあるのではないか、とさえ問うている。いずれも「構成の源泉（一つの主体と

＊4　Antonio Negri, *Le pouvoir constituant*, PUF, 1997, p. 29.（アントニオ・ネグリ『構成的権力』杉村昌昭・斎藤悦則訳、松籟社、一九九九年、四七頁）

もみなしうる）から発出する、汲み尽くしえない表現の激烈さ」[*5]を探っているのだから。「反対物の一致」は、つぎの事実を思い出せばいっそう印象的かつ説得的であるだろう。現代「スピノザ主義者」ばかりか、熱烈なラカン＝ヘーゲル主義者までシュミットを援用するのである。スラヴォイ・ジジェクにしたがえば、シュミットは「ヘーゲルの真の政治的継承者の一人」[*6]である。

とりわけカール・レーヴィットのおかげで[*7]、我々は知っている。シュミット的主体の決断は何をその具体的内容としてもよく、何を決断するかは歴史的偶然性にのみ依存し、完全に恣意的である。その主体にとっては、最終的に、本質的なことは決断する行為にあり、何を決断するかにはない。極言すれば、彼にとっては、決断すると決断しさえすれば、もはや何も決断する必要はない。そうしたシュミットの決断主義を、レーヴィットは学生がハイデッガーに向けた揶揄になぞらえている。「私は決断したぞ、何を決断したかは知らないが」[*8]。我々の文脈においては、こう翻訳してもよいだろう。主体のリミットは主体から主体性を剝ぎ取り、代わりに自己言及的な形式性を与えることによって、主体という形式を保証する。その形式性が要求するのは、私の決断は私のみに由来し、決断の主体である「私」は、決断から事後的に、決断の結果としてしか発生しない、ということである。純粋な主体の実質、あるいは主体のリミットは、つまり空虚な手続きなのである。どんな主体性も受け入れるというより、主体性なるものをまったく受け付けない手続きである。この主体は、自分自身以外の何も、正確には自分自身の構成形式以外の何も、内容としない。ならば確認しておくべきだろう。我々は、主体を基礎づけるためのシュミット的形式主義が到達する逆説的反照性とは、しばしばよそで出会っている。それは必ずしも主体の種別的構造ではないのであり、主体に内的なリミットはその極限において、「客体的なもの」、世界に通じている。両者の接点には同じ発生構造が見られるのである。そうしたケースとして、アルチュセールの「構造」概念を挙げることができるだろう。一般的な理解によれば、彼の「構造」概念は主体の哲学とは最大限の距離を取っているはずである。その彼において、生産様式の構造であれ、無意識の構造であれ、構造を生起させるものは、あるいは構造なるものを生み出すものは、つねにその構造自身である。構造的ないし内在的な因果性とは、原因が結果に先立たない特殊な系統性を含意している。そこでの内在性は同時性に翻訳されるのである。[*9] 実際、スピノザの内在性――神即自然――は、原因と結果は同時に訪れると告げている。生産、実現、さらに力能にかんする論理的順序は、時間的順序を無視するのだ。アルチュセールは同じ問題をルソーの『社

＊5 *Ibid.*（同前）

＊6 Slavoj Žižek, *The Ticklish Subject*, Verso, 1999, p. 113.（スラヴォイ・ジジェク『厄介なる主体』1、鈴木俊弘・増田久美子訳、青土社、二〇〇五年、一九八頁）

＊7 Karl Löwith, « The Occasional Decisionism of Carl Schmitt », translated by Gary Steiner in Lowith, *Martin Heidegger and European Nihilism*, ed. by Richard Wollin, Columbia University Press, 1995.（カール・レヴィット「C・シュミットの機会原因論的決定主義」、カール・シュミット『政治神学』田中浩・原田武雄訳、未來社、一九七一年）

＊8 *Ibid.*, pp. 162-163.（同書、一五〇頁）

＊9 Voir surtout Louis Althusser, « Lettre à D... » (1966), *Ecrits sur la psychanalyse*, STOCK/IMEC, 1993, et « L'objet du *Capital* », ch. IX, *Lire le Capital*, PUF, 1996.（ルイ・アルチュセール「Dへの手紙」『フロイトとラカン――精神分析著作集』石田靖夫ほか訳、人文書院、二〇〇一年。「資本論の対象」『資本論を読む』中巻、今村仁司訳、ちくま学芸文庫、一九九七年）

会契約』にも見いだしていた。[*10]二人の主体の間で実現されるべき契約の前に、彼らは実在しておらず、彼らは契約によって事後的に創出される。カール・シュミットなら、こう述べるところだろう。社会契約とは国民主体の決断である。それはまた、トニ・ネグリが『構成的権力』において、権力の「はじまり」にまつわる逆説を極限にまで推し進めて見いだしたものでもある。「構成的権力は空虚から生まれ、すべてを構成する」[*11]。発生やはじまりについては、シュミット、アルチュセール、ネグリの間にはいかなる断絶もないのだ。この無差異は「決断主義」が一つの主体性である論拠を消してしまうだろう。「主体であること」からは、主体性を説明できなくしてしまうのである。

2　シュミット的主体性と機会原因論的唯物論

ならば哲学者としてのシュミットの特性をそこに求めるべき主体性は、どのようなものか。右にも左にも傾きうるという意味において「ニュートラル」な手続きや構造としての「決断」によっては主体性を定義できないとすれば、シュミット的主体の主体性はどのようにして決まるのか。自己創立的主体は、いかにして最終的にナチズムへと導かれるのか。最初の答えは、もちろん、シュミットが他の多くの法理論家同様に解決しようとした問題そのものによって与えられる。すなわち、近代的主権である。「決断」と「例外状態」は近代的政治の登場人物と舞台を定めるために考え出されたのである。その登場人物が主権者であり、舞台が友‐敵関係であり、それらはアイデンティティ政治のモデルとしてこの政治ドラマを多かれ少なかれ規定し続けている。ならば我々が探し求めている主体性は明らかであろう。法権利主体の主体性だ。しかしその場合、自明性はシュミットの特性について何も説明しない類のものとなってしまう。法権利の主体が自動的にファシスト的主体性に到達すると考えるのも同然だからである。シュミットの特性は近代の一般性に解消され、それとしてはないと述べることになってしまう。二つめの答えはカール・レーヴィットによって提供される。というか、彼の一九三五年の傑出した論文、今日でもなおアクチュアルである彼の「カール・シュミットの機会原因論的決断主義」[*12]を、そのようなものとして読むことができるだろう。レーヴィットのみごとさは、決定問題というシュミットの武器をシュミット自身に向けたところにある。シュミットは彼の敵である政治的ロマン主義を「機会原因論」的だと言う。優柔不断な「永遠のお喋り」だと非難する。「アイロニーと逆説にもかかわらず、恒常的な依存関係は明白である。主体的機会原因論は、その特殊な生産性のきわめて狭い領域、すなわち叙情的で音楽的な詩の領域のなかに、自由な創造性の小島を見いだすことができるかもしれないが、そこにおいてさえ、無意識のうちに、もっとも近く強い権力に従属するのである。そして、偶因的に意味を把握された現在に対する主体の優位は、もっともアイロニカルに転倒されることになる。ロマン的なものはすべて、他の非ロマン的なエネルギーに奉仕するようになり、定義や決定に対する主体の優越性は、その力、与《あずか》り知らぬ決定に対する従順な追従に転じ

＊10 Louis Althusser, « Sur le Contrat Social » (1967), *Solitude de Machiavel*, PUF, 1998.（ルイ・アルチュセール「〈社会契約〉について」、『マキャヴェリの孤独』福井和美訳、藤原書店、二〇〇一年）
＊11 Negri, *op. cit.*, p. 23.（ネグリ前掲書、四一頁）
＊12 Löwith, *op. cit.*（レーヴィット前掲論文）

る」[*13]。レーヴィットは同様の「機会原因論」と「転倒」をシュミットの決断主義に見いだすのである。「自らに依拠するゆえに何ものにも依拠せず、自由に浮遊するシュミット的な決断は、どんな偉大な政治運動にも見いだせる『安定した存在者』を逸する危険にときとして陥る。瞬間への『固執』を通して生起するこの危険をシュミットはよく知っていた。しかし、ときとして陥るどころではない。そうした決断はこの種の危険につねに不可避的に晒されているのだ。なぜならこの決断は、たとえ非ロマン主義的な決断主義の形をとってさえ、機会原因論的だからである」[*14]。空虚な内容しかもたない決断の主体を、一歩前に踏み出させることにより、シュミットはこの空虚を――我々の文脈にレーヴィットを適用して言えば――、外的権力を前にした主体の無力に変える。他者に抵抗することができない無力ゆえにその他者に従属してしまう必然性に変える。変化を媒介しているのが機会原因論だ。自分にとって外的なものをすべて決断のための偶然的「機会」と捉え、そのことにより、自分と世界の間の因果的関係を断ち切り、最終的には、世界との物質的で操作的な関係を失ってしまう（「『安定した存在者』を逸する」）主体は、あらゆる出来事を既成事実として受け入れねばならない。それに働きかけ、それを変えることを諦めねばならない。もし世界が主体にとって無限の機会をなすのであれば、主体のほうは、世界にとって、一個の機会にすぎないであろう。たしかに格別の機会ではあるが、世界と他者たちから切断された一個の「瞬間」にすぎないであろう（「瞬間への『固執』」）。これがロマン主義的かつシュミット的な機会原因論に特有の「転倒」構造である。そこでは「機会」なるものが、主体と世界の、さらに主体たちの関係を無関係へと至らしめ、両項のどちらかに排他的に創造性と力を割り振り、他方を完全な無力状態に置くのだ。シュミット的主体性は、あらゆる関係を外部化する主体性として形成される。外化するのではなく、外部化するのである。つまり、自分のなかにはどんな関係も認めず、「疎外」がまったく問題にならない主体性である。疎外すべきもの——そとに出すべきもの——が、この主体には何もない。「自由な浮遊」を引き起こす根源的切断によって、主体は主体性を獲得する。機会次第で全能にも完全な無力にもなれる主体性である。

世界と純粋な否定性によって結ばれる主体である。彼と世界との関係は、表現でも逸脱でもなく、瞬時の日和見的転換である。シュミットの真理はヘーゲルに吸収されるとジジェクとともに言うためには、ヘーゲルの真理とはマルブランシュやダニエル・パウル・シュレーバーの真理であると信じる必要があるだろう。神が自分たちに無関心だと嘆く者たちの真理だ。とはいえ、ジジェクが彼の書物のある章——「ヘーゲル的主体、この厄介なもの」と題されている——の最後で示唆しているのは、そのことではなかったか。[*15] 我々としては、こう述べておこう。機会原因論を通してのシュミットとマルブランシュの接近が明白であるとすれば、彼らに共通する主体性は、ジジェクのヘーゲルのようには、無関係を関係と捉えることができない主体性である。この無関係こそ真の主体であるとすれば、決断の主体については、さらにこう述べるべきだろう。関係としての関係は、この主体にだけは属さない。彼

＊13 Carl Schmitt, *Political Romanticism*, MIT Press, 1986, p. 162, and quoted by Löwith, *op. cit.*, p. 273.（カール・シュミット『政治的ロマン主義』大久保和郎訳、みすず書房、一九七〇年、二〇六頁。および前掲『政治神学』九九－一〇〇頁）

＊14 Löwith, *op. cit.*, p. 144.（レーヴィット前掲論文、一〇五頁）

＊15 Žižek, *op. cit.*, pp. 116-118.（ジジェク前掲書、二〇四－二一〇頁）

は機会的「瞬間《モーメント》=契機」に還元され、無関係のなか、あらゆる関係のそと、を永遠に浮遊するのである。

では友−敵関係、存在論的地平としての戦争はどうなるのか。「力関係」はとりわけ人間的な関係、間主体的でもあれば主体内的でもある関係を構成しないのか。しないのである。なによりまず、友や敵を決定するのは偶然の状況である(誰かが「存在論的な敵」であるとは、たんにその誰かが「たまたま私の敵である」ということでしかない)からであり、さらに、私にはつぎの絶対法則をどうしようもないからである。我々が戦い、私が勝利する、とは、神が我々のなかで我々なしに動いている、ということにほかならない。

シュミットと「敵」の特殊な結びつきを規定するマルブランシュは、もう一つの突飛な結びつきを生む。マルブランシュの雨を媒介にした、シュミットとアルチュセールの結びつきである。「私たちの心に恩寵をもたらす一般法則にとり、法則を有効にする私たちの意志は何ものでもない。雨を司る一般法則にとって、雨が降る場所の地形はどうでもよいのと同じことである。未開墾地であろうと耕された土地であろうと、雨はあらゆる場所に無差別に降る。砂漠にも海にも平等に降る[*16]」。この雨を冒頭に置いて、アルチュセールは彼の「出会いの唯物論」を構想した。「雨が降っている。願わくば、この書がまずは単純な雨についての書とならんことを。マルブランシュも自問していた、『なにゆえ雨は海に、街道に、砂丘に降り注ぐのか』。なるほど、田畑を潤しもする(それはそれで、まことにけっこう)天の水は、しかし、海の水をまるで増やすことなく、道のなか、砂丘のなかに消えていく[*17]」。雨がアルチュセールにおいて新しい唯物論のアレゴリーとなるためには、しかし、もう一つの雨が必要であった。ルクレティウスが描いた、空虚のなかを平行に落下するエピクロスの原子の雨である。啓示的イメージの核が雨として定められると、アルチュセールにとっては、哲学史のなかにその痕跡を辿り、雨の唯物論の「地下水脈」を発見することはもはや困難な作業ではなかった。しかし、雨が真に「唯物論的」となるためには、一つのものが欠けている。原子の出会いを引き起こす偏りないしクリナメンである。偏りと出会いがなければ、原子そのものは「抽象的な要素にすぎず、手応えも実在性ももちはしないだろう。したがって、次のような主張さえしてもかまわないはずだ。原子の実在性そのものはただ偏りと出会いからのみ出来し、それ以前には、原子は幻のごとき実在性をもっていたにすぎない」[*18]。この「出会いの唯物論」を我々がどのように発展させうるかは、ここでの問題ではない。しかし、一つのことははっきりしている。出会いに先立つ世界は、「いたるところに無差別に雨が降る」マルブランシュの世界と同一視されるべきものだ。そして、そうであるなら、「偶然性唯物論」とも呼ばれる「出会いの唯物論」は、すべてが偶然的価値あるいは偶然という価値に依存する機会原因論的ビジョンと遠く隔たったものではありえないだろう。

　いずれにしても、概念の形象化としてのマルブランシュの雨は、シュミットの決断主体とアルチュセールのイデオロギー的主体を互いに似たものにする。「パスカル的」論理[*19]によって構成されるとみ

＊16　Nicolas Malebranche, *Treatise on Nature and Grace*, Clarendon Press, 1992, pp. 140-141, quoted in Žižek, *op. cit.*, p. 117.（ジジェク前掲書、二〇五頁）

＊17　Louis Althusser, « Le courant souterrain du matérialisme de la rencontre », *Écrits philosophiques et politiques*, tome I, 1994, p. 539.（アルチュセール「出会いの唯物論の地下水脈」『哲学・政治著作集』第一巻、四九九頁）

＊18　*Ibid.*, p. 542.（同書、五〇二頁）

なされる後者の主体（「跪いて祈りを唱えたまえ、そうすれば、汝は神を信じている」という論理と同じく、「呼びかけられた」ときに体の向きを一八〇度変えることによって、個人は主体になる。個人は主体であるから振り向くのではない。振り向いたときに、主体になる）については、しばしば一つの同じ問いが提出されてきた。呼びかけられた主体は、なぜ振り向くのか？　たとえば、ジュディス・バトラー。「名前を呼ぶことは、いつ、どこで、振り向きを引き起こすのか。アイデンティティを先取るかのような運動を。主体はいかにして、また、なぜ、振り向くのか。自分に有罪性を負わせてアイデンティティを授けることを、彼はまだ行っていないのに」[*20]。この問いに答えるためであるのか、次のように言われることもしばしばである。主体を振り向かせるためには、国家の抑圧装置あるいはフーコー的な訓育権力が必要だ……。マルブランシュとシュミットを重ねて読むことにより、我々は問いの向きを変えることができる。呼びかけについては、成功するか否かは本当に本質的なことであるのか。いかなる条件のもとで呼びかけが成功するのかも、本質的な問題であるのか。呼びかけが失敗しうること、個人は呼びかける人間に対し応えるも応えないも完全に自由であること、すべては自由な決断にかかっていることがすでに、呼びかけが成功する条件そのものではないか。問題を枠付けし、個的自由を主体形成の中心に据えることをすでに行っているのだから。要するに、個人がなにも前提せずに決断できるようにすでになっており、個人が主体になるための自由の演劇的装置をすでに用意しているのだから。個人は、権力――究極の呼びかけ者――に従わない自由があるにもかかわらず振り向くのではなく、その自由があるから振り向くのである。実際、アルチュセールは書いている。「呼びかけに従うも従わないも個人の自由である」[*21]。個人の自由、言い換えれば、呼びかけが失敗する可能性が、イデオロギーのイニシアチブを「機会」に変容させる。呼びかけは個人に対し、この変容の「機会」を提供するのである。彼はたまたま呼びかけられ、たまたまそれに応えるのだ。さらに言い換えれば、シュミット的決断主体は、見た目は「前提なしに」決断するために、演劇的装置を必要としている。それはアルチュセール的主体が、主体になるため、呼びかけられる必要があるのと同じことだ。二つの主体は「機会」に服しているのである。

いずれの場合にも、主体は一滴の雨粒を構成する。主体自身が一つの機会である。レーヴィットがシュミットに見定めた「転倒」からは、こうした事態が生まれるだろう。いずれの場合にも、空虚のなかを、互いに似たものが落下する。彼らは「出会い」に先立つ前歴史的永遠の現在に住んでいる。「出会い」の後にすら、彼らはその時間のなかに住み続ける。互いの関係をすべて外部化し、主体にはなんら関係的なものを残さない「機会」として、彼らは実在する。関係は空虚のなかに置かれており、空虚は、自らに固有の時間としては、永遠の現在しかもっていない。

つねに現在のなかにあるようイデオロギーによって作られ、維持されている舞台の上で、シュミット的主体ないしその主体性は、絶対的孤独を得るために純粋な決断のコメディを演じる。似たものた

*19 Louis Althusser, « Idéologie et appareils idéologiques d'Etat », *Positions*, Editions Sociales, 1976, p. 108.（ルイ・アルチュセール「イデオロギーと国家のイデオロギー諸装置」『再生産について』西川長夫ほか訳、平凡社、三六〇頁）

*20 Judith Butler, *The Psychic Life of Power*, Stanford University Press, 1997, p. 107.（ジュディス・バトラー『権力の心的な生』佐藤嘉幸・清水知子訳、月曜社、一三四頁）

*21 Althusser, « Idéologie et appareils idéologiques d'Etat », *op. cit.*, p. 117.（アルチュセール前掲論文、三七〇頁）

ちの集積が持続的な出会いを果たすことはけっしてないだろう。似たものたちはまったく出会わないか、それとも、出会うとほぼ同時に出会いが解消されるかであろう。舞台上でのローカルな集団は、たまたま成立している友‐敵関係に規定された一時的同盟にすぎないのだ。すべてはマルブランシュの雨のように生起する。これは一つの危機状態である。存在者は互いに切り離され、つねにモル的集合体を形成するよう、堅牢な全体性への欲望を抱くよう、誘導されるのである。歴史においてはごくありふれた現象である。マルブランシュをもう一歩前進させることにより、カール・シュミットは、実際、危機の哲学的演出家となった。

3　反復の時間

マルブランシュからシュミットにいたるこの一歩は、しかし、必然であるのか。二人の間に一歩の距離が存在すること、それは自動的には超えられないことを、アルチュセールはブレヒトとともに我々に証言している。イデオロギーが主体に課す距離の空虚、間主体的で主体を関係から遠ざける距離の空虚は、現在の舞台の上に置かれているのに対し、ブレヒト‐アルチュセールは空虚を移動させ、舞台の袖に置くのである。作者、俳優、観客が芝居と現実の間に設定する距離のなかに、である。これら三つの関係者の「出会い」は、舞台の上では生起しえない。三者の定義からして、彼らは舞台上では出会えない。彼らは「主人公＝主体」ではないのである。「それでも地球は回っている」という決定的な台詞が、ことがらをその名前で呼び、個人を呼びかけて主体＝主人公にし、それらの自明性を確保してくれはずであるのだが、件《くだん》の台詞は舞台の上ではついに発せられない。彼らに共通する主体化としての「出会い」がはじまるのは、芝居が終わったときだ。そこには、演じるべきもう一つの距離、もう一つの自由、主体がそこから現れるもう一つの無があるはずである。それはまたもう一つの時間性でもあって、主体はそのなかでは、呼びかけられる代わりに、自分で自分を名指すだろう。しかしそこはまた、我々が最初に見たように、主体のリミットがあるところでもある。

アルチュセールとネグリの近さが、ここで重要なものとして浮かび上がる。それは、シュミットにおけるのとは違ったやり方で、主体化のプロセスがはじまる地点を指し示すのだ。アルチュセールの側から、それを見てみよう。「構造」の機能様態としての「表現 *Darstellung*」を説明するために、彼は『資本論を読む』において、それを「同時に自らの舞台、自らの戯曲、自らの俳優たちである」演劇になぞらえている。この演劇の観客が「たまたま観客でありうるのは、彼らがまず強いられた俳優であるからにほかならない。自分が作者ではありえない戯曲と配役の制約に縛られた俳優である。というのも、これは本質的に、作者なき演劇なのである」[*22]。作者‐俳優‐観客は一つの円環を形成するが、円環を閉じるのは、各人格を別のそれへと送付する運動、三者をたえず交代させて見分けがたくする運動である。作者はつねにすでに俳優であり、同様に、俳優は観客であり、観客は作者である。人格の間の距離はけっして廃棄されないが、三人格は一つの同じ実体を形成する。あるいはむしろ、三人格の相互送付、移動、交代が、この実体をなす。運動のなかで生まれる内的な距離が、作者‐俳優‐観客の主体性だ。距離は「存在の間」から「存在のなか」に移動させられ、主体が自分自身に対

＊22 Althusser, « Objet du *Capital* », *op. cit.*, p. 411.（アルチュセール『資本論を読む』中巻、ちくま学芸文庫、二六四‐五頁）

して取る距離に変わる。俳優が自分の演技を動作の瞬間ごとに凝視するようにして、この距離は取られる。距離が主体とその運動のモーターになるのだ。しかし、主体の循環性の運動は線状の時間に裂け目をもたらす、とも言わねばならない。なぜなら、この運動は「つねにすでに」という形式により、現在と過去を合体させてしまうからである。一つの人格はつねにすでに別の人格なのである。Xはつねにすでにそであり、Yはつねにすでにxである。Xの過去はYの現在であり、Yの過去はXの現在である。現在と過去が互いの後を追いかける。主体が現れるところでは、「時間の蝶番は外れている」わけだ。それでも、時間はけっして停止しない。瞬間が時間の流れを、同じ合体により保証しているからである。瞬間とは、自らを過去と未来に分割することで生起する現在である。過去になりつつある現在、つねにすでに過去である現在である。かくて主体は、時間に裂け目を持ち込むその動作により、時間の流れの結節点を構成する。時間の裂け目を、切り裂く動作により縫い合わせるのだ。主体は自分が作る時間のなかで生きている。彼はカイロスである、とネグリなら言うだろう。[*23]そこでの時間はもはや、シュミットの場合のように、原子が落下して「機会」が到来するための絶対的地平としては現れない。時間そのものが主体的運動として自己主張するのである。このとき空虚はもはや主体をなかに収める容器ではなく、移動するものとして実在する。主体の状態の推移性そのものとして実在するのだ。

だとすればしかし、シナリオはどうなっているのだ？　決定的な台詞が発せられず、主体は舞台の上では同定されない（＝アイデンティティをもたない）、ということ以外に、芝居について、また芝居がはねた後について、我々は何を知っているだろうか。一見したところ、主体化の展開については何もあらかじめ定められていないように見える。主体化のあるところ、つねに空虚があるというのだから。とはいえ、マルクス主義的用語法を採用して言えば、傾向なしの主体性とは観念として馬鹿げているだろう。法的主体ないし決断主体に戻ってしまう。プロレタリアート／マルチチュードの主体性は、いかに自律的、創造的、構成的であっても、存在論的な傾向をもたねばならない。カイロスの時間が証言しているのも、この傾向であると我々には思える。というのもこの時間は、間人格的推移性により存在間の関係を内部化するのみならず、主体と世界の関係まで、地理的に見分けがたくして内部化するからである。実際、劇場と現実の間の境界は、観客と俳優の循環的で恒常的な交代－移動のなか以外のどこにあるだろうか。ネグリの概念的人物であるマキァヴェッリにおいて、カイロスは主体的力能としてのヴィルトゥと、客体的調整であるフォルトゥナの接触として自らを表現する。[24]とにかくカイロスは、客体的傾向が主体のなかに、主体化と歩調を合わせて導入される入り口をなすのだ。主体は自律的になればなるほど、客体性を体現する。静物の客体性から離れれば離れるほど、現実的なものに近づく。そこでの主体化はつまるところ、非－主体的なものの吸収と排出、保持と排除の同一性ないし同時性として与えられるのである。いかにそれが逆説的で不可能なことに見えようと、この同一性にもとづいて、主体は世界を変えることができるようになる。動く主体に内部化されること

＊23 Antonio Negri, *Kairos, Alma Venus, multitude*, Calmann-Lévy, 2001.（アントニオ・ネグリ『革命の秋』長原豊ほか訳、世界書院、二〇一〇年）
＊24 *Ibid.*, p. 35.（同書、二五五頁）

により、関係は、たまたまの主体にとって完全に外部的なものというステータスを手放す。「我々のなかで我々なしに動く」神として振る舞うことをやめる。そして主体を材料に、強力な回転扉を作ることになるのだ。「変化」を排出する扉である。

ネグリは『マルクスを超えるマルクス』において、この回転扉の作用態を資本－賃労働関係のなかに見いだしている。最初、資本は労働者にとって一つの所与として現れる。資本と賃労働の分離は、労働が現実化される必要条件をなしている。それは労働者に課される客体的傾向だ。実際、資本は価値として生き延びるために、労働者にとっての使用価値を交換価値に切り縮めねばならない。分離と同義の還元である。その意味においては、生きた労働とその主体性は、死んだ労働である資本によって生産される。分離もまたそうである。「生きた労働は、固有の現実的諸要素を捨象されている（彼はしたがって非－価値である）。どんな客体性も奪われてまる裸にされてしまうことが、労働を純粋な主体性として成立させるのだ。労働とは絶対的貧困である。しかしそれは、客体的富をもたないからではなく、そこから排除されているからである」[*25]。ところが逆に、第二段階においては、資本からの労働の分離ないし絶対的貧困は、富の一般的可能性として現れる。たとえ搾取されるためであっても、すべてを現実的に生産しているのは生きた労働なのだ。「労働の抽象化、抽象的集団性は主体的力能であり」、労働が「一般的な力能として、ラディカルな敵対性として姿を現す」ことを可能にする[*26]。言い換えるなら、主体性は自らの受動性を再生産することにより、能動的になる。主体性を生産する分離を反復することによって、能動的になる。主体化の過程は二重の拡散的スパイラルとして現れるのである。ネグリはそれをマルクスにおける二つの循環の絡み合いに見いだしている。「『賃金の支払いは、労働過程と並行的かつ同時に進展する循環の行為である』。すなわち、同時性と並行性は労働者主体の独立性を印しづける。資本主義的価値化の面前で、労働者主体に固有の自己価値化が進行するのである」[27]。

分離は二度現れる。二度目は一度目の反復あるいは対抗実現として。しかし、資本主義が最終的には階級対立によって定義されるとすれば、二度目の主体的分離は、客体的な一度目の分離への補遺ではなく、それを現動化するものだ。その意味において、二度目は一度目に先行するのである。反復は原初的な行為だ。おまけに、二度遂行されることにより、分離は一度目にはなかったものを生み出す。分離そのものを廃止する可能性、革命を遂行する可能性である。反復から、反復される以上のものが生まれるのである。二つの分離が互いの後を追いかけあう回転扉、二重化から、過去から未来への流れ、不可逆性の時間、ベクトル性の直線が出来《しゅったい》するのだ。反復はいわば反復と差異化の間の第三の分離を生むのであり、それこそが『経済学批判要綱《グルントリッセ》』から取り出された「分離の論理」にほかならない。カイロスはそれをさらに時間へと翻訳する。「『前』が永遠で『後』が将来だとすれば、時間とは——時《とき》の矢のなかにあるとき——『前』と『後』の間で行われる生産の過剰さである」[28]。我々が考察して

＊25 Antonio Negri, *Marx au-delà de Marx*, Christian Bourgois, 1979, p. 130.（アントニオ・ネグリ『マルクスを超えるマルクス』清水和巳ほか訳、作品社、二〇〇三年、一四六頁に引用されているマルクス『経済学批判要綱《グルントリッセ》』の文章。カール・マルクス『経済学批判要綱』高木幸二郎訳、大月書店、一九五八年、第一分冊三五三－三五四頁）

＊26 *Ibid.*, p. 131.（同書、一四七頁）

＊27 *Ibid.*, p. 238.（同書、二五三－二五四頁）

いる反復は、反復を超えているわけだ。シュミット的主体性とプロレタリアート／マルチチュードの差異を、今や一言で表現しうるだろう。シュミット的主体性は分離の反復を知らないのである。世界から一度かぎり永遠に分離され、この主体性は永遠のなかに身を投じてそこにとどまる。

かくして我々は、ニーチェの永遠回帰をめぐる二つの解釈を前にしている。第一の解釈によれば、この教義は、世界には新しいことは何も生起しないし、あらゆる出来事は同じ無を永遠に反復している、と主張している。永遠回帰のニヒリズム的ないし通俗仏教的な解釈であり、それは、空虚のなかを平行に落下する原子の政治について、こう示唆するだろう。決断のための決断という形式により無を反復しながら、政治的主体は友－敵関係の偶発的ゲームを続けねばならない。政治はしばしば公共空間と呼ばれる地平のなかにあるが、その空間は主体的無と客体的無の対峙によってできあがる。実際、ジジェクの解釈にしたがえば、政治は「$S̸$（主体）」と「対象a」の対峙へと連れ戻されるのである。[*29] 永遠回帰の第二の解釈によると、主体は物理世界において反復を禁じている自然法則を否定するために、反復を肯定する。主体に死を運命として受け入れるよう命じる法則を否定するため、つまり死に抗うため、根源的分離を自らの生の表現として演じるために、反復を肯定する。第二の解釈は、主体をこの世に到来させる分離のなかに、分離する世界、世界の分離傾向を発見する。ドゥルーズによれば、この解釈は「フュシスのなかに、法則の支配を超えるものを発見する」[*30]のだ。そこでは、「自然界においては同じことは二度と反復されない」という自然法則のテーゼが、「世界においては差異が反復される」と読み換えられる。法則の支配を語るという点では、このテーゼは第一の解釈と違うことを述べているわけではない。ところが反復の主体は、法則によって法則の現出「機会」として演出される代わりに、彼を世界から切り離す出来事を自分で上演する俳優として振る舞うのである。彼は反復＝稽古しか知らず、「スタート！」という本番の掛け声を聞こうとしないのか？　そうである。民主主義は到達すべき目標ではなく、この俳優にとっては「ただたどしくある方法[*31]」であるのだから。彼は自分の動的演技のなかに、自分と役柄の間の距離の空虚をすでに内部化している。たとえ無限小の距離であれ、彼の演技にリアリティを与え、彼の民主主義を表現するのはこの距離だ。我々はここで、この主体にとっての「同一化＝アイデンティティを得ること」と「上演」がいかなるものであるかを目にしていることになる。彼は自分の実在の原因に同一化しているのである。自分を客体的なものから切り離す出来事、その出来事から生じる距離に自分を同一化しつつ、原因をテーマとして上演している。彼が演じるのはもはやいかなる人格でもなく、テーマとしての構成的な裂開であり、人格間の移行である。たしかに彼はそれを目標として扱うのだが、その目標はドゥルーズの語るストア的射手にとっての目標である。「弓矢を射る者は、的であって的でない点に到達しなければならな

＊28　Negri, *Kairos, Alma Venus,* multitude, p. 45.（ネグリ『革命の秋』二六六頁）

＊29　Žižek, *op. cit.*, p. 114.（ジジェク前掲書、二〇一頁）

＊30　Gilles Deleuze, *Différence et répétition*, PUF, 1968, p. 14.（ジル・ドゥルーズ『差異と反復』財津理訳、河出書房新社、一九九二年、二六頁）

＊31　Antonio Negri, « Reliqua desiderantur : conjecture pour une définition du concept de démocratie chez le dernier Spinoza », *Spinoza subversif*, KIME, 1992, p. 69.（アントニオ・ネグリ「以下ヲ欠ク」小林満・丹生谷貴志訳、『現代思想』一九八七年九月号）

い。すなわち射手自身である。弓矢はまっすぐに進むが、それは自分の目標を作り出しながらである。的の表面は直線かつ点であり、射手は、射ることかつ射られたものである」[*32]。アイデンティティの主体の場合とは異なり、同一化されるものや上演されるものは、裂開の両側のどちらにもない。両側を包含する全体のなかにもない。ストア的な矢に見られるような、目指されるものと目指されないものの同一性に存するのだ。民主主義は、これもまた、テーマとして矢に内在している。

だとすれば、留守番電話から「お呼び出しの革命主体はただいま外出しております temporarily not available」と聞いても気分を害することはない。マルチチュードはこう答えるだろう。「呼び出す必要はありません。彼はいつもそこにいて、遅れることがありません in time」。主体が「用に供しうる available」かどうかという問いは、主体とは「呼び出し calling」に応じて出てくるものだと——イデオロギーと同じように——想定している。マルチチュードの政治にとっての本質的な指標は、呼び出しに応じて舞台に出ることにではなく、演技が「上手い」か「下手」かの区別にある。その上演の仕方、次第に力を増し、民主的になっていくその組成にある。それは厳密に言って、主体間ではなく主体内の問題なのだ。ゆえに、戦争や同盟や平和の問題ではなく、我々自身がある状態から別の状態に移行する際の倫理の問題である。

*32　Gilles Deuze, *Logique du sens*, Minuit, 1969, p. 172.（ジル・ドゥルーズ『意味の論理学』小泉義之訳、河出文庫、上巻、二五五頁）

今日における金利生活者の安楽死

市田良彦
ブライアン・ホームズ

2008.12

この未発表の短いテキストが、私にとっては『マルチチュード』誌編集委員を務めたおよそ八年の間で、もっとも忘れがたいものになった。執筆は二〇〇八年の一二月、すなわち九月のリーマンショックの直後である。

そのころ、編集委員会はすでに完全に分裂状態にあった。表の委員会メーリングリストのほかに、裏のそれが反対派によって作られていた。そうなった経緯は複数あるものの、大きな契機がリーマンショックにあったことはたしかである。まだサブプライム・ブームが続いていたころ、雑誌の編集代表ヤン・ムーリエ・ブータンが「edito」(新聞の社説欄に相当する)のなかで、このローンは「マルチチュード的」観点からして「革命的」技術であると述べ、ブームの終焉が見通せるようになったときにはさらに、危機は金融的手段によって乗り越えられねばならない、と主張していたのである。経済の金融化を「マルチチュード」のヘゲモニーによって徹底的に進めることが、「我々の(=雑誌の)路線」であると示唆さえしていた。その「路線」に照らして、当時アメリカで大統領選を闘っていたバラク・オバマの「グリーン・ニューディール」政策を支持する、とも明言していた。「知識による知識の生産」を資本による「囲い込み」運動から解放する鍵は、彼にとってエコロジーと金融技術だったのである。そのころ、彼はすでにダニエル・コーン＝バンディに請われて「フランス緑の党－ヨーロッパ・エコロジー」の「経済政策顧問」に就任しており、議会政治により実行可能な政策を示す道に大きく一歩を踏み出していた。

そこにリーマンショックが訪れた。それまでもムーリエ・ブータンの「経済学」には、様々な留保や異論が出されたことはあった。編集上のもめごとの背景には、つねに彼の「経済学」への不満があったと言ってよいほどである。「ポスト・フォーディズム」の「ニューエコノミー」を基本的にそのまま推し進め、そこに「改良」を加えることが「ポスト・オペライズモ（労働者主義）」左翼の立場だ、とする彼の「経済学」――彼は現代のベルンシュタインを目指すとさえ編集委員会内で語っていた――は、「オペライズモ」直系の経済学者やガタリ直系の活動家知識人にとっては、つねに胡散臭く苛立たしいものであった。しかし、編集代表の見解が代表個人の見解にとどまり、別の立場が誌面に反映されているかぎりは、共存してもよいと反対派も考えていた。リーマンショックは、その危うい均衡を破ったのである。反対派にとっては、ムーリエ・ブータンの予言がみごとに外れたように見えた。雑誌が、過去に遡って「面子を潰した」ように見えた。バランスを回復するためには、金融技術と「（ニュー・）ニューディール」にかんするまったく逆の見解を誌面に登場させ、なおかつ、個人的見解と雑誌の見解の混同を招く――混同の意図的な利用を可能にする――編集代表ポストを廃止すべきだ、私を含む反対派はそう考えて、裏メーリングリストによる分派活動をはじめた。味方になってくれそうな編集委員を一人一人そこへ誘い、何をどう具体的になすべきか議論をはじめた。最終的に編集委員の約半数、二〇数名がそのメンバーとなった。

「edito」に掲載されるべき反対派のテキストを、とにかく用意する必要がある。私は最初からそう考えていた。そこで、何人かの了解を得たうえで私が一人で第一草稿の準備をはじめ、ムーリエ・

ブータンとは私とともにもっとも厳しく対立していたブライアン・ホームズ（アメリカ人「アウトノミスト」）を誘い、とりあえずの完成稿を作成した。テキストの短さはつまり「edito」欄の制約による。とにかく、これを叩き台に、他の反対派経済学者を共著者として誘えばよいと私は思っていた。しかし、ことはそう簡単ではなかった。当時はまだ、その後「レント資本主義」論や「新しい本源的蓄積」論と呼ばれるようになるポスト・オペライズモの経済学がほとんどはじまったばかりで、反対派経済学者も、ムーリエ・ブータン流「経済学」に対し正面から反論する準備がなかったのである。特に、マルチチュード派の共通プログラムになっていた感のあるベーシック・インカム（ＢＩ）をめぐる対立では、それを「新しいニューディール」の柱と位置づけるムーリエ・ブータンに対して、現行の私的所有権に手をつけないかぎりＢＩは無理だろうし、やっても意味がないだろう、という直感的異論を提出する以上のことを反対派経済学者たちはできなかったのである。というか、プロの学者としての彼らには、直感的異論を提示する――それもいきなり、レーニンの名前まで飛び交う政治路線をめぐる争いの現場で――こと自体に及び腰とならざるをえなかった。そこで結果的に、けっして経済学者と呼べず、その意味で身軽な私とホームズの二人の名前で、テキストは正式に提案されることになった。とはいえ、このテキストには他にも数人の手が入っており、私の第一草稿の痕はもはややあまりとどめていない。本来なら、彼ら全員の了承を得て公表されるべきテキストである。しかし、テキスト提案後に起きた事態は、彼らにとっては、このテキストの扱いをめぐって今更相談されても困るだろう、と予想させるものであった。それでも私としては、一つの記録として公表しておきたい気持ちが強く、私一人の責任において、しかしむろんホームズの承諾は得て、本書に収録することにした。

起きた事態の第一は、ネグリの強力な介入を招いたことである。ムーリエ・ブータンの反応は予想された通りであった。雑誌代表が「edito」で公にした見解と矛盾するテキストを「edito」に載せるわけにはいかない、このテキストはここととここが「学問的に」間違っている、政治路線としてもまったくダメである、等々の罵倒であった。彼はそれを、このテキストの数倍はあろうかという分量の文章にして公式メーリングリストに送ってきた。それに反応して、ネグリが突然、強硬な方針を反対派には諮らずに提出したのである。こんな（＝ムーリエ・ブータンのような）「権威主義的で内容のない」反論がまかり通るようであれば、もう雑誌は終わりだ、これが掲載されないなら（微修正はかまわない）、俺は出ていく、皆もそれにならえ！　彼はそれまで、対立する双方のどちらかに与《くみ》することを極力避けてきた。現下の騒動にかんしても、代表の一時的交代を示唆する程度の意見しか述べなかった。それが突然、明らかにすべてをぶち壊す意図をもったと思える発言をしたのである。案の定、ムーリエ・ブータンにそれが呑めるはずもなく、編集委員会は一気に分裂に向かって突き進んだ。

　分裂の事後にも、嫌なことはしばらく続いた。どこまで事態を公表するか。ネグリに近いところからは、表立っては何も言うな、という「指令」が来た。分裂の過程で立ち上げが画策されていた新雑誌の出発を、スキャンダルの色に染めたくなかったのだろう。あるいは、ネグリあるところもめごとあり、といった印象をこれ以上、老いた彼の周りに広めたくなかったのだろう。しかし、隠蔽の意図は、出ていった反対派のなかに反発を生み、分裂はそっけないが強い調子で暴露された。「以下の者はすでに編集委員にあらず」、と雑誌読者のメーリングリストで反対派の一人によって公表されたのである。その影響もあって、反対派は、一つにまとまって新雑誌創刊に向けて動き出す直前に、崩壊をはじめる。ネグリのイエスマンになってくれそうにないメンバーを排除する動きが生まれ、私自身も岐路に立たされた。私のもっとも親しい複数の人間が排除の対象になったのである。私がそれを知るにいたったのは、もちろん、私がイエスマンになりそうだと見えたからだろう。そのように見られたことにも我慢がならず、私はその動きを反対派全員に向かって暴露した。その結果、新雑誌の計画は自動的に終わってしまった。

　すべてが終わってみると、私には、分裂－崩壊の節目で二度も引き金を引いたという事実だけが残った。それからの数年間、私は、最初から最後まで行動をともにしたフランソワ・マトゥロン以外には誰とも連絡を取っていない。ただ、『マルチチュード』に残る選択をした人、新雑誌の推進役であった人のなかには、自分のかかわった仕事をその後もずっと送ってくれる人もいる。理論的な次元では、しかし、あの騒動はたしかなアフターマスを生んでいる。その第一がマウリツィオ・ラッツァラートの『借金人間製造工場』(邦訳、作品社、二〇一二年)であり、さらに論文集『金融危機をめぐる10のテーゼ』(邦訳、以文社、二〇一〇年)であり、私にとっては「債務共和国の終焉」(王寺賢太、小泉義之、長原豊との共著、『情況別冊』「思想理論編」第一号、二〇一二年。増補のうえ、単行本として河出書房新社より二〇一三年刊)である。『10のテーゼ』には、この小テキストの執筆と提案に「加担」してくれたカルロ・ヴェルチェッローネの論文も含まれている。彼の仕事がその後の「レント資本主義」をめぐる議論において参照されるのを目にするたびに、私はうれしく誇らしい気持ちになる。同時に、直感を抽象的な表現によって無理矢理政治文書に仕立てたような、この未熟な小テキストを懐かしく思い出す。

ブライアン・ホームズに公表承諾を求めるため、彼のメールアドレスを探して当時のメールを読み返していると、まったく忘れていた興味深い事実を発見した。このテキストは、いったん「edito」への掲載が決まっていたのである。ただし、「これは雑誌の見解ではありません」という注記を付すことを条件に。そんな「社説」があるはずもなく、すぐに決定は撤回されたのだが、対立する双方の頭に血が上っていた様子がまざまざとよみがえり、笑ってしまった。

一年後には不動産バブルも終わるだろうと予言しつつ、ポール・クルーグマンは二〇〇五年八月、アメリカ経済の状況をこう要約している。「アメリカ人は中国人から金を借りて家を買っている」。中国人はアメリカ人に、合衆国財務省証券(国債)を気前よく買ってドルを提供し、この資金流入がアメリカの利子率を押し下げていたのである。この低利子が住宅建設ブームを支え、不動産価格は投機的水準にまで高騰していた。アメリカ国債の最大の購入者は相変わらず日本人であったものの、中国マネーの力はサブプライム・ブームにことのほか貢献していた。このローンは、当初の安い利息が次第に高くなっていくよう設計されており、それにともなうリスクを新しい金融テクノロジー――CDO（Collateralized Debt Obligation）と名づけられた――によって小さくする、という触れ込みであった。CDOにより、債権は小口証券に変えられて他の証券類とセットで、グローバル金融市場に撒き散らされた。この「革命的」テクノロジーは定収のない貧者に、自分の家をもち、かつそれを高値で売ることができるという夢を抱かせた。住宅価格の上昇が続いている間は。

市場観察者は口々に語っていた。こんなシステムは続かない、この不動産バブルはやがて弾けるにちがいない。市場が実際に反転したとき、住宅売買は一挙に止まった。するとまた一挙に、問いが生起する。世界経済にばらまかれた債務の後始末を、誰が引き受けるのだ？ 銀行は疑心暗鬼に陥り、銀行間でも銀行のそとに対しても信用供与にブレーキをかけはじめた。借り換えを拒んだ。この全般的金融危機が、国家に、銀行として振る舞うことを強いる。破綻した金融機関を救うためである。アメリカ国家は、少なくともその頃、借金返済能力を評価する三大格付け機関からAAAにランク付けされており、いつでも国債を発行して資金調達することができた。

統合された世界市場における自国市場の相対的内部性を守るため、国家はつねに外交的暗闘を繰り広げており、しばしばほんものの戦争さえ行う。この内部性が欠けているときには、作り出そうとする。帝国そのものには絶対的「外部」は存在しないものの、あるいは存在しないゆえに、帝国内国家には相対的外部が必要だ。債務を債券化して「さばく」ための外部である。帝国の「内部」で生まれた自国債務を、そこに向けて排出するための外部である。古典的な帝国主義国家が植民地から価値を直接的に強奪したのに対し、帝国内国家は中心で生まれた債務の債権者を、周辺地帯に配置しようとするのである。債権はどの国がもってもよく、いつでもよそに移動させることのできる状態になければならない。かくて周辺地帯（日本や中国のような）のほうは、国民の貯蓄を活用すること、国債や派生商品に投資することに急かされることになる。市場が上向き傾向にあるときには、周辺諸国は膨大な含み益を得ることができるものの、為替相場、株式市場、さらには金融システムの危機が、そうした貯蓄の相当部分をいつでも失わせかねないからである。

内部と外部の境界線はもはや国民国家のそれと重ならず、国民を統治するエリートたちの分裂を深刻化する。諸国家は、脅しあったり交渉しあったり、戦争したり協力したりしながら、三つのトランスナショナルな部分——債務をめぐる三分割だ——をたえずシャッフルしなければならないのである。「債権者になりつつある債務者」、「債務者になりつつある債権者」、そして「ただ債務者であるだけの者」を、その中身——どの国ではなく誰——を入れ替えながら分けねばならない。搾取に抗する闘いが、帝国主義時代とはまったく異なる意味合いをもって出現するだろう。それはこの動く分割線に抗する闘いであり、分割から利益を引き出す者たちの肩に、危機の重みを背負わせる闘いである。債務を作り出し、国家を経由してそれを世界の貧者に引き受けさせるマシーンとしての、金融資本への闘いである。

このグローバルな国家－金融的体制は、「資本の共産主義」を目指しているかに見える。実際、金融と生産の二つの世界性は、目下のところ、まったき共産主義が打ち立てるべき生産階級のヘゲモニーを欠いた状態で、呼応しあっている。国家－金融的体制は固有の不安定性や流動的債務を抱えて維持されており、貨幣的なものと生産的なものの関係を安定させさえすれば、「資本」という枠組みにおける共産主義が、合理的かつ実行可能なものとして日程に上ってくるかもしれない。しかし、「資本の共産主義」における「資本」については、ケインズ主義が「資本の共産主義」と形容された際にネグリが行った注釈を想起すべきだろう。「この資本概念こそユートピア的なのだ」（「ケインズと資本主義的国家論」、一九六七年）。デジタル技術によって接合され、統合さえされた金融資本は、産業資本よりはるかに「社会化」されている。資本の共産主義は一九六七年よりも現実性を帯びているように見える。しかしネグリによれば、ユートピア的であるのは、ケインズ的政策も資本の共産主義という観念そのものも、金利生活者さえ安楽死してくれれば、革命なしに共産主義に到達できると考えた点にあったのだ。

　金利生活者なしの資本主義。貨幣的メカニズムを経由することを拒む資本主義。そのまま共産主義となった資本主義。労働者と資本家が、まるで搾取など存在しないかのように「古典的労働価値に回帰」するユートピアである。一九三〇年代と一九六〇年代には、金利生活者は今日よりもはるかに分かりやすい存在であった。しかし今や、彼らは安らかに死につつあるどころか、社会全体のなかに散らばっている。年金基金、住宅個人所有の拡大、サラリーマンの財形貯蓄等々が進む時代にあっては、社会資本の価値は、かなりの割合が金融市場を通じて確保されている。実質的には限定された割合であっても、その想像的かつ政治的な効果には絶大なものがある。金利生活者の安楽死のためには、すべての人間が死なねばならないだろう。しかし、あらゆる人間が多かれ少なかれ金利生活者であるとすると、この階級カテゴリーはもはや実在しないと言えるのだろうか。貨幣的幻想が危機によって消えたときには、裸の搾取が露呈するのみなのか。

全員を参加者とする資本の「共産主義」とは、レント取得者と金融資本の諸活動を決定する者を混同した概念である。金融資本は今や、自由市場が決める数値としての金利を糧とするより、債券発行を通じたリファイナンスによって生きており、そこに、政治が決定因の一つとなる根拠がある。国家はこの金融市場において、銀行の銀行であるだけでなく、一つの特殊な銀行として振る舞うのである。債務や企業「赤字」といったマイナスの金融的価値を、住宅、福祉、さらには起業することまでも含む、労働者の生にとっての本質的な価値に変えて埋める銀行だ。金融資本が国家と諸国家の協力体制にどんどん依存するようになっているのは、このコンバートに自らの存続を賭けているからである。国家と金融資本は、流動性と信用を市場に供給することで危機の「解消」を図るが、それは新しい債務を生み出し、その債務の「ファイナンス」を世界の「金利生活者」の生に求めることにほかならない。世界の「金利生活者」は今日、自らの収入のうち相当部分（年金、保険、住宅等々のため、さらに日々の消費活動のためにさえ）を金融業者に託している。カネを借り、また預ける者たちに、収入の「使用」を委ねている。彼らの収入は人質に取られているのである。今日カタストロフを生じさせるよりは、それを明日に繰り延べることを、彼らに受け入れさせるための人質である。その点についてもケインズは正しかった――「貨幣の重要性は、現在と未来の結び目をなすところにある」。

とすれば、問いはケインズ的であるよりはむしろレーニン的である。危機の最終解決の探求に愛国者として参加するのか、それとも「革命的敗北主義」でもって臨むのか。カタストロフが宙吊りにされている間に、最終的な債務負担者の役回りを押し付ける「他者」を探すか、それとも、「システム」のラディカルな変更を企てるか。いずれの政治も、起こりうるカタストロフとの関係において自らを位置づけるという点では、大きな違いはない。しかし、ケインズ的妥協策が、「周辺」諸国の過剰生産と「中心」諸国の過剰消費を同時にスクラップしてくれる「外部」が都合よく存在することを求めるかぎりでは、差異は大きい。レーニン的「敗北主義」は、諸国間の競争を階級闘争に置き換えることにあるのだ。それは、国家間にしか存在しない量である「過剰」そのものをスクラップし、スクラップ過程を分かち合うことを日程に上せる。「レーニン主義」が求めるのはあくまでも革命である。あらゆるレントの起源にある私的所有契約の根本的破棄である。

第Ⅲ章

ヨーロッパという賭金

「主権」の上空と底で政治は闘われる

2003.12

亡霊の政治——「ヨーロッパの再生」を問う

1　哲学者、政治を行う

紛れもない政治文書である。ときに直接的に、ときにそれぞれの「信奉者」どうしの論争というかたちを取り、激しく対立しあってきた二人の高名な哲学者が、その二人の名前で一つの文書を、同時に複数のメディアに発表する。ヨーロッパの、という一つの共通の名前を戴いた外交・安全保障・防衛政策の樹立を要求して。すなわち一つの政治主体として世界のなかに登場するよう、そこに住まう人々すべてに呼びかけて。われわれとしては、そのような課題が存在する状況的、歴史的、理念的な根拠の当否を問うまえに、ハーバーマスとデリダによる「われわれの戦後復興——ヨーロッパの再生」という文書の公表（邦訳、岩波書店『世界』、二〇〇三年八月号）が、それ自体まさに政治的事件としてあったということ、そうあるべく書かれ、実際に一定程度そうなったということを確認しておきたい。知識人による、あるいは知識人としての政治。みずからの知的な影響力に対する「責任」を、その影響力の行使の仕方により果たそうとする身振り。これはもちろん、沈黙により現状への事実上の同意を与える身の処し方よりはるかに誠実であり、言葉の力を今日の社会において有効に活用する仕方を知っている頭のよいやり方である。そこに疑いの余地はいささかもない。

ゆえに問いたい。この自明性のうえに成立している「政治」とはいったいなんなのか。これは一般的に問われるべき問い、すなわち不特定の人々に共有されるべく立てられた問いではない。様々なかたちで政治を問題にし、哲学と政治の関係を、哲学のただなかにある政治を、政治のただなかにある哲学を論じてきたハーバーマスとデリダにしか投げかけられていない問いである。これが私たちの政治である、これが現にある政治に対する私たちの応答（としての、あるいは、という）政治である、と「身振り」により述べている人たちへの問いである。政治的な行為や発言を行ってもそのように述べない人々はたくさんいる。市井にいるから、とはかぎらない。多くの政治学者は、政治を単に分析するのではない踏み込んだ発言（「～に反対」あるいは「～を支持する」など）をしても、そのように述べてはいない。彼らにとって政治とは「対象」であるから、言い換えるとその対象性がすでに構成ずみの領域であるから、彼らは今更「これが政治である」と述べる必要はないし、そんなことを述べていては対象の展開が見せる速度に後れを取るだろう。言い換えると、「これが政治である」と政治的言説のなかで同時に述べることができるためには、「政治とはそもそも何か」と問うてきた実績をその過去にもたねばならず、その実績の全体をハーバーマスとデリダは「哲学者」という名前に凝縮させているわけである。「哲学者」は、どのように個別政治的な発言を行っても、政治についてのメタメッセージを発してしまう宿命を背負っている。

もちろん、哲学者は「政治とは～である」という解答を用意しているとはかぎらないし、最終解答の不在こそが哲学的な誠実さの証であるかもしれない。「とは何か」とつねに問いつつ、「これがそれである」という仕方（＝指差し）でしか答えることをしない、あるいはできない緊張関係こそが彼を哲学者にするというべきかもしれない。彼を哲学者にするそれ以外の関係はないのかどうかはさておき、ここには「問い」と「答え」の一つの特殊なセットがある。一般的な「問い」と指示的で特異的な「答え」のセットが。一般的な「答え」を欠いているという意味で特殊なセットである。市民としてでも知識人としてでも政治家としてでもない、哲学者としての政治的「責任」とは、この欠如あるいは空白を生産することにともなう「責任」にほかならないだろう。彼しかそのような実体を生産しないし、逆に言えば、それを生産するとき、人は一つの意味における哲学者になる。「問い」と「答え」の特殊なセットによって定義されるような哲学における哲学者になる。ならばそうした哲学者には、この空白が呼び込むものに対しても、少なくとも結果責任があるはずである。アルチュセールはそこに呼び込まれるのが「宗教」あるいは「イデオロギー」だと考え（「とは何か」の果てには、「神」が待っている）、デリダは同じところに「亡霊」の影を、あるいは影としての「亡霊」を認めた。だから一般的な答えの不在を無邪気にそのまま放置しておくようなあまりに哲学教師然とした愚行を、この文書が犯しているはずがない。「本来性の隠語」と戯れるハイデッガーでさえ、極めて世俗的に（「学長」になる！）ナチズムを選んだではないか？　「政治とは何か」よりは具体的な、かつ指差しで示すよりは一般的なレベルに、他人が何かを差し入れる前に自ら「問題」を立てること、それが哲学者の政治的文書に固有の「責務」であり、ここではその問題が「ヨーロッパの再生」である。ヨーロッパの再生とは「なんなのか」。

2　空白を「アイデンティティ」が埋める

それでもなお気づかずにはいられない。この政治文書はいくつかの空白の存在により際立っている。

あるいは、無邪気に超然と謎や純粋思惟を振りまく古代哲学者へのノスタルジーを捨て、一般的解答の空白を具体的問題で埋める勇気が、空白までも具体的にしている。

たとえばこの文書は、極めて具体的に議論の俎上にのせられている政治問題の一つには端的に口を噤《つぐ》む。この文書には「トルコ」の名前が一度も出てこないのである。「ヨーロッパ」への参加意志を表明していることの国を排除するために、「キリスト教文明」という「アイデンティティ」が、EU憲法を起草する機関の中心部にいる政治家の口から持ち出されていることには、この文書は口を噤む。ロシアはどうなのか、「ヨーロッパ」の東端はどこにあるのか、そうした議論には踏み込まない。もちろんそれは、ここでの「ヨーロッパ」が「関係調整のモデル」という非地理的な実体に与えられた名だからであり、そのモデルを「世界規模の内政」にとって意味あるものにすることが発言の賭金だからである。境界を持ちえない一般的「しくみ」にあえて境界を与えてその「しくみ」を拡大する推進力となすこと、それが「ヨーロッパの再生」によって立てられている問題であり（それは実際、「機関車」たらねばならないと言われている）、言い換えるなら、「しくみ」の拡大にとってそうした処方がよいのかどうかは問われず、自明のこととされている。あるいは「歴史」という広大な事実領域のなかに、その根拠が投げ出されたままになっている。一方では、同じ「モデル」の「人工性」が強調され、自然発生性への拝跪が戒められ、新たな「運命」を作る「努力」が求められているのに。これは致し方のない不問とは言えないだろう。というのも、この「モデル」と中身においてさして大きな違いがあるとは到底思えないヨーロッパの「成果」を拡大するためには、現実的に考えてトルコはおろか中東、北アフリカ、ロシアにまで「ヨーロッパ」そのものを拡大して、その拡張のなかに「ヨーロッパ」の名が消え去ることを追求するほうがよいとする議論も実際に提出されているからである（哲学者によるものとしては、バリバールの『ヨーロッパ、アメリカ、戦争』に収録の「ヨーロッパ、消え去る媒介」など）。「中心」を強固にし、拡大していくのか、それとも「周縁」部にこそ浸透の機会を求めるのか、これは議論するに値しない問題だろうか。そこには「モデル」そのものの差異が現れてこないだろうか。ことは「ヨーロッパのアイデンティティ」が「しくみ」のなかでもつ軽重にかかわってくるのだから。言い換えるなら、ハーバーマスとデリダは、処方についての議論に立ち入らないことにより残した空白を、「ヨーロッパのアイデンティティ」というイデオロギー的なものによって埋めているのである。もちろん、それが正しいと確信して。空白とそれを埋めるもののこのセットが実は彼らの「モデル」である。

言うまでもなく、地中海ヨーロッパ構想に実現の芽があるかどうかはまったくの別問題であり、パワーポリティクスの現状はむしろ独仏が牽引するヨーロッパに勝利の旗を揚げるだろう。しかし拡大すべき「しくみ」の中身が、階級対立、民族対立、多数派／少数派対立、等々の亀裂を「公共圏」の成熟に昇華していく調整モデルにあり、その歴史的に実証された優位性にあるなら、周縁部で噴出している諸問題をむしろ内部に抱え込んだほうが、モデルの力を実証する機会あるいは環境が整うというものではないのか？　少なくとも、そのように主張したほうが議論としては一貫しているだろう。「アイデンティティ」の力を借りて中枢を固めねばならないとする選択は、「公共性」への信頼を実はそれほどもっていないことの証ではないのか。それともこの調整モデルはそもそも異なる「アイデンティティ」間ではあまり機能しない脆弱性をもっていると考えたほうがいいのか。このモデルは「他者を他者性のままに相互に承認する」ことを「アイデンティティ」のメルクマールとする「福祉国家」だとされる。確かにEUの中核をなす諸国民国家は「福祉国家」（市場における自由に基礎を置いた一八世紀以来のネーションが実は最初から「個人の生」に焦点を合わせた生権力的な「福祉国家」であったという意味で）という共通する理念をそれぞれに育んできた。そして「市民社会」における「他者」たちを調停する役目をこの「福祉国家」（これは「神の摂理の国家 État-providence」という意味でもある。国家は超然とした調停者として市民の前に現れる）に託してきた。ヨーロッパの長い歴史のなかではこれはなるほど、「他者を他者性のままに相互に承認する」というメタ・アイデンティティの「もっとも新しい例」であるだろう。しかしながら「ヨーロッパ」という、それぞれの福祉国家を超える超国家的制度にそれぞれの国家の命運を賭けてみようという気運は、なによりもこのメタな機能が実質的に破綻したからではなかったのか。労働運動の激化というかたちでの階級対立を抑え込むために払った代償はあまりに大きく、広義のセキュリティ問題としての福祉を機能不全に陥らせ、結果、移民という内部の他者への憎悪を醸成させてしまったのが、福祉国家の「もっとも新しい」姿ではないのか。「ヨーロッパ」を拡大福祉国家とするヴィジョンは過去への反省をあまりにも欠いている。文書が強調する、ヨーロッパ・ユダヤ人の迫害とホロコーストという過去への反省は、だからこそメタ・アイデンティティの保証装置としての福祉国家をという主張に結びつくとき、まさに「記憶」を隠蔽・捏造するために使われてしまう。拡大福祉国家ヨーロッパは、統治の「デザイン形成」を説く論者の主張としてはあまりに歴史意識と社会的リアリティを欠落させた妄言のように響く。その欠落を、「ヨーロッパのアイデンティティ」の呼号が埋めている。

実際、メタ・アイデンティティの形成にかんしては、アメリカこそがその先駆者でありかつ先を行っているのではないのか。この文書の政治性が繋留されている、ブッシュのアメリカに対抗する政治単位としてのヨーロッパ構築は、つまり、なぜそうしなければならないか、その内的組成原理は何かを説明する段になるや、事実上、敵たるアメリカに軍配を上げているのである。合「州」国はその建国の理念からして、したがってどのヨーロッパ諸国よりも早く、連邦制だったではないか。移民を受け入れ、公民権運動を経験し、アイデンティティの単位としての「文化」よりも生活様式としての「文明」に力点を置くことにより、他者性の共存に意を払ってきたではないか。EUの主導的政治家はいまだに連合confederationなのか連邦federationなのか舵を切りかねており、その綱引き、ヘゲモニー争いの状態を

「新しい制度」と言いくるめようとしているのに。大統領が一日の執務を神への祈りによってはじめるアメリカは野蛮であるかのように二人の哲学者は示唆するが、世俗性の名においてイスラム教徒に公共の場でベールを脱げと公権力が迫る野蛮にはらまれる宗教性（福祉国家とは国家が神の代わりをすることだ）に、彼らはどうして鈍感でいられるのか。アメリカは、メタ・アイデンティティの形成から普遍宗教的なものを排除できないという先例を提供しているではないか。

3　アメリカを後退させ、シュミットを呼び戻す

アメリカこそ、この文書における最大の空白をなしている。端的に抹消された（＝無視することである意思を示した）としか思えない一人の人物の名が、それを際立たせる。文書が出された背景とタイミング、さらには何よりも文末に表明された「カント的な希望」という「哲学」の援用からして、この文書が、ネオコンのマニフェストたるロバート・ケーガンの『楽園とパワー――新世界秩序におけるアメリカとヨーロッパ』（邦題『ネオコンの論理』、光文社、二〇〇三年）の対面に屹立するもう一つのマニフェストという政治的位置設定をされたことは明白である。カント的な世界規模の内政あるいは国際法による統治は、ホッブズ的な世界規模の戦争あるいは力による支配との対により意味をもつ。ケーガンの主張に孕まれている「学問的」な無理あるいは政治的に冷徹なリアリズムについては、すでに様々な論者が説得的に語っていることでもあり、ここでは問題にしない。極めて分かりやすい通俗版ホッブズを無視することにより、ハーバーマスとデリダが同時に目に入れることを拒否したのは、通俗版ホッブズを冠に戴くことにより一つの完成をみた、アメリカがおよそ二〇年をかけて準備し、実行してきた世界規模の統治思想の変化全般にほかならない。それは一国民国家の単独行動主義あるいは共和党的な孤立主

義に還元できるものではとうていないだろう。軍事革命（ハイテク化と低強度紛争への適応）に裏打ちされた「力」の先制的使用のほうが「合理的」であるような変化を、アメリカは冷戦終結以降の世界に読み取り、それに合わせて自らの行動原理を変えてきた。ことはあくまでも何が合理的かにかかわっている。目的と手段の体系の広義の経済性が問われねばならない。そこに含まれる世界観、この「合理性」を統制しているエピステーメーはほんとうにホッブズ的なのだろうか？　世界の傭兵たることを積極的に選択するのは、リバイアサンになるため、世界平和のためなのか？　ただ一点のみ、初歩的な唯物論的事実を考慮に入れれば、この問いにはすぐさま「否」と答えることができる。アメリカは世界の傭兵たらなければ、すでに破産していたろう。自らが生産した以上に消費する事態は、世界の「安全」を人質に取らなければ続けられなかったろうし、「安全」と結びつかないドルはすでに紙切れと化していたろう。これが「ホッブズ」だろうか。本質的に「貧乏」な、あるいは「貧乏」ゆえに「威力」に訴える者にとり、調停者リバイアサンは文字通りイデオロギー的な大義名分にすぎないだろう。今、世界が平和になっていちばん困るのはアメリカではないのか？

いずれにしても、ハーバーマスとデリダはたしかにヨーロッパに生まれた福祉国家の破綻（フォード的生産体制の終焉という意味でもある）の後に生じている変化、アメリカがもっとも敏感に対応している変化には端的に目をつむる。その破綻を承認することができないでいる。

ケーガンの「強いアメリカ対弱いヨーロッパ」をめぐる擬似ホッブズ図式が幻であるのと同程度に、彼を抹消し、カント的連合への福祉国家の止揚を図るハーバーマスとデリダの構想は夢である。力（Power）の実質を軍隊の力に、軍隊の力を緒戦における衝撃（Shock：イラク戦争における「衝撃と恐怖」作戦を想起されたい）に切り縮めることでしか維持できない図式に、道徳的な、したがって宗教的な実体たる国家をもとにしてしか世界規模の内政デザインを描けない図式が対抗する。恐怖の精神と善悪の精神が覇権を争う。どちらもその最終的由来を「かくあるべし」という自らの決断のうちにしかもちえないという意味で（実際、どちらのヴィジョンも自らの「運命」を自ら作るという意志によって、「かくある」の事実性を歪め、決定している）、ここでは二つの「自身以外の何ものにも由来しない決断」が対立している。ハーバーマスとデリダの文書にあっては、ケーガンの抹消が、決断における他存在の介在の否定を兆候的かつ雄弁に示しているだろう。ホッブズ的なアメリカを無視することにより、カント的なヨーロッパはカール・シュミットを召喚したわけである。アメリカからの「弱いヨーロッパ」という呼びかけを「機会原因」として、二人の哲学者は政治的主体たることを決断した。あるいは同輩に向かって、同じ決断をするよう呼びかける「機会」になろうとした。ヨーロッパの「再生」とはなるほどシュミットを黄泉の国から呼び戻すことだったのである。

つまり二人の哲学者の政治文書には、語られず示されるだけの一つの政治哲学がある。政治とは何かについて彼らが語ってきたこととは別の、実践状態にある政治哲学がある。実際それは、全体主義への傾斜を孕む社会革命から政治革命を切り離して「公共圏」の自立性を守ろうとする哲学でも、マルクスに見いだされたはずの「別の政治の可能性」（デリダの『マルクスの亡霊』を参照）でもないだろう。亡霊に舞台回しの役を委ねる知識人のインターナショナル。かつてデリダとその友人たちは、政治を政治の退却 retrait により定義した。運動の時代が終わり、選挙での投票率も下がり、政治がまさに退却しつつあるように見えた八〇年代に、この退却こそ政治的意味をもつ（新たな全体主義の危機）と警鐘を鳴らし、それを政治的なものの本質をめぐる思索と同時に遂行した「デリダ哲学」は、今、その退却のパロディを演じているかのようだ。ケーガンを退却させることによりシュミットを呼び出して、まさにアガンベンがシュミットに見た「排除による包含」そのままを実行する身振りは、したがって、デリダにかんしては一貫した姿勢であるのかもしれない。とすると、私はこの文書を執筆していない、署名しただけであるとわざわざ述べる彼の振る舞いまで、退却を身をもって演じている哲学的行為なのかもしれない。いったい我々は悪い冗談を聞かされているのだろうか?

ヨーロッパは共通外交をもつべきであろう。ブッシュのアメリカが、邪魔だと感じ解体しようとしている弱者連合は、守るべきであろう。しかしそれは多数派工作に明け暮れる古い政治の亡霊たちの力によっては不可能なことであるだろう。弱者に可能な連帯は、自分たちになんらかの「アイデンティティ」を見つけ出して結びつく連帯であるよりは、端的に「弱さ」にもとづくそれであるはずだ。かつてのプロレタリアートたちのように。どこまでがヨーロッパかよりも、ヨーロッパは他の「弱い」もの、つまり自分たちの同盟者をどこに見いだすのかという問いのほうが、ヨーロッパ内部の連帯にもよほど寄与するのではないのか。これは友‐敵関係に規定されてそれぞれが主体になるゲームとはまったく違う。根本的な利害にもとづき、弱者だけが主体になれる政治である。われわれは様々な意味においてだが、またそもそも様々で「ある」が、同じように弱い、そしてその弱さにおいて平等であるがゆえに、もっている様々なものを分かち合う。そのようにしてわれわれが主体になるとき、弱者はすでに最強である。

論理的な暴動とマルチチュディネスクなコギト[*1]

2006.2

反乱は権利でありうるか。問いがこのように立てられるとき、反乱と権利という二つの観念は矛盾したものであるように見える。権利という概念は何よりもまず、諸個人が社会をなして共存することを可能にする共通の規則を思い起こさせる。それを犯せばたちどころにこの共存そのものが揺らぐような規則である。これに対し反乱は、そうした規則の拒否として出現する。そのとき個人は共通規範を打ち捨て、反乱集団は法に挑みかかる。

とすれば、法が反乱を許容したりそれに法内規定を与えたりすることは自らに矛盾し、自らの目的そのものを台無しにする振る舞いであるだろう。しかし近代の社会運動、政治運動、そして国民運動を振り返ってみれば、反乱と権利の緊密なつながりはいわば当たり前のことがらにも思える。反乱は権利を要求して発生するのであり、権利の要求により、他の形態の暴力から自身を区別するのである。それに対し暴動は、状況や出来事に対する反応である。飢え、当局の介入、ときには噂がその引き金になる。それを鎮圧する暴力は、権力を賭金とする計算された作戦である。ところが反乱の本質的要素は、権利を主張する言葉であり、それはこの権利が否定されている民の名において発せられる。飢餓暴動の対極に、リヨン絹織工たちの反乱はあるのだ。彼らの原理はこうであった。「働いて生きるか、それとも闘って死ぬか」。既存の法と権利に、反乱はより根本的な権利を対抗させている。生きる権利、人間の権利、自分の意のままに振る舞う人々の権利だ。反乱はそうした権利を、いかなる法・権利であってもそれに従わねば不正となるほかない規範とする。

――ジャック・ランシエール、一九九二年五月[*2]

反乱か暴動か

いかなるスローガンも発せず、ただ車を焼くだけの若者たちは暴徒であるだろう。そこに組織性の痕跡はないように、また決死の覚悟もないように見える。警官に追われ少年が感電死したという出来事への、「ごろつきを一掃してやる」という政治家の発言への、純粋な反応。集塊のうねりのように成長する運動ではない、あちこちでのヒット・エンド・ランの繰り返し。確かにそれは近代の歴史が慣れ親しんできた反乱ではなく、古代から史書に記されてきた反抗であり、暴動だった。

しかし誰もが少年たちの主張を耳にしているような気がしてならない。バスが、自動車が燃やされるたびに、彼らの声が響き渡ってくるような。「死刑反対!」。電気椅子を想起させずにはいない感電死は、死刑のないはずの国に事実としてそれが存在しており、法の外で法の代理人たる警官により執行さ

＊1　二〇〇五年一〇月に起きたパリ郊外の暴動を主題とする論文。
＊2　*Le Monde de l'éducation*, mai 1992.

れたと少年たちに告げた。彼らがこの主張をスローガンにしなかったのは、「暖簾に腕押し」となる――なにしろ死刑は「ない」のだから――ことを知っていたからにすぎない。事実と法の乖離は、権利要求を言葉とする道をあらかじめ閉ざすほどに広がっている。沈黙のうちに遂行されているにもかかわらず、誰にもその言わんとする言葉が聞き取れる暴動は、この乖離のまさに物質的なメタファーだ。それも、「言葉と物」の乖離をそれらの融合、一致によって喩えるという驚嘆すべき。

そして「サルコジ辞めろ!」。実際、この内務大臣がいかにも政治家的な――来るべき大統領選に共和国護民官のイメージをもって臨むため――発言を繰り返さなかったら、暴動の展開はおのずと違っていたろう。ことが政治家と少年たちの直接対決の位相をもっていたことは、誰の目にも明らかだった。政治家は自らの野心を賭けて事態の鎮圧に臨み、少年たちは、彼が登場するたびごとに暴乱の度を強めた。少年たちもまた政治的な野心をもっていたのだ。暴動の社会学的な背景や対決の帰趨といった関心のあり方は、この点を小さなことがらとみなすだろうが、暴動と反乱の差異という〈政治的な〉視点からは、それは重大な意味をもってくる。実際、少年たちは極めて選択的な振る舞いを見せたのである。商店を打ち壊すことも、アナーキーな衝突を見せることもなく、政治家の言葉に反応して、あくまでも限定的な対象を攻撃してみせた。その対象のシンボリックな価値もまた際立っていた。自動車をもっていれば好きなときに好きなところに出かけることができるが、この移動性こそ、彼らが社会的に事実上禁じられていることがらではないのか。俺たちは「郊外」に閉じ込められている! 自動車はまるで共和国の法に「不在」の死刑を象徴しているかのようだ。「ない」はずのものが目の前にある、という意味において。違いは、死刑にかんしては「ある」ことに異議が申し立てられたが、ここでは「ない」ことに怒りが向けられているところにだけある。いずれの場合にも、それらを明るみに出すこのほとんど「文学的な」振る舞いは、背景ときっかけだけをもつはずの暴動の無限定性からは限りなく遠い。

つまり少年たちの振る舞いは、暴動であるにもかかわらず、ほかならぬランシエールが反乱に見て取った論理性を明確に備えているのである。『論理的反乱』とは哲学者が七〇年代から八〇年代の半ばまで発行していた思想雑誌のタイトルであり、それは後に『不和』(一九九五年)において詳細に述べられることになる、政治的反乱とはすぐれて論理的な行為であるという主張をすでに明瞭に告知していた。ある種の論理性をそなえた反乱だけが「政治」の名に値するという主張である。そしてその論理性は、暴動には欠けているものとして、冒頭の引用においても発見されている。ここでいう論理とは一言でいえば「間違い」にほかならない。裁判官に職業を問われたブランキの答え、「私はプロレタリアートです」は失笑を買う言い間違いであり、人民民主主義共和国において「我々は人民である」というプラカードを掲げてデモをした人々は、自明のことがらを認識しない間違いを犯していた。彼らは法-権利の舞台の上に、そこに存在していない区分あるいは〈部分〉を間違って載せてしまったのである。そしていわばそうした間違いの超越論的効果により、〈階級対立〉をあらわにした。つまり階級対立とは本質的に、階級が存在しているか否かをめぐる論理的対立であって、存在していないと主張する法-権利と、存在していると言う側が、同じ舞台の上に、同じ名前をもつ二人の主人公として現れ、すれ違いながら主人公の座を争う演劇にほかならない。ブランキの場合にはその主人公の名が「社会的身分《アイデンティティ》」であり、ライプツィヒのデモ隊の場合には「人民」だった。いずれにしても「主体」であり、政治的主体は間違いにより登場する。あるいは、同じ名前をもつ二人の主人公の争いが一つの演劇——それが〈政治〉だ——を成立させ、そこでの演技が、人を主体にする。

反乱の主体は「名乗り間違える」ことにより既存の舞台のなかに割り込み、それを新しいものに変える。古い舞台のなかに彼らの場所はなく、あるいはより正確にはそこは隅々まで法-権利上の諸主体によって隙間なく占められており、彼らはそこに存在していない「空虚」として舞台の上に出現し、ドラマの展開を捻じ曲げるのだ。

暴動の主体はついに「名乗る」ことがなかった。彼らは少年、若者、移民等々、「社会的」な名で呼ばれたまま火炎瓶を投げ、逮捕されるやいなや「個人」になった。しかし彼らは無言の反応により、「名乗る」ことより純粋な「間違い」を犯したのではなかったろうか。実際、政治家が彼らに投げつけた言葉は、そんな反抗には「意味がない insignifiant」(＝「くだらない」)というものだった。誰の賛同も得られないような暴走、何の建設的提案もともなわない幼児的ヒステリー、負けることがあらかじめ分かっていながら行う挑戦、そんなものには何も意味はない。意味の空虚は名前のそれよりも深いだろう。名前の空虚は人を匿名にするだけだが、意味の空虚は彼を「愚か者 idiot」にするからだ。事故を死刑と勘違いする愚か者、自動車に八つ当たりする知恵遅れ。彼らは何も「考えていない」のだ。しかしそうした、それに「ついて」考える対象をもたない「愚か者」こそ普遍的主体にほかならない、とフランス近代を代表する哲学者は教えていなかったろうか。

暴動のコギト

私、と言い、コギトを口にするのは愚か者である。(…) 愚か者とはパブリックな教師 (スコラ学者) に対立するプライベートな思考者である。教師は教えられた概念 (理性的動物たる人間) にたえず帰っていくが、プライベートな思考者は誰もが権利上自分のものとしてもっている生得の力 (「私は考える」) を使って概念を作る。かくして非常に奇妙な登場人物ができあがる。考えることがしたいという者、自分で考えたい、「自然の光」に導かれて考えることをしたいという者である。愚か者とは概念人物である。
（ジル・ドゥルーズ&フェリックス・ガタリ『哲学とはなにか[*3]』）

何かについて考えているかぎり、対象にかんする位階がそのまま主体に持ち込まれ、主体は普遍的なものとしては成立しない。理性的動物という人間に「ついて」の概念は、理性をもっているかどうか判定しようもない「語らない」人間、理解できない「外国語」（理解できないのであれば動物の捻り声とどう違う?）を語る人間を文字どおり人間として「意味のない」存在、つまり人間の範疇に入らない存在と規定するほかないだろう。アリストテレスがそうしたように、である。教師の語ることにいちいち疑問を投げかけ、あげく「一足す一は二ではない」という間違いをまじめに主張する「愚か者」、何かについて考えるのではない「考える」があると言い張る「愚か者」が、主体をどんな対象からも切り離して普遍的な存在にしたのだ。プロレタリアートか職業人か、誰が人民か、はまだ対象としての人間についての間違いである。つまり理性が判定を下しうる主張である。けれども何についても考えるのではない「考える」があるという命題は、そもそも「意味」を拒んでいる。意味なるものはすべて間違っているかもしれないという別の命題の系として提出されているのだから。コギトは「意味」と「存在」をその定立の瞬間に切り離す。しかし現象学が教えるように、何かについて考えるのではない「考える」などありえないから、根本的に間違っているのはやはりコギトのほうであって、彼もやがて「一足す一は二である」と納得するようになるだろう。間違いを犯して普遍的な主体になった後に。

社会のなかで、少年たちは紛れもないデカルト主義者である。彼らは死刑が存在し自分は郊外に閉じ

*3 Gilles Deleuze et Félix Guattari, *Qu'est-ce que la philosophie*, Minuit, 1991, p. 60.（『哲学とは何か』財津理訳、河出書房新社、一九九七年、九〇頁）

込められているという間違った認識をしたうえで、意味のある何かをするのではなくただ「ここにいる」ということだけを、その存在を否定したい者たち（彼らを「移民」と呼び、「少年」と呼ぶことで）に向かって主張した。社会が自分たちに与えるあらゆる意味から、自身の社会的存在を切り離した。しかし彼らのデカルト主義者たるゆえんはあくまでも、そのようなやり方で「社会」を定立させたところにある。彼らは親や隣人やまして裕福な特定の階層に反抗したのではなく、攻撃の散発性、無目標性により「社会」を標的として浮かび上がらせたのである。存在させた、のである。孤独で無力な個のなかへ落ちこぼれるのではなく、社会なるものを生むような、社会からの切断。

マルチチュードの「間違い」

しかしマルチチュードとは、そもそもそのような者たちのことをいうのではなかったか。「コモンウェルス」（社会）の起源にあるが、コモンウェルスが成立してしまえばもはやそのなかに存在してはならない者たち。社会が、様々に個々の名を与え、集団としては「意味のない」ものにしてしまう者たち。社会の成立とはその者たちマルチチュードの存在位格を変えること、普遍的な無意味に有限の意味を割り振ることに等しかった。

> コモンウェルスはマルチチュードが各人の間で合意し信約したときに、成立したといわれる。（…）君主に臣従しているマルチチュードは君主の許可なく王制を放棄し、ばらばらのマルチチュード disuntied multitude に復帰 return してはならない。
>
> （ホッブズ『リヴァイアサン』第一八章）[*4]

いうまでもなく「信約」は仮構されたことがらにすぎない。それが「あった」とみなすことにより現在の存在と機能を基礎付ける「ウソ」にすぎない。ウソはもちろん間違いの一つだ。そしてその間違いを現実的に「意味のある」正しさに変えるのが、マルチチュードの「復帰」可能性にほかならない。ホッブズの論理は著者の意図するところとは別に、実際上そのように告げている。帰ってきてはならないと彼らに告げることにより彼らの故郷を指定し、そこではない場所として、コモンウェルスは自らを打ち立てる。信約は仮構であったのだからマルチチュードに故郷はない（彼らは「ここ」にしかいない！）にもかかわらず、その点を間違えて「帰って」きてしまうことにより、仮構はようやく現実性を付与される。間違いである「抑圧されたものの回帰」が、抑圧を正当化するのだ。王制の放棄、コモンウェルスからの離脱、社会からの分離という「復帰」をマルチチュードが果たすことにより、社会はようやくこの世に生まれ出る。名もなき者たちの誰に向けられたというのでもない暴動が、社会を作る。

愚かさがすべての利口に先立つように、暴動が社会に先立っている。この存在論的な逆転を隠蔽するために、教師たちはやってくる。生徒たちのおかげで教師をやっていられることへの疚しい良心を、生徒たちの教育により解消しようという熱意に燃えて。君たちは社会のなかでマルチチュードではなく個人であり、その総和が社会であり……。

言い換えるなら、教育という導き conduite は暴動の可能性に依存している。導かれる者たちが言葉を介さず、思考という属性を欠いた動物であったなら、必要なのは教師ではなく文字どおりの牧人であって、群れを外側から統制する技術だけであるだろう。しかしこのときにはフーコーが牧人たちをめぐる物語から読み取ったように[*5]、導き手は超えがたい矛盾にさらされることになる。一人一人を主体として尊重し、生かすことと、全体を守ることがいつも天秤に

＊4　『リヴァイアサン』の原著は今日、インターネット上で読むことができる。たとえば次を参照。http://oregonstate.edu/instruct/ph1302/texts/hobbes/leviathan-contents.html

かけられてしまうのである。一匹の迷い羊を探しに行くために群れ全体を危険にさらす「愛」と、群れを守るために狼に一匹の羊を差し出す「責任」の両方を、牧人は同じように課されている。これは実際的にはどちらか一方しか果たせない義務だ。矛盾を現実的に解決してくれるのは、導かれる者が単に動物的に「意志ヲ欠ク」より一歩進んで、「意志をもたない意志」、その欠を他人から充塡してもらう意志、つまりは帰依の意志をもつことだろう。愚かさを〈自覚〉し知識を求める主体になること。導いてくださいと跪くこと。そのときはじめて、牧人は杖を振るだけで群れを動かせるようになる。しかしこの解決を手に入れるとは、同時に、主体に師を選ぶ自由を与えることにほかならず（この自由がなければ牧人は効率の悪い「強制」を続けるしかない）、この「可能的選択の自由」は、「お前は師ではない」／「師は必要ではない」という対抗－導き contre-conduite を招く可能性でもあるのだ。「全体的かつ個別的」な統治は、教育と反抗が同じ存在論的な重みをもって対峙しあう、あるいは相互に依存しあう関係を現出させる。要するに社会とマルチチュードは同時に存在して、それぞれの先在性を主張しあっているのである。社会のほうは教育を通して、マルチチュードのほうは暴動を通じて。同時性に照らせば、両者ともに「間違っている」だろう。

ランシエールはフーコーが権力と政治を区別しないと批判する。真理を生産する権力と、間違いを舞台に乗せる政治を。[*6] ネグリ派はランシエールが政治的主体をいまだに「名前」（プロレタリアートあるいは人民）によって呼ぶことに異を唱え、名前による個体化以前の集塊——それがマルチチュードだ——に政治の「基礎」を置く。[*7] そしてランシエールはそんな存在論を、疎外論の一ヴァリエーションとして退ける。[*8]

もちろん暴徒たちは哲学者たちのそんないざこざを知らない。少年たちはただ間違えただけである。いや、間違えてくれたのだ。そのおかげで、真理と間違い、法と権利、権力と抵抗、そして社会とマルチチュードは存在論的な順序を入れ替えることができるようになる。かつて労働者は「階級の党」から

「階級闘争」を取り戻すために、階級闘争は階級に先行すると認識する一歩を踏み出さねばならなかった。階級が存在していなくても階級闘争は存在し、むしろ階級闘争が前人称的集団を階級に仕立て上げる、と。暴徒がなしたのも同じことだ。では逆転の後には何が？　デカルトがコギトを「愚かな」振る舞いにより定立した後、再びスコラ的教師に登場を願ったのとは違う道を歩もうとすれば、いったいどうすればいいのだろう？　法のなかに新しい権利を書き込み、権力に何かを譲歩させて、再び次の逆転の機会を待つほかないのだろうか。解放の公理とともに永遠の階級闘争を受け入れつつ。けれども歴史的に考えてみれば、古典主義の時代の後にはロマン主義が登場するのであり、逆転は空想的な「転倒」（弁証法と呼ばれた）に席を譲った。[*9] その行く末を今日の我々は知っているにしても、奴隷による主人の打倒にあらかじめ異を唱える必要はないだろう。暴徒たちは幸い、そんな歴史を「知って」はいないのだ。

＊5　Michel Foucault, *Sécurité, territoire, population: Cours au Collège de France, 1977-1978*, Gallimard/ Seuil, 2004.（『ミシェル・フーコー講義集成七　安全・領土・人口』高桑和巳訳、筑摩書房、二〇〇七年）。特に七八年二月期の講義を参照のこと。

＊6　ジャック・ランシエール『不和あるいは了解なき了解』松葉祥一ほか訳、インスクリプト、二〇〇五年。

＊7　たとえば次を参照のこと。Maurizio Lazzarato, *Les révolutions du capitalisme*, Empêcheurs de Penser en Rond, 2004.（マウリツィオ・ラッツァラート『資本主義の革命』未邦訳）

＊8　ジャック・ランシエール「人民かマルチチュードか」（鈴木康丈訳）、『現代思想』二〇〇三年二月号。

＊9　「逆転 inversion」と「転倒 renversement」の差異と関係については次を参照。Yoshihiko Ichida, « Les aventures de la *Verkehrung* », *Multitudes*, n° 22. 2005.（本書第Ⅳ章所収「*Verkehrung*（転倒／逆転）の冒険——ジャック・ランシエールの政治的存在論」）

現実主義的革命家と種別的知識人

2007.7

ヨーロッパ憲法条約に賛成すべきである——二〇〇五年五月にフランスで行われた同条約批准をめぐる国民投票に際し、アントニオ・ネグリが示した態度は大方の左翼知識人を驚かせるに十分なものだった。積極的な批准推進派がとにかく批准してしまうことを優先させ、種々の反対派に妥協を重ねてできあがった案文に対し、議会外の反グローバリゼーション勢力がそれでも強く異を唱え、その声のたかまりにより賛成と反対が世論調査のレベルで拮抗するところにまできたときに、反グローバリゼーション運動の理論的指導者の一人が公然と〈賛成〉の旗を揚げたのである。もちろん、彼が以前から「統一ヨーロッパ」や「ヨーロッパ連邦」構想に積極的であったことは知られていたけれども、〈諸運動の運動〉が市場主義反対の一点で作り出した政治状況は、人々に彼がよもやこの憲法条約にストレートに賛成することはあるまいと漠然と思わせるに十分だった。彼自身が憲法に含まれるネオリベラリズムを強く非難したこともあったからである。「ヨーロッパ」そのものには賛成であるけれども状況から判断して〈反対〉こそが「マルチチュード的ヨーロッパ」構成に向けての一歩になる、と彼が主張してもおかしくないところに、国民投票直前のフランスは実際あったわけだ。条約が象徴する「上からの」ヨーロッパ統一か、それとも、現在の憲法案を潰して運動主導により「下からの」統一を目指すか。ネグリは当然後者を選ぶであろうし、選ぶべきだ。そういう空気が確実に存在するなかで、彼は数ヶ月のあいだ沈黙を守り続けたあげく、投票二週間前になって鮮やかな「裏切り」を演じてみせたのである。そこにいたる様々な要因については、たとえば廣瀬純が『闘争の最小回路』（人文書院）のなかで詳しく検証しているし、〈条約反対を通じたヨーロッパの逆説的構成〉がどこまで現実的な選択肢であったか、あるいは逆に、〈条約を利用してのマルチチュードの全ヨーロッパ的政治主体化〉が可能であったかどうかも、筆者にはなんとも言いがたい。しかし、ひとつのことははっきりしている。ネグリの身振りはみごとに政治的だった。結果的には負けたものの、自分の発言が政治的に最大限意味をもつようにタイミングを測り、登場の仕方も演出したうえで、曖昧さも留保もなく人々に呼びかけた。「賛成に投票せよ！」。彼はすでにいかなる政治集団の組織的指導者でもなく、一介の〈知識人〉による「アンガージュマン」として彼の振る舞いを見たとき、七〇年代以来の左翼思想史におけるある種の変化を実感せずにはいられないだろう。われわれはいったい、サルトルの時代に帰ってしまったのだろうか？

フーコーがサルトルに代表されるような「普遍的知識人」の形象に時代遅れの烙印を押したのは、七〇年代半ばのことだった。「長いあいだ、〈左翼〉知識人は真理と正義を教える者として発言してきたし、そのように発言する権利を自認してきた。普遍的なものを代表する人間として、人々は彼に耳を傾け、彼も人々に語りかけたのである。(…)プロレタリアが彼らの歴史的位置の必然性により（ただし無媒介で無反省で、ほとんど自覚もなく）普遍的なものの体現者となるように、知識人は自らのモラルにかかわる理論的で政治的な選択により、同じ普遍性の体現者たらんとする。ただし、意識化され、練り上げられたかたちをした普遍性の、である」[*1]。なるほど、ネグリはそんな「普遍的知識人」として振る舞ったかに見える。フーコーがこのタイプの知識人に代えてモデル化しようとした intellectuel spécifique（種別的知識人）ならけっしてしないはずの、どちらに投票せよと大衆に呼びかけることを、彼はたしかに行った。

しかし、ことはそう単純ではない。何よりまず、問題は intellectuel spécifique という形象の正確な理解にかかわるだろう。日本語ではこの術語は通常「特定領域の知識人」と訳され、実際、それがいかにも適訳と思えるように、具体例としては精神科医、行政官、様々なソーシャル・ワーカー、等々が挙げられ、大学教師や研究者も主導的要素ではなく諸経験の「インターチェンジ échangeur」であるときには intellectuel spécifique だとされている[2]。けれども「領域」に相当する語は術語中には見当たらないし、ましてなんらかの領域の「学者－専門家 savant-expert」は知識人のこの形象から一定区別されている。「intellectuel « spécifique » は〈法律家－名士〉からではなく〈学者－専門家〉から派生する」[3]。「知識人」については次のようにさえ述べられている。「知識人という語は私には奇妙に思えてならない。私は誰一人知識人には会ったことがないのだ。私が会ったのは小説を書く人であり、病人の世話をする人であり、経済学の研究をする人であり、電子音楽を作曲する人だ。教える人、描く人にも会ったことがあるし、何をしているのかよく分からない人にさえ会ったことはある。けれども知識人というとさっぱりだ」[4]。社会のなかには専門家はいても、知識人などという職種も人種も存在していないのだ。どんな専門的知識もそのもち主に知識人たることを保証しないどころか、専門性と知識人性の間には、「派生」の関係はあっても、「生産」の関係はまったくない。そしてそれは、「知識人」なる語があくまでも「政治」にかかわるからであるとされる。「私は〈知識人〉という語を政治的意味で言っているのであり、社会学的、職業的な意味に用いてはいない。つまり、自分の知、専門的能力、真理への関係を、政治闘争の次元において使う人のことだ」[5]。「（intellectuel spécifique という）新しい形象は（普遍的知識人とは）別の政治的意味合いをもっている。それはばらばらにされたままであった隣接諸カテゴリーを、溶接はしなくても、少なくとも分節し直す。これまで知識人とはすぐれて作家であった。普遍を意識する自由な主体として、知識人＝作家は、国家や資本のために使われる専門的能力をもつにすぎない人々（エンジニア、行政官、教師）と対立していた。しかし、それぞれの人間が自分に spécifique な活動から出発して政治化するようになると、知識人の聖なる標としての〈エクリチュール〉という閾が消滅し、代わって、知から知へ、政治化の一地点から他地点へ、横断的結合が生み出されうるようになる」[*6]。たしかに自分に spécifique な位置から出発するものの、その位置はどこでもよくて、つまり学者や専門家のそれでなくともまったくかまわず、自らと他者の現在の位置関係そのものに変更をもたらすことに種別性 spécificité を発揮する人が intellectuel spécifique にほかならず、政治とは彼による自身の位置を超越する振る舞いを指している。「何か仕事をやっているまさにそのときに、私は何をやっているのかと問う」[*7]ことにより。位置関係は

＊1　«La fonction politique de L'intellectuel» (1976), Michel Foucault, *Dits et écrits*, tom.III p. 154.（「知識人の政治的機能」石岡良治訳、『ミシェル・フーコー思考集成』第六巻、筑摩書房、二〇〇〇年、二一〇頁）

＊2　*Ibid.*, p.155.（『集成』第六巻、二一一頁）

＊3　*Ibid.*, p.156.（『集成』第六巻、二一三頁、強調引用者）

＊4　«Le philosophe masqué»(1980), *Dits et écrits*, tom.IV, p.105.（「覆面の哲学者」市田良彦訳、『集成』第八巻、筑摩書房、二〇〇一年、二八五頁）

＊5　«La fonction politique de L'intellectuel», *op. cit.*, p.156.（『集成』第六巻、二一三頁）

＊6　*Ibid.*, pp. 154-155.（同書、二一一頁）

＊7　『ミシェル・フーコー１９２６－１９８４権力・知・歴史』（福井憲彦他編、新評論、一九八四年）に収録されているインタビュー、「権力について」より。同書三六頁。このインタビューは一九七八年に行われ、一九八四年に抜粋が L'Express 誌に発表されたが、前記 *Dits et écrits* には収録されていない。

たとえ局所的にはさまざまに異なっていようと、一挙に全体として与えられ、維持されている——まさに近代的権力により、あるいはそのような権力関係そのものとして——だろうから、intellectuel spécifique の「政治性」は普遍的知識人のように特権的場所（社会全体を睥睨するエクリチュールという）をもたずとも、それでもやはり依然として「普遍的」であるほかない。だからこそ、この新しい知識人は社会のなかのどこか「特定の領域」において出会うことができる存在ではないのだ。問いを立てることにより自分の位置を超え出ることが政治であり、それをする人が intellectuel spécifique であるとすれば、これは、「度を越す démesurer」ことを本質的力能とするとネグリによって定義されてきたマルチチュードの一形象でもあるのではないか？ フーコーは intellectuel spécifique の最初の典型として原爆の父、オッペンハイマーをあげている[*8]ものの、政治参加する学者、市民運動を一種の社会責任として遂行する科学者がそのまま intellectuel spécifique になれるわけではないことも、ここから明らかだろう。共産党員としてメーデーに参加する物理学者は学者としての自分の活動と政治活動を無関係に維持する（職場では党員の身分を秘匿して）ことが可能であるし、自然環境や社会に与えるリスクの「アセスメント」が社会から要請されるようになったときに、権威者として警告を発しても、科学者は自らと市民の関係を「分節し直す」ことはしていないのだから。intellectuel spécifique になるためには、フーコーが七〇年代にその語に与えた意味合いにおいてさえ、科学者は専門家であることを超え出て、時代の「真理レジーム」自体を揺り動かす必要がある。すでに承認済みのやり方、社会から期待されるやり方で自らの知とそれによって獲得された真理を用いているだけでは、人は知識人になることができず、そうしたやり方に抗う知性の行使を発明し、実行する者は、誰でも intellectuel spécifique である。

　八〇年代のフーコーはもはやことさらに intellectuel spécifique という術語を用いることはなくなっている。その代わりに、知識人という資格そのものの要件を、つまり知識人に特有の政治性を、次のように一般化している。「知識人の倫理とはどのようなものでありうるか。今では知識人という呼び名に嫌悪を覚える人もいるようだが、私はあえてそれを使いたい。その倫理は、たえず自分自身と縁を切る se déprendre de soi-même（これは回心とは正反対の事態だ）ことができるようにする以外にありえるのか」[*9]。政治性のアクセントは他人への働きかけ以上に、自分へのそれに置かれている。「大学人であり、かつ知識人であることとは、大学で教えられ受容されているようなタイプの知や分析を、他人の思考のみならず、自分自身の思考を変えるような仕方で働かせようと試みることだ。自分自身と他人の思考のこうした変更作業こそ、私には知識人の存在理由であるように思える」[*10]。彼はいつでも期待を裏切ることができなくてはならない。期待とは現在の自分に対する認知、すなわち他者と自分の位置関係をめぐるひとつの真理レジームそのものにほかならないかぎりにおいて。

誰でも知識人？　だから他人を代弁することは「普遍的知識人」の驕りだというのか？　なんともおめでたい！　そのようにガヤトリ・スピヴァクなら言うだろう。「みずから知っていて語ることができ、代表しようにも代表しえないサバルタン主体などといったものは、そもそも存在しない」[*11]。富と知をめぐる国際分業体制のなかではそもそも自分の声を「奪われている」サバルタンには、超えればよい自分、自らの意志により「縁を切る」ことができるような自分など、入手不可能な贅沢品ではないのか。西欧的真理レジームのなかではけっして知の生産者

＊8　注1のインタビューにおいて。
＊9　« Le souci de la verite » (1984), *Dits et écrits*, tom. IV, p.675.（「真実への気遣い」湯浅博雄訳、『集成』第十巻、二〇〇二年、一六五頁）
＊10　*Ibid.*（同書、一六六頁）
＊11　ガヤトリ・C・スピヴァク『サバルタンは語ることができるか』上村忠男訳、みすず書房、四四頁。

になることができないアジア人に、己を知り、語れとは背理であろう。サバルタンに語ることが許されるのは、西欧的真理レジームのなかに位置を与えられた「オリエンタル」な自分、つまりは西欧人の他者にすぎない自分、またつまり最終的には西欧人の自己イメージだけであるだろう！　だからこそ、「知識人のとるべき解決策は代表することから身を引くことではないのである」[*12]。そんな彼らに〈自力更生〉よろしく自らを超えるよう求めるのではなく、彼らの存在をあくまで代弁し続ける者としての知識人、声なき声の声としての知識人の形象を、スピヴァクは差し出している。けれども、そんなふうにして彼女もまた、彼女自身と彼女の他者たる〈アメリカの大学人〉の位置関係を揺り動かし、分節し直し、マイノリティというアメリカ的アイデンティティを付された自分と「縁を切る」ことを試みているのは疑いないだろう。フーコーのほうから見たときには彼女はまさに一人の intellectuel spécifique にほかならず、彼女が定位する「国際的分業体制」は、七〇年代のフーコーが「政治」を置いたのと同じ場所にある。誰がどういう知を生産し、しないのか、真理はどのように使用され流通させられるのかをめぐるレジームの〈そと〉、したがって人々のアイデンティティ＝「私は誰であるか」＝私の真理、を指定するレジームの〈そと〉だ。そしてサバルタンは〈そと〉の人であるがゆえに、〈なか〉の言葉、彼らにとって他者のものである言葉を用いることにより、〈なか〉と〈そと〉という「隣接カテゴリーを、溶接はしなくても、少なくとも分節し直している」と言うことはできるし、そのとき彼らは自分を超えている、とみなすこともそれほど不当ではないだろう。「ばらばらにされたまま」生きることをサバルタンと呼ばれる人々が志向している——かつてのポル・ポト路線のように——のでないかぎりは。

種別的知識人 intellectuel spécifique は、単なる専門家にとどまることなく自らの「倫理」に忠実であろうとすればするほど、ネグリが「主体性の生産」もしくは「変更」と呼ぶところのものを実行するようになって、誰もがそうであるところの「自ら思考する存在」と見分けがつかなくなる。つまり次第に自身の種別性を失い、「普遍的」になっていく。彼の種別性は種別性なるものの特殊な喪失の仕方にかかわり、「普遍的」になろうとするかぎりにおいて存在するにすぎない。このとき、存在論的に普遍的な、とされる「マルチチュード」の立場から一挙に「主体性の変更」を呼びかけることには、いったいどんな意味があるのだろうか。〈国民〉であることをやめ、たとえその憲法が市場主義的な精神をもっていると分かっていても〈ヨーロッパ人〉であることを選べ、と未来あるいは存在の地平そのものから呼びかけることには。普遍的知識人であればしかし、賛成を呼びかけなかったはずである。なぜなら、普遍的知識人の場所であるエクリチュールのレベルでは、憲法草案はまさに市場主義的であって反マルチチュード的であることが明らかだからである。ネグリもその点については何度も強調している。そして言う――「なんらかの〈憲法〉をもとに平等を構築できると信じるには、馬鹿にならなければならない」[*13]。要するに「主体性」あるいは政治の問題と法の条文を混同してはならない、賛成を呼びかける彼はそう言っていたにすぎないのだ。あるいは、憲法条約批准反対派は、人が政治化する地点を法のエクリチュールと同一視して反対しているからこそ、あるいはその同一視を反対により作りだそうとしているからこそ、賛成の意思表示をすることがすぐれて二つの地点を切り離してくれるだろう、と。彼の賛成は憲法そのものを「政治化の一地点から他地点への横断的結合」にしようとしたのである。また、そうするためには賛成しなければならなかった。国民投票をめぐる情勢は、法が規定し、法に体現される主権こそが政治であるという「空気」を、声の拮抗を通じて確実に作り出していたのだから。事実、批

*12 同書同頁。
*13 国民投票二週間前の五月十三日にリベラシオン紙に発表されたインタビュー。その邦訳を本文中に前掲の廣瀬純『闘争の最小回路』で読むことができる。

准に失敗して勝ったのは主権国民国家であり、負けたのは市場である。しかし誰もが知っているではないか。市場は現実には負けてなどいない。つまり現実はすでに政治化が生起すべき地点をあるやり方で分離しているのであって、国民国家の「勝利」はそれを追認したにすぎないのだ。「糞のような」[*14]国民国家をいっそう消滅させるために賛成に投じよと求めたネグリは、二つの地点の別の仕方での分離を求めていたのである。彼の言い方では、反対派は「出会うところを間違えている」[*15]。人々が出会うことそのものが「政治」になる地点、つまり人々が集団的に「政治化」する地点を、主権国民国家から市場そのものに移動させるために、賛成せよ。ただそれだけのことであり、現実主義的革命家の「プラグマティズム」は政治化の結末を人々に教えようとするものなどではなかった。

　投票を通じた政治の結果がどのようなものであれ、一方において市場の勝利が明白なあいだは、サルトル的な普遍的知識人は端的に不可能であると考えるべきだろう。この知識人は市場を否定するときには「現実離れ」しており、肯定するときには、フーコーがネオリベラリズムの歴史を検証しつつ述べたように、実は真理を提示しようとはもはやしておらず、私にもう真理を問うな、それは市場に聞いてくれ、とだけ語っているからである。あるいは、現実離れするか、自身の「敗北」を不遜な態度で他人に言い渡すかしかないのが、今日の普遍的知識人というものであるだろう。アーメン。

＊14　同インタビューでの発言。
＊15　同。

2008.12

ヨーロッパの〈新左翼〉は？[*1]

今日、私に与えられたテーマはとてつもなく大きなものです。かぎられた時間のなかでヨーロッパ新左翼史をまとめるなどということは、その分野に透徹した歴史観をすでにもっている専門家でもなかなか難しい課題でしょうし、何より私は運動史家ではなく、思想史、それもフランスのかなり限定された時期と人を「専門」とする人間にすぎません。また、日本の新左翼史の一つの節目であるブント結成五〇周年という今日のこの場で、ヨーロッパ新左翼全体を対象に、たんに目配りのきいたバランスのよい概観を与えることが相応しい、ともまた思えません。これからさせていただく話は、あくまで私の視点から見た一つの強引なまとめにすぎないことをあらかじめお断りしておきたいと思います。また、この七、八年、私はフランスで発行されているいわゆるネグリ派の雑誌にかかわり続けてきたのですが、そこに集まっているフランス人やイタリア人たちと議論するにつれ、結局、日本もヨーロッパも左翼反対派の歴史にかんするかぎり、ことは本質的に変わらないという感慨を強く抱きます。細かな文脈さえ外してしまえば、問題意識の交換はとてもたやすい。論争になれば、どこかで聞いたような問題がやはり争点になる。したがって、その「同じ」さ具合を確認してもらうことが、これからの話の一つの目標となるでしょう。もちろん、固有の歴史をもつがゆえに直面する課題は、日本とヨーロッパでは同じではありません。特に「ヨーロッパ連合」という政治単位をすでに登場させている今では。そのあたりのホットな話題を、話の最後で紹介させてもらえればと思います。

1　六八年への道

しかし最初にお話ししたいのは、ヨーロッパでは日本の「新左翼」に相当するような、反議会主義の左翼反対派に対する総称のような名前は見当たらない、ということです。フランスで「新左翼」**nouvelle gauche** というと、ある特定の傾向をもった人々を指す自称・他称の呼び名であり、そこでの「新」は「現実主義的である」という含意を強くもちます。つまり「革命」なんてことはもう言わない。中道あるいは社会党系の急進的分派からその系譜がはじまり、社会運動全般と「六八年」への強い志向をもちながらも、最終的に社会党に結集するロカール元首相（彼もまた「六八年」の指導者の一人です）に代表されるような人たちです。日本の「構造改革派」のようなニュアンスでしょうか。反スターリニズムと、共和主義の歴史を通じて成熟した市民社会への信頼が基礎にあると言ってよいでしょう。今も継続しているイギリスの「ニュー・レフト・レビュー」は理論誌であって、「新」の中身は時代とともに雑多です。それでもヨーロッパに新左翼的なものが登場する契機となったのは、日本と同じく、五六年のハンガリー動乱によってあらわになったスターリニズム問題だとは言えるでしょう。フランス共産党は事件を機に党員の半数を失い、イタリア共産党は事実上の分裂という事態に直面します。イギリス共産党、オランダ共産党など、それまでも小さな勢力であった共産党はほぼ壊滅してしまいます。そこから「党」のほうも、その後ユーロコミュニズムとして知られていくようになる、ソ連離れの構造改革路線へ強く傾斜していくことになるのですが、ここで注目しておくべきはスターリニズムへの反発の重力が、ヨーロッパ左翼にあっては主として西欧的「市民社会」の肯定を支えに受け止められた、という点です。党本体の構造改革路線のみならず、党内に色濃く残存し続ける官僚支配の手法に反発する人々も、自らの「左翼性」の支えを民主主義的市民社会に置くようになっていく。その点が、九〇年代になってから、日本とは異なる左翼世界の政治風景を生む土壌ともなるのですが、それはまた後に触れたいと思います。フルシチョフによるスターリン批判もまた、ヨーロッパにおいては、西欧的伝統の再評価と結びつきます。初期マルクスの疎外論への復帰をともなう「ヒューマニズム的マルクス主義」です。その頃に創刊されたフランスの雑誌に、*Arguments*（「論議」）というものがあるのですが、フランスでの「反スターリニズム」のあり方をある意味で典型的に示しているでしょう。日本でもよく知られたアンリ・ルフェーヴルの疎外論を、「自主管理」の思想と結びつけているのです。スターリニズムの陥穽は、経済の次元においても市民的民主主義の延長によってしか突破しえないという信念をよく表している。「自主管理」＝チトー路線ではないわけで

＊1　二〇〇八年一二月に関西で行われた「共産主義者同盟」結成五〇周年集会での講演。

す。同じようなことは、トロツキズムの側にさえ言え、第四インター・フランス支部から分派してできたと言ってもいい『社会主義か野蛮か』という雑誌もまた、スターリニズム＝全体主義を「人間の顔をした社会主義」によって乗り越えようとする。イタリアでもハンガリー動乱の衝撃は、共産党と社会党の外に、統一戦線的な反スタ思想潮流を『赤い手帖』という雑誌の周辺に生み出していくことになります。フランスに比べて「階級闘争」を強調するという違いこそあれ、先進資本主義のヨーロッパで育った肯定的諸要因を立脚点に「スターリン」を乗り越えるという発想は、そこでも維持されていたと思います。イタリアにはヘーゲル主義の哲学的伝統が政治思想のなかに色濃く残っていたという事情も与《あずか》っていたでしょう。「労働」の現況が、疎外されていると同時に、そうであるからこそもっとも解放的な潜勢力をすでに秘めている、と把握される。ヨーロッパの資本主義がもう一度、社会主義への道のトップバッターに返り咲くのです。

こうして見ると、反スタが「世界革命」路線や「革命的マルクス主義」を生まなかったという点では、日本との違いばかりが際立っているように見えます。ヨーロッパではスターリニズムとの対抗関係に、社会主義の主流派も反主流派も、ヨーロッパ市民社会の肯定に基礎を置く方向に向かわせ、そこに「新しさ」があり、ゆえに日本とのアナロジーにおける「新左翼」概念が成立しにくくなる、と。しかし他ならぬこの日本との地理的・歴史的な違いが、反スタ思潮全盛期のヨーロッパ、特にフランスに、もう一つ見落としてはならない要因を、横槍から持ち込むことになります。アルジェリア戦争（一九五四－一九六二年）です。スターリニズムから防衛し、発展させなければならない市民社会を実現した資本主義は同時に、植民地をまだもっている体制である。これをいったい、どう考えればいいのか。サルトルと、彼が紹介したフランツ・ファノンは、フランスの左翼反対派に言ってみれば深い「自己否定」の気風を刻印することになります。共産党とCGT（フランス労働総同盟）は、労働者内に根強く存在する植民地護持の世論、そして当時政権の座にあった社会党への「人民戦線」的配慮から、解放戦線支持の立場を強く打ち出すことができず、ここに体制内左翼と反体制左翼の間の亀裂が深く刻み込まれることになるのです。「反スターリン」の旗だけでは存在しえなかった、文字通りの左翼反対派が層として誕生することになったと言っていいでしょう。とりわけ学生たちのなかに、です。反米と反スタに加えて、反フランス（自国帝国主義打倒）の契機が、高揚する独立支持の大衆運動のなかに持ち込まれ、それを左から牽引することになります。地方では、フランス軍の物資輸送を実力で阻止する闘いに、共産党の影響下にあった労働者まで参加しました。ヒューマニズムの旗手であったサルトルまで「フランス弾劾」に回ることで、反植民地主義は反スタの受け皿であった「市民社会」をイデオロギー的に粉々にしたようなところがあります。この文脈で、フランスの左翼反対派学生たちは「文化大革命」を受け入れていくことになり、六〇年代の後期には「マオイスト」という呼称が日本の「新左翼」に近い響きをもって用いられるようにもなる。社会主義の路線問題として中ソ論争を受け止めた結果中国派になるのではなく、サルトルが見せていた世紀末以来のボヘミアン的な「呪われた」知識人のスタイルと、ベトナムとアルジェリアの経験が若年層に植えつけた欺瞞的フランスへの「疚しい良心」が、特異にアナーキーなフランス独自の「文化大革命」を学生層のなかに生み出すのです。ゴダールの映画『中国女』がそのあたりの空気をよく伝えています。これは六七年、つまり六八年よりも前に撮られているということに注意してください。文化的価値のプラス記号としての「中国風」が、反スタによって息を吹き返した「ヨーロッパ的なもの」を完全に一掃していることがよく分かります。そこには、路線としての毛沢東主義ではなく、反植民地主義の空気が六〇年代を通じて育んでいったフランス的「自己否定」をこそ読み取るべきでしょう。

それが「六八年」を準備したと言っても過言ではありません。カルチェラタンでの騒擾は、ベトナム反戦運動にからんで逮捕された学生の処分問題に端を発しています。アメリカと同じように、日々テレビや新聞を通じて伝えられるベトナム戦争の様子が、若者の間に広く潜在していた反フランスの空気に火を点けた。「われわれは皆、ドイツのユダヤ人である」というスローガンも、運動のそうした質をよく伝えているでしょう。ユダヤ人問題もまた、戦後フランスのアキレス腱でした。レジスタンスによりナチに勝利したと喧伝されていた神話は、何よりもフランス人が対独協力によりユダヤ人虐殺に手を貸していた事実から目を逸らせる働きをしていたからです。六八年にユダヤ人問題を再度持ち出すことの意味は、戦後フランスに対する全否定の意思表示以外の何ものでもありませんでした。言ってみれば、「六八年」はフランス市民社会の解体を背景に、ベトナムという点火薬が一挙に燃え上がらせた。

さて、その頃党派の人間たちは何をしていたのでしょうか。フランスのトロツキズムの歴史は一九三〇年代に遡る古い歴史をもっています。また、六〇年代半ばからの「中国風」の流行は様々な中国派党派も実際に生んでいました。同じ頃には、共産党の学生細胞のなかからさえ、「反修正主義」路線が出現していました。彼らと「六八年」の関係はどうなっていたのか。総じて、彼らはその意識性において先進的であったがゆえに、逆に事件に「遅れて」しまったのです。その典型が先ほど挙げたゴダールの映画にも登場する「青年共産主義者同盟マルクス＝レーニン主義派」（略称ＵＪＣ－ｍｌ）です。「青年共産主義者同盟」そのものは名前から喚起される過激なイメージとは異なり、日本の「民青同盟」と同じ共産党の指導下にある青年組織です。その分派がＵＪＣ－ｍｌで、高等師範学校の党員学生を中心に結成されました。アルジェリア独立闘争の支援などを通じて、共産党の指導から離れていった学生と元学生たちです。路線は明確に中国派です。フランス最初の学生訪中団も、彼らのイニシアチブで組織されました。高等師範学校は普通の大学とは比べものにならないエリート校ですから、その形成過程はどこか共産党の東大細胞からブントが生まれた歴史を彷彿とさせます。そして彼らはブントとは異なり、その左翼性を学生運動の組織化において示す道を選ばず、六七年段階では大学を捨てて工場に潜入する方針を採用していたのです。つまりカルチェラタンの騒擾がはじまったとき、彼らは皆パリに文字通りいなかった。フランス全学連は共産党に言わば明け渡されていた。この辺りの事情は、トロツキストについても似たり寄ったりで、彼らは伝統的に、確信的に「イスト」であればあるほど、大工場の労組潜入活動家になる。もちろん、こうした左翼反対派による下からの突き上げがあってこそ、ＣＧＴは学生に呼応してゼネスト方針を出さざるをえなくなるのですが、ＵＪＣ－ｍｌなどは当初、かなり冷ややかな目でパリの騒ぎを眺めています。ちなみに私が研究対象の一人としているアルチュセールは、共産党員であり続けながら、六〇年代半ばから毛沢東を高く評価する論文を発表しはじめ、ＵＪＣ－ｍｌの指導部は皆彼の影響下にあったので、党からは恒常的な監視対象になります。構造改革路線を取っていたとはいえ、フランス共産党内では一貫して反ソはタブーであったのです。イデオロギー的に疎外論的ヒューマニズム・マルクス主義を党の公認哲学としていたときでさえ、指導部の歴史的権威を守るために、内部ではスターリン的統制を敷いていました。ともあれ「六八年」に指導的政治潮流はいなかったと言うべきでしょう。ちょうど日本の「全共闘」と同じように。あるいは日本以上に。先に名前を挙げたロカールも、中道左派の党派活動家として運動に参加したというより、運動指導者として頭角を現した後に「政治家」になったと言ったほうがいい。後に社会党の大統領候補となったジョスパンも同様です。フランスの「六八年」の顔と言ってもいいダニエル・コーン＝バンディはアナキスト系のグループに属していましたが、当時のアナキストはそもそもバクーニン以来の伝統を受け継ぐ思想潮流というより、日本のノンセクト・ラジカルに近い「無思想」をこそ身上としていたと捉えたほうが正確でしょう。無政府的自由主義などとも呼ばれていました。「われわれは皆、ドイツのユダヤ人である」というスローガンは、ユダヤ系ドイツ人留学生であったコーン＝バンディが指導者であることに向けられた、「外国人に扇動されている」という共産党書記長による揶揄への応酬として、叫ばれたものです。もちろん排外主義的扇動であるマルシェ書記長のこの放言も、裏を返せば運動実体の摑みにくさを反映していることは間違いない。日本の三派全学連と交流のあった「状況主義者（シチュアシオニスト）」たちのグループも、方針を組織的に運動に持ち込もうとするタイプの「党派」ではけっしてなかった。大衆反乱は内部からアジテーターを育て、そのアジテーターたちのセンスはポリティカルであるよりしばしばポエティックです。「想像力が権力を奪取する」とか、「敷石の下には砂浜が」とか。後にフランスを代表する音楽家となるピエール・ブーレーズも、オペラ座占拠に加わって「オペラ座を爆破せよ」と言っていた。先進資本主義の成果はおろか、一八世紀以来の市民社会の文化的蓄積も一挙に否定する負のエネルギーを、運動の進展は示しました。

六六年に発表されたフーコーの『言葉と物』が六八年にかけて人文書として異例の売り上げを誇っていった現象も、市民社会の解体という側面から見ると頷けます。「人間」の終焉を印象深く告げることで、六〇年代半ばまで「反スタ」と「反フランス」を牽引したサルトル的ヒューマニズムにさえ、フーコーは終わりを宣告し、市民社会の解体に後戻り不可能な歴史的お墨付きを与えたわけです。そのゆえをもって、彼は後に右翼的反動攻勢のなかで「反人間主義《アンチヒューマニズム》の六八年革命」のイデオローグとして断罪されることにもなります。全共闘運動のなかから、様々な反近代主義的思潮が育っていったことと、確かに符合しているでしょう。

2　運動の「政治化」――七〇年代

二〇〇八年は「六八年五月」から四〇周年でした。様々な刊行物が出版され、マスコミ的にも数多く取り上げられたようです。これは懐旧的な現象というより、当の六八年にある種の捉えがたさが存在したことを何より雄弁に語っていないでしょうか。いったいなぜ、あのように燎原の火の勢いで運動が高揚し、どのような影響をフランス社会の深部に及ぼしていったのか、謎は今なお現在形であると言うべきでしょう。というより、六八年をどう把握するかということが、現在とこれからをどう考えるかというそのときどきのアクチュアルな問題意識と分かちがたく問われた点に、フランスのポスト六八年問題が端的にあるのかもしれない。

左翼運動史という点ではしかし、ある程度その後の推移ははっきりしています。いわば六八年で政治に目覚めた若者たちの間で、様々な組織的再編－結集が試みられます。もっとも目立ったものとしては、七三年のリベラシオン紙の創刊が挙げられるでしょう。もともとはサルトルが資金援助していた、毛沢東主義にフランス構造主義のエッセンスをまぶせたような「プロレタリア左派」（ＵＪＣ－ｍｌの後継という面をもっています）という政治集団の機関紙「人民の大義」が、大衆政治新聞に衣替えしたものです。同紙の軌跡は六八年の軌跡そのものと言ってよい一面をもっており、平の記者も幹部社員も同一賃金で活動家集団的に紙面を作りながら、次第に資本主義社会と折り合いをつけていく。デザインや写真にかんして大胆な発想を試みつつ、芸能やスポーツも取り上げるようになり、片一方では「思想的問題」の提起も続ける。こういう硬軟使い分ける路線で今や確固たる左派全国紙の地位を占めています。もちろんその間には商業紙化を「転向」として告発する活動家記者の動きもありました。一九八〇年に広告の受け入れをはじめたときには、そのこと自体が大ニュースとして新聞内外で語られました。しかし、同紙のありようは少なくとも一つの点で六八年の思考をはっきり受け継いでいるでしょう。それは、「すべては政治である」という当時のスローガンです。六八年は言わば「何が政治か」という範囲を極限まで広げる運動でした。「私的なことは政治的である」というフェミニズムのスローガンを男女関係はおろか、社会生活のあらゆる場面に持ち込むような性格をもっていました。学校のあり方、家族関係、歴史記述、等々、とにかくあらゆることがらが「政治」的意識の俎上にのせられた。リベラシオン紙はこの精神の延長線上に紙面内容を拡張させ、そのことをもって「文化革命」に寄与しようとしてきたはずです。彼らなりの毛沢東的「大衆路線」は、いわゆる政治も、文化も刑事事件も時事社会問題もすべて、同じように「ラディカルに」扱うという姿勢を生んだ。

もちろん、その結果普通の、かろうじて左派系の全国紙になってしまったわけですが。

ここ数年、日本では絓秀実氏が精力的に六八年論を展開しています。それによると、全共闘運動から党派主導の中央権力闘争にかけて運動がグラムシの言う「機動戦」的展開を見せた後、七・七華青闘告発を契機に同じくグラムシの「陣地戦」的な「マイノリティ運動」にシフトしていった点に、六八年の地平はある。ある程度当たっているでしょう。党派がいわゆる個別戦線の活動に本気で取り組むようになった契機が「七・七」であることは間違いないし、運動は七〇年代に確かに「陣地戦」化していった。けれどもフランスに「七・七」に相当する転換点はなく、にもかかわらず運動の全体は同じように七〇年代に「個別戦線」化していきます。そして「プロレタリア左派」からリベラシオン紙に至り、さらにその後の同紙の変遷が如実に示しているのは、同じ「個別戦線化」が大したメルクマールもなく、なだらかになし崩し的に進んだことではないでしょうか。フランスでは運動全体の「機動戦」から「陣地戦」への移行は、言ってみれば「すべては政治である」とするラディカリズムそのものがもたらした帰結のように見えます。活動家的メンタリティをもった若者があらゆる問題に首を突っ込むようになった結果、一種の拡散と空転が生じるようになったように思えるのです。実際、いつの間にか「転向」している「マオイスト」たちのなんと多いことか。そしてその「いつの間にか」を告発する視点もまた繰り返し提出されています。

たとえば、最近日本でもよく知られるようになった「国境なき医師団」。その「人道主義」の発端も、六八年が生んだ「第三世界主義」と言われる思潮にあります。もう少し遡って、カストロやゲバラと行動をともにしたレジス・ドゥブレあたりに端緒を認めることもできるでしょうが、世界革命の拠点が第三世界の解放闘争であるという路線はフランスにあっては六八年以降の「マオイズム」と分かちがたい。国内における「大衆路線」と並び、海外に「支援」に出ていくことがフランス的毛沢東主義の進化形態でした。その代表が「国境なき医師団」であるとも言え、彼らは実際、世界中の紛争地帯に命を張って出かけていった。しかし、まさに「いつの間にか」彼らはどうなっているか。旧ユーゴの内戦のときにさんざん告発されたことですが、人道支援はときに先進国による軍事介入の水先案内人になるのです。少なくとも、外交官やまして軍人が入っていけない紛争地帯に人道支援の目的で入っていく彼らからの情報が、その後の介入にとても役に立つ。「第三世界主義」は「いつの間にか」、人権の大義名分により上からの「民主化」と「安全保障」を持ち込む路線に変わっているわけです。リベラシオン紙の商業紙化と「国境なき医師団」の「変質」は、フランス的毛沢東主義がもった無限定なラディカルさが、その無限定さゆえにだらだらと、なだらかに消失していった結果だと言えるでしょう。絓氏の語法を転用すれば、機動戦の規模が大きすぎて、その突端が勝手に陣地戦に突入してしまったわけです。

もちろん、こうした変質を被らない地道な個別戦線の活動も数多いことは言うまでもありません。三里塚にも代表団が訪れたラルザックの農民運動、時計会社リップの工場占拠-自主管理闘争、地方の環境運動、フーコーの参加により有名になった監獄情報グループの活動、そして都市周辺での移民支援活動、など列挙に暇はありません。まさにあらゆるところに、「すべては政治である」とした六八年の遺産が認められるでしょう。そしてラルザックやリップ闘争に典型ですが、それらの中心には、もはや必ずしも「左翼」とは言えない「当事者」たちがいる。

その対極で、フランスでも日本の状況にも似た「党派を作る政治」が進展していきます。一口に「マオイズム」と言っても、「プロレタリア左派」の内外に文字通りの毛沢東主義の党を作ろうとする動きはいくつもありましたし、七〇年代にはトロツキズムにも諸派が生まれ、「すべては政治である」命題により延び切った戦線をもう一度「階級を代表する」党、あるいは政治路線にもとづく（個別戦線の利害によるのではなく）党的集団へと構築しなおす試みが多数見られました。その頃に生まれた用語で今日まで残っているものに、左翼主義 gauchisme という言い方があります。その言葉自体は、古くトロツキズムが生まれた頃にまで遡りますが、七〇年代前半に盛んに用いられるようになる。我こそ左なり、と左翼性の純化を競い合い、集団をさらに同質性の高い小集団 groupuscule へと分裂させることを厭わない傾向を指しています。七〇年代前半はまさに groupuscule の時代でもありました。

目をイタリアに転じてみましょう。イタリアは六八年が一〇年続いたと言われるほどの運動の持続性を示し、六八年と並ぶもう一つの大きなピークを七六年にもっています。フランスと異なり、その点ではむしろ日本に似ているのですが、潮流のざっくりとした分割が維持され、それらの大衆獲得競争が比較的うまく運動の持続と高揚に資したように見受けられます。

まず「労働者主義」（オペライズモ）の潮流。基本的には労働運動の徹底とその街頭化を志向するもので、「ポテーレ・オペライオ（労働者権力）」という党派名にそうした考え方がよく表れているでしょう。賃金や労働条件の改善にはじまる通常の労働運動を、職場占拠の方向に質的転回を遂げさせ、そこで生じる国家権力との衝突を街頭実力闘争で突破する、というのが基本路線です。労働者自己権力の構成と、政治的権力闘争の合体です。思想的には、ルカーチ的な「階級形成」の概念をキーワードとしてよく用います。そこでの党の政治とは、労働者階級を政治的な「構成的権力」へと階級形成させる方針です。労働運動内の左翼反対派的活動を主としていますが、党への結集を階級形成の指標とするのではなく、あくまで労働運動の政治化そのものが目指される。ネグリはこの党派の創設メンバーでした。彼が定式化したその路線は「分離の論理」とも呼ばれています。資本の構成要素である労働力（可変資本）を政治的階級へと分離させるという大きな意味と、組合内の左翼反対派政治により自派の影響力を拡大させる、という小さな意味の両方をもっています。

次に、ローザ・ルクセンブルク主義を掲げる「ロッタ・コンティヌア（継続闘争）」。彼らの党の観念はまさにローザが果たそうとして果たせなかった夢を受け継ごうとするものでした。「過程の党」というその考え方は、プロレタリアートの前衛たる資格を現時点では求めない。党が真に前衛党として登場しうるのは革命の瞬間にであって、それまで党は諸階級の「不満・脱落分子」を積極的に糾合し、「大衆反乱の巨浪」を受け止める装置でなければならない。それをプロレタリアートの政治・暴力革命へと導く「方針」が党の実体なわけです。つまり内部構成には階級的純化を求めず、大衆運動の自然発生的な暴力性をマッセン・ストライキへ、さらに蜂起へと領導しようとする。大衆運動主義の党、党になろうとする党（それが「過程の党」ということの意味です）の危うい綱渡りを徹底しようという、日本ではいわばブントが失敗した路線を、「ロッタ・コンティヌア」はかなり成功させることができ、最大では党員数一〇万を誇ったといいます。

毛沢東主義系では「イル・マニフェスト」という新聞を中心にしたグループがありましたが、そこには共産党系の人々もいたようです。この新聞は今日でも続いており、「リベラシオン」同様、日刊紙として確固たる地位をもっています。いずれにしても毛沢東的な「大衆路線」が、ヨーロッパでは新聞というかたちを取り、まがりなりにも左派系世論に一つの大きな軸を提供し続けている事実はもっと注目されていいように思います。近年、当時のヨーロッパ左翼の「第三世界主義」を一種のオリエンタリズムとして批判する（第三世界の現実を知らないで賛美しているだけ、というような）向きも見受けられますが、二つの新聞はアジアで生まれた路線をヨーロッパの地に「根づかせた」と言えるのではないでしょうか。資本主義に呑まれていった点までも。

それはさておき、「ポテーレ・オペライオ」と「ロッタ・コンティヌア」は七〇年代前半にはしかし消滅してしまいます。党派として衰退した結果、政治の舞台から消えていったのではありません。自主的に解散したのです。解散したほうが党派の存立根拠である「大衆運動の高揚を図る」ためによい、という状況に直面したためです。要するに、日本で「党派は全共闘に乗り越えられた」と言われたのと同じような場面に遭遇したわけです。「ポテーレ・オペライオ」の場合には工場や地域に「底辺委員会」と呼ばれる自主管理組織を作っていったのですが、そうした「下」つまり文字通りの「底辺」から突き上げを食らうようになりました。「ロッタ・コンティヌア」も反レーニン主義的に「大衆暴力の自然発生性」を重視しましたから、下部の自律性は極めて高い。両派とも、指導部内で全国レベルの政治方針について揉めているうちに、集会などで野次られる事態が続出したそうです。もはや指導力を失ったと言ってしまえばそれだけのことなのですが、党派理念からして解散の決断が必ずしも間違っていなかったことは、運動のピークがその後、七六年に来た事実からも言えると思います。解散して、底辺委員会の連絡組織という形だけを残した。それが今日「労働者アウトノミア」として知られる運動です。もちろん、アウトノミア運動もやがて下降線をたどるわけで、だから「大衆運動主義の党」はだめなんだという「歴史的総括」をすることはたやすい。しかし「一〇年間続いた六八年」が「党のための闘争」によって可能になったのではない、ということは明らかな事実です。

今日でも、当時のアウトノミア系活動家たちとやり取りしていると、彼らの間に持続している党派性のようなものを強く感じます。いまだに合言葉のように「下（＝底辺）からの」ということを強調する。運動体の運営にかぎらずです。そしてそれは「政治的」なことなのだ、と言う。そこにある確信を言い直してみると、経済問題と政治問題を区別しないという姿勢でしょう。下から自治組織を作っていく活動は、イタリアではグラムシ以来、ほとんど左翼のお家芸や伝統のようなもので、地域の映画サークルのようなものから、生協組織、フリーランスの仕事をしている人たちの事業体、そしていわゆる個別課題をもった運動体までほんとうに数多くある。アウトノミア系の人たちに特徴的なことは、そうした言ってみれば「自己権力」の構成の後に「政治闘争」――デモやストに代表されやがて蜂起にまでつながるような――が来るとは考えず、まして言わずに、自治組織を作ることは即政治なんだと強調する。とにかくやたらに政治、政治と乱発するのです。その紋切り型にうんざりすることも多いのですが、成功経験に裏打ちされた彼らの自信は揺るぎない。「党」もないのに「政治」を強調するアウトノミア一流のやり方で、実際に六八年を生き永らえさせることができたわけですから、「政治」という言葉にアレルギーを感じないでこられた点だけについても、その実験に学ぶところは大きいと思います。

しかしご承知のとおり、七〇年代はテロリズムの時代でもありました。アウトノミアはその内部から「赤い旅団」を生み出し、西ドイツでは初頭にすでに「ドイツ赤軍」が生まれていました。フランスでは末に「直接行動」です。私は日本の「赤軍派」や「日本赤軍」を含む、そうした軍事路線を一括して扱うことには反対なのですが、それを話しはじめると長くなるので今日はやめておきます。ただ、大衆運動の進展につれて必然化するほかない「軍事問題」が、歴史的事実として、その後の大衆運動に、あるいは左翼全体に大きなストレスを与えたことは素直に承認すべきでしょう。われわれは皆、その負の遺産を背負っている。

3 「冬の時代」としての八〇年代から、「市場」をめぐる論戦の九〇年代へ

権力奪取としての革命を目指す左翼反対派は、大衆運動の勢力としては消滅したと言っていいでしょう。話をフランスにかぎらせてもらいます。フェリックス・ガタリは八〇年代を「冬の時代」と呼びました。あれほど gauchisme を嫌い、毛沢東思想の大衆路線に見向きもせず、テロリズムを弾劾した彼にとっても、そうした勢力が社会運動のなかから姿を消した八〇年代は寂しい時代でした。極言すれば、「新左翼」は消えた。今日から振り返ってみれば、けっして運動そのものが消えたわけではなかったにもかかわらず、です。それどころか、六八年を知らない世代による、六八年と意識的に距離を取った運動は、むしろ今日につながるかたちで確実に生起してきている。要するに、運動の質が変わったわけです。この変化をもたらした最大要因は疑いなくミッテラン社会党政権の誕生です。この政権は、六八年をくぐり抜け「現実主義化」した「街頭出身の」左翼反対派世代が誕生させたと言っても過言ではない。象徴的な固有名詞としてレジス・ドゥブレを挙げておきましょう。『革命の

中の革命』のこの著者が、ミッテラン選対を務めたのです。大統領府入りした（アメリカの大統領補佐官に相当する立場で）ミッテランの弁護士、ジョルジュ・キエージュマンも、元は「極左過激派」の弁護士でした。そして弁護士といえば、法務大臣として死刑制度廃止の立役者となったロベール・バダンテール。彼はフーコーの近くにいた人です。反スタから「マルクス葬送派」になったヌーヴォー・フィロゾーフ（新哲学派）たちも、政権のイデオロギー的取り巻きを形成するようになります。ミッテランは後に、彼らの一人ベルナール＝アンリ・レヴィを、彼が映画に通じているとは到底思えないのに、フランス映画振興政策のボス的存在に取り立てさえしました。もちろん、ロカールをはじめ社会党の幹部になった六八年の学生活動家は数知れない。政権を通じて具体的な何かを実現しようという元あるいは現活動家が、ミッテランのもとにどっと集まったのです。日本的な「新左翼」がフランス的な意味において「新しい」左翼に生まれ変わる一つの完成形が、この社会党政権でした。経済政策は、もともとトロツキストやマオイストだった人もいるレギュラシオン学派が担うことになります。

同時にこの政権は新しく生まれた社会運動に、手を差し伸べることにも熱心だった。その典型が反人種差別運動です。移民二世世代のそのリーダーたちに、社会党は党の役職と議員の席を提供する。こうした構図が、政権への接近を潔しとしない六八年的心性の持ち主たちに、反人種差別運動とならんで八〇年代に生起した重要な運動、環境保護運動への接近をもたらすことになります。「ヒッピー」（フランス語に「六八年野郎」という俗語がありますが、どこか侮蔑的に、長髪の反体制派といったイメージを想起させるところがある）がエコロジストに「転向した」のではありません。いいだもも氏がかつて提唱したような「赤と緑の連合」を実現しようと、最初からエコロジー概念の拡張を提起しつつ環境保護運動に入っていったのです。フランスには、地方の伝統的生活様式の保護も訴えるような(したがって右翼にも支持層をもった)エコロジー特化型の政党も生まれていたのですが、それにあきたらず、最初から「政治」を含めて問題にしたい人々が「緑の党」に結集する。あるいは同党を作ったと言ってもいい。フェリックス・ガタリもその一人です。しかし代表的な理論家としては、サルトル派から出発したマルクス主義者アンドレ・ゴルツの名前を誰よりも挙げておくべきでしょう。彼らは「緑の党」のなかでも「政治的エコロジー」と呼ばれることになる潮流を形作っていくのですが、そこにはやがて、レギュラシオン学派のアラン・リピエッツも加わります。

この緑の党が、フランスでは、政権政党になった社会党に対する左翼反対派の位置を新しく占める、と見ることができるかもしれません。もはや議会か街頭か、が分岐線を形成することはありません。トロツキストも、様々な分化を経ながら、選挙を通じて「冬の時代」をしのぎ、「市場原理主義」への反対勢力として、今日他国では類例を見ない支持基盤をもつようになる足がかりを得ました。エコロジーが「政治化」するにあたっては、八〇年代半ばの政治情勢も寄与したでしょう。チェルノブイリ原発事故と、ソ連による中距離核の東欧配備です。ドイツやイギリスでは反戦反核市民運動が、「六八年」とも左翼政治とも関係のないところで盛り上がりを見せ、そこで新しく提起された「公共性」や「公共空間」をめぐる議論が、やがて「第三の道」や社会民主主義の復興を準備していく。フランスでは、エコロジー運動の左傾化の成功が情勢のひとまずの産物であったようです。

しかしソ連圏の崩壊、社会党の政権からの転落は、一挙にこの地図さえ塗り替えていくことになる。

私は九〇年代の前半をかなりフランスで過ごし、大局的変化よりも肌で感じる細部のほうに目を奪われがちだったのですが、「新左翼の再生」という本日のテーマからしても、ヨーロッパ政治の大局よりはもう少しミクロな視点をあえて取ってみたいと思います。資本主義の最終的勝利とさえ見えた八九－九一年の激動は、左翼反対派という位置取りを文字通り無意味にしてしまいます。多かれ少なかれ「社会主義圏」との近さにより存在していた主流派左翼が意味を失くしたからです。以降、問題はグローバルに勝利したかに見える資本主義そのものにどういう態度を取るのか、というところに移っていき、そこでは共産党や社会党と、議会外左翼の区別そのものが、何より大衆の目から見てどうでもよくなっていく。投票行動において、極右と極左の間を移動する人々さえ出現するし、ある種の一貫性を保っていたトロツキスト諸集団は全体として、共産党の凋落とも相まって著しい伸張を見せることにもなる。しかし、それが「政治路線においてまとまった勢力」の登場に必ずしもつながらないところに、九〇年代から今日まで続く左翼政治の根深い問題が見てとれると思います。グローバル市場にどういう態度で臨むか、そしてその態度を結果的に規定してしまうことになるもう一つの現実にどういう態度で臨むか。もう一つの現実とは、ミッテランの遺産ともいえる「ヨーロッパ連合」です。もはや政治日程に上り果たせているこの「国家を超える政治単位」に、新しい世界的な政治経済環境のなかでいかなる意味を与え直すか。「市場」と「ヨーロッパ」という二つの問題が、主流派不在のなかで左翼世界の地勢図を塗り替えていくのです。

まず「左派リベラル」とでも呼ぶべき潮流が姿を現します。旧来の社会党的社会民主主義とは必ずしも重なりません。ソ連圏の崩壊により「市場原理主義」の現実味が勢いを増すにつれ、何よりもこの「市場主義」に反対することを旨に、サン・シモン財団というシンクタンクに集った人々です。イギリスの「第三の道」に近いと言ってもいいのですが、大きな特徴は「反米」色がより強いということでしょうか。そして共産党を排除し、リベラルな経営者層を巻き込んでいます。歴史的にはカトリック系のオピニオン誌であった『エスプリ』も参加し、市場の存在を前提にしながら、国家による「社会的権利」の防衛や市場のコントロールを考えようとする。注目すべきは、晩年のフーコーをある種の方向に受け継いだことは確かなピエール・ロザンバロンという思想史家が、フランス的リベラリズムの復権を図りつつ、この勢力のイデオローグとして政治的にも暗躍したことでしょうか。

第二の勢力は、これに対し明確に「反リベラリズム」を旗印にする。市場主義に加えて、サン・シモン財団の「より少ない統治」としての政治的リベラリズムにも反対し、ケインズ主義とマルクス主義を守る道を探ろうとする。より「社会主義的」であると言っていいでしょう。彼らはサン・シモン財団に対抗し、コペルニクス財団というシンクタンクを立ち上げるのですが、そこに集まったのは、共産党、緑の党、そしてトロツキストです。もちろん、社会党に近しい人もいる。

この二つの対抗だけであれば、ある意味で構図は単純で、「社会民主主義vs社会主義」のままであると言えそうです。しかし、ここに一種の伏兵として第三勢力が登場する。「左翼ナショナリズム」と呼んでもよい勢力で、ヨーロッパ統一は「共和国」の主権を「市場」へ譲り渡すものであるとして反対する共和制護持派です。ここに社会党の一部が流れ込み、右からの保守的なフランス至上主義との連携もはじまるのです。フランスの失業はマーストリヒト条約とアムステルダム条約のせいであり、一大「国民連合」により統一ヨーロッパをつぶそう、という呼びかけがなされます。

この三つ巴の構図はしかし長く続きません。「ヨーロッパ」問題はさらなる再編を強いることになるのです。端的には、二番目の勢力が氷解してしまう。現在ではサン・シモン財団も解散しているのですが、要するに「ヨーロッパ連合」に賛成か反対かで、左翼が二分されるようになるのです。社会党、緑の党が賛成、共産党とトロツキスト諸派と、社会党から離脱した共和制至上主義者が反対に回ります。事態が複雑であるのは、右もまた「ヨーロッパ」に賛成か反対かで分裂しているからです。市場の暴走に対抗しうるのは、主権国家であるのか、それとも、アメリカに市場規模で拮抗しうる「ヨーロッパ」なのか、左翼の側のこうした議論が、右翼の側の問題意識と本質的に変わるところがなくなっている。少なくとも「有権者」の目から見たときには、です。実際、ミッテランという社会主義者が熱心に推し進めたヨーロッパ連合にかんして、その憲法条約の案文作成を取りまとめたのは、市場主義者かつ紛れもない右翼のジスカール・デスタンです。そして反対の側では、ド・ゴール主義的フランス至上主義者と左翼共和主義者の選挙協力が実際に行われたりする。その橋渡しをトロツキスト「革命的共産主義者同盟」（LCR）の幹部が行うという事態も、九〇年代末にはありました。レジス・ドゥブレや、道徳的にも厳格な社会主義者シュベヌマンは、共和制護持の立場から、移民問題について右翼と変わらない強硬姿勢を取りはじめる。イスラム教徒女子学生のベール着用問題では「教育の場に宗教を持ち込むな」という、リベラリズムのかけらもない態度を示し、極右とともにフランス国内のイスラム文化に対する嫌悪感を煽ります。いかなる思想的「転向」もともなわずに、こうした現象が出来《しゅったい》しているところに、問題の新しさと難しさが端的に見てとれるでしょう。また、共和主義による左右の接合は、かつて反スタが市民社会なるものの価値を復興させた歴史をどこか彷彿とさせます。ロシアというヨーロッパ辺境の地から到来した激震が、ユーロコミュニズムの構造改革路線を防衛反応として生んだように、イスラムという「外」からの文化的「侵攻」がフランスを左右から「共和主義」に逃げ込ませているのです。

4 今日の「左翼」再編は？

まさに今の話をして、本日の講演の締めくくりにしたいと思います。現下の金融危機に対する左翼の側の動きです。まだ実現はしていないのですが、欧州議会に「ヨーロッパ緑の党」を登場させようという動きがあります。各国「緑の党」の単なる政策連携ではなく、ヨーロッパ単一党の結成に向けた動きです。旗振りはダニエル・コーン＝バンディ。そしてある意味における「目玉」は、ジョゼ・ボヴェたちの「反グローバリゼーション」勢力をそこに入れようとしていること。経済政策は「グリーン・ニューディール」です。そう、アメリカのオバマ新政権と同じです。成功するかどうかはともかく、この新党結成の動きが示しているのは、八〇年代に左翼反対派としてまとまりを見せた勢力が「反資本主義」の看板を下ろそうとしている、ということです。実際、その経済政策立案を任されている人間の考え方は資本主義の「安定」であって「打倒」ではなく、それを各主権国家の政策によってではなく、「ヨーロッパ」という大きな単位でやろうというところにある。各国の農民や失業者、不安定労働者層といった、新自由主義的ヨーロッパの犠牲者のイニシアチブで、超国家的に一種のケインズ主義的な「階級間妥協」を図ろうというものです。そして、この動きが反－「反資本主義」であるのは、もう一方で単純に「反資本主義」だけを掲げた勢力が伸びてきている事実に規定されるところが大きい。先に名を挙げたフランスの「革命的共産主義者同盟」が最近立ち上げた、その名も「反資本主義新党」という大衆政党です。トロツキストにしても、ATTACに結集している旧第三世界主義者などの反グローバリズム勢力にしても、基本的に反「ヨーロッパ」で、二〇〇五年の欧州憲法条約批准国民投票では、「ヨーロッパ連合＝新自由主義」という姿勢を明確に打ち出しました。同条約が新自由主義的であることはたしかでしょうが、フランスにおける批准の否決が、極右との事実上の連携によって果たされた点は見過ごされてはならないでしょう。実際、どうもあまり頼りになりそうにない極右「国民戦線」からトロツキストに乗り換えた有権者も多かったと言われています。とにかく、反新自由主義は現実には「健全な主権国民国家を再建する」という路線と風潮に寄りかかってのみ、選挙における「勝利」を収めている。近年、後者の路線の牽引役である「左翼」共和主義者は、公共性の名による民主主義攻撃に熱心です。六八年以来の行き過ぎた民主主義は市場の放縦と社会的アノミーをもたらしただけである、と。反資本主義（反新自由主義）は反六八年、反民主主義とさえ垣根を低くしているわけです。ここでも、「公共性」を盾に取る共和主義が左と右を媒介している。社民と保守の「体制」本流が推進した「ヨーロッパ」は頓挫しました。つまり「反体制」が勝利したのは間違いない。けれども、いかにも歪《いびつ》な勝ち方です。何より、ヨーロッパ統合の現実には大して歯止めもかかっていないからです。そして「反体制」内の左は、同じ「反体制」内の右と歩調を合わせてしか「階級形成」していない。「体制」という「左翼」にとっての最大の敵との関係においては、その力を、強めたのと同じくらい弱めてもいるのです。私は、ヨーロッパ連合の歩みを遅らせている反新自由主義運動が、反新自由主義の勝利だとはまったく考えていません。

いったい左翼の左翼性とはなんなのか。少なくとも、国家権力を握ることや超国家的政治単位に期待をかけることとはもはや関係ない、ということをヨーロッパ左翼の現状は示していないでしょうか。ヨーロッパ統合の流れを押しとどめられないなかで、仮に反新自由主義勢力が一国の権力を奪ったとしても、国家を相対的に強化する方向によってしかその政策を進めることはできないでしょう。それを良しとする左翼が共和主義に「転向」したと言っても差し支えない。また逆に、ヨーロッパ連合に賭けようとすれば、現状では資本主義の安定を優先させるほかない。端的には、国内労働者の社会的既得権を手放すことです。労働力市場の「柔軟性」を受け入れる、ということ。これは、左翼が率先して呼びかけるような政策なのか。私は悲観的な見通しを語ったのかもしれません。しかし、ヨーロッパ左翼の現状は、資本主義そのものの「革命性」の前に敗北した左翼に、絶望の度合いがあまりに少なすぎた結果のように思えてならないのです。左翼が国家の死滅に取りかかる前に、資本主義が国家を、不可欠の下僕のような地位に貶め、国家は左翼にまで叱咤激励されている。いったい「革命的敗北主義」の精神はどこへ行ったのでしょうか。政治の争点を、ブルジョワジーの側が設定する争点と日程に合わせて計測することに汲々としてきた結果、勝敗の基準まで彼らに明け渡していると思えてなりません。学ぶべきことがあるとすれば、この惨状の直視からはじめるべきでしょう。ヨーロッパ各地で頻発している、若者たちの組織されざる「非政治的」暴動が何より、政治勢力としての左翼のこの惨状を告発しているではありませんか。

〈現代アナーキズム〉あるいは〈実践〉の迷走[*1]

2009.6

『情況』誌はこの五月号でクロポトキンを特集し、六月号の特集はフォイエルバッハ・テーゼでした。アナーキズムと「実践」概念を連続して問題にしたわけです。慧眼な選択をされたと思います。私がこれからお話ししようと思うのは、必ずしも二つの特集号の内容にかかわることではなく、なぜこの二つを連続して取り上げることを私が「慧眼だ」と考えるかである、と予告的にまとめうるでしょうか。そしてそれは、この一〇年あまり私が主としてヨーロッパでかかわってきた、規模としては小さな政治理論誌における私的経験にも関係します。そこから見た今日の左翼政治全般のマッピング、あるいは雑誌の政治的立ち位置を模索する試行錯誤の過程そのものが、今の私に、「アナーキズム」と「実践」は世界的レベルの左翼政治にとって重大問題である、と考えさせている。その過程を今日は極力客観的に、つまり他人にとっても意味のあるよう解きほぐしてみたいと思います。

実を申しますと、私はその雑誌の編集委員ではすでにありません。その名も『マルチチュード』というフランスにおけるネグリ派の拠点雑誌なのですが、昨年の秋に分裂してしまいました。ネグリを含む約半数の人間が編集顧問や編集委員を辞任しました。細かい経緯はどうでもいいのですが、また私はそもそも辞めた側を代表するような人間でもないのですが、私個人の目から見ても、政治理論誌ですから底流にはやはり大きな路線問題があった。雑誌の創刊は二〇〇〇年です。しかし私たちの政治的立場を確定するうえで決定的であったのは翌二〇〇一年であるように思います。路線上意味をもつ、二つの大きな政治的出来事が立て続けにありました。ジェノバ・サミットと第一回世界社会フォーラム（ポルトアレグレ会議）です。この年にはご承知のとおり「九・一一同時多発テロ」も起こっていますが、これは分析の対象になりこそすれ、私たち自身の路線問題に跳ね返ってくるような事件ではなかったと言っていい。ところがジェノバ・サミットと世界社会フォーラムはある種の選択を私たちに強いるものでした。そこに「アナーキズム」と「実践」概念がかかわってきます。

ネグリ派の雑誌ですから、〈帝国〉の概念を主要な時代規定に用いるのですが、今日の話の文脈ではそれも大きな問題ではなく、新自由主義と呼ばれるようなイデオロギーと体制を敵と想定して対抗戦略を打ち出すことが私たちの恒常的な問題意識であった、とだけ理解しておいてください。ジェノバ・サミットと世界社会フォーラムが問題になるのも、この対抗戦略をめぐってです。覚えておられるかどうか分かりませんが、ジェノバ・サミットはいわゆるオルタ・グローバリゼーション運動——

＊1　二〇〇九年六月七日の情況出版株主総会での記念講演。

新自由主義に反対しつつ「もう一つの世界は可能だ」を共通スローガンにする運動——のなかで、少なくともヨーロッパでは、最初に死者を出した点で記憶にとどめられるべき事件です。警官隊の発砲により、デモに参加していた青年が殺されてしまいました。ヨーロッパのオルタ・グローバリゼーション運動の歴史のなかでは樺美智子さんの死にも匹敵する出来事だったと言っていいでしょう。七月のことです。ここで一つ注意しておくべきは、オルタ・グローバリゼーション運動という呼称です。今日ではある程度定着した感もあるこの名前は、当時まだ一般的ではありませんでした。九〇年代を通じて、ヨーロッパでは二〇代、三〇代の若者を中心に徐々に社会運動の新しい波が形成されはじめており、それは必ずしも「~運動」というまとめ方をされていませんでした。ただ、何かが起こりはじめているという意識は各所にあり、「運動の運動」——社会運動に「動き」、大きな地殻変動があるという直感を名前にしたものです——という漠然とした呼び方などがされていたにすぎません。

ジェノバ・サミットぐらいを契機に、ヨーロッパでも「オルタ・グローバリゼーション」という名称が広がっていくのですが、その実態は良い意味で「運動の運動」であり、「オルタ・グローバリゼーション」という個別戦線が存在しているわけではない。サミット反対運動の組織化に中心的役割を果たしたのは、その年のはじめにポルトアレグレで第一回世界社会フォーラムを呼びかけ、成功させたATTACです。トービン税の導入によって金融資本の世界的暴走に歯止めをかけることを目的に設立された団体です。フォーラムの成功に後押しされる格好で、ジェノバ・サミットでデモをはじめとする反対運動組織化の中心になったATTACは、当時日の出の勢いにありました。しかし、デモが荒れ、死者が出るまでになった背景には、それとは別の勢力の台頭があった。それが「アナーキスト」たちです。商店を打ち壊す、警官に投石する、といった行動を、「ブラック・ブロック」というグループの若者たちが、主催者の統制にしたがわずに行った結果、死者が出たのです。そして、容易に想像していただけると思いますが、厳しい分岐が生まれてきます。運動主流のATTACは「アナーキズム」を強く批判して現場での統制を強めようとし、それに比例するかたちで、警察権力ではなく〝身内〟を非難するとはなにごとか、と、対抗勢力が拡大していく。オルタ・グローバリゼーション運動が「穏健な改革派」と「アナーキスト」系に分岐していくことになるのです。「アナーキズム」という名称が運動内部でクローズアップされてくることになるのはまさにジェノバ・サミットのころからです。それまで思想として「アナーキズム」を掲げるグループは、「ブラック・ブロック」など少数派にすぎなかったものの、また、それ以降も積極的にアナーキストを自称するグループは実はそれほどないにもかかわらず、主流派との関係で反主流派全体がなんとはなしにアナーキスト系と括られる傾向が強まっていくのです。路線的、思想的中身をめぐる分岐というより、各国の政府関係者や議員へのロビー活動をはじめとする「制度」への働きかけを重視した文字通りの市民運動か、それとも街頭直接行動か、という手法上の分岐が、公式にはどちらの側からも二つの方針は対立しないと言われつつ、やはり生まれてきます。そして私たちは二〇〇一年に、その両方に対し批判的な距離を取るという選択をしたのだ、と今思い返せば言えるような気がします。一方では、国民国家の諸制度と諸国民国家が作る国際機関を利用して市場をコントロールする路線を批判しながら、他方で運動至上主義とも距離を取る。さしあたり運動至上主義と訳しておいた mouvementisme という語も、二〇〇一年ごろからよく用いられるようになります。かんたんに言えば、私たちはあくまで自己権力の機関あるいは組織を今日政治的に登場させるとはどういうことかを問題にすることで、「改良主義」と「アナーキズム」の両方に距離を取った。雑誌の分裂によりその綱渡りが破綻したわけで、そこから見えてくる問題を、今日は整理してみたいと思います。

現代のアナーキズムを代表する論客と言っていい、人類学者のデヴィッド・グレーバーは次のような対立図式を提示します。

①マルクス主義は、革命戦略についての理論的・分析的言説を形成する。

②アナーキズムは、革命実践についての倫理的言説を形成する。[*2]

アナーキズム思想史を考えるときにこの図式がどこまで正しいのか、私には判断する素養がありませんが、左翼運動の世界的現状についてはよい手がかりを提供してくれると思います。何よりまず、この図式は今日なぜ、アナーキズムを自称する人たちの相対的少なさにもかかわらず、アナーキズムが大きな問題になるかを明確にしてくれる。「理論的・分析的言説」に対立するかぎりでの「倫理的言説」を志向するかぎり、アナーキストは理論的に一貫した分析を提示する必要がなく、「革命戦略」に対立するかぎりでの「革命実践」を追求するかぎり、アナーキストは行き当たりばったりに行動してかまわない、ということになる。アナーキズムを思想や行動原理としてもつ必要さえないわけです。言い換えれば、「アナーキズム的なもの」として括れる範囲を、この図式はいくらでも拡張できる仕組みを内部にビルトインしている。これを私は、必ずしもアナーキズム批判として語っているのではありません。単純明快かつフレキシブルな図式はときとして大きな力を発揮するでしょう。私が問題にしたいのはそのこと、つまりこの図式が力をもった状況のほうであり、グレーバーのように真正アナーキストとして振る舞う理論家は実は非常に「レーニン主義者」である、とさえ思っています。状況にうまく介入しえた、という点においてです。状況から生まれたのは「運動の運動」をめぐる手法上の争いであり、グレーバーの定義はそれをうまく理論化して、分岐を鮮明にしています。

彼ら、特にグレーバーはその「倫理的言説」を補強するために現代アナーキズムにかんする一つの物語を描き出します。発端は一九九六年、メキシコ・チアパスで開催された俗に「大陸間会議」と呼ばれる集まりです。チアパスを拠点にしていたサパティスタ民族解放軍によって呼びかけられた、正式名称をIntercontinental Encounter for Humanity and against Neoliberalismという会議です。会議を機に「大陸を超える抵抗のネットワーク」構築が模索されはじめ、それは九八年にＰＧＡ（People's Global Action）の発足に結実します。司令部をもたず、ヒエラルキーもない文字通りの「ネットワーク」として、ヨーロッパの「アナーキスト」――スペイン、イギリス、ドイツ――のイニシアチブにより成立しました。この「アナーキスト」たちは自覚的なアナーキストと言っていい人たちであったようですが、ＰＧＡに加わったのは、「主義者」では必ずしもない世界各地の運動体です。インド、インドネシア、スリランカ、アルゼンチン、ブラジル、等々から、住民運動団体はおろか農民団体、労働組合まで参加しています。前年の九七年には欧米各地で「¡Ya Basta!」という名称のグループが組織されています。

＊2　高祖岩三郎「『アナーキー』あるいは『実践倫理』の波長域」（『現代思想』二〇〇四年五月号）に詳しい。

サパティスタの国際的支援を直接の目的とする、これもネットワーク組織です。九六年から九八年まではサパティスタの国際戦略がみごとに成功した時代です。それによって「反新自由主義」を旗印にした運動に一つの明確なイメージが世界的に——まだ運動内部のことですが——できあがったのです。今日、『〈帝国〉』の著者たちや「マルチチュード」といった言葉に結びつけて語られることも多い、「ベーシック・インカム」や「グローバル市民権」といった主張も、実は「¡Ya Basta!」がスローガン化した路線の借用です。九九年にシアトルでのWTO閣僚会議が街頭示威行動によって流会に追い込まれるという「シアトルの反乱」が、一連の動きの頂点をなすでしょう。そのときには世界各地のいわゆるNGOとならんで、数々の「アナーキズム」集団も登場することになります。しかし当時、反新自由主義運動の全体の質的特徴づけについては、まだほとんど行われていなかったと言っていい。共通の敵としての「新自由主義」や「グローバル資本主義」といった名称についてはようやく人口に膾炙するようになっていました。しかしサパティスタは多分に民族解放闘争の現在形や進化形として語られていましたし、「反グロ」運動には環境保護団体や労組などもなだれ込みはじめており、市民運動の寄り合い所帯的な様相も呈している。グループとしての「アナーキスト」はその中のごく少数派にすぎなかった。つまり運動の新しさについてはイメージ先行で認知されていたものの、理念的・路線的ヘゲモニーはどこにもなかったと考えるのが正確なところだと思います。その点を裏側から証明しているのが、二〇〇〇年に刊行されたネグリとハートの『〈帝国〉』の世界的ベストセラー化です。この今生起している事態はなんなのかをめぐる欲求不満に、それはまがりなりにも応えたわけです。この書物の歴史的意義は何よりもまず、そこにある。そこだけであってもかまわないくらいです。

二〇〇一年とは、反新自由主義運動の高まりと、そこでのヘゲモニーの不在状況を前提に、運動内部でまさにヘゲモニー闘争が開始された年ではなかったでしょうか。一方ではアジア経済危機に典型的に見られる金融資本の世界的暴走を食い止める装置として、主権国民国家をもう一度位置づけ直そう、とりわけ第三世界において、それを健全なかたちで再建しようという方向性が明確になってきます。この年にノーベル経済学賞を受け、前年まで世界銀行副総裁を務めていたジョセフ・スティグリッツが、俗に言う「ワシントン・コンセンサス」の強力な批判者に転じたことも、この方向性には大きな後押しとなりました。IMFとウォール街とワシントンの高級官僚の結託が、「反グロ・反新自由主義」運動の象徴的ターゲットとして浮上してくる。そこに直接の打撃を与えるためには、「弱い」諸国の政府レベルでの団結がカギになることはいわば自明で、世界の民衆が金融資本と世界化された生産資本に対抗するときには結局のところ主権国民国家を媒介にするしかないではないか、という図式が世界的に広まっていきます。フランスでATTACやいわゆる人権団体を育ててきた元「第三世界主義」者たちは、だいたいその方向に流れ、社民勢力や緑の党をなんとかそこへ巻き込もうと努力します。世界社会フォーラムの開催は、その成果だと言ってもいいでしょう。二〇〇五年には、彼らはヨーロッパでEU憲法条約に反対し、健全な国民国家を守ることが「新自由主義」に反対する最大の鍵になるという主張をいっそう明確にしていきます。

その対極で強まっていくのが、反新自由主義運動におけるヘゲモニー不在状況をそのまま新しい傾向として肯定しようとする主張です。私は、それが現代のアナーキズムをもっとも大きく規定する要因なのではないかと考えています。グレーバーが語る現代アナーキズムの生成史はいわば強いられたアナーキズムの歴史です。「大陸間会議」の正式名称を見ても分かるように、「新自由主義」と「人類」を対照させせなければ成立しないぐらい運動の公約数は大きい、つまりその内実は雑多です。反新自由主義のまさに「反」によってのみ、ネットワークは拡大した。先ごろ邦訳が刊行されたジョン・ホロウェイの『権力を取らずに世界を変える』も、その点を理論的に肯定しようとする書物です。九〇年代の後半から二〇〇一年にかけて、運動がまさに「指導理念」が不在であることによって拡大した事実を、現代版アナーキズムへと読み換えようとする。人が支配に「反対する」というミニマルな原理ならぬ原理を、それは「哲学」にしようとしています。「反」だけでかまわないのだ、という主張です。極言すれば「正」も「合」も必要ない、と。だから私としては、そのタイトルが意味しているのは、「正－反－合」の「合」である「権力」を問題にせずに運動が拡大したという事実の模写であろうと考えています。ホロウェイが〝使っている〟アドルノの否定弁証法は哲学的な粉飾にすぎない。つまり、九〇年代後半の歴史と離れたところで同書の思想性を云々しても致し方なかろうと思うわけです。そしてその歴史こそ、権力を忌避するアナーキズムを可能にする、あるいは強いるものであった、と。つまるところ、このアナーキズムは資本の側のアナーキーを裏側から描写しているのではないか、と。

実際、一つのキーワードを運動の側と資本の側は共有しています。それが「ネットワーク」です。司令部がなくヒエラルキーもないがゆえに拡大可能であるという性格を、運動の側は「反対する」という理念の拡大に、資本の側はビジネスチャンスの拡大に利用しようとしてきた。そして実際、その両方をインターネットの爆発的な拡大が成功に導いた。リアルタイムで世界が一つに結びあわされるにいたったがゆえに、短期資本の移動はそれだけ巨額の利益を生むようになり、また、そこで用いられる金融工学の中身は不確定な情報を処理する数学であって、ネットワーク技術と文字通り隣り合わせです。そしてサパティスタがいかにうまくインターネットを使ってきたかは、数々の論者が指摘してきたとおりです。いわば「犠牲者」も「加害者」も、同じ土俵のなかでそれぞれ一体に結びあわされて成長している。ネグリにたいしても、よく「後期資本主義のイデオローグ」だとか、マルチチュード概念は市場の鏡像にすぎないとかの批判がありますが、世界的な「反システム運動」（ジョヴァンニ・アリギ、イマニュエル・ウォーラーステイン）が今日、「システム」とともに育っている事実をまず押さえておくべきでしょう。つまり市場の鏡でないような運動は今日、世界的には拡大しえないだろうし、実際、「現代アナーキズム」は市場とともに成長した。「システム」がそれへの反発を広汎に惹起する以上に、「反発」が「システム」と同じシステムを使ったのです。アメリカ史に引き寄せて述べれば、九〇年代、ビル・クリントン政権下のアメリカはニュー・エコノミーとマルチ・カルチュラリズムの時代であったと言えるでしょう。産業資本主義からの構造転換をいち早く成し遂げ、同時に情報ハイウェイ構想により国家主導で光ケーブルを全米に張り巡らせ、新しい資本主義は不況をほんとうに克服したのではないかという幻想が広まった時代は同時に、いわゆるマイノリティ――人種的、性的、等々――の権利を社会的に擁護することが政治課題として定着した時代でもありました。北米大陸は反新自由主義運動にとっても資本の国際移動にとっても「ハブ」的な役目を大きくしていきます。こうした事態はまさにコインの表裏だったわけで、反新自由主義運動のネットワーク状の拡大が資本主義の新しいあり方と似ていることは、批判の対象にすべきかどうか以前に単なる事実として承認すべきことであると思います。

私は新自由主義あるいは世界資本主義の現状が国民国家を「乗り越えた」などと主張するつもりはありません。七〇年代後半から八〇年代に新自由主義の実験場となったピノチェト政権下のチリで、シカゴ学派の新自由主義が文字通り「上から」、つまり国家権力を通じて導入されたことは周知のことですし、八〇年代にイギリスにおいてサッチャーが、アメリカにおいてレーガンが国家主導で国家と市場の関係を変えたことが今日の世界経済を方向づけた点も間違いない。そしてその点が、一八世紀の古典的自由主義と現代の新自由主義を決定的に分かつことにもなります。成長しつつある市場にいわば「手を出さない」、そして「より少ない統治」を目指すことが古典的自由主義だったとすれば、新自由主義は理想的市場、経済学的な「完全市場」を実現するために積極的に介入しようとしますし、ゲームの展開をたえず見張りながら、異物を排除したり市民をゲーム参加者として教育したりすることを国家の新たな自己像として求めます。つまり現実をどう見るかについて、古典的自由主義と新自由主義は正反対だとすら言っていい。オプティミズムとペシミズムです。これについてはフーコーが、第二次大戦後のドイツ経済の復興政策と七〇年代のフランスとを関係づけながら説得的に議論しています。新自由主義的な世界資本主義は国境をやすやすと越えるけれども、国家については超えるどころか重い役目を与え直していると考えたほうがいいでしょう。その最たるものが、著作権・特許権管理です。知的生産物を商品として成立させるためには、国家と諸国家の連合体が〝権力をもって〟それを保護・強制するほかない。

とにかく二一世紀の冒頭に、世界を舞台として三つの勢力が登場人物として出揃ったことになります。反新自由主義運動をオルタ・グローバリゼーション運動に変貌させつつあった自然成長的な「運動」勢力。グローバル資本主義の当事者中の当事者である「資本」。そして役目を変えた「国家」群です。私はあえて現象的でおおざっぱな分類を行っていますが、それは一つのことを際立たせるためです。今日、ソヴィエト的なものはどこでどのように育つのか、という問題です。九〇年代後半以降の同時代史を振り返ってみるに、オルタ・グローバリゼーション運動は壮大な、意図せざるソヴィエト運動だったのではないか、と私には思えるのです。そして「アナーキズム」という呼称と自覚的アナーキストの台頭は、その徴候とみなすべきではないかと。だからこそ、肯定しかつ批判的に介入すべきではないのか、と考えている次第です。資本の世界化と手をたずさえて運動が拡大したことは、その傍証です。ソヴィエトは資本と労働の攻防現場で発生する。たしかに「ネットワーク」は物的生産の現場ではないように見えます。つまり直接的生産過程を覆う外皮のように。しかし「ネットワーク」のおかげで直接的生産過程は文字通り世界化を果たし、資本は世界の不均質性そのものを金融工学的に利潤化することができている。世界経済の生産性を生産しているという意味で、「ネットワーク」はまぎれもなく工場の役目をそれ自体で果たしています。知識が富を生むのであれば、「ネットワーク」も富を生んでいるはずです。マルクス経済学も近代経済学も「技術」を生産過程の外生要因として扱ってきましたが、国家的制度のおかげで今日、技術はそれ自体で商品になっている。利潤化しうる知識はほとんど知的ネットワークの活用から生まれています。マルクスは『経済学批判要綱《グルントリッセ》』のなかで人類の「一般知性 general intellect」について語っていますが、それを今日、広義の「ネットワーク」がほぼ実現していることは正面から見すえたほうがよいと思います。ただし、バラ色のネット社会を語るためではなく、階級闘争の現場を見失わないためです。

一見して、ただ諸団体を理念なしに横につなげていっただけに見える九〇年代後半からの反新自由主義運動は、ある意味では生産点の自主管理運動だったわけです。実際、ネットワークを通じて知的生産物の共有を拡大しようというクリエイティブ・コモンズの運動は運動の重要な構成部分です。先住民族の運動体であるはずのサパティスタ民族解放軍でさえ、知的生産物への自由な、つまり無償のアクセスをスローガンに掲げています。国家的制度のおかげで商品になっている生産物の「使用価値」を、現代のソヴィエト運動もまた無償化して「労働者」の手に取り戻そうとする。日本ではあまり強調されてきませんでしたが、ネットワークにソヴィエト運動を見る視点は、ヨーロッパでは六〇年代から七〇年代にかけての街頭闘争の経験とダイレクトに結びついています。イタリアやドイツでは、街頭や空き家の不法占拠は「自律空間」の創造と呼ばれ、社会全体の工場化として把握された後期資本主義の時代における「自主管理」闘争と位置づけられました。日本的コミューン思想のヨーロッパ版かもしれませんが、反近代主義ではまったくなく、あくまでも現代版ソヴィエト運動だったと思います。各地で自由ラジオや不法占拠闘争を担ってきた運動から、新しいアナーキズム思想も生まれてくる。背景には完全に斜陽化して、恒常的に二桁を記録するようになった失業率——特に若年失業率は三〇パーセント近くにも達した——があるでしょう。失業者たちによる無賃乗車や白昼堂々の「泥棒行為」の組織的運動化も行われました。七〇年代からこうした直接行動をともなう「自律」運動をヨーロッパで展開してきた流れが、九〇年代末に、先述した「¡Ya Basta!」を各地で作っていくことになるのです。つまりイタリア的文脈ではアウトノミア運動は「労働者主義」という戦後議会外左翼における前史をもっているものの、ドイツの「アウトノーメ」やその他イギリス、オランダ、ベルギー、フランスなどでアウトノミア系、アナーキズム系と呼ばれる運動は「六八年の子どもたち」ぐらいに考えたほうがよいと思います。九〇年代の前半は、ヨーロッパ各地で若年失業者たちが「職を寄こせ」ではない方向、つまり既存の労働運動を離れる方向に運動を急速に旋回しはじめた時期であり、それが反新自由主義の運動にとって大きな素地となります。言ってみれば、国家権力の奪取はおろか職の確保を目指していてはとりあえず今日明日生きていけない人口が大量に社会に滞留したことが、自称・他称のアナーキズムを拡大した。そしてそこへ、かつての街頭闘争の経験が受け継がれた。

私は、であればこそ、グレーバーのように「革命実践についての倫理的言説」としてアナーキズムを思想化することに反対なのです。

革命ないし政治の実践を倫理と結びつけることには実のところ別の現代史がかかわっています。マルクス主義の後退です。マルクス主義は言ってみれば、理論と実践の一致を旨とする教義だった。この一致をどのように理解するか、ほんとうはそれほど簡単な問題ではないのですが、「応用」や「適用」というふうに機械論的に理解するにせよ、「弁証法的」と言ってすませるにせよ、さらには別のロジックを組み立てるにせよ、理論と実践の一致こそマルクス主義の生命線でした。その後退により、左翼は、あるいは様々な「運動」を意識的に組織しようとする人々は、実践そのものに逃げ込むほかなくなった。革命に代わって「抵抗」という言葉が多用されるようになりました。反新自由主義運動も、世界的に「抵抗運動」と呼ばれています。様々な運動が抵抗の実践として、それ自体として、つまりそれを導いたりコントロールしたり、そこに意味を与えたりする理論なしに、正当化が試みられはじめた。フーコーの権力論は抵抗の可能性を排除する傾向があるからダメなのだ、とか、ネグリのスピノザ論は抵抗の存在論だからよい、とか、現代思想の領域のなかでも言われたりしました。マルクス主義の内部でも、人々の文化的営みに抵抗の実践を読み取るカルチュラル・スタディーズがイギリスからはじまり、アメリカでもマルクス主義の文化論的転回 cultural turn が口にされ、ポスト・マルクス主義と呼ばれる傾向の人たちは、グラムシのヘゲモニー概念を復権させて、「実践」を「経済による最終審級における決定」から救おうとした。つまり、実践を理論との一致のくびきから解放して、独立した理論化を図る傾向が強くなっていったわけです。簡単に言えば、「実践の哲学」が淡いけれども広範な流行となった。そしてそれが「倫理」と結びつく。哲学史的には当然のことなのですが――カントを想起してみてください――、理論的な理性から切り離された実践は、私はどうあるべきか、いかに行為すべきかをめぐる規範問題に帰着するほかない。抵抗の不在を指弾されたフーコーも、晩年に「倫理」を問題にしたことにより、英米では左翼思想のなかに復帰が認められるようになる。英語圏の活動家と話していて感心したことがあるのですが、彼の語彙使用法では、労働組合の経済闘争以外の社会運動はすべて「倫理的」闘争と一括されていました。経済闘争と政治闘争と言う代わりに、経済闘争と倫理的闘争と言ったわけです。倫理というカテゴリーにより、マイノリティの文化を自分たちで守りながら創造していく活動、自律空間を作り出す運動、そして政府に法律を作らせたり変えさせたりする活動を連続的に捉えている。倫理という語のこうした使い方は、日本の運動史において「倫理主義」と言われるものとはかなり違います。日本において左翼の「倫理」を代表するものが「血債の思想」だとすれば、欧米における「倫理」の典型は、同性愛コミュニティやパンクスたちの「ライフ・スタイル」志向でしょう。独自の生き方、あり方を「抵抗運動」のなかで模索するといった意味合いです。新しいアナーキズム思想は、それを集団的意志決定の作法として抽出しようとする。なにを決定するか——What問題——よりも、いかに決定するか——How問題——のほうに重点を置く。そこでの「実践」とはつまり決定プロセスのことです。グレーバーが人類学者であることは偶然ではないでしょう。いわゆる未開社会には、このプロセスの範型になるようなもの——権力機構を産まないプロセス、戦争を回避するプロセス——が多く見いだせる。

では、なぜ私は「倫理」に反対するのか。「血債の思想」についてはとりあえず脇に置いておきます。私が倫理主義としてのアナーキズムに反対するのは、新自由主義的な国家もまた同じ意味において倫理的存在たろうとしているからです。国家が説くモラルと民衆の倫理は違うと言ってみたところで、理論的なものから離れたところに場を確保するかぎりでは大差はないでしょう。決定プロセスのあり方を重視するところでも、両者は似ています。今日の国家に期待される役回りは、フランス大統領サルコジの言葉を使えば、市場の道徳化です。つまり価格決定プロセスから「不正」を排除する。対テロ戦争が当初「無限の正義」作戦と呼ばれたことも記憶に新しい。それは無限である、つまり「正義」の内容は問題ではないわけです。カントが論証したように、倫理は最終的に、どの規範が正しいのか、規範の内容に踏み込んで述べることをしません。それはただ、普遍的な次元を参照して行為するよう求めるだけです。政治的にはコンセンサスを得ることが目標になる。どんな生のあり方を追求してもかまわない、ただ他人とのコンセンサスを得るよう努力せよ、と倫理化された政治は求めます。その点ではグレーバーのアナーキズムも「市場の道徳化」も「無限の正義」も同じなのです。

「コミュニケーション的合理性」を求めると言ってもいいでしょう。つまり、倫理に還元された政治では、いつまでたっても新自由主義と非和解的になることができないのではないでしょうか。ネットワークを資本と競いあうように利用して拡大してきた運動が、倫理的実践に帰着したとたん国家に頭を垂れる、あるいは足を掬われては、ソヴィエト運動が小さな政府の国家社会主義と見分けがつかなくなります。これは戯画的な言い方ですが、要するに倫理もコンセンサスも、それ自体としては肝心の私的所有権を問題にすることはありません。現代のアナーキズムはかろうじて、ネットワークと知的財産の「公共性」については問題にしました。しかし「公共性」とはあくまでも「私性」、「プライバシー」とワンセットです。公共性を口にすればするほど、プライバシーは尊重されねばならない。倫理の問題性はそれに似ています。決定プロセスを重視すればするほど、何を決定するかはどうでもよくなっていく。そして決定できない事態にたいしては、それは無力です。

しかし、資本と手をたずさえて大きくなってきた自然成長的「運動」は、資本との非和解性を国家との非和解性として表現することでしか、それ以上大きくなれない地点に到達するはずです。いわばネットワークの簒奪競争を「運動」と「資本」はやってきたわけで、「資本」は「国家」を使って、ネットワークを「市場」的なものに整備しようとする。NPOであるNGOしか、生き残れないようにしていくわけです。倫理はこのとき、それにしたがうほかありません。倫理的には、弱者、敗者は「救済」の対象になりこそすれ、卓袱台をひっくり返すようなマネは是認されないでしょう。かつてマルクス主義は「論理」により、この転覆を正当化していたわけですが、論理から自立してしまった倫理に、つまりWhatを捨てHowに賭けた「実践」に、少数者の「暴力」を是認する力はもはや残っていない。かろうじて、彼らの「暴力」が発する声に耳を傾けよ、と倫理的に説教するぐらいです。つまり国家も倫理的に糾弾されるだけで、国家の側は謝罪と居直りを繰り返しておけばいい。倫理的主体として存続を容認されているからこそ、糾弾もされる。倫理主義は偽善を発見し、告発しますが、それ以上のことはできないでしょう。現代アナーキズムによる「理論」と「倫理」の区別はどこか、政治革命と社会革命というかつて強調されたこともあった区別を彷彿とさせます。ひたすら権力奪取を目指す政治革命路線が一種の空転に陥り、先細りすることで、社会関係という次元の独自の存在性格をクローズアップさせたことはご承知のとおりです。しかし私たちは八〇年代、好景気に沸く資本主義そのもののほうがよほど社会関係に「革命」をもたらすという事態に唖然、呆然としなかったでしょうか。その一〇年後、「倫理」をめぐって世界的に出現した現象は、世界のほうが私たち日本の運動経験を後追いしているように思わせてくれます。

昨今の経済危機は、良かれ悪しかれ、左翼政治を「倫理」の世界から追い立てる効果をもつでしょう。倫理世界の自立性、言い換えるなら政治的なものに独自の思考領域を割り振ることで人々の自律的「抵抗」を守ってきた考え方は、食べること、生きていくことの急迫を前に急速にしぼんできているように見えます。

そして新たな路線分岐も生まれてきた。二〇〇一年には、私たちは言ってみれば「アナーキズム」に勢力地盤を見いだしながら、国民国家再建路線を批判し、その批判の中身によって「アナーキズム」に権力問題を提起するというようなスタンスの取り方をすればよかった。反グロ運動主流派の「穏健改革路線」よりは君たちのほうが正しい、ただし、「ネットワーク」を自己権力に育て、私的所有権の専制を守る国家と衝突するところまで行かなければ、倫理的国家に負けてしまう、それが『マルチチュード』という雑誌のなかで次第に成立していった事実上の方向性だったと思います。ところが、その勢力地盤だったはずの「運動」が危うくなっている。マクロな経済政策をもたないことを潔しとするアナーキズムの弱点が、経済危機の到来とともに一挙に露呈し、運動の発展速度にブレーキをかけはじめたようにも見えます。『マルチチュード』誌の分裂もそこにかかわってくるのですが、まさに現在、運動的に〝勢い〟があるのは、抵抗をネットワーク状に拡大していって「もう一つの世界」を求める広義の「アナーキズム」よりは、グリーン・ニューディールに期待を寄せて、資本主義の道徳化ならぬエコ資本主義を目指す方向性と、反資本主義の一点を強調する勢力です。私はニューディールについては単純に、今日もはや不可能であろうと思っていますが、それについては今日の主題ではないので簡単に次の点だけを指摘しておきたい。階級間妥協としてのケインズ主義がうまく機能するためには、ケインズの言葉では「金利生活者の安楽死」が必要です。彼らが金融市場に攪乱要因をもち込むことを、ケインズはとても警戒していた。しかし、ケインズの時代の「金利生活者」は、今日では実は給与生活者の全員です。年金制度や様々な保険を通じて、給与生活者は誰もが「資金」を提供している。そして、バブル崩壊のツケは彼らが今度は「納税者」として支払わされるのです。今日のケインズ主義は、全員が生きるためには全員が死ななくてはならないというジレンマを抱えているわけです。それが大げさでも、景気浮揚のためみなさんの将来の消費を食いつぶさせてくれという要求を、今日のケインズ主義は行わねばならない。この食いつぶしは景気浮揚に逆効果を及ぼさずにはいないでしょう。投資の乗数効果が産業資本時代とは比べものにならないくらい小さくなっているのは周知のことですから。

反資本主義新党（NPA）については、日本でも注目する向きもあるようです。トロツキズムの革命党派、革命的共産主義者同盟（LCR）のイニシアチブにより、この二月に正式発足したばかりですが、すでに党員数は一万人ほどを数えます。発足にともないLCRのほうは解散しました。またLCRが第四インターに加盟していたのに対し、NPAは非加盟で、あくまでフランスの大衆政党たる道を選びました。二〇〇七年の大統領選挙でLCRの若い候補、オリビエ・ブザンスノーが一五〇万票を集めたことをきっかけに、結成に向かいはじめた。彼らも反新自由主義運動を勢力地盤として成長してきた、と言ってよいでしょう。「社会的闘争」と「エコ社会主義」が二大スローガンです。LCRのよく知られた理論家、ダニエル・ベンサイードが書いていることを読むと、大きな特徴が二つ認められます。まず、「運動」と「政治」という分け方をしている。これまでのような社会運動一本やりではダメで、個別課題を軸に集まって活動する「運動」に基盤を置きつつも、「政治」を行う集団が必要なのだ、という言い方です。「運動の運動」に「政治」をやろう、と呼びかけている。つまりオルタ・グローバリゼーション運動の「アナーキズム」にたいし、明確にその政治性を否定したわけです。「社会的闘争」という言い方は、一方で私たちは依然として様々な社会運動に軸足を置きますよ、という意思表示ですが、NPAは、しかし他方「エコ社会主義」という共通政治目標を掲げて議会に打って出るところに私たちの「新しさ」があるのだ、というスタンスを取っています。反グロ系活動家を国内政治に動員しようとしている、といったところでしょうか。もう一つの特徴は、現在の経済危機をめぐっては、あくまで「雇用の権利」という方針を強調していることです。当たり前ではないか、と思われるかもしれませんが、これは反グロ系の失業者運動や非正規雇用者の運動とは一線を画す、という宣言だと受け取られています。こうした運動はこれまで、「完全雇用」体制を目指すかのような労働運動に見切りをつけ、「収入の権利」を求めてきたからです。そのベースには、資本主義の現状はもはや労働者に雇用機会を保障することはない、という認識があります。ベンサイードの理屈では、「雇用の権利」を掲げることで所有権問題を提起するのだ、ということになっているのですが、これは勢力基盤として、雇用の危機にさらされている正規労働者に期待をかけていることの裏返しでしょう。つまりNPAは活動家の供給母体として「社会運動」に狙いを定め、選挙における票については労組経由で社会党や共産党を支持する人々に期待する、という意図が読み取れるのです。

単純化してしまえば、エコ資本主義とエコ社会主義が、この一〇年来続いてきた「運動の運動」の多分にアナーキズム的な拡大の成果を奪い合っている。「エコ」という冠はほとんど、目を「運動」に向けているという看板のようなものです。これはフランスのローカルな状況にすぎないかもしれませんが、私にはとても徴候的なように思えます。アナーキズムの波は、権力の受け皿となる前に、ひとまず去ったのではないか。エコ資本主義路線にしてもエコ社会主義路線にしても、国家に何をさせるかという問題です。アナーキズムとともに押し流されるのは、倫理的な「いかに」問題だけではありません。ケインズ主義は国民経済ごとの自立を求めますし、雇用の確保を優先する社会主義は移民問題に目をつむるほかないでしょう。その点に敏感に反応してなのか、南米の反グロ系グループのなかからは極めて挑発的に、「北」の運動は我々に連帯して「世界の南化」をスローガンにせよと主張する人々も出てきました。世界的な富の再分配問題に、国民国家は応えることができない。私としてはこの再分配問題が、新しいアナーキズムの火種になることを期待しています。

第IV章

ランシエールの傍で

語る「私」をめぐって「階級闘争」がはじまる

2005.9

Verkehrung（転倒／逆転）の冒険
――ジャック・ランシエールの政治的存在論

『マルチチュード』二二号（二〇〇五年九月）に掲載された。九号に続き、二度目の「マルチチュード の政治哲学」特集である。一度目の特集（本書第II章所収の「いくつかの存在論的空虚について」に付された「まえがき」を参照）が編集委員会における活発な議論を経て作られたのに対し、この二度目はフランソワ・マトゥロンを中心に、ほとんどひっそりと編まれた。彼はこの特集に、その後エチエンヌ・バリバールから絶賛されることになるアルチュセール論を寄稿している。[*1] 特集には他に、二つのフーコー論（ブリュノ・カルザンティ、マウリツィオ・ラッツァラート）、スピノザ論（ローラン・ボーヴ）などが含まれている。その少し前から、編集委員会のなかでは、様々な経緯が重なり、まともに議論することが難しい状況になっていた。特にEUをめぐっては、おおむね推進の立場でまとまっていたとはいえ、反対派の離脱もはじまっており、雑誌を維持するためにはむしろ議論を避けたほうがよい、という空気さえ漂っていた。だからマトゥロンがほぼ一人で執筆陣を決めることで特集は成立した、と言っても過言ではない。要するに「お任せ」だったのである。

私にとっても、この論文は、「マルチチュードの政治哲学」を共同作業により練り上げるのとは異なる次元で、強い思い出を残すことになった。私はこれを、主に二人の読み手を念頭に置いて書いたのである。一人はランシエール本人であり、もう一人は彼に非常に近しく、当時私とも親しかった哲学者である。彼女は編集委員ではなく、むしろランシエールやバディウの立場から、「マルチチュード」路線全般に対し強い疑問を投げかけていた。雑誌読者のメーリングリストでは、彼女が投稿すると議論が過熱した。「荒れる」ことさえあった。私はランシエールの元指導学生であったから、彼女からは個人的にもいろいろと「問われて」いた。彼女の「ポスト・アルチュセール主義」からすれば、アルチュセール以前に戻っているように見えるネグリ主義に与し、なおかつアルチュセールその人を今なお肯定的に読もうとする私とフランソワ・マトゥロンは、ほとんど不可解な人間であったらしい。それでも、私が彼女の著書（デカルト論）について『マルチチュード』に書いた書評論文には、彼女もある種の「理論的納得」をしたらしい。「ポスト・アルチュセール」的問題関心がどう「マルチチュード」的なそれとつながるのか分かった気がする、という感想を書き送ってくれた。そこで私は、特集を機にランシエールを正面から取り上げ、同じつながりと差異をよりはっきり示そうとしたのである。

ところが今度は、彼女は納得しなかった。私の論文は言ってみれば、ランシエールとネグリを比較対照するため、土俵としてアルチュセールをもってくるという仕掛けを施している。アルチュセール

＊1　アルチュセールの「マキァヴェッリと私たち」（『哲学・政治著作集』第二巻、市田良彦ほか訳、藤原書店、一九九九年、所収）が一冊の文庫本になるにあたって、マトゥロンのこの論文（「『やがて他の名前で呼ばねばならず、おそらく政治と呼ぶべき諸問題』――アルチュセールと政治の位置づけ不可能性」。『やがて…』というフレーズはアルチュセールの草稿からの引用である）が「解説」として付され、バリバールが全体の「序」を書いた。Louis Althusser, *Machiavel et nous*, Tallandier, 2009.

を「存在論」化するという手続きを媒介にして、ランシエールとネグリを接近‐対峙させたのである。それは結果的に、ランシエールをアルチュセール主義の磁場に連れ戻すことにもなった。ランシエールは、『アルチュセールの教え』（邦訳、航思社、二〇一三年）においてアルチュセール主義との断絶を表明したにもかかわらず、「存在論」的には断絶していなかった、と言ったようなものである。そのことが彼女には受け入れがたかった。政治的で理論的な断絶をなかったことにする「存在論」とはなに？　至極当然の問いであろう。私としては、その「存在論」がランシエールとネグリの差異を明らかにしてくれる、と示せれば論文としては十分と思っていたのだが、たしかにランシエールとアルチュセールの断絶についてどう考えるか、「存在論」はそれについて何を言えるかまでは述べなかった。いや、断絶などそう簡単にできるものではない、と強く示唆する議論として、「存在論」を使ったのである。「存在論」がスピノザ的一元論であるかぎり、それは当然の帰結ではあるのだが、一元論はたしかにすべてを「闇夜の黒牛」にするようにも見える。内在性の哲学と言えば聞こえはよいが、その土俵における政治的差異とはなんであるのか、問題はまるごと残っている。

しかし、ランシエールの反応は違った。「面白い、笑った、楽しんだ」。特に『資本論を読む』に寄稿した彼の論文（哲学者としてのデビュー作である）の扱い方を、彼は評価してくれた。その論文ではマルクスの難点として扱われていた「曖昧語法 amphibologie」を、肯定的なものに反転させる理論的営為として彼の哲学全体——アルチュセールとの断絶後に形をなす——を読む、という私の企図を、彼は純粋に面白がってくれたようである。もっとも、彼の様々な著作からキー・フレーズを散発的に抽出して強引にパッチワークするやり方は、本人が読めば「楽しく」ないはずはない。彼は自分が同じ概念（「非‐場 non-lieu」）をまったく正反対の意味で用いていたことも、このパッチワークによって気づいたろう。それはたしかに、著者を篭絡するための「作戦」という一面をもっていた。もちろん、全体の構図には彼もまた「頭に来た」だろうが、「頭に来る」ようなものを書いているという自覚があったから、面白がらせようという気持ちも強く働いた。とにかく、論文は二人の想定読者に宛てた私からの一種のラブレターであった。そのような個人的な熱を、書いている私はたしかにもっていた。「ランシエールとネグリ」というテーマは、それほど当時の私には切実だったのである。ラブレターを送った一人からは「振られ」、もう一人からは「諾」の返事をもらうという結果については、論文における「存在論」の立ち位置――断絶はあると同時にないと語る――と妙に符合している気もして、私もまた大いに「楽しんだ」。しかし言うまでもなく、断絶があり、かつない、という事態の維持に含まれる緊張感は、それ自体として楽しいわけがない。そのこともまた、論文は実体験させてくれることになった。ランシエール‐ネグリ‐アルチュセールの三角関係に、私‐女性哲学者‐ランシエールのそれがもつれ合い、「我々の政治哲学」はその後もずっと混沌としている。それでも、「存在論」がストレートに「政治」を導くよりはましだろう。そのストレートさは「スターリン党の存在論」でしかない、と「我々」はみな知っているのだから。

ジャック・ランシエールにとって、トニ・ネグリの著作はフォイエルバッハ的人間学への回帰以外の何ものでもない。経済的なもの、政治的なもの、美的なものを人間的本質の疎外へと還元し、闇夜の黒牛のごとく見分けのつかないものにする、というのである。[*2] 同じく彼にとって、ジル・ドゥルーズの著作は詩的なものでしかありえない。「存在をめぐってマルチチュードの呪文を唱えるだけで、どんな政治的正義にも向かわない」[*3] からである。存在論そのものは、『不和』[*4] が定義する「政治哲

＊2　Jacques Rancière, « Peuple ou multitudes ? » (entretien avec Éric Alliez), *Multitudes*, n° 9, 2002.（ジャック・ランシエール「人民かマルチチュードか」鈴木康丈訳、『現代思想』二〇〇三年二月号）

学」の三分類――原政治 archi-politique、準政治 para-politique、メタ政治 méta-politique ――のなかで場を与えられていない。あまりに漠然としているからだろうか。存在論を政治哲学とみなす立場がマイナーすぎるからだろうか。それとも、ランシエールにしたがえば民主主義のアナーキーな事実性を否定したい「政治哲学」一般と、存在論を同一視すべきなのか。この事実性を否定することで政治そのものを否定し、政治とポリスの差異を抹消しようとする「政治哲学」一般の名前が、存在論であるのだろうか。

存在論的転回あるいは *Verkehrung* の「曖昧語法」

しかし『不和』には、ある歴史的に限定された意味において「存在論的」なテーゼがある。「政治が存在するのは、たんに貧者が富者と対立するからではない。むしろ、政治が(…)貧者を実体として存在させる、と言わねばならない」[*5]。「部分は部分が名指す抗争以前には存在しない」[*6]。これは、一九七三年のアルチュセールのテーゼが「存在論的」であるという意味において「存在論的」である。「階級闘争と階級の存在は一つの同じことがらである。『社会』のなかに階級が存在するためには、社会は階級に分裂していなければならないが、この分裂は事後的に起きるのではなく、一階級による他の階級の搾取、すなわち階級闘争が、階級分裂を構成する。(…)階級闘争をはじめに置かねばならない」[*7]。階級に対する階級闘争の優位というテーゼを、アルチュセールはその後けっして手放すことがなかったが、ランシエールも一九六九年にすでに、旧師の名高いイデオロギー論を攻撃するため、同じ優位をもち出している。彼はこう書いていた。「[アルチュセールにあって]イデオロギーの概念は、階級闘争を介在させることなく、その一般性において定義可能である」。「人類の歴史は階級闘争の歴史であると宣言しておきながら、社会的凝集性一般を保証するような機能をイデオロギーに割り振ってよいのか」[*8]。「生きた労働」という青年マルクスの人間学的実体は、「ネグリ主義」においてしばしば存在論的な先行性をもっているかのように語られるものの、ネグリが典拠とする『経済学批判要綱《グルントリッセ》』のマルクスを正確に読めば、それは階級間の「敵対関係」に先立たれている。「生きた労働は、固有の現実的諸要素を捨象されている。どんな客体性も奪われてまる裸にされてしまうことが、労働を純粋な主体性として成立させるのだ」[*9]。マリオ・トロンティによる「コペルニクス的転回」も、同じ意味

＊3　Jacques Rancière, « Deleuze, Bartleby et la formule littéraire », *La chair des mots*, Galilée, 1998, p. 202.（ジャック・ランシエール「ドゥルーズ、バートルビーと文学的決まり文句」『言葉の肉』芳川泰久監訳、せりか書房、二〇一三年、八六頁）

＊4　Jacques Rancière, *La Mésentente*, Galilée, 1995.（ジャック・ランシエール『不和あるいは了解なき了解』松葉祥一ほか訳、インスクリプト、二〇〇五年）

＊5　*Ibid.*, p. 31.（同書、三四頁）

＊6　*Ibid.*, p. 49.（同書、五六頁）

＊7　Louis Althusser, *Réponse à John Lewis*, Maspero, 1973, pp. 29-30.（ルイ・アルチュセール「ジョン・ルイスへの回答」『歴史・階級・人間』西川長夫訳、福村書店、一九七四年、三五－三六頁）

＊8　Jacques Rancière, « Pour mémoire : sur la théorie de l'idéologie (1969) », *La leçon d'Althusser*, Gallimard, 1974, pp. 230, 231.（ジャック・ランシエール『アルチュセールの教え』「補遺」、市田良彦ほか訳、航思社、二〇一三年、二五〇頁、二五二頁）

において「存在論的」であるだろう。「我々もまた、資本主義の発展をまず考え、その後でしか階級闘争を考えてこなかった。これは誤りである。問題を転倒させ、なにが問題かという問題の徴《しるし》を変え、はじめからやり直す必要がある。『はじめ』とは階級闘争である」[*10]。かくて、ここで言う存在論的テーゼが明確に定義される。「存在」が「存在者」に対し優位にあるのと同じように、「動くこと」が——闘争と呼ばれようと、運動、変化、革命、中断、等々と呼ばれようと——「動くもの」——諸階級とその構造的関係——に先立つのだ。

この存在論的テーゼは一つの逆説を含んでいる。関係の担い手 agents が、彼らの相互的関係を規定される以前には存在していない、という逆説である。項から関係へと先行性を逆転させることによって生まれるこうした逆説は、天上と地上、理念的なものと物質的なもの、さらには主体と客体のプラトン的ないし弁証法的転倒のなかでは生じえない。そうした転倒においては、二つの項はいずれも実体的であり、関係——それが転倒である——は非実体的である。ところが存在論は、逆転の操作により、実体的なものと非実体的なものを直接に関係させ、非実体的なものに、実体的なものを生起させる力を与えるのである。この力が「優位性」の観念には含意されている。だとすれば、ランシエールは『資本論を読む』に寄稿した論文[*11]においてすでに、この転倒 renversement と逆転 inversion の差異、およびそこから出てくる逆説に中心的な役割を演じさせていた、と確認することができる。『資本論』がフェティシズムの分析において見せる、*Verkehrung* という語の曖昧さ（転倒とも逆転とも翻訳することができる）に、彼は注目するのである。すなわち、フェティシズム現象は一方において、転倒のモデルにしたがい、主体的なものと客体的なものの *Verkehrung* として描き出される。そこでは、貨幣が力をもつのは、人間的本質が人間から貨幣へと、「転倒」の形式を通して移動するからである。ところが他方において、マルクスは分析を締めくくる命題において、同じ現象を「逆転＝*Verkehrung*」として説明する。そこでは、貨幣とは生産関係の顕現／隠蔽にほかならない。貨幣はそれ自体において、ある関係を表現しているのだが、その関係は貨幣による表現以前には存在しておらず、表現のそとには存在しない。表現されるものが、表現するもののなかに隠れるのである。逆転されて「決定する」地位を獲得することにより、生産関係は「神秘的」になる。商品の科学的分析から引き出される、「貨幣とは生産関係である」という結語は、物体的である貨幣は非物体的である、と言っているに等しいのである。

たとえ逆説的であろうと、顕現／隠蔽が、あるいは *Darstellung*（表現）が、『資本論』において新たに獲得された科学性の核をなす。そしてこの核を、転倒と逆転の曖昧さが傾向的に不分明にする。転

＊9　Antonio Negri, *Marx au-delà de Marx*, Christian Bourgois, 1979, p. 130.（アントニオ・ネグリ『マルクスを超えるマルクス』清水和巳ほか訳、作品社、二〇〇三年、一四六頁に引用。強調引用者）

＊10　Mario Tronti, « Lénine en Angleterre », *Ouvriers et Capital*, Christian Bourgois, 1977, p. 105.（マリオ・トロンティ「イギリスにおけるレーニン」『労働者と資本』未邦訳）

＊11　Jacques Rancière, « Le concept de critique et la critique de l'économie politique des *Manuscrits de 1844* au *Capital* », Louis Althusser éd. *Lire le Capital*, PUF, 1996 (première éd., Maspero, 1965).（ジャック・ランシエール「『一八四四年の草稿』から『資本論』までの批判概念と経済学批判」、ルイ・アルチュセール編『資本論を読む』上巻、今村仁司訳、ちくま学芸文庫、一九九六年）

倒に逆説の解消を行わせるのである。「マルクスはつねに、二つの *Verkehrung* を混同する傾向にある。資本主義的関係の *Entfremdung*（疎外）を実体的主体の疎外というモデルにしたがって考え、逆転＝*Verkehrung* を転倒＝*Verkehrung* として考える傾向にある」[*12]。ランシエールが実際に問うているのは、マルクスが定置した「科学」的概念としての「逆転」の様態を、言説的かつ概念的な混同からいかにして救い出すかということではなく、二つの *Verkehrung* の分離はそもそも可能なのか、ということである。マルクスは「科学の基礎づけを行った。ただし、歴史の担い手の生存諸条件が根本的に変わることのなかに、その基礎を置いた。このとき問題は、この断絶の諸条件を考えることであろう。『資本論』においてマルクスが科学の場と科学性の諸形態を規定しているのであれば、こう問えるはずである。この科学の場にどうやって到達するのかと問われたとき、マルクスは答えをもっているだろうか。（…）我々としては、マルクスが範例的な形象を与えた運動をとことんまで推し進め、問いを形成している術語そのもの、とりわけ歴史という概念を問いに付すことを行わねばならない」[*13]。なぜマルクスは、断絶／分離を実行するどころか、「断絶の諸条件」を定式化するにもいたらなかったのか。この「諸条件」は二つの *Verkehrung* を分離する「諸条件」でもあるはずである。なぜ我々、『資本論を読む』の著者たちは、この「諸条件」をこれ以上明確にすることができないのか。

おそらく「存在論化」が不十分であったためである。我々にはそれが、四年後のランシエールの答えであるように思える。「アルチュセール主義」との断絶を果たしたランシエールの答えであるように。「フェティシズムについて、それは生産関係の顕現／隠蔽であると（私が『資本論を読む』において行ったように）述べるだけでは不十分である。フェティシズムが種別的な仕方で隠蔽するのは、生産関係の敵対的性格なのだ。（…）フェティシズムの構造が隠蔽するのは自らの矛盾した本性であり、その矛盾とは階級矛盾である」[*14]。逆転は実際、『資本論』において、「闘争」と「階級」の間で行われたのではなかった。関係（ないし構造）はまだ動態化されておらず、静態的なものに見える。その意味において「闘争」より実体的であることができる。とはいえ、『資本論を読む』のランシエール論文はすでに「現実の運動の逆転」[*15]を語っていたし、一九七四年の師との断絶の書におけるランシエールの目には、分離をめぐって事態はもっと深刻に映っている。問題となっている分離、すなわち*Verkehrung*の「曖昧語法」を解消して「科学」を純化することが、もし十全に可能であったなら、それは闘争の優位と矛盾を来さないか？ それは「カウツキー主義」の一形態にほかならないのでは？ というのも、分離が十全に果たされた時点から分離以前を振り返ったときには、存在論的に優位であるはずのものが現実には優位ではなかった、優位性を証明できていなかった、ということになるからである。もし「社会的実践から出てくる観念は誤っている」とすれば、もし階級闘争が知的断絶を確実にもたらさないとすれば、「科学は実践の幻想の外部にある点からしか基礎づけられえない」ことになる[*16]。ランシエールはその後もこうした難点を告発し続けるだろう。「科学は説明不可能な現象で

＊12 *Ibid.*, p. 184.（同書、二〇三頁）
＊13 *Ibid.*, pp. 198-199.（同書、二二五－二二六頁）
＊14 Rancière, « Pour mémoire : sur la théorie de l'idéologie (1969) », *op. cit.*, p. 236.（ランシエール前掲書、二五六頁）
＊15 Rancière, « Le concept de critique et la critique de l'économie politique des *Manuscrits de 1844* au *Capital* », *op. cit.*, p. 184.（ランシエール前掲論文、二〇三頁）

ある。イデオロギーは説明される。過剰に説明されさえする。模倣の製造、製造の模倣、社会秩序の工場的リアリティの陳腐さそのものとして。ところが科学のほうは、偶発事なのである。製造と模倣の規則だったゲームのなかにサイコロが投じられることに似ているが、投擲そのものが簡単には起こらない。科学はあらゆる場所の、ありそうにもない非-場にほかならない」[*17]。とすれば、存在論を基礎づけ、科学を生む逆転は、存在論的には遂行されていないのではないか。基礎における「動くこと」から——階級闘争から——出発しては行われていないのではないか。マルクス／アルチュセールの科学は、ある日どこからか到来するのである。言い換えるなら、今日なにが起きようと、逆転は明日起きるかもしれず、起きないかもしれない。逆転という非-場には奇跡によって到達するのだとすれば、奇跡であることが示す出来事の究極的優位は、どのような出来事であれ、ただ待つしかない、闘争しても無駄だ、と告げることになる。

主体、主体化、政治

もしそうであるなら、闘争の優位を実定的に維持するためには、逆転そのものの性質を変える必要があるだろう。どこかへ移動させる必要があるだろう。実際、『不和』には二つの印象的な変化が認められる。

（1）かつてはプチブル知識人のエリート主義か形而上学的偶発事の徴《しるし》であり、いずれにしても説明不可能な「外部」にあった「非-場」が、そのようなものであることをやめている。理論的難点や政治的不正義を読み取るべき徴候であることさえやめている。主体の名前になっているのである。主体とは「分け前なき者の分け前」であり、不可視であり、その意味において、社会的秩序のなかには存在していない。社会的秩序のなかでは、あらゆる部分、あらゆる分け前が全体的かつ個別的に、ポリスと呼ばれる権力によって定義づけられ、役割と場所に配分されており、そこには「空席がありえず」、「充溢、軽重、そのバランスしかない」[*18]。ゆえに主体化とは、見えるものになる動作、見えるものと見えないものの隔たりを舞台に上せる動作にほかならない。「人民」や「プロレタリア」が主体であるのは、それらが社会のなかに席をもっていないからであり、この「非‐場」を見えるものにするからである。可視性をめぐる争いを舞台に上せ、「非‐場」——場所がないこと——を見えるようにするのだ。つまり、主体は「感覚的なものの分割」の二つの状態の「間」に現れ、かつそこに消えるのである。分け前、席、役割をもつとき、言い換えれば社会的アイデンティティをもつとき、主体はもはや主体ではない。主体は社会秩序の「非‐場」のなかにとどまらねばならず、脱アイデンティティとして、あるいは自然な席からの引き剝がしとして、さらに自己との隔たりとして確証される。（2）一方において、「階級闘争」は「政治的行為」と言い換えられ、後者は「主体化」として純化される（ポリスは闘争におけるものごとの管理にすぎず、いかなる政治も構成しない）。他方において、

＊16　Rancière, *La leçon d'Althusser*, p. 96.（ランシエール『アルチュセールの教え』一一〇頁）
＊17　Jacques Ranicère, *Le philosophe et ses pauvres*, Fayard, 1983, p. 116.（ジャック・ランシエール『哲学者とその貧者たち』航思社、近刊）
＊18　Rancière, *La Mésentente*, p. 58.（ランシエール『不和』六八頁）

「階級」は先に述べた意味における「主体」として定式化し直される。つまり、階級に対する闘争の優位にかんしては、構成するものと構成されるものはどちらも実体性を失っている。階級は階級として、闘争は闘争として、構成されないのである。「プロレタリア」という語がまだ使われているにもかかわらず、「プロレタリア」はもはやかつての「プロレタリア」——生産関係のなかに物質的かつ社会学的に位置づけられ、その位置から出発して、その位置に見合った政治主体として構成される——ではない。たとえ闘争のなかにあっても、だ。「プロレタリア」は自らを構成する者、自らに固有の「無」から出発して自らを組み立てる者にすぎない。構成の仕方が歴史的に規定されることはありえるだろうが、どのように規定されても、端的な「無」に似ている。構成の歴史的性格は「プロレタリア」の主体性をまったく説明しないからである。そのため、ランシエール的政治には「構成される」ものがない。制度でさえ「構成」されない。政治は「制度と一体である。(…)政治が存在するのは、支配の自然的秩序が分け前なき者たちの分け前の制度化によって中断されるときである。政治を種別的な紐帯形式と見るときには、この制度が政治のすべてである[19]」。言い換えれば、制度が制度的性格をもたないのである。もっとしても、感覚的なものの分割／分有をめぐる抗争を舞台化するときの、その舞台としてのみである。その舞台が存在するのは、抗争が現れて「政治がある」ときのみである。ランシエールの構成的権力は政治のすべてを構成するが、構成されるものがないのだ。「政治とはつまり無の名前である[20]」。

つぎのような印象を抱いても、あながち間違っていないだろう。政治を襲う形式主義。なんであれ

「社会的なもの」に基礎づけられることを拒み、社会的なものの可視的で語りうるリアリティはすべてポリスに由来すると語る政治、主体に実体的厚み――客体性や実体性の構成原理をなすような――をまったく求めない政治は、論理的形式性のみを存在条件とする。実際、「政治は自らに固有の対象や問いをもたない。（…）ある行為を政治的なものにするのは、その対象や、それが行われる場所ではなく、その形式である。抗争の制度に平等の証明を書き込む形式である」[*21]。政治的行為の発動条件にかんする、こうした形式主義は、「自由な決断」ないし「公理」を導くだろう。明るみに出るため、政治はいかなる固有の現実性や内的必然性も必要としない、というのである。とはいえもちろん、政治のこの痩せこけたリアリティは豊かなものでありうる。ポリスには政治の自律性を損なうことができず、政治的なものの様態を条件づけることができないのだ。

いずれにしても、逆転が「構成的なもの」を問題とするのであれば、ランシエール的政治には問題そのものに成立の余地がない。正確に言えば、「階級闘争と階級の存在は一つの同じことがらである」というアルチュセールのテーゼに戻って終わる。「主体化と主体は一つの同じことがらである」と述べても、アルチュセール・テーゼと同じなのである。ここで「一つの同じことがら」は、字義通りに解されねばならない。舞台のそとには未来の主体だけが存在している。ポリスの永遠の闇のなかで一

＊19　*Ibid.*, p. 31.（同書、三四頁）
＊20　*Ibid.*, p. 58.（同書、六八頁）
＊21　*Ibid.*, p. 55.（同書、六三頁）

人眠っている者は、まだ「語る主体」ではない。主体は、特殊な仕方で舞台に上がることに等しい主体化のなかにしか存在していない。その特殊な仕方とは「誤解 mésentendre」されることだ。「君は存在していない」と語る他者に向かって、「(存在していない) ゆえに存在する *ergo sum*」と応酬することで主体化を果たす者が、主体なのである。逆に、主体化はすでに主体である。主体化することが、主体の主体性をなすのであるから。つまるところ、主体は政治/主体化の「なか」にあるとさえ言えないのだ。主体が政治である、と言うべきだろう。政治的主体とは、この同一性の名前にほかならない。

感覚的なものの再分割

ではランシエールには、もはやまったく逆転はないのか。そんなことはない。彼の概念である「感覚的なものの分割/分有」とその実際的な働きは、その点を鮮やかに示している。この分割/分有は、発せられた声に切断線を引き、適切な発話部分を選び出しつつ、その他の部分をノイズないしたんなる快・不快の表出として捨てる。そのようにして、誰が市民であるか、誰が市民には数え入れられないかを決定するこの分割/分有は、もっぱらポリスに由来する。そしてそこに、政治が介入する。つまり政治は、固有の活動に乗り出すにあたり、ポリス的操作を前提にするのである。政治的行為とは「感覚の配置に断絶を持ち込む操作にほかならない。全体の部分および分け前が決定される配置、それらがないことにより定義される不在——分け前なき者の分け前——を決定する配置に断絶を持ち込むのである。この断絶は、部分、分け前、分け前の不在が規定される空間を再編する一連の行為によってあらわになる」[*22]。政治はポリスに遅れ、感覚的なものの分割/分有の状態を変える再配置のなかに姿を現し／消える。あるいは二つの状態の間に。事実性のレベルでは、分割／分有しか存在していない。しかし、ポリスの論理から眺めたときには、同じレベルは真逆のことを告げている。「あらゆる共同性原理に対する政治の先行性という事実性[*23]」があるのだ。「哲学はまず政治との関係において、最初から『遅れて』いる［ここで「哲学」とはポリスの論理に等しい］。ただ、哲学はこの『遅れ』を民主主義の間違いだと考える。民主主義という形式のもと、政治はすでにあるのだが、原理やアルケー［根源］を期待されてはおらず、原理を実現することで政治を生む良きはじまりも期待されていない[*24]」。ポリスと政治はいずれも他方への反応として姿を現すのである。他方への「遅れ」という時間形式のもとでのみ生起する。事実性のレベルでは、両者は「同時」に到来するのだ。この論理こそ、アルチュセールにおいて哲学と政治、哲学と科学を、それぞれ同時にしてしまう論理であった。ランシエールにおいても同じように、先行性の転倒ならぬ実際的同時性を生むような「逆転」がある。主体と主体化の同一性が政治の「実体 *ousia*」をなすとすれば、その「形相 *eidos*」はポリスと政治の論理－実際的な同時性として与えられるのだ。現実的に起こっているのは、感覚的なものの持続的再分割だけなのである。それを、一方においてはポリスが、共同体原理のコントロール下に置いて真の政治に変えようと試み、他方においては政治が、断絶の間欠的過程として捉える。つまり、ポリスと政

＊22 *Ibid.*, p. 53.（同書、六二頁。強調引用者）
＊23 *Ibid.*, p. 96.（同書、一一〇頁）
＊24 *Ibid.*（同前）

治という敵対する二つの論理は、それぞれの流儀で一つの同じ過程を再構成しており、そのことがそれぞれの「遅れ」を決定づけている。二つの論理はともに、再構成の一次過程に対して「遅れる」のだ。一次性をこのように定義し直してみると、舞台こそ現実的である、そこを占める者たちより現実的であある、と言えるだろう。劇場が劇場のそとより現実的なのである。語りが、語られる物語より現実的なのである。互いに「無関係」である二つの論理は舞台のうえで出会い、絡み合うときに、遡行的かつ別々に現実的になる。互いに「無関係」であるという関係を舞台の上で結んではじめて、現実的になる。舞台こそが両者の「無関係」を、「誤解 mésentente」という形式を与えて証明するのである。ことの機微は、アルチュセールにおける「作者なき劇場」での上演と同じであるだろう。この劇場は、「観客が観客であるためにはまず、強いられた俳優でなければならない」[*25]という仕方で、俳優と観客を現実化しつつ分節していた。ランシエールなら、二つの論理の関係を参照して、一種の「捩れた」仕方で、と述べるだろう。さらに労働者主義の哲学者たちなら、労働者の階級闘争は資本に先行し、労働者階級自身にさえ先行する、と言うだろう。「事実性のレベルでは」、とランシエールがさらに付け加えてもまったくおかしくない。

「想像力」

しかしこの哲学者には無視しえない特異性もまたある。政治とそれを構成する「無関係」の論理的本質を強調しても、さらにこの強調が政治における形式主義を生むのだとしても、感覚的なものの再分割は、それが引き直す分割線のなかに論理的に隠れたり、姿を消したりすることはないのである。

実践的には、この再分割は厚みのある領域をもっている。それが『プロレタリアの夜』における「労働者の夢」だ。そこでは「イメージを削り取ってほんものを出現させることではなく、イメージを動かすことが問題になる。他の形象が作られては解体されていくようにイメージを動かすことが」[*26]。それはまた『歴史の名前』における「異端の物語」でもある。「語られたものとは似ていないパロールの彷徨」として、この「物語」は「言葉が肉に、身体がパロールに『うまく』帰属する状態を解消する」[*27]。歴史の科学や心性史の手法は、やがてこの物語を「異教」の語り、「排除された人間」の語りへと変えるだろう。我々とは違う「存在様式」を、彼らなりにほんとうの仕方で生きている人間たち、我々の流儀で生きていない人間たちの語りへと。それに対し「夢」と「彷徨《さまよ》えるパロール」は、真なるものから自由になった、ゆえに「偽」からも自由になった「想像力」の自律的領域を形成する。それらは原理上の「天」と事実上の「地」という区分から解放されている。語られた夢がユートピア的であり、発せられたパロールが異端的であることは、「充溢しかない」空間において、場所と場所の「間」が極端に瘦せ細ることとはなんの関係もない。それはむしろ、「天と地の間で繰り広げられる偶然に満ちた旅」の広大な場を指し示すのだ。そこでは誰もが「贋金作り」として、全員と相争ってい

＊25　Louis Althusser, « L'objet du *Capital* », *Lire le Capital*, p. 441.（アルチュセール「資本論の対象」、『資本論を読む』中巻、二六五頁）

＊26　Jacques Rancière, *La Nuit des prolétaires*, Hachette Pluriel, 1997, p. 22.（ジャック・ランシエール『プロレタリアの夜』未邦訳）

＊27　Jacques Rancière, *Les Noms de l'histoire*, Seuil, 1992, p. 178.（ジャック・ランシエール『歴史の名前』未邦訳）

る。心性史が多かれ少なかれ平和なものにしてしまう「現実」世界ができあがる前の、「神話的」世界だ。「異端を心性に変えてしまう平和的調整が可能であるためには、異教徒の肉、パロールが根を下ろす大地の肉そのものが、言葉の織物である必要がある。ある身体を『生命の書』の間違った読みに帰す大地には、別の生命の書の言葉、生命の書をめぐる別の観念があらかじめ書かれている、というわけだ」[*28]。想像力の領域が実在するのであれば、実際、実体的厚みをそなえて客体性の源泉になる「構成的主体」に戻る必要はない。主体と客体はともに、どちらがどちらの天であり地であっても、互いのイメージとして、想像力という恐ろしく多弁な肉のなかに前もって書き込まれているからである。イメージとは肉かつ言葉である。言葉が書き込まれる肉であり、肉を質量として語る言葉である。想像力のなかでは、言葉は肉に主体性を与えて「語る存在」に変えるが、その言葉は他の肉によって作られており、一つの語の肉はすでにそれ自体で、他の主体的語である。想像的な語りは、言葉を肉へ、肉を言葉へ、永遠に転倒させるのだ。言葉と肉の一つの帰属様態はたえず別のそれへとずらされる(「異端」から「異教」へ、「異教」から「異端」へ)。その結果、新しいイメージが生み出される。この永遠の転倒について、我々としてはこう言わねばならないだろう。転倒が繰り返されるうちに、ことはどんどん一つの同じところへ収斂していく。ランシエールにあって、それは想像力の自己差異化だ。彼が一九六五年に「とことんまで推し進めねばならない」と語った「歴史の概念」は、それ以外のものでありうるか? 我々としては、ネグリのフレーズを想起せずにはいられない。「想像力すなわち、スピノザ体系の根本的力能!」[*29]。ランシエール的想像力には、それ自体で異質なプロセスが間違いなく書き込まれており、我々に向かってこう問いかけてくる。たえず転倒される書き込み、あらかじめ書かれたパロールの展開、科学と異端のパロールに共通し、ポリスと政治にも共通する抗争の舞台の構成は、ネグリ的「生産」と似ていないか。その「表現」が「構成／組成 constitution / composition」と呼ばれる「生産」と似ていないか。しかし「生産」とかかわるかどうかはともかく、政治の「非-場」性（その痩身、非実体性、政治主体の存在論的ではなく論理的な本性）はランシエールにおいて、想像力の実体性、感覚的なものの政治的厚み、ゆえにさらに、政治の自己内在化を指示している。場所がないのは、充溢しかないからではない。たえず「手直しされる」歴史のなかのいたるところで、非-場は可能であるからだ。『プロレタリアの夜』はこの歴史のことを「認識の新しい分割」と名づけていた。「新しい分割」が「思想、言説、イメージを、階級闘争と科学とイデオロギーが相互に登記しあうなかで再編する。権力と抵抗、支配と異論が互いのなかに互いを書き込む過程のなかで、再編する[*30]」。

つまるところ、プロレタリアとは三重の名前なのである。①歴史の科学によってイデオロギー的幻想の下から発見された、真なるもの、②「間違い」／無関係／非-場を舞台上で普遍化し、抗争を組織する主体、③自らの偽のアイデンティティをめぐる議論と証拠を想像的に捏造し、それを政治のな

＊28　*Ibid.*（同前）

＊29　Antonio Negri, *L'anomalie sauvage*, PUF, 1982, p. 337.（アントニオ・ネグリ『野生のアノマリー』杉村昌昭・信友建志訳、作品社、二〇〇八年、四八二頁）

＊30　Rancière, *La Nuit des prolétaires*, p. 34.

かに投入して無関係を関係化し、非‐場に場を与えようとする、現実の労働者。「もはや階級ならぬ階級」というプロレタリアの定義は、かくして三つの意味をもつことになる。①今日なにも所有せず、明日すべてを所有する階級。革命しかやることがない階級。しかし現在の無所有により、たえずその唯一の任務を延期される階級。②純粋な異端、永遠の非論理性を体現する階級。彼らを共同体のなかで名指し、同定しようとする論理に対し反乱を起こすデモスとしての階級。③現在を溢れ出る現在の力能。ランシエールにあって、プロレタリアはこれら三つの意味の揺らぎ、共鳴箱となるのだ。三つの形象が箱の内部で互いを破壊しあい、箱の外部に向かって政治主体の新しいイメージを生み出すのである。それらのイメージがまだプロレタリアの名前をもっているかどうかは、おそらくどうでもよい。そんなことより、ここにはたしかに、逆転／転倒の「曖昧語法」の効果が認められるのだ。主体化の過程のなかで、それら二つが絡まり合うのである。一方において、プロレタリアは科学のもの言わぬ対象であり、歴史の真理を体現し、理念的未来の現在の身体である。そのような存在としての自らを、プロレタリアは夢見て考える主体に転倒させる。この主体の肉が想像力である。そして主体と客体のこの質的転倒は、関係と無関係、分け前と分け前なし、階級と闘争を逆転させる論理的反乱によって開始される。この逆転は、舞台の上で繰り広げられる「間違い」を通じて遂行される（「間違い」とは逆転の名前である）。しかし他方、「間違い」を犯して資本への関係を逆転させる主体が、あらゆる論理の非論理的主体を自称するためには、法外な想像力が動員されねばならない。「我」と「我々」がこの世において同一視されねばならない。この自我肥大は、現在の貧しさを想像的に転倒させることによってのみ起きるだろう。主体化はつまり、つねに論理的かつ想像的なのである。

〈無知な教師〉はいかにして〈僭主〉に教えたか

――ランシエール『アルチュセールの教え』訳者解題

2013.6

1

本書はJacques Rancière, *La leçon d'Althusser*, La fabrique, 2012の翻訳である。ただしこの原著そのものが、一九七四年に刊行された同名著作の再版であり、両版の異同およびほぼ四〇年を経てこのきわめて限定された文脈をもつ論争的書物を再版するにあたっての著者の所感と意図については、彼自身の「新版へのまえがき」を参照されたい。一九七四年版同書は著者ジャック・ランシエール（一九四〇年生まれ）にとって最初の単著であり、『資本論を読む』（一九六五年）の共著者の一人としてすでにマルクス主義哲学の理論家としての歩みを踏みだしていた彼の最初の単著が、活動家としての政治文書となった――それも自分のデビュー作（『資本論を読む』）の編者でありかつ師であったアルチュセールを告発する文書となった――歴史的経緯については「第一版序文」に詳しい。ここでは、すでに数冊の訳書[*1]と拙著[*2]を含むいくつもの邦語関連文献があるとはいえ、日本ではこれまであまり語られてこなかった「六八年五月」との関係におけるランシエール「哲学」について、さらにそこから今日引き出しうる「教え」について、本書への導入としていくつか記してみたい[*3]。

まずその「教え」なる語である。本書タイトル中の「教え」と各章タイトル中の「教訓」は原語としては同じleçonである。それを訳し分けたのは理由のないことではない。「教え」は与えるものでも引き出すものでもありうるだろうが、両方同時ということは基本的にありえず、二つの動作の主体は別であって、つまるところその一語に「教える／教えられる」という非対称な関係を含んでいる。それに対し「教訓」はもっぱら引き出すべきものであるだろう。アルチュセールをいわば反面教師として――その意味において「教訓」を引き出しながら――ランシエールが自らの政治観や歴史観を展開する各章のleçonは、アイロニーを込めて「教訓」と訳すのがふさわしいと思えた。「教訓」はおおむね失敗や苦い経験と不可分であるだろうから。とすれば、そうした各章から構成される全体についても「教訓」の語が適当であるはずなのだが、あえて非対称な関係を含意する「教え」を訳書タイトルに選んだのは、ランシエールのその後の仕事とのつながりを示唆したいためである。

たとえば邦訳のある『無知な教師』の読者には周知のことながら、ランシエールにとって「教える／教えられる」の関係は単なる教育問題ではなく、そこでこそ権力関係が生まれ、かつ転覆‐解体される場そのものである。『哲学者とその貧者たち』（原著一九八三年、未邦訳）では、プラトンにおける「教える」哲学者と「教えられる」政治家の関係に、「民《デモス》」を無力化して支配を永続化する概念的仕組みが見いだされ、この論点は『不和』を通じてさらに発展させられていく。そこでは哲学としての哲学――プラトンが誕生させたもの――は「不和」としての政治を抹消する「原‐政治」であり、本質的に哲学教育である哲学――哲学とは哲学の「教え」である――は「政治哲学」ならずとも政治的であるとされる。学位論文『プロレタリアの夜』(一九八一年、未邦訳)は逆に、知的に無力でひたすら「教えられる」側にとどまるはずであった無教養な労働者たちが、「教えられた」ことを自らの

*1 ランシエールの既邦訳の単著を原著の刊行順に挙げると、以下のとおりである。
『無知な教師』(原著一九八七年)、梶田裕、堀容子訳、法政大学出版局、二〇一一年
『不和あるいは了解なき了解』(原著一九九五年)、松葉祥一、大森秀臣、藤江成夫訳、インスクリプト、二〇〇五年
『言葉の肉』(原著一九九八年)、芳川泰久監訳、せりか書房、二〇一三年
『感性的なもののパルタージュ』(原著二〇〇〇年)、梶田裕訳、法政大学出版局、二〇〇九年
『イメージの運命』(原著二〇〇三年)、堀潤之訳、平凡社、二〇一〇年
『民主主義への憎悪』(原著二〇〇五年)、松葉祥一訳、インスクリプト、二〇〇八年
『解放された観客』(原著二〇〇八年)、梶田裕訳、法政大学出版局、二〇一三年
*2 市田良彦『ランシエール――新〈音楽の哲学〉』平凡社、二〇〇七年。
*3 六八年五月後の思想状況については、そこにおいてランシエールが占めた位置を含め、近刊のクリスティン・ロス『六八年五月とその事後の生』(箱田徹訳、航思社、二〇一四年夏刊行予定)がみごとな地勢図を提供してくれる。またランシエールが自らの過去を振り返る自伝的インタビュー、『平等の方法』も邦訳が予定されている(航思社、二〇一四年春)。

言説実践により「教える／教えられる」関係の解消に転用する様子を丹念に辿っている。

つまり本書『アルチュセールの教え』以降のランシエールの仕事は、もはやアルチュセールのものでも誰のものでもない純化された問題としての「教え」にかかわっていると言うことができ、その点は実のところ本書においてもすでに充分見て取れるのである。本書のランシエールがまだその圏内にいたマルクス主義の用語系を尊重して言えば、「教え」の解体は本書において「国家の解体」と同等の意味と重みをもち、プロレタリアートが国家権力を掌握するや即座に日程に上せるべき次の課題であるのだった。そしてそれを行ったのが文化大革命である、と「教え」解体論者ランシエールは見なす（「はだしの医者」[*4]やインテリの農村下放）。アルチュセールから「教訓」を引き出した後には、「教えられる」者の無知と無力を含意する「教え」そのものの解体に向かうべし、これが文革派政治文書としての本書の端的な主張である。「どんな革命思想も（…）被支配者たちの能力という前提にもとづくべきである」（「新版まえがき」）。「すべての者に共通する能力を前提にすることだけが、思考の力と解放のダイナミズムを基礎づける」（同）。その後のランシエールがこの主張を様々なかたちで発展させていることはもはや言うまでもない。本書とその後の間のそうした連続性を見えるようにするため、邦訳タイトルには「教え」の語を選択した。本書は言わば、「教え」をめぐる思想としてのランシエール思想全体の出発点を画している。

2

思想史的に見て興味深いのは、文化大革命と六八年の学生——による教師への——反乱を結びつけることで生まれたこの独自の「教え」解体論に、その成立の重要な契機としてフーコーが深くかかわっていた点であるだろう。本書においてランシエールは、「科学かイデオロギーか」を問題にするアルチュセールに対抗し、六八年五月が提起した問題はむしろ「知」である、という議論を組み立てている。フーコーがかかわるのはこの「むしろ」の意味をめぐってである。さしあたって学者的savant言説の総体と定義しうる「知」は、その内容にかんしてはアルチュセールが行ったように「科学」と「イデオロギー」を区別することができるだろう。科学=真なる知、イデオロギー=偽なる知、である。ただし、各言説がそのどちらかに分類されるわけではなく、学者の言説はそれぞれ、固有に科学的な命題に加えて、科学的(唯物論的)要素とイデオロギー的(観念論的)要素が混然一体となった「学者の自然発生的哲学」を二つの層としてもっている(アルチュセール『科学者のための哲学講義』一九六七年)。これに対しランシエールは問題としての「知」に、別の要素ないし視点を加えるよう求める。文革と学生反乱が問題にした「知」の伝達であり、そこに働く「権力」である。「支配は知の内容にではなく、知の伝達の場の編成に現れる」(本書「補遺」)。

テーゼ風にまとめれば、「知」はその内容について真偽を判定される以前に、「知」として編成される必要がある。狭義の学問分野、より大きな言説領域、そこにおける課題と真偽基準、主題と価値基

＊4　中国では一九五〇年代から文化大革命の時代(一九六六―一九七七年)にかけて、半年程度の研修で簡単な医療を学んだ「医者」を農村に派遣した。彼らは中国語で「赤脚医生」と呼ばれ、その訳語が「はだしの医者」である。

準等々が設定されて、個々の「知」がなにをめぐるどういう「知」であるかを前もって定められる必要がある。そして、この編成には「知」を伝える、言い換えれば「教える」物的装置が本質的な関与をしている。「教え」られない「知」はなく、「教える」ためには「教える／教えられる」人間関係を空間的に安定させる必要があるからだ。「教える」装置は学校だけではなく、「病」を「教えられる」患者が病院に来てはじめて医学は「知」として成立するだろう。装置との相補的で不可分の関係のなかに、言説としての「知」は存在しており、むしろ両者の相互関係を統制し、諸「学 science」と諸装置を文字通り分節するものこそを「知」と呼ぶべきだろう。このように要約できる本書における「知」をめぐる議論は、今日ではすぐに分かるように、『狂気の歴史』（一九六一年）以降のフーコーの仕事の「応用」であり、ランシエールは「知」の内容よりもむしろ「伝達の場の編成」のなかに、階級支配を現実化するイデオロギーの作用を認めることで、フーコーとマルクス主義の接合を図ろうとする。

　煎じ詰めれば「知」が「学」と「装置」の両方をその中間地帯から同時に生むのであり、マルクス主義が問題にしてきた「支配的イデオロギー」は「知」を通して作用する。「支配的イデオロギー」は支配階級に属す人間が観念《イデー》として（あるいは特有の思考パターンとして）もっているのではなく、中間地帯としての「知」に内在している。あるいは、装置に体現されて諸「学」を統制する「知」こそ「支配的イデオロギー」である。ランシエールにとっては、「知」と「学」と「装置」の全体からなるものこそ「国家のイデオロギー装置」にほかならず、アルチュセールは、六〇年代後半に「左翼主義」がフーコーを摂取しつつ練り上げてきたこの「国家のイデオロギー装置」概念を「輸入」したにすぎない（本書一五四－一五七頁、および、二〇一〇年に書かれた「補遺前書き」への注2を参照）。偽なる観念としてのイデオロギーを自然なものとして受容する「主体」を構成する装置へと、意味を捻じ曲げて。ランシエールにとっては、アルチュセールの言うように「呼びかける」だけで人が「主体＝臣下」となってイデオロギーを真と誤認してくれるのであれば、「教える」必要などないだろう。そう簡単にはいかないから強制力をともなう「権力」が必要であり、大規模な権力「装置」が現に存在しているはずだ。

ランシエールにとって「イデオロギー装置」概念の根本的な意味は、「教え」概念と同じように、あくまで「知」と権力関係の一体性を示すところにあった。「国家のイデオロギー」とは、具体的諸装置の編成の仕方に「知」が体現されて人々に「支配的イデオロギー」を伝達し、そのことで人々を長い時間をかけて育てる場であった。その意味では労働者に規律を教える「工場」もまた「国家のイデオロギー装置」であるだろう。ゆえに労働運動は直接的に——すなわち「議会」を経由することなく——政治闘争であるだろう。これがランシエール的に把握されたポスト六八年的「左翼主義」である。今日ではこれもすぐに分かるとおり、この着想にはフーコーが一九七五年の『監獄の誕生』と翌七六年の『知への意志』で展開し、今日では「フーコー権力論」としてよく知られた図式が「応用」されている。「権力」は「禁止」するのではなく、言説を「生産」して「装置」に体現させ、「装置」を通して人々を訓育する、という権力論である。もちろん本書の刊行はフーコーのこの二書よりも早く、「応用」は奇妙とも見えるものの、本書第I章が示唆するように、フーコーは七〇年代初頭のコレージュ・ド・フランス講義（一九七二－七三年度『刑罰社会』、一九七三－七四年度『精神医学の権力』）においてすでにベンサムのパノプティコンをモデルとする権力論を展開しており、ランシエールもそれら一連の講義への理論的負債を認めている（第I章の注4を参照）。フーコーの理論圏内で定義し直された「ブルジョワ・イデオロギー」は、「ヒューマニズム」であるよりは「慈善」であり「ベンサム」である。

実際の政治的人間関係においても、同時期のランシエールはフーコーに近いところにいた。ランシエールの妻ダニエルは、フーコーの私生活上のパートナーであったダニエル・ドゥフェールとともに、フーコーも活動に深く関与したことで知られる監獄情報グループGIPの中心的メンバーであり、妻ダニエルをドゥフェールに紹介したのは夫のランシエールであり、彼とドゥフェールはともに「プロレタリア左派」の活動家であった（ランシエールの同派在籍期間は六九年から七二年まで）。毛沢東主義とラカン派精神分析の人的結びつきは比較的よく知られているものの、同時期のフランスには毛沢東主義とフーコーの結びつきもまた人的かつ理論的に存在していた。ランシエールはフーコー的な「知」の概念を非対称な関係概念としての「教え（る／られる）」と読みかえることで、この理論的な結びつきを代表していたわけである。

3

「教え」と読みかえられた「知」は、いわばフーコー理論に毛沢東主義を加味することによって、その後八〇年代にフーコーについてしばしば語られるようになった「抵抗の不可能性」問題――彼の権力論の「陥穽」とされる――を最初から免れている。「教え」にあっては、「教えられる」側が「教える」側の意図通りには「教え」を身につけず、使わないことが前提されているからである。それが

「被支配者たちの能力」であり、『プロレタリアの夜』はそれを出発点に労働運動史を書き換えようとした。本書においてもすでに同じ試みが「ヒューマニズム」について行われている。アルチュセールにとってはほぼブルジョワ・イデオロギーそのものにほかならず、プロレタリアートに「教えられ」て、彼らに階級支配の現実を誤認させる観念であった「人間」という観念が、いかに階級闘争においてプロレタリアートの役に立ったか、ブルジョワジーに向けられる武器となったかを、本書のランシエールは力説している（特に第Ⅳ章）。「抑圧の必要性と解放の希望」は「教え」のなかで同居しているのだ（本書二四二頁）。「教え」はそれ自体が階級闘争、イデオロギー闘争の場であり、「抵抗」があるからこそ「教える」必要性自体が生まれる。六八年とはまさに「教え」をめぐるそうしたせめぎあいであった。とにかく、晩年のフーコーがしばしば語っていた、「自由」と「抵抗」があるから「権力」はある、という着想を、ランシエール的なフーコー理解は最初からもっていた。ＧＩＰの理念（囚人に代わって語るのではなく、囚人に語らせる）からして、フーコーその人に同じ「抵抗」の必然性が当時から共有されていなかった、と考えることのほうにこそ史実上の無理があるだろう。

しかし「抵抗」可能かどうかにはない「陥穽」も、別のところにはあると言えるかもしれない。「抑圧の必要性と解放の希望」がともに「発話の連鎖」のなかで同時に析出されてくるとすれば、また、「教え」の終わるところには「平等」の政治、各人の普遍的に同じ「能力」から出発する政治が開けてくるのだとすれば、政治の現場としての「発話の連鎖」のなかには、「支配者と被支配者が現に闘っている」という以上の原理ないし「理 raison」は存在しているのだろうか。「平等」の政治には闘いの帰趨を経験、偶然、非決定、等々に委ねる以外のことが可能なのであろうか。可能でないとすれば、それは大衆の無力化ならぬ全員の無力化とどこが違うのであろうか。すべては神の意のままに、と言うに等しいのだから。このとき勝利するのは知性において平等であっても、物理力と経済力に勝る支配階級であるだろう。彼らはしかし、その勝る力をどこから手に入れたのか。毛沢東主義の基本理念たる「階級闘争の一次性」（はじめに闘争ありき）と「知性」の存在論的平等性からすれば、闘いの現場において狡知を駆使するたまたま備わった優秀さではないのか。かくて話は振り出しに戻るだろう。本書のランシエールもそうした点を自覚しているようである。「本書の言説は、己がそのなかに捕らえられている循環を否定するつもりはなく、ただ、教条主義が不断に消そうとするこの循環の閉鎖性を知覚可能にしたいだけである」（本書二四一頁）。「陥穽」はしたがって、政治的合理性、あるいは単なる経験的政治とは異なるべき合理的政治は可能か、可能とすればいかにしてか、というところにある。

ランシエールによるアルチュセール批判の論点の一つも、そこにかかわっていた。彼によれば、アルチュセールは「科学」の名において「経験的政治を抑圧しつつ、経験的政治において戦術的狡知を駆使する姿勢」（本書一二〇頁）を示した。つまり一種の二枚舌を駆使した。マルクス、レーニン、毛沢東から「政治実践」の理論を取りだすふりをしつつ、その「ふり」を理論以前の経験的狡知として用いた。党から離れようとする「左翼主義者」たちを党に引き戻すために。中国派の「マルクス－レーニン主義」こそ科学的－合理的－戦略的－正統的であると匂わせつつ、同時に、党を割ることは戦術的に間違った経験主義であると彼らに説いた。合理的政治が命じる経験的政治は「理」に反して党にとどまることである、と。アルチュセールにあって、合理的政治と経験的政治の区別は、「合理的政治」なるものをこのように逆向きに経験的に利用可能にするための分割にほかならない。「彼の論理からすると、経験的政治における敵対関係は哲学に結論を下す機会をけっして与えず、合理的政治と経験的政治を接合させる機会もけっして訪れないのである」（本書二二四頁）。すなわち精確に言えば、合理的政治はそれ自体が「陥穽」なのである。合理的政治が不可能になるという「陥穽」ではなく、合理的政治そのものが非合理であるという「陥穽」である。もちろん、ランシエールはそこにとどまってはいない。アルチュセールが「訪れ」させないことにより自らの経験的政治に利用した二つの政治の接合を、彼はまさに「教え」の解体によって訪れさせようとする。「訪れさせるためには、分離を支えている立場を破壊せねばならない。教育者という立場を、である。そこに手をつけないかぎり、機は永久に熟さないだろう」（同——強調原著者）。合理的なもの／経験的なものの区分は「教える」／「教えられる」のそれと、ランシエールにあっては概念的に重なり合っている。区分を破壊したあとには、すでに見たように、平等な知性の「闘争」だけが残るのである。

　より精確には、「陥穽」は「陥穽」を退けようとするところにあると言うべきだろう。合理的政治なるものはない、したがって経験的政治なるものもまたない、ということを「問題」にしなければならない必要性そのものをランシエールは認めないのだ。それが彼の毛沢東主義的でもあればフーコー的でもある平等の政治である。フーコーの「戦略」としての「権力」という権力観にしても、ランシエールの「感覚的なもののパルタージュ（分割／分有）」をめぐる「不和」（たとえば「人間」といった同じ「語」をめぐる意味＝感覚sensの相克、とさしあたり理解してかまわない）としての政治という政治観にしても、この点を前提に把握され、論じられるべきだろう。だとすればしかし、今日にあっては、この前提から出発するかぎり、それを共有していないというアルチュセール批判はさして意味をもたなくなったと言うこともできる。たとえ「政治実践の合理性」がかつてある種の「左翼主義者」たちを幻惑し、彼らを党の「修正主義」につなぎ止めるという効果をもったとしても（「アルチュセールは最初、魔術師であった。人々の目を眩ませ人々を盲目にした後、やがて闇に転落した閃光であった」[*5]）、そのことと、アルチュセールが経験的政治とは区別された合理的政治を素朴に信じていたかどうか、あるいは信じるふりさえほんとうにしていたかどうかは別問題である。それを思い知らせてくれたのが、死後出版により読めるようになった彼の二つのマキァヴェッリ論であった。[*6] そこでは、「天才的経験主義者」にすぎず、「政治という対象を構成し、定義する諸概念をもっていなかった」マキァヴェッリが同時に、まさにその「理論的無能力」により、政治をめぐる「純粋状態の問題」として「新しい国家のはじまり」を「証言」することができたばかりか、彼こそが「もっとも鋭い」唯物論哲学者である、とされている。経験的政治と合理的政治の「接合」はマキァヴェッリにおいて、アリストテレス流の古典政治学の「教え」とホッブズ流の近代政治学の「教え」の両方が消滅する地点——「理論的無能力」——に「訪れている」。

4

マキァヴェッリをこの文脈において想起することは、「教え」についても有益なことを教えてくれる。彼が「理論家」として「無能」であったとすれば、はっきりした名宛人（ウルビーノ公ロレンツォ）をもっていた『君主論』は、「無知な教師」ジョゼフ・ジャコトの実践とある意味において通じあう。

ジャコトがフェヌロンの小説『テレマックの冒険』を生徒たちに教科書として与えたように、マキァヴェッリは同書を書くことでチェーザレ・ボルジアの「経験」をロレンツォに「教えた」。「無知な教師」が「教え」の破壊にとって重要であるのは、この破壊が「教師」と「生徒」の権力闘争によってはけっして訪れず、何も教えないという逆説的な「教え」の実践によってのみ果たされる、という点だろう。それに対しマキァヴェッリは一見したところ、様々なこと、いわゆるマキァヴェリズムの諸要素を読者に教えている。しかし「フォルトゥナ」（運）と「ヴィルトゥ」（力量＝徳）という『君主論』の「概念ならぬ概念」（アルチュセール）が「教える」のは、アルチュセールがそこから「偶然性唯物論」を抽出したこと（「マキァヴェッリと私たち」）からも分かるとおり、「ヴィルトゥ」があれば

＊5　ランシエールによる、本書とは異なるもう一つのアルチュセール論「アルチュセール、ドン・キホーテ、テキストの舞台」より引用。この論考はアルチュセールの死の直後（一九九一年）に開催されたコロックのために書かれ、邦訳もある（篠原洋治訳『現代思想』一九九八年一二月号）。しかし単行本（『言葉の肉』Jacques Rancière, « Althusser, Don Quichotte et la scène du texte », *La chair des mots*, Galilée, 1998. 邦訳は注1参照）に収録されるにあたって、引用箇所を含む最初の数段落が削除された。ここでの引用はコロックの報告集（Sylvain Lazarus éd. *Politique et philosophie dans l'œuvre de Louis Althusser*, PUF, 1993）による。

＊6　一九六二年の「マキァヴェッリ講義」と、一九七〇年代後半に断続的に書き継がれた「マキァヴェッリと私たち」。前者は邦訳予定のアルチュセール講義録『政治と歴史』（市田良彦・王寺賢太訳、平凡社）に、後者は『哲学・政治著作集Ⅱ』（藤原書店、一九九九年）に、それぞれ収録されている。アルチュセールには八〇年代にもう一つ小さなマキァヴェッリ論が存在するが（「哲学者マキァヴェッリ」と題されている）、現在までのところ刊行されていない。

うまくいくかもしれないという「理論的空虚」にすぎなかった。おまけにルソーがそう疑ったように、同書は君主に捧げるふりをしながら、実は民衆に向かって君主の統治術を暴露しているのかもしれないのであった。『君主論』もまた逆説的な教育実践であることは間違いない。

さらに言えば、マキァヴェッリとジャコトの「教え」は、アルチュセールやランシエールはおろか「左翼」全体にとって敵陣営の哲学者でしかないレオ・シュトラウスが詳細に注解した、僭主ヒエロンに相対する賢者シモニデスの「教え」ときわめて似ていないか？　それはこうはじまっていたのである。「ヒエロン様、あなたがおそらくわたくしよりもよく知っていらっしゃることをどうか説明してもらえないでしょうか」。[*7] シモニデス＝クセノフォンは、プラトン哲学の徒として、哲学と政治は相いれない（哲学者と政治家は別の生を生きる）ということ以外を教えず、政治を前にした哲学の「無能力」、「無知」によって政治家を「教育」しようとしたのでは？　彼らにとって「哲人王」を戴く目的は、哲学を世に君臨させることにあるのではなく、王に哲学者を保護させる――哲学と政治を安全に切り離す――ことにあったのでは？　ジャコトの教育実践が、「教え」を「教える」者の権力から切り離す「解放の政治」であったことにも似て。マキァヴェッリが「政治哲学」をつくらなかったことにも似て。いずれにしても、一九七〇年代初頭の歴史的文脈を離れてみれば、ランシエールの毛沢東主義、アルチュセールのマキァヴェリズムは、プラトン／クセノフォンとともに「哲学と政治」――の「と」――を未開の問題圏へと連れていく。哲学が政治との距離のなかに、特有の無力を曝け出して姿を消す圏域へと。

さらになお言えば、マキァヴェッリ／ジャコト／シモニデス＝クセノフォンの「教え」は、精神分析の主体（患者）analysantを前にした精神分析家analysteの実践とも似ていないか。分析家は主体の無意識について「知っていると想定される主体sujet supposé savoir」であるのだが、実は何も知らないまま患者主体に発話を促すだけであり、分析を行うのはこの主体自身である。ゆえに患者は、というか患者こそが「分析する者analysant」と呼ばれる。分析家は自分と分析主体の二つの無意識が交差しつつ「働く」――主体の無意識を「動かす」――うえで、無意識という「無」を発話の場に不断に導き入れる触媒にすぎず、分析終了後には消え去る媒介者である。ランシエール自身、『無知な教師』執筆後に、この類似に気づいたという（本稿注3の『平等の方法』による）。同書に対し最初に反応したのが、精神分析家たちであったためである。同時に彼は、「無意識」という「無知」を「教える」のが分析家の役割であるなら、どうして精神分析は、現代社会全般の分析にさえ適用可能な包括的理論の資格を主張しうるのか、と疑問に思わずにはいられなかったと語っている。

ここにも、「哲学と政治」の「と」が示唆するのと同じ、開拓されているとは言いがたい「無」をめぐる問題圏が広がっているように思える。精神分析理論と精神分析実践が発話の連鎖のなかで特殊な「無」としての無意識により結ばれ／結ばれずに奇妙に交差する出来事――それが「治癒」と呼ばれる――は、現状では分析理論による一般的「解釈」の次元からこぼれ落ち、個別の症例分析や分析家育成の現場――そこでは件の出来事は「パス」と呼ばれる――に分析家を差し向けて精神分析全体

＊7 クセノフォン「ヒエロンまたは僭主的な人」、レオ・シュトラウス『僭主政治について』上巻（石崎嘉彦他訳、現代思潮新社、二〇〇六年）所収、六三頁。

を一種の秘儀にしているだろう。しかし、分析家ならぬ「分析主体 analysant」による「分析」は、政治を前にした哲学の「無能力」やジャコトの「無知」と同型の問題に、理論家でもある分析家を直面させているはずである。分析家は分析主体に無意識の「教え」=「支配」からの解放をただ促すしかないのであるから。「あなたがおそらくわたくしよりもよく知っていらっしゃることをどうか説明してもらえないでしょうか」——これは分析主体を前にした分析家の語りでもあるだろう。一つの「政治」として精神分析を見る視点は、精神分析を実践のブラックボックスから「解放」してくれるかもしれない。アルチュセールはまるで精神分析と政治の同型性を示唆するためであるかのように、一九八〇年三月、ラカンによるラカン派(パリ・フロイト派)解散宣言の場に姿を現して発言し、解散に精神分析的必然性などなく、ラカンの宣言はみごとにたんなる政治だ、と言い放った。まさに「分析主体の名において」[*8]。これこそアルチュセールによる「教えられる」者としての発話であるだろう。あるいは精神分析に「無知な教師」としての教育実践であるだろう。精神分析「と」政治が互いの臨界点で触れあう様子を「教える」ための。

5

解題の範囲を逸脱したかもしれない。ならば、本書によってかつての弟子から批判されたアルチュセールが本書をどう見ていたか、というところに視点を限定してみよう。そのとき見えてくるのはしかし、先の示唆を補強してくれる事実であるように思える。彼の自伝『未来は長く続く』によれば、アルチュセールは実のところ、本書によるランシエールからの批判をほぼ全面的に受け入れているのである。『『アルチュセールの教え』で私を激烈に批判したとき、ランシエールは私がまるで『ヌーヴェル・クリティック』の論文〔本書の第Ⅱ章と補遺において論じられる「学生問題」というアルチュセールのテキスト――引用者補〕を『マルクスのために』に収録したかのように、彼の論証の最重点部を組み立てているのだが、根本的にはこの一点だけが私が彼に向けた確たる非難であった」[*9]。つまり「自分ですぐに嫌になった」[*10]テキストを、嫌にならずに単行本に収めたテキストと同列に扱ったことだけが、アルチュセールには気に食わない。「彼の批判の要点は、明らかな反対意見を述べておきながら私が共産党にとどまったこと、その結果、フランスの内外を問わず多くの若い知識人を党と断絶させず、そこにとどまらせたことにある」[*11]。それについては反批判を行うどころか、「共産党に残るために共産党批判を繰り返した」[*12]ことを捕虜収容所体験や父子関係に遡って「精神分析」する、つまり弁明するために自伝そのものを書いたと読者に思わせるほど、アルチュセールはランシエールを「非常に鋭い」[*13]と見なしている(ちなみにこの言葉はアルチュセールも引いている、スピノザによるマキァ

＊8 そのときの発言はルイ・アルチュセール『フロイトとラカン――精神分析論集』(石田靖夫・菅野賢治・小倉孝誠訳、人文書院、二〇〇一年)に「被分析者の名において…」というタイトルで収録されている。
＊9 ルイ・アルチュセール『未来は長く続く』(宮林寛訳、河出書房新社、二〇〇二年)二六五頁。
＊10 同前。
＊11 同書、三〇七頁。
＊12 同書、一三六頁。
＊13 同書、三〇七頁。

ヴェッリ評価と同じである)。

もちろん、この誠実さは政治的には一種の韜晦的欺瞞でもあるだろう。というのも、アルチュセールは最後にこう付け加えることを忘れていないからである。「『左翼主義者』たちは、彼らを嫌った党とのつながりを断つことで、(…)歴史の流れに対し政治的に、つまり現実的に働きかける当時としては唯一の手段を自ら捨ててしまった。歴史の流れは当時党内闘争を経由していたのである。今日ではもちろん、事態は変わってしまった。(…)こうした点を子細に検討してみれば、はじめは立派に見えたランシエールと彼の友人たちの議論も私にはひどく浅薄なものに見えてくる[*14]」。あちらもこちらも破綻したではないか(「今日ではもちろん、事態は変わってしまった」)という公平な認定が、「当時」行われたこちらへの批判を最終的に封じ込めるために使われている。現在の引き分けによって、過去のこちらが間違っていたとは言えないようにしている。しかしそのことによって同時に、哲学には経験的政治を基礎づけえないこと、哲学が行うと称する「基礎づけ」はむしろ哲学の経験的利用であること、哲学はなにかを「教える」のではないことを、つまり「私」と「ランシエール」はともに「偶然性唯物論的に」正しかったということを語っている。実際、本書の最大の標的で、本書執筆のきっかけともなったアルチュセールの『ジョン・ルイスへの回答』はすでに、「正統教義」の「教え」をジョン・ルイスに垂れつつ、その「教え」のすべてを台無しにするかのようなことを同時に語っていた。「一つのカテゴリーは観念論的であるか、それとも唯物論的であるか。多くの場合、この問いにはマルクスの言葉でもって答える必要がある。すなわち『ことと次第による』[*15]」。「人間」の観念が観念論的か唯物論的か、「抑圧の必要性」に奉仕するか「解放の希望」をもたらすか、それは

「ことと次第による」。「発話の連鎖」のなかで進行する「階級闘争」の帰趨次第による。『ジョン・ルイスへの回答』がもった効果については「ランシエールと彼の友人たち」の言う通りだろう。しかしそれは「私」が、あるいは「私」もまた、正しかったということではないのか？

6

こうした政治的論争のレベルでは、ランシエール的「平等の政治」は〈語の意味とはその使用である〉という語用論に、アルチュセール的「偶然性唯物論」は〈すべては偶然である〉というたんなる世界観に、それぞれ還元されてしまうように見える。そしてマルクス主義の正統と異端は、このように相まみえ、交差‐交錯することによって、マルクス主義の用語系そのものを政治的言語世界において古臭いと感じられるものにしてしまうように。さらに、それが歴史の働きである、と読者に向かって説くように。あらゆる歴史的証言がそうした効果をもつことは間違いない。しかしその効果は、正統派アルチュセールと異端派ランシエールが当時すでに、自ら望んだことではなかったろうか。正統派は自らの生涯の最後に「マルクス主義哲学はない」と言明することにより、異端派は党的指導のいっさいを政治世界から追放することにより。ランシエールの「理想的」政治体制は、彼が繰り返し述べるところによれば、「くじ引き」による管理業務の輪番制なのである。史的唯物論とはなんの関

＊14　同書、三二三頁。
＊15　ルイ・アルチュセール『歴史・階級・人間』（西川長夫訳、福村書店、一九七四年）、九五頁。

係もない特殊なアリストテレス主義である。

そうしたマルクス主義消滅後のヴィジョンの是非はさておき、わたしたちとしては、ランシエールを含む「アルチュセール主義」の「教訓」として、ただ一つのことに注意を促しておきたい。「終わり」を他者や歴史という、なんの「責任」も負わない存在の力——自然の大いなる働き——に帰して、それにより「知識人」としての自らの「責任」を同時に棚上げにする——いっさいは「仕方がない」——政治哲学とは異なり、「アルチュセール主義」は自身に〈も〉失敗、敗北、終わりを宣告することができる「教義」であった。それにより論敵を道連れにするやり方を知っている「教え」であった。アルチュセールがマキァヴェッリの「無能力」に見て取った「能力」、ランシエールにあって「循環の閉鎖性を知覚可能にする」被支配者の「能力」は、そこにこそかかわっているだろう。合理的政治と経験的政治が入れ替わる不分明地帯あるいは特異な一瞬に、彼らは目を止めている。そこにおいて有効な「演出」を、わが身を「演出」する思考錯誤によって探ろうとしている。

ランシエールはかつて、彼にしてはめずらしくアルチュセールへの負債を強調してこう語っていた。「私にとって政治は演劇的で人為的な空間の構成なのです[*16]」。法が語る「人民 peuple」とデモ隊が叫ぶ「人民」は、互いを映しあって街頭を政治の舞台に変える。政治を、両者の同一性と差異性が見分けられないドラマ——どちらがどちらの代理＝表象なのか？——にする。こうした特殊な演劇について、アルチュセールもまたかつて、こんなことを記していた。「芝居の中心にこの無限の鏡を置くのか。それともそれを移動させ、隅に打ち捨て、捉えては失くし、そこを立ち去り、そこへ戻り、最後には、異質かつ張りつめた諸力に遠くから従わせ、あたかも離れたところからコップを粉々にする物理的共鳴によるかのごとく、突然、もはや砕け散って地面に散乱した破片でしかないものにしてしまうのか」[*17]。彼らにとって演劇とは登場人物と役者、さらに観客までもが区別を失い同一化する――それがカタルシスとしての演劇の「成功」である――空間であると同時に、「成功」に向かいうる程度にすでに「失敗」しているゲーム、完璧に「成功」してしまっては、つまり舞台と客席の区別が想像的に消滅してしまっては、そもそも成立しないゲームであるのだった。またつまり、劇的空間の構成と解体が同じである演劇、この「同じ」を通じてことがらを決定する力を入れ替える仕掛けであるのだった。「知覚された」その閉鎖性はすでに閉鎖的ではないのだ。

（ジャック・ランシエール『アルチュセールの教え』市田良彦ほか訳、航思社、二〇一三年）

＊16　『ディソナンス』誌インタビュー。次のサイトに採録されている。
http://multitudes.samizdat.net/Entretien-avec-Jacques-Ranciere

＊17　ルイ・アルチュセール「『ピッコロ』、ベルトラッチーとブレヒト」『マルクスのために』（河野健二ほか訳、平凡社ライブラリー、一九九四年）、二六〇－二六一頁。

2005.6

「すべては政治的である」のか？

――ジャック・ランシエール『不和あるいは了解なき了解』

英語圏における近年のランシエールへの関心の高まりには驚くべきものがある。ここ一年ほどにかぎっても、数冊の著作が立て続けに翻訳され、雑誌の特集、本人を招いてのセミナーなどもあちこちで見られる。フランス人が皮肉を込めて英語のままで呼ぶフレンチ・セオリーを代表する位置に、本国では長く相対的に（フーコー、ドゥルーズ、デリダらに比べて）「地味」であった人物がいきなり躍り出たかのような感さえある。その理由はしかし、死去によるビッグネームの退場ばかりではないだろう。「グローバリゼーションの時代に、ドゥルーズやフーコーはラジカル左翼の理論として使いにくい」、評者にそう語ったのは、ランシエールも出席していたドイツでのシンポジウム会場で出会った、ポストマルクス主義者ラクラウの教え子だった。「ネグリ＆ハートはマルチチュードやオルタ・グローバルと言いつつ、結局、〈帝国〉を肯定しているではないか。ネオリベラルとどこが違うのか」、これはいたるところで耳にする揶揄である。左翼世界のなかに確かに存在しているこうした不満が、「ランシエール理論」に追い風となっていることは疑いない。自分以外のあらゆる傾向を資本主義に回収されていると断罪するジジェク（ドゥルーズ＝ガタリはマーケティング理論だ、ネグリ&ハートは単なるマルチ・カルチュラリズムの新商品だ！）さえ、ランシエールだけは別格扱いで、その「ポスト・ポリティクス」という概念を自分のものとして使用する（この参照が単なる思い違いであって、それを一向に正そうとしないことはラカン的ご愛嬌なのだろう。ランシエールにそんな概念はない。「ポスト民主主義」はあるけれども）ばかりか、ある著作の英訳に長いあとがきを寄せて積極的にランシエール紹介を買って出る。

本人にとっては面映いものでしかないであろうこうした追い風の発生源となっているのは、紛れもなく本書『不和あるいは了解なき了解』である。もう十年も前に書かれ、フランスではかなり長い間品切れ状態であった書物が、九八年の翻訳以来、英語圏で確実にランシエールの読者層を広げていった。そのポレミックな衝撃力の一つは、フーコーの権力論あるいは〈権力〉を分析することそれ自体がまったく政治的ではない、と言い切ったところにある。周知のように、六八年的感性は学問や家族関係といった一見政治的とは見えない至るところに政治の匂いを嗅ぎ分け、フーコー的「ミクロポリティクス」をまさにその理論的結晶として〈革命〉の後退過程を生き残った。それを左の側から、またバディウのように革命だけが政治であると〈六八年思想〉に居直ることなく、ランシエールは否定したのである。とはいえ、「すべては政治である」を否定することに先鞭をつけたのは、むしろ右あるいはリベラルの側だった。八〇年代からはじまっていた、ハンナ・アレントや彼女を経由してのアリストテレスの復興である。「すべては政治的である」は全体主義に行き着くほかなく、リベラルな代表制に限定して政治を把握したほうが無難である、それが冷戦終結後の一種のコンセンサスであり、それによってフーコーは実践的に政治的な領域から社会学や歴史学の世界に追いやられることになった。ランシエールは言ってみれば左の側から政治を限定することで、このグローバルなコンセンサスに挑もうとするわけである。ではさて彼の定義する政治とは何なのか。答えは驚くほど単純である。イデオロギーや権力によって主体が作られようとするときに、「平等」を介して主体が自ら主体化してしまうこと。この「政治」がどれほどの射程をもっているかについては、本書を読んでもらうほかないだろう。

（ジャック・ランシエール『不和あるいは了解なき了解』松葉祥一ほか訳、インスクリプト、二〇〇五年）

2008.10

スキャンダルとしての民主主義

――ジャック・ランシエール『民主主義への憎悪』

あらゆる政府と政治勢力が民主主義を口にする。外国に軍隊を派遣するときも、自国政府を転覆しようとするときも、新しい政策、制度変更を人々に提案しようというときも。公然たる独裁政権の数々でさえ、「根本的」な民主主義によって自らを正当化しなかったことはない。さらには神権政治ですら、その世俗的な根拠は「全員のため」あるいは「皆がそれを望んでいる」という民主主義ではなかったか。つまり、すべての人にかかわる政治を行おうというときには、正当化をあきらめるのでないかぎり、民主主義を最終的拠りどころとするほかないのだ。ランシエールは『不和あるいは了解なき了解』（松葉祥一ほか訳、インスクリプト、二〇〇五年）以来、そのことを政治にかんする自らの論考において一瞬たりとも手放そうとしない。政治は民主主義とともにある、ともにしかない、この認識が彼の政治論における基礎である。

同じ認識は実のところ民主主義の欠陥や不可能を言い立てる者たちによっても、広く共有されてきた。誰もが平等に統治に加わるなど、動物的アナーキーにすぎないではないか――プラトン。多数派による統治とは無能な人間たちの専制ではないのか――トクヴィル。人権の平等は個人の欲望の際限ない肯定に反転して、共和制原理を崩壊させてしまう——かつて左翼であった現代フランスのさる論者たち。ランシエールは本書において、こうした民主主義への憎悪を主題とし、とりわけ近年のフランスにおいて顕著な民主主義と共和主義を対立させ、後者を擁護しようとする議論に異議を申し立てる。個人の私的な生と社会的公共性の区別を問題にする議論に、である。彼の民主主義論は、根拠あるいは「お題目」としての民主主義と、そうした民主主義への批判の双方に抗って、なおかつ〈民主主義そのもの〉を擁護しようとするのである。

　どのようにしてか。あるいは、過去に現れたあらゆる批判を論駁することができ、これから現れるであろうすべての批判に先回りして返答できる民主主義とは、いかなるものであるのか。ランシエールの答えはある意味で深い諦念に結びついている、と言うべきだろう。そんなものはない、というのが答えだからだ。曰く、民主主義とは「無の帝国」にほかならない。それはいかなる統治の形態でも究極の理想でもなく、すべての統治なるものが前提にしている現実であり、かつ散発的にしか自己主張しないひとつの原理である。すなわち、どんな統治にも合理的根拠はないという一種のスキャンダルが、民主主義という名前の名指す事態だというのである。あらゆる統治は無根拠な偶然の産物でしかなく、その意味で歴史的なものにすぎない。そのことを隠蔽すべく、あらゆる統治形態は神や牧人や人民や構成的権力といった「根拠」を置く。そしてその「根拠」は、統治される者たちに向かって、この統治は汝らにとってよきことであると告げる。とすれば、あらゆる統治は実のところ統治される者たちの名において行われると言うことができるだろう。この「名において」の機微を通じて彼らに与えられる統治する根本資格こそ、すべての統治を支えるのであり、そうであるかぎりにおいて統治なるものは民主主義を前提にするほかないのである。しかしまた、この根本的な有資格者には自らを統治する能力が、したがって資格もないから、すべての具体的統治形態は登場する。このズレあるいは齟齬が、民主主義を永遠のスキャンダルにするであろう。どんな統治も非民主主義的であり、どんな正当化もインチキであり、民主主義は「どこにもない」＝「無を住処とする」＝「無の支配である」。

徹底したシニスムとほとんど見分けがつかないこの諦念こそ、ランシエールによればしかし、指導者や為政者のウソを見破り、反乱を絶えず可能にするものである。そして「取るに足らない」者たちに、自ら政治的主体となる根拠を与える。「選ばれし者」という資格の自称は選挙を通じて本当に選ばれているときでさえ、ペテンを含んでいるのだから。そもそもあなたが選ばれる必然性などないから、選ぶという行為があるだけのこと。それも歴史的には偶々。誰かを選んでそれが真に民主主義的であるためには、「くじ引き」にすべきであろう！ 「くじ引き」を実行しても安定した秩序が保たれるような「制度」を別途作らない、という条件で。制度があるところ、反乱はつねに正しい。民主主義を徹底して擁護しようとすれば、そう認めるほかないというところまで、ランシエールの議論は進む。

とはいえ、この〈永遠の造反有理〉を無責任極まりないと非難することは、彼の議論に即してさえ民主主義擁護の必要性を理解していない証であるだろう。というのも、ランシエールは「剝き出しの生」（アガンベン）ならぬ剝き出しの民主主義が現れることは決してないとも主張しているからである。そこにこそ、彼が説く諦念の現実性があるからである。『不和』がポリスの論理と呼んで分析した統治や制度の実効〈知〉――それが「政治哲学」として現れる――は、民主主義と永遠に随伴し、今のものではない統治を求める切断の欲望を人々に備給し続ける。もちろん、こうした考え方もまた〈永遠の造反有理〉であるかもしれない。けれども、ランシエールによる造反の論理（彼はかつて自らが主宰した雑誌に「論理的造反」の名を冠した）は、同じことを永遠に反復するほかない、という「永久革命者の悲哀」からはほど遠く、政治的変化のダイナミズムがどこにあるのか、何をもって政治的変化と考えるべきかについて、私たちに強く態度変更を迫る。本書を通して彼が身を置こうとする論争的文脈に則して言えば、

〈公〉と〈私〉の分割線こそ、ランシエール的政治が定位する場所にほかならないのだ。つまり、これまで「公共のことがら＝政治」の範疇には数え入れられなかった事象（労働者や女性が示す「問題」は歴史的には〈私的〉なことがらとして〈公共性〉の外に置かれていなかったか？）を政治問題化する営み、政治的とは感覚されなかった争いが政治の舞台で見えるようになることが、造反に等しい政治であり民主主義の発現である。アプリオリな〈公共性〉問題など存在せず、したがって市場が〈私的〉活動の場であることの論理的根拠、「信念以外の」支えはない、と、この民主主義は主張する。

反乱は絶えず生起して、政治と非政治の分割線を書き換えるだろう。評者としては、それを承認したうえで、ランシエールにこう問いたい。可能性の承認が即、可能性の現実化に結びつかないとしたら、それはなぜなのか。あるいは、政治の民主主義的書き換えを（実現の手前で）準備する実践は可能か。その答えが「実践」一般では、あまりに歴史に学ばない姿勢ではなかろうか。反乱への〈信〉は共和国やその対極にある血統への絶望的〈信〉と同じではないはずである。

（ジャック・ランシエール『民主主義への憎悪』松葉祥一訳、インスクリプト、二〇〇八年）

第Ⅴ章

フーコーとともに

反牧人革命は来るのか

〈実践〉概念の相克
——フーコー最後の問題系と六八年

2009.6

1　未完の問題系？——「自己と他者の統治」から〈実践〉問題へ

死の年である一九八四年の講義録が二〇〇九年一月に刊行され、生前最後の三年間にフーコーが何を考えていたのか、私たちは途切れなく知ることができるようになった。講義タイトル（八二年「主体の解釈学」、八三年「自己と他者の統治」、八四年「真理の勇気——自己と他者の統治Ⅱ」）からもうかがえるように、最後の二年については、探求の連続性がフーコー自身によって強調されている。八四年の講義は、実際こう述べることからはじまっている。「今年は、昨年私がはじめたパレーシア——〈ほんとうのことを言う〉——というテーマについて、少しばかり続けてみたいと思います[*1]」。正確には「少しばかり」ではなく、最終年の講義もまた、ほぼすべてこのギリシャ語の観念を軸に「真理言説」の古典古代的ありようを追うことに費やされている。これら三年間の講義を編纂したフレデリック・グロによると、フーコーは八三年、すでに予告されていた『性の歴史』全六巻とは別に、『自己と他者の統治』という著書の計画をもっていた[*2]。実現していれば、足かけ二年の講義を捧げたパレーシアをめぐる考察がその中心的内容となっていたろう。前年の八二年講義はプラトンの『アルキビアデス』における *epimeleia heautou*（「自己への配慮」）の分析に多くの時間を割き、この観念はそのまま、フーコー最後の著書となった『性の歴史』第三巻のタイトルに採用されている。しかし、講義には第二巻で取り上げられたギリシャ・ローマ的「快楽」はおろか、そもそも性をめぐる話がいっさい登場せず、そこでの「自己への配慮」はまさにそれ自体として、つまりあくまでも「自己」なるものをめぐり、それをいかに「作り－導く」のかという一般〈倫理〉問題として追跡されている。その行程において、同じ「自己の統治」にかんするプラトン・モデルとその後のヘレニズム・モデルとの差異が浮き彫りにされ、パレーシアという観念についてもこのときすでに、そのヘレニズム・バージョンが分析の俎上にのせられている。他者を「導く－統治する」者としての「師」の「自己」倫理として、

＊1　Michel Foucault, *Le Courage de la vérité — le gouvernement de soi et des autres II, Cours au Collège de France. 1984*, Gallimard/Seuil, 2009, p. 3. 以下、*CV* と略記。邦訳『ミシェル・フーコー講義集成一三　真理の勇気』慎改康之訳、筑摩書房、二〇一二年、三頁。

＊2　Fréderic Gros, « Situation du cours », Michel Foucault, *Le Gouvernement de soi et des autres, Cours au Collège de France. 1982-1983*, Gallimard/Seuil, 2008, p. 348. 以下、*GSA* と略記。邦訳『ミシェル・フーコー講義集成一二　自己と他者の統治』阿部崇訳、筑摩書房、二〇一〇年、四六七頁。

である。つまり、パレーシアという一つの観念に貫かれたフーコー最後の二年間の探求は、当の主題的観念にかんしてはすでに前年からはじまっており、その前年の内容はすでに多分に「自己と他者の統治」であったわけだ。パレーシアを正面から取り上げた八三年講義では、〈ほんとうのことを言う〉はまず、師ならぬ「自己」一般の――ただし政治という他者たちとの関係における――倫理として問題にされている。八二年の頃、「性の歴史」という主題から、そこに収めることのできない一つの別の問題系が、分岐しはじめていたと考えて間違いないだろう。生前最後の講義で、フーコーはちょうどそのとき執筆途上にあった『性の歴史』第四巻「肉の告白」に触れ、こう述べたと伝えられている。分析には修正すべきところが多々あるが、「もう遅すぎる」[*3]。「自己への配慮」というタイトルのもとで何を語るかというところからはじまった分岐は、著作計画そのものの分割を経て、その一つに重大な留保を付させるところにまで進み、死によって唐突に行き先を失った。

それでも、著作の形を取ることはついになかったものの、存在を疑うことのできない問題系が晩年のフーコーにはあったことになる。そのさしあたっての名前が「自己と他者の統治」にほかならず、この問題系が「性の歴史」、ひいては『監獄の誕生』と『知への意志』を主たるインデックスとする「権力と知」のそれから、いかなる意味において分岐しているのか、あるいはほんとうに別の問題系と言えるのかどうかは、三冊の講義録によりようやく検討が可能になったと言うべきだろう[*4]。一人の哲学者としてのフーコーの全体像については、私たちは事実上まだドゥルーズの手になる肖像[*5]しかもっておらず、それはすでにして乗り越え不可能なコンシスタンス（整合性と強度）を備えている。しかし、そのドゥルーズさえこれら三冊は読んでいなかった。そして何より、乗り越える必要などまったくないドゥルーズの『フーコー』が存在するにもかかわらず、〈晩年のフーコー〉は様々な〝危うい〟政治的分岐を生み出し続けている。新しいリベラリズムを基礎づけるフーコー、ガバナンス論の先駆者フーコー、「抵抗」運動を定義しなおしたフーコー、アイデンティティ・ポリティクスの理論家フーコー、人権概念を擁護する／葬ったフーコー……。この混乱は「権力と知」のフーコーが近代なる時代観念にほとんど取って代えた「規律訓練社会」が終わった――そしてドゥルーズの言う「管理社会」がはじまった――ことの反映であるのか、そうでないのか……。生存の美学、倫理を語るフーコーは、大衆的政治から退却したのか……。ほとんど誰もがフーコーに拠りかかりつつ「自己」の立場を語ることができるほどに。偉大な思想家になればなるほど、いかようにも利用可能なのかと溜息が出るほどに。

一九七八年、「安全・領土・人口」にかんする講義[*6]を行っているとき、彼は結局読み上げることの

＊3 Michel Foucault, *Dits et écrits 1954-1988*, Gallimard（以下、*DE* と略記）, 1994, tom. I, « Chronologie », p. 64. 編者によって作成されたこの年譜は同発言を、講義最終回に出席していたジャック・ランジュ Jacques Larange が聞いたこととして伝えているが、講義録（前記 *CV*）にその部分は見当たらない。

＊4 八二年講義は『ミシェル・フーコー講義集成一一 主体の解釈学』廣瀬浩司、原和之訳、筑摩書房、二〇〇四年（Michel Foucault, *L'Herméneutique du sujet, Cours au Collège de France. 1981-1982*, Gallimard/Seuil, 2001. 以下、*HS* と略記）。八三年は前記 *GSA*、八四年は前記 *CV*。

＊5 Gilles Deleuze, *Foucault*, Minuit, 1986/2004. 邦訳はジル・ドゥルーズ『フーコー』宇野邦一訳、河出書房新社、一九八七年。

なかった講義草稿でこんなことを述べている。「統治性の分析が含意しているのは『すべては政治である』ということだ。政治とは統治性に対する抵抗とともに生まれるものであって、最初の蜂起、最初の激突であり、それ以上でもそれ以下でもない」[*7]。ランシエールやバディウが繰り返し強調するように、すべてが政治であるとするなら、何も特に政治ではないことになってしまうが、〈晩年のフーコー〉をいかに受け取り、受け継ぐかについては、政治的には事実上どんな立場も可能であるがゆえに、そのときの彼は政治からは離れたところ、特に政治的ではないところで哲学者になっていた、と見ることもできる。いったいどこで抵抗が可能になるのかと思わせるほど「権力」の匂いをあちこちに嗅ぎつけたフーコーを前にしては、少なくともこのような政治的フリーハンドを読者はもたなかったろう。彼は間違いなく、現実の社会主義に対するいっさいの幻想が潰えたあとになお可能な「左翼」思想を代表していた。とすれば、問題系の分岐と同時に、それに付随して何か別のパンドラの箱の蓋まで、彼は開けてしまったのだろうか。フーコー以後のフーコーをめぐる現況は、それを薄々予感したからこそ彼は「すべては政治である」[*8]と公言しなかったのではないか、と勘ぐらせるに充分である。あるいは、この結末を逆に折り込むことなしに、八二年にはじまる分岐は今日的には思考不可能であるだろう。少なくとも、「現在的《アクチュアル》であること」に意を砕き、「理念のルポルタージュ／哲学的ジャーナリズム」をさえ志向したフーコーその人を裏切ることになる。有力な弟子のなかから、フランス経団連のイデオローグ[*9]を生み出しさえした師の「導き＝統治」の「現在性」を、その哲学との関係においてどう捉えるか。晩年のフーコーは、いったい何を解放してしまったのか、つまり外に置いたのか、どういう内と外の境界線を引きなおしたのか。問題はしたがって、きわめて古典的でもある。

晩年のフーコーは、理論と実践の関係をどのように理論化し、どのように実践を外化しているか。実際これは、「自己と他者の統治」という問題系にそのまま重なるもう一つの主題でもあった、と三冊の〈倫理〉をめぐる講義録は教えてくれる。本稿はそれを問題にする。しかし、当然ではないか。倫理とは、たとえ仲間うちの掟として表されるときでも、実践をめぐる思考なのだから。

2　一九六八‐六九年の地平――二重の包摂域

分岐して「成立」した――このカッコを強いるものは死による中断でしかなかったろう――最後の問題系にふさわしい名前は、「自己と他者の統治」以外にもう一つある。論じられている素材により

＊6　Michel Foucault, *Sécurité, territoire, population. Cours au Collège de France. 1977-1978*, Gallimard / Seuil, 2004. 以下、*STP* と略記。邦訳、『ミシェル・フーコー講義集成七　安全・領土・人口』高桑和巳訳、筑摩書房、二〇〇七年。

＊7　*STP*, p. 221.（二六七頁）

＊8　「六八年」を代表する一つのスローガンであるこの言葉については、次を参照。市田良彦「ヨーロッパの〈新左翼〉は？‐」本書第Ⅲ章所収。

＊9　大著『福祉国家』を著したフランソワ・エヴァルドのことである（François Ewald, *L'État providence*, Grasset, 1986）。彼はフーコーの講義録と『思考集成』（前記 *DE*）の編者に名を連ねつつ、社会保険制度にかんするフランス経団連（ＭＥＤＥＰ）の改革案作成に携わった。フーコー的な福祉国家論と、金融工学を大幅に導入した新社会保険制度プランを彼がどのように結びつけているかについては次の論文を参照。Yoshihiko Ichida, « Le front populaire du risque », *Multitudes*, n° 8, 2002.（本書第Ⅱ章所収「リスク人民戦線」）

そくした名前であり、フーコーはそれを八三年の講義で与えている――「真理言説の存在論[*10]」。真理を述べる言説、これはほんとうであると主張しつつ行われる言表行為が歴史的にどのようなあり方をしてきたかをめぐる分析である。「ほんとうであると主張する言説を、認識が真か偽かを判定させてくれる認識の歴史のようなものに照らして測定するだけではだめだ。真理言説は、なぜほんとうのことを言えずに間違ったことを言うのかを問うイデオロギーの歴史の観点や尺度とは別のやり方で分析されるに値する」[*11]。しかし、ことさら「真理」に拘泥することなくそのまま読めば、これは『知の考古学』（一九六九）において表明されていた「知」をめぐるフーコーの構えそのものではないか。「言説形成体とは、いまだ自らを意識しない科学が小声で囁きながらできあがってくる段階における、未来の科学なのではない。言説形成体は科学の定向進化に目的論的に従属した状態にあるのではない[*12]」。この「言説形成体」が「知」と呼びなおされるのだが、一九六九年の「知」も一九八三年の「真理言説」も、真理の判定基準と形式的諸条件を内在的に定める科学やアプリオリなそれらを求める認識論から区別されたうえで、あるいはそれらとの差異において、「実践」と等置されている。「知とは人が言説実践のなかで語っていることがらであり、言説実践のほうはそれにより種別化される。（…）科学から自立した知は存在しないが、ある限定された言説実践なしに知は存在しない。そしてすべての言説実践は、それが形成する知によって自身を定義する[*13]」（『知の考古学』）。「あらゆる言説、とくに真理言説、真理の語りは本質的に一つの実践とみなされる。（…）あらゆる真理は、真理を語るゲームから出発して理解される[*14]」（八三年講義）。とすれば同じように実践である「知」と「真理言説」では、何が違っているのか。今日ではほとんど言うまでもなく、それが「自己」あるいは主体の扱いである。

実践する人間が問題になるかどうかである。「〈ほんとうのことを言う〉（真理を述べなくてはいけない強制と真理を述べる可能性）が、いかに自他関係において個人を自ら主体へと構成するか」[*15]。晩年の問題系にあっては、真理を述べる実践は、それを通じて自己が他者の面前で自己にかかわり、自己を主体へと構成する実践であるのに対し、「知」という実践において、「（超越論的作用としてであれ経験的意識としてであれ）主体はなんらの資格保持者でもなく、必然的に位置づけられるもの、従属的なものである」[*16]。ここに、構成される主体から自己構成する主体へという主体観の転換の典型的痕跡を認めることはたやすいが、私たちの関心はあくまでも、それがどのような「実践」の差異――実践観の差異にして実践的差異――をもたらすのか、というところにある。「権力と知」に加えて、「主体」を自立し、独立した、還元不可能な問い、能力、審級として立てるということは、いかなる差異を実践にもたらすのか。

＊10　*GSA*, p. 285.（三八〇頁）
＊11　*Ibid.*（同）
＊12　Michel Foucault, *L'archéologie du savoir*, Gallimard. 1969, pp. 235-236.（『知の考古学』慎改康之訳、河出文庫、二〇一二年、三三九頁）。
＊13　*Ibid.*, pp. 238-239.（三四三頁）
＊14　*GSA*, p. 285.（三八〇頁）
＊15　*GSA*, p. 42.（五二頁）
＊16　*L'archéologie du savoir*, p. 239.（三四四頁）

しかし一九六九年のほうからはじめよう。その年は『知の考古学』のみならず、ドゥルーズの『意味の論理学』が刊行された年であり、前年には「五月革命」の後、アルチュセールが『レーニンと哲学』を刊行していた。三人がその後もった影響力を考えてみれば、思想史的には驚異的に能産的な約一年間である。三作の同時代性はまずは、労働者本隊による革命というマルクス主義の公式と、社会運動のスターリニズム的指導の両方を一挙に破綻させた出来事としての六八年を、それぞれいかに引き受けているか、というところから出発して探られるべきだろう。[*17] 六八年は、世界をめぐる認識と世界における実践のある幸福な一致としての「マルクス主義」を、こともなげに停止させてしまった。受け止めて、行為する、その連鎖と循環に歴史的断裂をもち込んだ。これら三作はたしかに、〈受動的〉認識と〈能動的〉実践という視点から見たとき、その後の実践的帰結におけるほとんど党派的な差異を超える共通性をもっている。

無限に分割可能なものはつねに二つで一つである。永遠に、起こったばかりのことであり、かつやがて起きるであろうことであり、決して起こっていることではない〈切りすぎた〉かつ〈まだ切り足りない〉)。能動的なものであり、かつ受動的なものである〈切る〉と〈切られる〉)。泰然自若としたものである出来事は、能動的でも受動的でもなく両方の共通の結果であるから、いっそうその両方を交換する。(…)それは世界全体を包み込み、中にあるものが外に、外にあるものが中にあるようにする。[*18](『意味の論理学』)

レーニンは、哲学のまったく別の実践を提案することで、哲学の伝統的な実践を疑問に付しました。このまったく別の実践は、それ自体で、哲学のあり方にかんする客観的認識を約束するか素描するかのようなことをしているはずです。(…)哲学者や哲学にどうしても耐えがたいこと、許しがたいことは、おそらくこの、哲学についての認識という考えです。哲学に耐えがたいのは、哲学についての理論という考えなのです。[*19](「レーニンと哲学」)

＊17 厳密に言えば、『レーニンと哲学』のもとになったフランス哲学会におけるアルチュセールの講演は、五月革命前の二月に行われているが、彼がそれを加筆修正のうえ刊行したのは同年の秋冬学期であり、ここでは三作を「五月」後約一年間の著作として連続的に捉えている。五月革命の渦中には、アルチュセールは病院にいて文字通り眠っており(睡眠治療を受けていた)、街頭の騒動からは遠く離れていた。ランシエールが『アルチュセールの教え』(原著一九七四年、邦訳は市田良彦ほか訳、航思社、二〇一三年)で描いているとおり、「五月」との関係におけるアルチュセールの政治的立ち位置には極めて両義的なところがあったものの、彼が『レーニンと哲学』を「五月」に対する自らの応答と考えていたことは疑いない。「五月」後の「左翼主義」潮流(詳しくはランシエールの同著を参照)が、「理論における政治」を主張する『レーニンと哲学』をそのように受け取ったことも。

＊18 Gilles Deleuze, *Logique du sens*, Minuit, 1969, pp. 17-18, 21.(『意味の論理学』上巻、小泉義之訳、河出文庫、二七－二八頁)

＊19 Louis Althusser, *Lénine et la philosophie*, Maspero. 1969 (1972), pp. 14-15. 邦訳は『レーニンと哲学』西川長夫訳、人文書院、一九七〇年、および『マキャヴェリの孤独』福井和美訳、藤原書店、二〇〇一年所収(福井訳一四六－一四五頁)。

『知の考古学』において「知」はあくまでも言説実践を通じ、言説実践によって構成される。それは言説形成体であり、「人が言説実践のなかで語っていることがら」であり、言説実践のなかにある。しかしその言説実践は、自らが形成した言説から「自立して存在」せず、その形成そのものでしかない（「形成する知によって自身を定義する」）。言説実践は、語られた言説のなかにある。そこでの「語る」ということは、ドゥルーズがルイス・キャロルの「メスで肉を切る」－「肉がメスで切られる」という出来事に見た二重性をそのまま備えているだろう。「語る」において、言説を形成する能動性と言説が形成される受動性は無限に分割可能な「二つで一つ」であり、形成する実践と形成された言説は、「中にあるものが外に、外にあるものが中に」ある〈言説－実践〉であることをやめない。知は、微細に注視すればするほど、〈形成する〉と〈形成される〉が互いを交換しあう形成（体）formationでしかない。自らを合理的に編成しようと悪戦苦闘している過去の科学的言説に、成立した科学の形式化された真理基準――「構造」と言い換えてもよい――を照射するのではなく、言説それ自体を要素へと分解していったときに立ち現れるのが、そんな二重体としての知であった。構成された言説の外あるいは下に、その構成の方向を一つの可能性として含む多方向の実践が発見され、それがまた言説をなしているという別の世界が見いだされた。言われたことの無限小分割の果てにである。疑いなく、『狂気の歴史』（一九六一年）や『言葉と物』（一九六六年）における諸科学の分析を、『知の考古学』はルイス・キャロルの冒険に近寄せている。

レーニンが行った「哲学のまったく別の実践」とは、直接には、彼をボリシェビキ派の哲学者たちとの討論会に誘ったゴーリキーに対し、彼が寄こした返答を指している。「あなたにお会いしに伺いたく存じますが、どんな哲学討論もお断りです」[20]。そんなことをしても、「哲学は分裂させる」だけであるから。討論会への誘いを笑って断るレーニンの「実践」は、哲学において討論communication / discussionは不可能であるという彼の認識を即自的に示し、そのことで哲学に外在的な、哲学についての何らかの「理論」を「約束するか素描するかのようなことをしている」、とアルチュセールは読み取った。しかし彼がレーニンの実践から「マルクス主義理論」として炙り出した結末は、期待されるような科学としての史的唯物論でも何らかのマルクス主義哲学でもなく、拍子抜けするような「認識」であった。そんなものは存在しない、である。「極論すれば、哲学とは、そこでは何も起こらない奇妙な理論的場所である。無の反復以外には何もだ」[21]。誘いを断ったレーニンにとっては、哲学はいかなる有用な認識も生産しないくせに、あるいは生産しないからこそ、無駄なお喋りの効果として無用の仲たがいを生産してしまう、ぐらいの「認識」であったろうが、アルチュセールの「極論」は、この認識が「実践の哲学」としてのマルクス主義であるとまとめうるなら、レーニンはその「哲学」を引っさげ討論会に参加してもよかったではないか、というところにある。フォイエルバッハ・テーゼの第一一（「哲学者はこれまで世界を解釈してきただけである。問題は世界を変えることだ」）を、「実践の哲学」と主張して。しかし「実践の哲学」は一つの哲学であり、他の哲学と充分に討論可能であるだろう。それは討論会に参加した哲学者を分裂させずに共通の政治実践へと導くことも可能だったたろ

＊20 *Ibid.*, p. 9.（一四〇－一四一頁）
＊21 *Ibid.*, p. 34.（一六八頁）

う（彼らは皆、政治的にはボリシェビキ派だった）。いざ、街頭へ――これは「哲学についての理論」ではなく、したがってどんな哲学者をいらだたせることもない、一つの「哲学」にすぎない。ゴーリキーの誘いを断ったレーニンは、そんな哲学を実践したのであってはいけないのである。レーニンの拒否の笑いと唯一合致しうる哲学理論、言い換えるならフォイエルバッハ・テーゼ第一一の正しい解釈は、「哲学は無の反復である」を理論とも認識とも受け取らないことでしかない。しかし行動を訴えたのでは、それを理論や認識と受け取ったことになるのであるから、結局のところ、マルクス主義的な「哲学についての理論」はこう言わなくてはならない。「マルクス主義は（新しい）実践の哲学ではなく、哲学の（新しい）実践である」[22]。マルクス主義哲学は存在せず、哲学のマルクス主義的実践があるだけだ、と。

無の反復という消失点において理論と実践を一致させる。あるいは理論と実践を、互いの見分けがつかなくなる無限小の地点にまで追い込んでやる。哲学を、理論と実践が互いを交換しあう出来事にする。それが『レーニンと哲学』におけるアルチュセールの（新しい）実践だった。そのようにして、彼は哲学を科学から、あくまでも対象概念のまわりに形成される理論としての科学から、そのことで真偽を内在的に判定しうるようになった科学から、区別したのだった。それは、ドゥルーズがストア派にならって出来事を物体的なものから、フーコーが言説実践としての知を認識や科学から、それぞれ区別する仕方とまったく同じものだ。「五月」後の約一年間に刊行された三つの著作は、「中にあるものが外に、外にあるものが中にある」二重の包摂域として出来事‐実践を抽出し、それを、形成された存在のその形成の「準‐原因」（ドゥルーズ）にしている。純然たる原因でないのは、いずれも、物体間に作用するような因果関係——必然を語りうる——を、それぞれの二重の包摂域とその効果―結果の間に拒否しているからである。アルチュセールにおいて哲学はメタ科学でも普遍的論理（弁証法と呼び習わされた）でもなく、ありふれた不確かさに付きまとわれる政治実践と同じ「理論における政治」であり、「知の考古学」において知は科学を「はみ出す」[*23]、つまり科学の因果性に拘束されない。しかし出来事も哲学も知も、物体と理論と科学に先行し、そうした「外」に間接的な効果を発揮している。アルチュセールはそれを、哲学は自分にしか働きかけない（哲学は外部をもたない）が、そのことで「外」に遠隔作用する、と述べていた。フーコーにあっても、「閉じ込め」をめぐる法的、制度的な言説実践が、精神医学を「誕生」させている。

一つのタイプの認識と実践の一致が「街頭」の衝撃により崩れ落ちたあと、世界はドゥルーズにとっては出来事が泡立つ「表面」になり、アルチュセールにとっては無が反復される空虚になり、フーコーにとっては「言葉と物」（しかし「物」と訳されるchoseは正確には「ことがら」であろう）が無限小の言表において互いを交換しあう「実践」になった。そして、古い認識と古い実践からなる世界、両者が弁証法的な、あるいは単なる「応用」による一致を見せていた世界を、外に放り出した。その外において認識と実践は、「合理的」に関係しあうのでなければ、もはやそれぞれ「物体的なもの」として、どんな一致も見せることなく散乱しているだけだ。認識と実践が互いを包摂しあうループの

＊22　*Ibid.*, pp. 44-45.（一八一頁）
＊23　*L'archéologie du savoir*, p. 234.（三三七頁）

外に、そうした「現実界」が立ち現れた。いずれにしても、世界は新しく分割されたのである。

　アルチュセールは『レーニンと哲学』において、そのことの意味に敏感だった。たとえマルクス主義が哲学の新しい実践と定義しなおされたところで、哲学者を分裂させる——終局的には唯物論の陣営と観念の陣営に——ことしかしない「理論における政治」たる哲学において、実践は杣道 Holzweg を辿る以外のことができるのか。それも無数にある杣道のなかを。「無の反復」を言い換えた哲学のもう一つの定義は、「どこへも通じない道のなかの道」[*24]である。終局的には二つの道しかないとはいえ、その分岐点はいたるところにあって、杣道はまた交差しあっている。分岐点は一を二に分割するが、その分岐点そのものは「二つで一つ」であって、哲学の全体はそんな分岐点から成り立っている。だから哲学は「何も起こらない」(＝通過できない)奇妙な場所であるのだった。だからレーニンは、政治的に決定的な時期に哲学討論に参加することを拒んだのだった。アルチュセールはこのもう一つの定義をレーニンが読んでいた素人哲学者ディーツゲンから借用しているものの、その借用の仕方、定義に含まれる理念は言うまでもなく、「杣道」を書物のタイトルにしたハイデッガーに由来する。どこまで行っても存在と存在者の差異でしかない存在の概念－定義を、ハイデッガーは杣道になぞらえたのだった。二重の包摂域に住まうことは、実践をこのドイツ人哲学者のもと以外のどこへも導かずに終わるのか。ある定まった方向性——「現存社会主義」が待ち受けている——から実践を解放する代わりに、実践からどんな指令能力－機能も奪って、実践を「存在」の迷宮に閉じ込めるのか。

　アルチュセールがそのあとやがて、この問いにどのような答えを与えたかは置いておこう。しかしドゥルーズは、同じ難問にことのほか敏感だったようである。存在と存在者の差異としての存在を

「襞」pliと言い換え（そのこと自体もハイデッガーに由来するのだが[25]）、「どこへも通じない道」という形象のほうにではなく、「プリーツ」のバロック的展開の形態学へと文字通り開くことを自覚的かつ明示的に試みた。言うなれば、彼は物体的な現実界を完全に出来事の世界に置き換える道を選択したのである。置き換えずに残しておくなら、それは、そこには実践が自ら決して出ていくことのできない地帯、準‐原因として間接的効果を及ぼす期待ぐらいしかできない地帯があると承認することだ。ミクロな等身大の実践そのものは分岐点から分岐点へと彷徨《さまよ》うばかり、と諦めることだ。ならばそんな地帯はいっそ消去して、表面だけからなる世界のなかで、襞の群れが作る形態をマクロに統計学的に――「カオス理論」に則って――処理することを倫理‐実践としてはどうか。プリーツの形態学を新しい形而上学とし、微分方程式を解く作業をそこでの実践と思いなおしてみてはどうか。哲学の外に出ることができない境遇に耐え遠方から手紙を送り続けるよりは、そんな外の世界を単純に見捨てる、これがドゥルーズの野望である。彼の目には、アルチュセールは絶望的にすぎると映っていたはずである。ではフーコーは？　「『襞』はフーコーの著作につきまとい続けた[26]」。人間とその分身、先験的‐経験的二重体、裏地、等々、とりわけ『言葉と物』において、また数々の文学論において、フーコーが「襞」を折る‐折り返すというイメージにほとんど憑かれていたことは明白であり、『言

＊24　Althusser, *op. cit.*, p. 13.（一四五頁）
＊25　ジル・ドゥルーズ『差異と反復』財津理訳、河出書房新社、一九九二年、第一章一一一‐一一三頁参照。
＊26　Deleuze, *Foucault*. pp. 115-116.（一七〇頁）

葉と物』における二重体の分析がハイデッガーのカント論（その「構想力」解釈）に多くを負っていることは疑いようもない。しかしドゥルーズが「つきまとい続けた」と言うのには、著作の再読によるのではない要因も与《あずか》っていたはずだ。ドゥルーズも『フーコー』で参照しているフーコー生前最後のインタビューで、彼はこんなふうに語っていたのである。「ハイデッガーは私にとってつねに欠かせない哲学者でした。（…）私の哲学的生成のいっさいは、ハイデッガーを読んだことに決定づけられたのです」[27]。ハイデッガーは「急ぎすぎた」、「性急に襞を折りすぎた」と考えるドゥルーズ[28]にとっては、それこそ性急にフーコーをハイデッガー存在論に回収してしまわないため、なんとか片を付けることの必要な言明であったろう。それにしても「急ぎすぎた」とはどういうことか。ドゥルーズが挙げている例にしたがえば、それぞれ別の自立した襞をなすはずの〈見ること〉と〈語ること〉の両方を、一つである存在の襞に収納している（「（ハイデッガーにあって――引用者補）襞は言語の〈自分に語る〉を構成することなしに視覚の〈自分を見る〉を構成することはなく、言語のうちで自分に語っているのと視覚のうちで自分を見ているのは、同じ世界なのだ」[29]）ことにほかならない。存在という一種類の「襞」が世界であることに、彼は異を唱えているわけである。ドゥルーズにこの読解が可能であるのは、彼が様々な襞からなる世界を、襞がそこに置かれる‐そこで展開される地平を、別に設定していればこそであろう。彼にはそれが、フーコーにおいては「力への意志」だったのだと見えている。力関係としての権力が織りなす地平が、襞の「外」――ドゥルーズの用語で「内在平面」と言っても同じことだろう――として、襞を己のうちに収めている、と。「フーコーの一般原理とは、どんな形態も様々な力関係の組み合わせである、ということである」[30]。フーコー自身、ハイデッガーに対する自身の負債を『存在と時間』よりも『ニーチェ』に結びつけているのであるから、これはたしかに無謀な読解ではない。

この読解の実践的な意味にも、ドゥルーズは目をつむったりはしていない。「問題としての権力との関係においては、考えるとは特異性を放つことであり、賽を投げることである。賽の一擲が表現しているのは、思考がつねに外からやってくる、ということだ[*31]」。つまり、完全に「外」になってしまった世界にあっては終局的に、賽を投げるよりほかに実践は「ない」、ということだ。またつまり、二重の包摂域の外との種別的に思考可能な関係としての実践は「ない」ということである。これは、杣道が織りなす世界の各分岐点で唯物論か観念論かと選択を行い続けるしかない「哲学」の実践と、まさに実践的にどう違っているのか。世界の分割を認めない肯定的意欲の代償は、「賽の一擲」に耐えることであり、それは「どこへも通じない道のなかの道」を進むのと大きく異なる事態ではありえないだろう。いずれにしても、遠からず「地勢図」は実践家の頭脳のなかにおぼろげに像を結びはじめるだろう。統計学的にせよ、何にせよ。

＊27　« Le retour de la morale », *DE*, tom. IV, p. 703.（「道徳の回帰」増田一夫訳、『思考集成』第十巻、筑摩書房、二〇〇二年、二〇八頁）
＊28　Deleuze, *Foucault*, p. 121.（一八〇頁）
＊29　*Ibid.*, pp. 118-119.（一七六頁）
＊30　*Ibid.*, p. 131.（一九七頁）
＊31　*Ibid.*, pp. 124-125.（一八六頁）

またいずれにしても、一九六八－六九年にフーコーとアルチュセールとドゥルーズが偶然ほぼ同時に成立させた地平から、ドゥルーズはいち早く抜け出て、さらに遠くへと地平線を移動させた。その偶然を同時代的必然の兆候とこそみなす立場からは、そう言えるだろう。三人がただそれぞれ賽の一擲を行ったにすぎないとみなせば、偉大な思想家たちの自立性、独自性しか、私たちの手元には残らない。そしてドゥルーズも、実はそんなことはしていないだろう。彼のフーコーは著しく彼のニーチェであり、彼のニーチェは著しく彼のスピノザであり、そして彼のスピノザが、ほとんど彼なのであるから……。ドゥルーズが「急ぎすぎた」のかどうかはともかく、フーコーは少なくとも自己との関係においてはもう少しゆっくりと進んだように見える。『知の考古学』において言説実践としての〈知〉をひとまず閉ざしたあとにようやく、ではこの〈知〉は〈権力〉との関係においてはどうなっているのか、と問いはじめているからである。『知の考古学』最終章「結論」において、マルクス主義者と思しき相手との仮想討論のかたちを取りつつ、彼は述べていた。「あなたは言説にどんな政治的地位を与えることができるのか。あなたは言説のうちに、ことがらと思惟の境界線上で一瞬きらめく淡い透明性しか見ていないのに。言葉は風や戸外の囁き声や羽音のようなもので、歴史上意味あることがらのなかではほとんど聞き取れない、などという観念から、革命の言説と科学の言説の実践こそが（…）あなたを解放したのではなかったか。（…）その問いに対しては、ほぼ政治的な答えしかないでしょう。今はそれを保留しておきましょう。おそらく、遠からず別のやり方で取り上げねばならないでしょう」[*32]。実際、『知の考古学』には「政治」はおろか「権力」という語もいっさい登場せず、フーコーはそこで言説実践をひたすら「構造主義」的な「言語」から、つまり実践を無意識のうちに、あるいは「イデオロギー的」に規定してしまう「構造」から、自立させようとしていた（架空の対話者にこう言わせている――「あなたは本書全体を通じて、『構造主義』からなんとか自分を区別しようとしてきましたね」[*33]）。そしてマルクス主義者に向かって言ったわけである。「ことがらと思惟の境界線上で一瞬きらめく」実践と、革命の実践が問題になりうる話は別である、と。別の世界は存在している、と。その後どのようなダイアグラムを作り上げたにせよ、『監獄の誕生』が刊行される一九七五年までの間は少なくとも、フーコーは『レーニンと哲学』のアルチュセールのとまどい――外に出ることのないこの実践はいったいいかにして外に遠隔作用するのか、外から作用を受けるのか――を共有していたはずである。

3 主体化という〈クモの巣〉

ドゥルーズによる「フーコーのダイアグラム」は、〈権力〉、〈知〉、〈自己〉を「つねにからみ合う」とはいえ互いに還元不可能な「三つの存在論」として再構成し、まとめようとするものだった。そのように構想するにあたっては、すでに引いたフーコー生前最後のインタビューにおける言明が大きな根拠となっていたはずである。「『狂気の歴史』、『言葉と物』、『監獄の誕生』においては、私の問題の立て方のせいで、言外に含まれていたことの多くを明示的なものにすることができませんでした。

＊32 *L'archéologie du savoir*, p. 273.（三九三頁。強調引用者）
＊33 *Ibid.*, p. 259.（三七一頁）

私がやろうとしたのは、三つのタイプの問題を見定めることでした。真理と権力と個人の振る舞いです。これら三つの経験領域は互いの関係をとおしてのみ理解され、どの一つも他の二つなくして理解されません。三つの著作において問題なのは、三つめを考慮に入れずに二つの経験領域を考察してしまったことです[*34]」。同様の区分と関連づけは、八〇年代の講義ではたびたび行われており、フーコー最晩年の「問題」がそこにあったことは疑いない。しかし、ここで注目したいのは、フーコー自身がどのように三つの経験領域を分節しているのか、そしてそれは「実践」をめぐりどのような〝新しさ〟をはらんでいるのかいないのか、である。このとき右の言明においてまず目につくのはむしろ、三著作には〈自己〉の問題系がなかった、と判定されていることだ。おまけに三著作には『監獄の誕生』まで含まれている。つまり〈権力〉を導入しても、「つねにからみ合う」経験領域を分節させることはできず、その分節にかかっているはずの実践問題――〈知〉という実践がうまくその外にかかわることができない――に変化はない、と言っているに等しい。「互いの関係をとおしてのみ」理解される三つのものは、二つだけでかかわることはできないだろう。八〇年代のフーコーには実際、〈知〉と〈権力〉にかんする自身の以前の仕事を、少なくともその自立性にかんして否定するような発言が目立つ。

もし『狂気の歴史』と『臨床医学の誕生』にほんとうに注意を払ってもらえていれば、『言葉と物』は私にとってはまったく、トータルな書物なんかではなかったということに気づいてもらえたでしょう。(…)『言葉と物』は私の真の著作ではありません。(…)『言葉と物』において、私は人間の死を私たちの時代に起こりつつある何かであるように述べることで間違いを犯しました。（…）歴史を通じて、人間はたえず自らを構成してきました。つまり、自分たちの主体性を持続的に移動させ、異なる主体性の無限で多様なセリーのなかで自らを構成してきました。それに終わりはなく、我々を人間そのもののような何かに直面させることは決してないでしょう。（…）混乱して単純化されたやり方で人間の死を語ることで、私が言いたかったのはそういうことです。[*35]

私の研究の一般的テーマを構成するのは権力ではなく、主体である。[*36]

権力関係について語るときに私が念頭に置いているのは、社会体全体を支配し、そこに自らの合理性を課すような大文字の権力などではありません。（…）権力関係を研究するにしても、私は権力の理論を作っているのではありません。主体の再帰性と真理の言説が互いにどのように結びついているか、それが私の問いであるかぎりのことです。〈いかにして主体は自己にかかわる真

*34 « Le retour de la morale », *DE*, tom. IV, p. 697.（二〇〇‐二〇一頁）

*35 « Entretien avec Michel Foucault », *ibid.*, pp. 66-67, 75.（「ミシェル・フーコーとの対話」増田一夫訳、『思考集成』第八巻、筑摩書房、二〇〇一年、二二七、二二九、二三九頁）

*36 « Le sujet et le pouvoir », *ibid.*, p. 223.（「主体と権力」渥海和久訳、『思考集成』第九巻、筑摩書房、二〇〇一年、一一頁）

理を語りうるか〉が私の問いであるとすると、このかかわりを規定する要因の一つが権力関係ではあるでしょう。（…）私はいかなる点でも権力の理論家ではありません。極言すれば、自立した問いとしての権力に私は興味がありません。[*37]

これらを素直に字義どおりに受け取れば、〈知〉と〈権力〉は還元不可能な「存在論」を形成することはなく、ましてそのそれぞれに経験諸領域を分節する能力も与えられておらず、その能力はひたすら〈自己〉あるいは主体に託されようとしているのではないか。三つの経験領域を一挙に思考させてくれる、あるいは一挙に思考するよう強いるものが、三つめのそれであるのではないか。すでに簡単に見たように、フーコー最晩年の問題系は〈自己と他者の統治〉であり、かつ〈真理言説の存在論〉であり、このように名付けること自体のなかに、〈知〉と〈権力〉と〈自己〉を「からみ合わせる」意図が端的に見てとれる（つまりドゥルーズは正しい）と同時に、こうした発言では、新たに導入された三つめのもの、〈自己〉がようやく〈知〉と〈権力〉からその自立性を、障害であった自立性を奪っているかのようである。「真理」は〈知〉（知の考古学）のなかと〈自己〉（パレーシア）のなかに二度現れ、そのことによって、一つの還元不可能な存在論を形成するどころか二つの経験領域を結びつけている。さらに〈自己にかかわる真理〉は、〈権力〉によっても規定される。〈知〉＋〈権力〉＋〈自己〉＝〈自己〉、むしろこれがフーコー晩年の「ダイアグラム」だったのである。『フーコー』においてドゥルーズが見ている左辺の〈自己〉はギリシャ人のものだった。「ハイデッガーにはルナン的な側面、ギリシャの光、ギリシャの奇跡の思想がある。フーコーは言う。ギリシャ人たちは、はるかに少ないことしかしなかったし、もっと多くのことをした」[*38]。「ギリシャ人はなんら普遍的なものをもたない」[*39]。フーコーはたしかに最後のインタビューで、彼らは「深い誤り」を犯したと述べている[*40]。しかし講義録が明らかにする右辺の〈自己〉には、ローマ人もまた含まれ（とりわけセネカとマルクス・アウレリウス）、より正確に言えば、この〈自己〉は〈ほんとうのことを言う〉自己すべてであり、追跡されるその軌跡は、古典古代はおろかキリスト教（牧人体制における信徒）を経て、カントの「啓蒙とは何か」にまで伸びている。他者の面前で自己にかかわりつつ〈ほんとうのことを言う〉、この一つの主題がその内部で〈知〉と〈権力〉と〈自己〉を結びあわせ、その歴史的変容をフーコーに探らせているのである。「権力関係－統治性－自己と他者の統治－自己に対する自己の関係は、一連なりの行、一連なりの列を構成するのであり、そこで権力問題と倫理問題を接合できるはずである」[*41]という見通しのなか、この接合点をそれ自体でなしているのが「クモの巣－観念 **notion-araignée**」[*42]パレーシアにほかならない。

*37 « Structuralisme et poststructuralisme », *ibid.*, pp. 450-451.（「構造主義とポスト構造主義」黒田昭信訳、『思考集成』第九巻、筑摩書房、二〇〇一年、三二四－三二五頁）
*38 Deleuze, *Foucault*, p. 121.（一八〇頁）
*39 *Ibid.*, p. 122.（一八一頁）
*40 « Le retour de la morale », *DE*, tom. IV, p. 698.（二〇二頁）
*41 *HS*, p. 242.（二九五頁。強調引用者）
*42 *GSA*, p. 45.（五六頁）

フーコーにおけるパレーシア論の形成と展開そのものについては別稿に譲ろう。[*43] ここでの関心である「実践」問題とのかかわりにおいて重要なのは次の諸点である。

第一に、パレーシアは〈ほんとうのことを言う〉であるにもかかわらず、その〈ほんとうのこと〉を実は十全には言わない。エウリピデスの『イオン』において、神託による統治を人間による統治に置きなおしたパレーシアは、主人公イオンの出生の秘密を全員に余すところなく開示したりはしなかった。それどころか「一定の幻想を真理の上に君臨させ、この幻想と引き換えに、命令を下す発話が真理と正義の発話となりえ、自由な発言、パレーシアとなりうる秩序を打ち立てる」[*44]。この「政治的パレーシア」はあくまでも真理を口にするリスクとともにあり、開示された真理の最終的貫徹と支配ではなく、リスク状況の創出と持続をその本質的な効果としている。政治家を教育するプラトンの「哲学的パレーシア」にあっては、語られるのは政治家が何をなすべきか、最良の政体は何か、といった政治の真理ではなく（ゆえに逆に言えばパレーシアは君主制においても民主制においても有効である）、「己に問え」、「自分自身に働きかけよ」、「政体を生体のように自ら診断せよ」といった中身のない方法にすぎず、「哲学は *mathêmata*（エクリチュールに定置される認識——引用者注）としては伝達されえない」とされる[*45]。カントにあっては、「啓蒙とは何か」に対する〈ほんとう〉の答えは、啓蒙の時代に属する我々とは誰かと問うことそのものであった。パレーシアにおける真理に内容はなく、「働き *ergon*」だけがある。ストア派にあっては、プラトン同様働きかけを命じられる「自己」さえ、働きかけの前には存在していない。「自己と自己の間になおまだ存在するこの距離ゆえにこそ、自己は自己に現前する。自己から自己への距離のなかに、自己の自己への現前がある。（…）自己が到達すべきものとは、この自己なのである」[*46]。

第二の点はこの「働き」にかかわる。真理に内容はなく、ただ自己に再帰的に働きかけるよう耳を傾ける者に働きかけるにせよ、パレーシアは「自己」の自足を不可能にする。哲学者が政治家に伝達すべきものは、政治から距離を置いている自分と政治家のその距離にほかならず、それが政治家に移転されてようやく政治家における「自己への関係」が成立するのであって、つまり政治家はいくぶんか政治家であることをやめなければ自己に関係することができない。もちろん哲学者も、政治家をそのように生成させてはじめて哲学者になることができる。「自分の務めと自分の生を同一視しないこと」[*47]は他者を経由しているのである。言い換えると、自己への関係と他者への関係は互いのなかに折り畳まれあっており、この投射関係が行き止まりに達することはない。「統治」は自己と他者の一挙的統治でしかありえないわけだ。自己の統治とは他者の統治であり、他者の統治は自己の統治である。「私」は「私たち」としてのみ——自己への関係の結果——作り出されるのだ。『イオン』にあっては、各人のパレーシアは市民としての平等な発言(イセーゴリア)の権利をもたらしてはじめて、指導者

＊43　市田良彦「〈我々とは誰か〉あるいはフーコー最晩年の〈外の思考〉」本書所収。
＊44　*GSA*, p. 135.(一八三頁)
＊45　*GSA*, p. 229.(三〇七頁)
＊46　*HS*, p. 214.(二六一頁)
＊47　*HS*, p. 520.(六〇二頁)。編者解説中に引用されている、フーコーの草稿。

のパレーシアを可能にする。

第三に、たえず自己と他者の両方にかかわる統治の裏面において、自由の概念が特殊な意味をもつようになる。それは、何かからの自由、何かとの関係における自由ではもはやなくなるのである。第二の点は自己と他者を統治のなかで同時に生成させるが、「他者の可能的行為の領域を構造化しようとする」[*48]統治は自己と他者がすでに存在していることを要求する。かつて〈権力〉は主体を構成するかのように（つまりあたかも〈権力〉が構成的主体であるかのように[*49]）振る舞ったが、ここでは主体が〈権力〉をまず自己権力として（〈ほんとうのこと〉を言うリスクを自分に負わせる）、また同時に他者に対する権力として（主体による他者の可能的行為の限定が統治－権力関係である）構成してもおり、主体と権力の間には「同時」と考えるほかない前後関係しか存在していない。「権力がいたるところにあるのなら自由がないではないか、としばしば問われますが、私はこう答えます。社会関係全体を貫いて権力関係が存在しているとすると、それは自由がいたるところにあるからです[*50]」。奴隷は逃げるかもしれない、逃げる自由を自己に対しもっているから、権力関係としての奴隷制が存在する（自由が権力関係を「誘発＝挑発する」）と捉えられ[*51]、権力関係と自己に対する自己の関係とはつねに「裏返し可能」とされる[*52]。その結果、解放（自由化）の実践と自由の実践も区別されるようになる。「（脱植民地化という――引用者注）解放の実践は、自由の実践を定義するのに充分ではありません。人民、社会、諸個人が自分たちに受け入れることのできる生活や政治体の形態を自分で決めうるためには、後者の実践が必要になるでしょう。だから私は解放の過程よりも自由の実践を強調するのです。（…）解放はしばしば、自由の実践にとっての政治的ないし歴史的条件です[*53]」。自由はあくまでも「非推移的」（自動詞的）なもの、[*54]つまり〈権力〉から自立したものになるのだ。

統治手続きの「交差点」をなすとも言われる「クモの巣－観念」パレーシアはつまり、真と偽、充実と空虚、自己と他者、権力と（主体の）自由を、相互に移動させ、それぞれのなかに入り込ませ、両者を同時にかつそれぞれ別に成立させるという「実践」を行う。〈知〉と〈権力〉と〈自己〉は、パレーシアにおいて交通するパレーシアの〝結果〟にほかならない。クモの巣が寸断された結果、である。寸断するものもまた同じパレーシアであるだろう。政治的パレーシアにあっては、この実践は神託による統治から人間による統治を切り離して、イセーゴリアの権利にもとづく民主主義制度を設立させたのちに、指導者のパレーシアと民衆のイセーゴリアを分離した。哲学的パレーシアは、倫理

＊48 « Le sujet et le pouvoir », *DE*, tom. IV, p. 237.（二六頁）
＊49 ドゥルーズがこのような見方をしている。一九七七年に書かれ人を介してフーコーに手渡されたという「欲望と快楽」（ジル・ドゥルーズ『狂人の二つの体制 1975－1982』宇野邦一ほか訳、河出書房新社、二〇〇四年、に収録）において。
＊50 « L'éthique du souci de soi comme pratique de la liberté », *DE*, tom. IV, p. 720.（「自由の実践としての自己への配慮」廣瀬浩司訳、『思考集成』第十巻、筑摩書房、二〇〇二年、二三四頁）
＊51 « Le sujet et le pouvoir », *ibid.*, p. 238.（二六頁）
＊52 *HS*, p. 242.（二九四頁）
＊53 « L'éthique du souci de soi comme pratique de la liberté », *DE*, tom. IV. pp. 710-711.（二二〇－二二一頁）
＊54 « Le sujet et le pouvoir », *ibid.*, p. 238.（二八頁）

的＝実践的な距離を置く二つのものとして、哲学と政治を、哲学者と政治家それぞれのなかで分離させた。パレーシアとしての啓蒙は、「我々」を人類の未成年状態から「脱出 *Ausgang*」させた。これを別の視点から見たときには、普遍的であるが孤絶した「私」と統治される群れである「全員」への人々の牧人体制的（「全体的かつ個別的」*omnese et singulatim* な）分離と結合から、問いを共有する「我々」を分離させた。その牧人体制も、〈ほんとうのことを言う〉主体を師から弟子に移動させる歴史的変化によって、つまりパレーシアの移動として成立した。クモの巣をはるものと、クモの巣の糸を切るものと、クモの巣の形状を変えるものは、すべてそのクモの巣である。拡大された二重の包摂がこの一つの「実践」には見られるのだ。一つの「襞」への収納、であるには違いない。存在論へのある種の復帰であるのは間違いない。だからこそ、死ぬ間際のフーコーは彼自身のパレーシアとして、ハイデッガーへの負債をほぼはじめて公に口にしたのだろう。実際、講義では八三年になるや初回から「存在論」という術語が解禁され（八二年には用いていない）、自身のプロジェクト全体を「真理言説の存在論」つまりパレーシアの存在論とさえ呼んだのであった。その語を用いることに、晩年のフーコーはなんらの躊躇《ためら》いも見せていない。

ただし正確には、その歴史が問題にされるこのパレーシアの存在論は複数形である（ontologies du discours de vérité）。〈ほんとうのこと言う〉の歴史的なあり方がどうであったか、どのように変貌を遂げつつ一連なりの歴史を構成しているか、それが最後に探求されていたフーコーの問題系である。ある意味ではしたがって、問題はまたしても古典的だと言ってよい――「私たちはここで、マルクスのフレーズの周りを回っているわけです。人間が人間を作る。これをいったいどう理解すればいいのでしょうか。私にとっては、作られるべきものは、自然がそう運命づけたような、あるいは人間の本質があらかじめ命じているような、ザ・人間ではありません。私たちはまだ存在していない何か、前もって何であるか知りようもない何かを作らなくてはならないのです[*55]」。「存在」と言うかわりに、「人間」と名付けられた一つの「襞」。しかし、そこは同じ人間が〈知〉と〈権力〉と〈自己〉を通過させあう交差点、それらの接合と分離が「二つで一つ」である場所であるのだから、ドゥルーズが表面と呼んだ「無差異地帯」、「未分割地帯」といかにも似ている。たしかにフーコーは、ドゥルーズに遅れて、存在の地平をそこにまで押し広げた。たしかにそこは、「存在」という襞のように忘却されるか想起されるしかない場所ではなく、変容の場所だ——「哲学の歴史を忘却としてでも合理性の運動としてでもなく、『真実を語ること véridiction』［パレーシアの仏語訳］をめぐる一連のエピソードや、そうした語りの諸形態——自らを反復しながら変容する形態——として書くことができる[*56]」。フーコーもまた、彼なりの仕方で「存在論」に片を付けていたから、その語を用い、負債を承認することができたのであろう。その語を用いてもギリシャの磁力に引きずられることはないと知っていたから、であろう。

それでもしかし、関係としての力が織りなす諸形態の変容を辿るのか、それとも、実践である人間、人間である実践のそれを辿るのかでは、実践の意味はまったく違う。前者にあっては、個々の実践に

＊55 « Entretien avec Michel Foucault ». *ibid.*, p. 74.（一三八頁）
＊56 *GSA*, p. 322.（四三二頁）

はあくまでも「賽の一擲」という存在論的資格が与えられ、偶然の連鎖に「力関係」という境位が関数的に作用するのに対し、後者にあって実践は、あくまで「我々の」実践としてその実践そのものを限定するよう働きかけねばならない。前者にあって人間は「市民」や「労働者」へと生成するが、さらに「超人」になることさえ展望されるが、後者にあってそれは、古代から現代までつねに自己と他者つまり「我々」であり続け、統治手続きを限定するやり方を変えるにすぎない。実践は「一擲」ではないタイプをもたねばならないのである。形態をなすのは「諸関係」ではなく、つねに一つである実践なのである。

もちろん実践は、存在が存在と存在者の差異としてしか定義されないのと同じように、自身が思惟〈知〉あるいは真理〉と織りなす襞としてしか出現しない。実践とは実践の自己外化で「ある」。自己からの思惟の分化で「ある」。分かれて存在するようになった思惟と実践の間には、支配と従属や、完全な分離や、一定の作用などの関係が結びなおされるだろう。プラトンにはじまる「自己への配慮」の歴史において、フーコーが辿っているのはまさにそうした関係の歴史でもあった。プラトンが、配慮される「自己」を『アルキビアデス』においては「魂」へ（イデアの想起）、『ラケス』においては「生 bios」へ（生存の美学）と、別々に外化させて思惟と実践の第一次分裂を遂行させたあと、ヘレニズムは「真理は主体を変様させる affecter」と考えて結びつきを回復させ（エピクロス派の「自然学」とストア派の「倫理学」）、キリスト教の禁欲主義は同じ考えを逆転させて、主体が変われば真理は啓示されるとみなし、さらに神秘主義は……、こうした系譜が八二年以来、死の間際まで追跡されている。なかでも興味深いのは、分化した思惟（〈ほんとうのこと〉）と実践（生の様式）を「直接かつ無媒介に結びつけ[*57]」ようとした犬儒派である。プラトンのあとのディオゲネスは、まるでヘーゲルのあとのスピノザのようなのだ。再帰的な「自己」に魂と生を媒介させるのをやめ、犬儒派哲学者は「生の形態を〈ほんとうのことを言う〉ための本質的条件にする。生の形態を〈ほんとうのことを言う〉スペースを空ける縮減的実践にする。生の形態をついには、真理そのものを見えるようにするやり方にする。身振り、身体、服装、振る舞いと生き方のなかで見えるようにするのである[*58]」。真理への関係を無媒介のものにする――これは、アルチュセールが「マルクス主義理論と労働運動の融合」について夢想した主題でもあり、彼の構想した雑誌『理論』には「マルクス主義理論は全能である。なぜなら、それは真理であるから」というレーニンの言葉が銘に掲げられるはずだった。しかし先駆者ディオゲネスの実践は、スピノザ的あるいはニーチェ的な「悦び」からは程遠いものであった、と誰もが知っている。彼は真理すなわち「根本的には誰もが口にすることを言いながら、それを言うということを容認しがたいものにする[*59]」人であり、そのパラドクスを身をもって生きなくてはならなかった。彼がプラトンにとって苛立たしい人物であったのは、ソクラテスの教えに反しているからではなく、それを字義通りに実践したからであり、その実践がプラトニズムの「割れた鏡[*60]」だったからであ

*57 CV, p. 153.（二〇八頁）
*58 CV, p. 159.（二一六頁）
*59 CV, p. 214.（二九五頁）
*60 CV, p. 214.（二九四頁）

る。「世間に通用しているものを変質させよ」という神託にしたがい、「己を知る」（これが神託の「正しい」プラトン的解釈のはずである――己を知れば世界は違って見える）どころか贋金を流通させたから、真理とは隠れなきものという定義にしたがい公道で性器をさらしたから、等々、である。理論と実践の無媒介の一致とは、ディオゲネスにあって、スキャンダラスな生そのものであった。別の世界に真理があるという師ソクラテスの教えは、彼にとっては、世界を別のものにしなければならないという意味であった。

言うまでもなく、こうした〝直接行動主義〟がフーコーの結語であるわけがない。八四年の講義の最終部において彼が提示しようとしていたのは、思惟と実践の無媒介の一致を実践する、とは、世界に断絶をもち込むことであった。思惟と実践が歴史のなかでときおり「割れた鏡」になって現れる系譜の点描にすぎない。〈知〉と〈権力〉と〈自己〉がそれぞれの歴史的時点で形づくる支配的な〈ダイアグラム〉の下で、クモ‐主体がそれを食い破っている様子の点描に。それでも、パレーシアの歴史に「下のほう、基底部が侵入してくる場」[*61]の系譜が想定され、その突端にディオゲネスが置かれている事実は動かしようもなく、「犬の生」は以降の人間に対し、予期せぬ出来事が「侵入してくる」のはどのようにしてか、を深く拘束することになる。今ここでプラトンに対するディオゲネスを再現するとはどういうことか、と、以降の歴史的な――歴史的に特異な――「我々」はみな問うていたわけだ。師に向かって〈ほんとうのこと〉を言おうとしつつ。「構造主義と呼ばれたものの背後には、おおまかにいって主体と主体の作りなおしという問題があった」、と八三年のフーコーは述懐している。[*62]とすれば「知の考古学」において、言外に含まれていたにもかかわらず明示的にすることができなかったものもまた、同じ問いをおいてほかにない。そして「言説実践」もまた、言外においては同じ再現だったはずである。言説実践へと実践を閉ざすことで、ほかでもないフーコー自身が一人のディオゲネスであったろう。なるほどあの実践は、「階級と党」に媒介された理論と実践の一致が破砕された事態への一つの回答ではなかったか。糸を断ち切る「大衆の」実践に、公認の左翼的「実践」から切れた自らの思惟を直接的に一致させる実践ではなかったか。「構造主義と呼ばれたもの」も一枚の「割れた鏡」だったのである。外に出ることができないのは、外と一致していたからである。スピノザもマルクス－レーニン－アルチュセールも、そして自分もまたそれぞれなりに一人のディオゲネスであった歴史（学）を、晩年のフーコーは可能にしたのであり、そこにはキリスト教の異端と数々のモダニストたち――カント、ボードレール、フローベール、マネ……――が、アナキストと並んで列伝を飾っている。この系譜を太い線として自立させる、それがフーコー最後の仕事であった。

＊61　*CV*, p. 173.（二三七頁）

＊62　« Structuralisme et poststructuralisme », *DE*, tom. IV, p. 447.（三二〇頁）

2011.3

〈我々とは誰か〉あるいはフーコー最晩年の〈外の思考〉

1　啓蒙というパレーシア、あるいは牧人権力と〈我々〉

一九八三年一月五日、ミシェル・フーコー（一九二六―一九八四）はコレージュ・ド・フランスにおける午前と午後の二回の講義をすべて、カントの論文「啓蒙とは何か」の注解に当てている。[*1] この日は八二―八三年度講義の開講日であり、彼は論文とその注解が、やがて講義録のタイトルとなる「自己と他者の統治」という年間テーマにとって、「補遺のようなものかちょっとした銘文」[*2]であると述べている。いずれにしても本論ではない、ということである。俯瞰的に眺めてみれば、その点はよりはっきりする。前年から、彼は講義のほぼすべてをプラトンにはじまるギリシャ―ラテンの哲学史の検討に当て、それまでの近代的「（生）政治」への関心をまるで捨てたかのように、いわゆる「倫理への転回」――あるいは「生存の美学」への――を遂げていた。それはこの年も続き、初回を除いて、講義はすべて古典古代の文献群に捧げられている。死を迎える翌年もまた、である。最晩年のフーコーにあって、とりあえず哲学的近代主義宣言と呼んでもいい「啓蒙とは何か」を論じたこの日の講義は、どこか〝浮いた〟感が否めない。

一年を通して扱うテーマが「自己と他者の統治」だとすれば、そのテーマの考察のため対象となるテキスト群において着目される問題は、「パレーシア（*Parrhêsia* あるいは *parrêsia*）」という観念である。〈ほんとうのことを言う〉を意味するこのギリシャ語（ローマ人はそれを *libertas* と訳した）が、どのような文脈でどのような働きをもって使われ、それがギリシャ時代からローマ時代にかけてどのように変化していったかをたどることが、年間を通じて実際に行われている作業である。そして実のところ、パレーシアへの着目は「主体の解釈学」と題された前年の講義に遡る。その年、二四回のうち約三回

＊1 Michel Foucault, *Le Gouvernement de soi et des autres, Cours au Collège de France. 1982-1983*, Gallimard / Seuil, 2008. 以下 *GSA* と略記。邦訳『ミシェル・フーコー講義集成一二 自己と他者の統治』阿部崇訳、筑摩書房、二〇一〇年。なおこの一月五日の講義は生前に抜粋が書評誌『マガジン・リテレール』（*Magazine littéraire*, mai 1984）に掲載され、同版はそのまま *Dits et écrits, 1954-1988*, tom. IV 1980-1988, Gallimard, 1994（『ミシェル・フーコー思考集成』第一〇巻、筑摩書房、二〇〇二年）に「啓蒙とは何か」（« Qu'est-ce que les Lumières? » ただし邦題は「カントについての講義」）というタイトルで収録されている。フーコーには同タイトルのテキストがもう一つ存在するが、これについては後述（注5参照）。

＊2 *GSA*, p. 8.（一〇頁）

の講義で取り上げられ、おおむね「自己への配慮（souci de soi）」ないし「自己への関係（rapport à soi）」つまり「自己（soi）」なるものを主題とした同年の講義にあっては傍流に位置していたと言っていい観念が、「自己と他者の統治」を主題的に論じる年に、考察全体の前面に躍り出てくるわけである。「統治の手続きにおいて、〈ほんとうのことを言う〉（真理を述べなくてはいけない強制と真理を述べる可能性）が、いかに自他関係において個人を自ら主体へと構成するか」[*3]——このように、「自己と他者の統治」と「パレーシア」は問いとして結びあわされている。「真理の勇気」と題されて刊行された死の年の講義[*4]には、「自己と他者の統治Ⅱ」というサブタイトルが付されており、実際その内容は同じこの探究の続編であった。つまり、再度俯瞰的に眺めてみれば、「自己」が「自己と他者」へと拡張され、個人の「倫理」問題が「統治」という主題を通じて再び「政治」問題化する発端に、「啓蒙とは何か」をめぐる考察が置かれているのである。それはまさに、フーコー最後の主題への「銘文」であった。

しかし、単に「銘文」であるだけのものなら、本論との関係はあくまでも換喩的なものにとどまるだろう。パレーシアという語が一度も登場しないカント論によって、パレーシア論の全体をコンパクトに暗示させる、といった具合にである。暗示として読まなければ関係を設定することができないほど内容的に独立しているからこそ、フーコー自身、このカント論をもとに、講義を聴講していないアメリカの聴衆に向けて、一回の完結した講演原稿を書くことができたと見ることもできる。[*5]しかし、彼は八三年講義の最終日に、もう少し踏み込んで、古代ギリシャの観念と近代の幕開けを告げる「啓蒙」のそれとの間に、明示的な関係をつけている。「カントによって書かれた啓蒙をめぐるテキストは、哲学にとっては、古代にパレーシアの問題であったものを、啓蒙批判を通して意識する一つのやり方であった。一六世紀と一七世紀にやがて再浮上してくることになり、啓蒙において、とりわけカントのあのテキストにおいて自分自身を意識している問題である」[*6]。つまりフーコーは、一つの長い歴史叙述を構想しているのである。パレーシアの観念がその発端にあり、近代にあっては啓蒙批判として端的に現れる何かの歴史だ。ここで一六－一七世紀とは、コレージュ・ド・フランスにおける講義の変遷をたどってみるなら、七七－七八年度講義「安全・領土・人口」[*7]において近代国家の敷居をなす出来事として描かれた、「牧人権力（pouvoir pastoral）」の政治世界への参入が起きる時代を指して

＊3　*GSA*, p. 42.（五二頁）

＊4　Michel Foucault, *Le Courage de la vérité — le gouvernement de soi et des autres II, Cours au Collège de France. 1984*, Gallimard / Seuil, 2009. 以下 *CV* と略記。『ミシェル・フーコー講義集成一三　真理の勇気』慎改康之訳、筑摩書房、二〇一二年。

＊5　«What is Enlightenment?», Rabinow (éd.), *The Foucalt Reader*, New York, Pantheon Books, 1984. 講演はカリフォルニア大学バークレー校において、八三年秋に行われた。なお八四年はカントの『啓蒙とは何か』刊行二〇〇周年であり、それを記念するという意味もあったようである。David Macey, *Michel Foucault*, Gallimard, 1994, pp. 459-460による。テキストのフランス語版は *Dits et écrits*, tom. IV に収録されている（「啓蒙とは何か」石田英敬訳、『思考集成』第一〇巻、三－二五頁）。

＊6　*GSA*, p. 322.（四三一頁）

＊7　Michel Foucault, *Sécurité, territoire, population, Cours au Collège de France. 1977-1978*, Gallimard / Seuil, 2004. 以下 *STP* と略記。邦訳『ミシェル・フーコー講義集成七　安全・領土・人口』高桑和巳訳、筑摩書房、二〇〇七年。

いることは疑いない。それまで教会の権力として人々の生活世界における「他者の導き＝統治」を司ってきた権力が、国家を維持する技術へと変貌し、国家の「自己」を定義さえするようになった時代である。[*8] 翌七八－七九年度講義により有名になった「生政治」の概念は、言ってみれば国家化した牧人権力の内実にかかわり、講義では、今日を生きる我々はいまだこの牧人権力から解放されていない、と告げられる。「反封建主義の革命は存在したが、反牧人革命は一度たりとも存在したことがない。牧人体制は、それを歴史から決定的に暇乞いさせる深い革命過程をいまだ経験していない」[*9]。先の「再浮上」は、今日まで続く牧人国家が出現した出来事よりほかにフーコーの講義にあっては指しておらず（その国家の近代的な通名が「福祉国家」だ）、最晩年に構想されていたはずの歴史叙述にあっては、近代国家（論）もまたパレーシア問題の「再浮上」であったのである。八三年の講義ではたしかに、キリスト教の牧人体制もまた、パレーシアが生起する一つの場として描かれている。[*10] それを描くことが次の仕事になるはずだった歴史は、ほとんど人類の文明史全体と重なる長さをもったパレーシアの歴史であると考えてよいだろう。つまりパレーシアというギリシャ語の観念をフーコーの概念とすることが、構想の核をなしていたはずである。そしてこの歴史にあって、「統治の手続きにおいて（…）自らを主体へと構成する」パレーシアストは、個人ばかりか国家のことさえあるのだ。カントの「啓蒙とは何か」をめぐるフーコーの考察は、講義録の出版により最晩年の彼の思索道程がほぼ明らかになった今日、こうした文脈において読まれねばならないだろう。言い換えるなら、歴史的に限定されたギリシャ的倫理世界からパレーシアという主題、そして「主体」としてのパレーシアストを解放してやるため、さらに「倫理」を統治と権力の問題系のなかに差し入れるためにである。

とはいえ一月五日の講義には、パレーシアはおろか、牧人（le pastoral）／牧人権力（le pouvoir pastoral）／牧人体制（la pastorale）といった語さえ登場しない。フーコーが注解を施そうとする「啓蒙とは何か」におけるカントの問いは、次のようなものだった。「それは現在（le présent）の問い、現在性（l'actualité）の問い、今日何が起こっているのかという問いである。今、何が起こっているのか。我々がみなそのなかにいる〈今〉とは何であるのか[*11]」。デカルトにもライプニッツにも見いだせない、「私がそこに属するこの現在とは、正確に言って何であるのか[*12]」。フーコーはこの問いを現在ないし現在性の「存在論」、あるいは「〈我々〉の存在論」と呼んでいる[*13]。なぜこの問いが〈ほんとうのことを言う〉〈真理を述べなくてはいけない強制と真理を述べる可能性〉にかかわるのか、さらに、カントを読むことがフーコーによるパレーシア把握に何をもち込んでいるのかはひとまずおき、牧人権力との関係については、それを示唆したテキストが講義とは別に存在する。「〈我々とは誰であるのか〉」。啓蒙人としての、啓蒙の世紀の証人としての我々とは誰であるのか。この問いを、デカルト的な問いである〈私とは誰か〉と比較してみよう。唯一であるが普遍的であり、非歴史的である主体としての〈私〉

＊8　特に二月二二日の講義を参照。*STP*, pp. 167-188.（『安全・領土・人口』二〇三－二二八頁）
＊9　*STP*, p. 153.（一八五頁）
＊10　*GSA*, p. 321.（四二九頁）
＊11　*GSA*, p. 13.（一六頁）
＊12　*Ibid.*（同）
＊13　*GSA*, p. 22.（二七頁）

とは誰か、である。デカルトにおいて、私は誰でもよく、どこにいてもよく、いつであってもかまわない。しかしカントの問いは違っている。歴史のこの瞬間における我々とは誰かと問うているのであり、この問いが分析するのは、我々と我々の現在の状況なのである」[*14]。「主体と権力」という八二年のこのテキストは、全体化し、かつ個別化する権力としての牧人権力の「新しい形態」として国家を位置づけ、「近代権力構造の同時的個別化と全体化」[*15]に照応する哲学として、「唯一であるが普遍的であり、非歴史的である」コギトの哲学を見いだしている。「我々と我々の現在の状況」を問うカントの批判哲学は、「哲学がはじめて」、「普遍哲学」とは違う一人称を導入した実践と評価されている[*16]。唯一かつ普遍的であるという点で、自らが導く畜群に対し個別的かつ全体的な眼差しを注がねばならなかった牧人を引き継ぐ〈私〉と、批判哲学の〈我々〉とは、存在論的に異なっているというのである。〈私〉がいつどこにいても〈私〉であり続けるのとは異なり、〈我々〉はこの現在においてのみ〈我々〉であり、そのような〈我々〉の住処として現在を、逆に、歴史のなかの特異な時間として在らしめている。この現在は、過去から未来へと続く歴史区分における一時代ではありえない。歴史的な時代が問題なのであれば、そこに住む人間は時代の性格により、貴族や農民として（封建時代）、市民（＝ブルジョワ）として（近代）、さらには未来を担う階級（＝プロレタリア）として規定されるだろう。しかしこの現在はまだ〈我々〉の問いによってしか、問いのなかにしか存在しておらず（「〈我々〉とは誰であるのか?」と問う〈我々〉が属する場所としてしか、この現在は定義されない）、その〈我々〉はまさに「誰か」と問われている存在であるのだから、まだ何ものとも規定されていない。未規定な〈我々〉がその未規定性により、時間の直線的で目的論的な流れのなかから浮き上がらせてしまう時間が、フーコーの読み取るカントの現在だ。コギトが住む時間が汎歴史的永遠の今であるとすれば、批判哲学が出現させる〈我々〉の時間は、言わば歴史のなかで宙に浮いている。牧人体制のなかには一匹の羊たる〈私〉と、群れの全体にしか居場所がないとすれば、あるいはそのように羊たちの存在を分裂させるのが牧人権力であるとすれば、啓蒙とは何かを問う啓蒙が登場させる〈我々〉は、反‐牧人的場所を「現在」として確保する。

講義はこの特異な時間の存在論を、カントのテキストにそくして探っている。啓蒙という現在とは何かという問いに対する、カントのひとまずの答えは時代区分的なものに聞こえる。よく知られた、人類の「未成年状態」からの「*Ausgang*（脱出）」である。フランス革命の前夜、すでに「熱狂すれの渇望の共感覚」[*17]を示すことで、人々が自分に相応しい、自分の望む政体を自分に与えようとしている歴史プロセスである。そこに〈我々〉は属している。フランス革命への熱狂がその記号となる時代、それが啓蒙の時代にほかならない。しかし、そのように現在を名指すこと以外に、現在を規定する要因は時代のなかにあっただろうか。カントがテキストを書いた一七八四年、革命はまだ厳密には

＊14　«Le sujet et le pouvoir», *Dits et écrits*, tom. IV, pp. 231-232.（「主体と権利」渥海和久訳、『思考集成』第九巻一九‐二〇頁）
＊15　*Ibid*., p. 232.（二〇頁）
＊16　*Ibid*., p. 231.（一九頁）
＊17　*GSA*, p. 19（二四頁）。フーコーによるカント『啓蒙とは何か』からの引用。

はじまっていない。熱狂は、その現在にあってさえすでに*Ausgang*たる啓蒙のなかにいると宣言する意欲しか、自身が記号として指示する対象をもっていないのである。そしてそれは、革命が失敗に終わり反革命に転化してもなお消滅せず、革命の世紀としての一九世紀を生み出していくだろう。言い換えると、現在を「啓蒙」と名指す主体は、自身をどこかへ運ぶプロセスの「なかに捕まっている」という被規定性ないし受動性を語っていると同時に、「過去にいた状態から決断的行為によって身を引き剝がす」能動性を発揮している。[*18]「脱出」と定義される現在は、すでに未成年状態ではないがいまだ成年状態でもなく、あくまでも「脱出しつつある」今でしかなく、その今の正体は現に「脱出する」行為を——名指すことにより——持続させる〈我々〉で「在る」。それが「時代」だと言うのである。未成年状態としてのアンシャン・レジームに続く「現在」だ、と。つまるところ、未来の成年状態、そこへ向けて「脱出」するはずの場所は、トートロジーのなかに消え去っている。我々は成年状態へと向かっている、そのように時代をみなすことが、啓蒙とは何かに対する回答なのである。啓蒙とは何か？——時代を啓蒙と呼ぶことである。

ゆえに啓蒙は、歴史的時間に対する切断の出来事でもある。実はどこへも出ていかない「脱出」の現在において、時間の流れは停止しているからである。だからこそ、フーコーにとってカント的近代を体現しているのは、無限に知識を集積する百科全書的知識人ではなく、「流行」に抗うダンディ、ボードレールである。「モダンであることとは、時の流れを追いかけることしかしない流行とは区別される。それは束の間の今に『ヒロイックなもの』を摑み取らせてくれる態度である。モダンであることとは、逃れいく現在への感受性の所作ではなく、現在を『ヒロイックにする』意志なのだ」[*19]。出来事についての概念把握としてこの啓蒙＝近代性論を見たとき、その特殊性は際立つだろう。出来事は「切断」であるが、不意に襲われる受動的経験ではなく、能動的実践であり、任務でさえあるからだ。もちろん、このヒロイックな意志あるいは「批判」は、過去から現在を切り離すことにより、我々を現在の我々たらしめたものを過去からの必然ならぬ偶然に変貌させて、そこから「我々が今存在し、行為し、考えるようにはもはや存在せず、行為せず、考えない可能性」[20]を引き出すのであるから、切断の出来事は偶然性の出来《しゅったい》という受動的経験――可能性を能動的に引き出す前提となる――でもあり続ける。この二重性は「脱出」のそれと同じものであり、言わば受動性と能動性、客体性と主体性が不分明になる地帯として、啓蒙という〈我々〉の現在はある。

　こうした現在は、時間の流れに対しては〈外〉にあると言ってよいだろう。あるいは、〈外〉を開く、と[21]。このとき、〈我々〉の存在論としてのカント的啓蒙が、いかなる意味において同時に一つのパレーシアであるのかもまた分かる。カントは人類が未成年状態を脱することの指標として、「理性能力（*Verstand*）の公的使用」を挙げた。「批判」書が明らかにする限界内でそれを用いよ、と指令し、

＊18　*GSA*, p. 27.（三四頁）
＊19　*Dits et écrits*, tom. IV, p. 569. 注5のバークレー校講演である。なお講義ではボードレールへの言及はない（『思考集成』第一〇巻二二頁）。
＊20　*Ibid.*, p. 574.（二二頁）
＊21　もちろん、フーコーのブランショ論「外の思考」（一九六六年）を念頭においている（『思考集成』第二巻所収）。

その限界内での使用が成年状態に特有の「自律」を保証すると説いた。限界を知らないという意味における、限界の「外」における使用は、理性能力が働かないところでの使用であるから、逆に書物を鵜呑みにしたり、指導者に隷従したりする他律をもたらす「私的な」使用だというのである。ここでは「限界」を知ることが知の「自律」した作用を、ゆえにその自由な駆使を可能にしている。「アエテ知レ！（*Sapere aude!*）汝自身の理性を用いる勇気をもて。これが啓蒙の標語である」[*22]。ここでは「限界」（という制約）と「自律」（という自由――これは知の解放をもたらすであろう）とが一致しており、知にかんする〈ほんとうのこと〉、つまり真理を構成している（理性能力の限界もまた真理であることは付言するまでもない）。そしてこの真理は「標語」すなわち、状態記述（description）ならぬ命令（prescription）であって、時代の客観的な規定の〈外〉にある。以前の時代から以後の時代への移行として「起きていること」を語るのではなく、限界の「外」を描くのでもなく、勇気をもって〈アエテ知レ＝脱出せよ〉、と、このパレーシアは限界と一致する〈外〉を指定する。翌年のパレーシア論「真理の勇気」をすら、「啓蒙とは何か」は予告している。

〈我々〉を主語に実行される言わば状況的パレーシアは、牧人権力のもとで語らされる普遍的〈私〉と対立するのだった。しかしフーコーは「哲学の歴史を忘却としてでも合理性の運動としてでもなく、『真実を語ること（véridiction）』［パレーシアの仏語訳］をめぐる一連のエピソードや、そうした語りの諸形態――自らを反復しながら変容する形態――として書くことができる」と考え、「哲学の歴史はつまるところパレーシアの運動であり、パレーシアの再配分であり（…）」と述べている[*23]。〈私〉の普遍哲学もこの歴史に属しているだろう。〈私〉もまた、真実を述べなくてはならないだろう。パレーシアストとしての〈我々〉と〈私〉は、属す時間ないし場所――〈外〉か「いたるところ」／「いつでも」か――以外にどこが違っているのか。まさにパレーシアの配分と形態にかかわるゆえに、それは死によって中断された構想において語られるはずだったことの一つにとどまるだろうが、いくつかの点は類推することができる。まず、〈我々〉が真実を述べる相手は同類たる〈我々〉しかいないのに対し、牧人体制のもとにある〈私〉が語る相手は牧人たる司祭である。プラトン的な師弟関係のもとでは師が真実を告げたのとはちょうど反対に、牧人体制のもとでは、弟子が「導き手」である師に向かって、自己の真実を包み隠さず明かさねばならず（告悔の儀式において）、『知への意志』が詳細に分析してみせたように、そこに「語らせる権力」が作用する。牧人体制における弟子は、語りつくすことによって自己を空虚にし、そこを「啓示される真理」が充填するのを待たねばならないのである。こうした「弟子」の形象は、絶対的懐疑の果てに「存在する」だけになるコギトに受け継がれるはずだ。〈我々〉は〈我々〉に呼びかけてともに主体となるが、唯一かつ普遍的な〈私〉は、自己を「断念」したあとに一挙に反転して主体化する。

　だからこそ、第二に、〈私〉は「認識の対象」とされねばならない。すべてを語っているかどうか、語りえる秘密がまだないか、語っていることは何を語っていないかを検討するために、その「真実の語り（véridiction）」を分析しなければならない。いまだ未刊行である八〇－八一年度講義「主体性と

＊22　*GSA*, p. 27.（三四頁）
＊23　*GSA*, p. 322.（四三二頁）

真理」は、この点にかかわっていると思われる――「いかにして主体は（…）認識の対象として設定されたか。（…）いかにして、自己をめぐる経験とそれにかんして作られる知が、ある種の図式を通して組織されるか」[*24]。翌八一―八二年度講義「主体の解釈学」においては、認識の対象としての主体がプラトンの「汝自身を知れ」から、実践の倫理的主体がストア的な「自己への配慮」から、それぞれ生起する存在として語られ（しかしいずれも「自己への関係」からの派生として）、同時に、理論的認識と倫理的実践の分離の極限として「デカルト的モーメント」が位置づけられている[*25]。デカルトにあっては、認識するには認識するだけで充分であって、道徳的であることすなわち「実践」は必要ないのである。これに対し〈我々〉は、同類に向かって問いを投げかける（〈我々とは誰か？〉）実践のなかにしか存在していない。〈我々〉は実践において主体化するのみであって、その点においてストア派の後継者にほかならない。〈私〉は自己自身を知るときであっても、その知ないし真実は、認識の主体と対象の関係に何の作用も――まさに「認識」以外には――及ぼさない。

2　一つの問題系としてのパレーシア、あるいは一九八二年のフーコー

フーコーの概念あるいは問題としてのパレーシアそのものに注目してみよう。「統治の手続きにおいて、〈ほんとうのことを言う〉（真理を述べなくてはいけない強制と真理を述べる可能性）が、いかに自他関係において個人を自ら主体へと構成するか」。ここにはドゥルーズが「フーコーのダイアグラム」としてまとめた、フーコーの全生涯をつらぬく「三つの還元不可能な次元」が一つに結びあわされている――統治（権力）、真理（知）そして主体（自己）である[*26]。「つねにからみあっている」もの

の「これらは三つの『存在論』なのだ」、とドゥルーズは言う。[*27] とすればしかし、フーコーはその生涯の終わりに、三つの「次元」の結び目に一つの名前を与えたことにならないか。ドゥルーズによれば「自己への関係は、権力関係によって、さらに知の関係によって回収されるが、別のところで、異なる仕方で、復活し続ける」[*28] とされ、現在は「回収」された状態にあるから、「自己への関係」の「ギリシャ的様式は、はるか遠くの思い出」になってしまっている。[*29] ドゥルーズの目に映るフーコーの三つの「次元」は、それぞれが別の「存在論」を形成するほど、また、「回収」はあっても「復活」もまた必然であるほど、還元不可能であるのだが、パレーシアは言わば即自的に三つの「次元」を一つの〈次元〉（〈ほんとうのことを言う〉の一言）に統合しているのである。カントにおける「〈我々〉

＊24 «Subjectivité et vérité», *Dits et écrits*, tom. IV, p. 213. 原テキストは八〇－八一年度講義のレジュメとして、『コレージュ・ド・フランス年鑑』（八一年次）に発表された（「主体性と真理」石田英敬訳、『思考集成』第八巻四四三頁）。

＊25 Michel Foucault, *L'Herméneutique du sujet, Cours au Collège de France. 1981-1982*, Gallimard / Seuil, 2001, pp. 15-20. 以下 *HS* と略記（邦訳『ミシェル・フーコー講義集成一一 主体の解釈学』廣瀬浩司・原和之訳、筑摩書房、二〇〇四年、一八－二三頁）。

＊26 ジル・ドゥルーズ『フーコー』宇野邦一訳、河出書房新社、一九八七年、一八一頁。

＊27 同書同頁。

＊28 同書一六三頁。

＊29 同書同頁。

の存在論」はたしかに「自己への関係」の「復活」であるだろうが、そこには牧人権力との関係、知の限界をめぐる真理が折りたたまれており、三つの「次元」の相互内在性として一つの「存在論」を形成していた。実際、「現在性の存在論」は、還元不可能な三つに分解可能であるだろうか。パレーシアの歴史を考えるとは、もはや別々の領域として扱い、それぞれを探究することではすまないような統合された〈次元〉、〈外〉たる次元が、最晩年のフーコーに端的に出現した、ということを意味していないか。啓蒙論の射程は、それをこそ示しているように見える。

この変化は一九八三年になって唐突に現れたものではない。むしろ「統治性（gouvernementalité）」という概念が突然フーコーにとって重みを増し、講義の内容を当初の予定からずらせてしまった七八年以来、プロセスはゆっくりと確実に進行していたと言えるだろう。[*30]「人口について語るにつれて、一つの語がたえず去来するようになった。故意にそうしたと言われるかもしれないが、必ずしもそうではなかった。それが『統治性』なる語である」。[*31]『監視と処罰』と『知への意志』における近代権力の分析を拡張して、近代における「人口」概念を論じていたのに、「統治性」は講義を途中から古代オリエントに起源をもつ「牧人」にまで遡らせ、講義タイトルそのものまで「統治性の歴史」とすべきだったとフーコーに言わせている。[*32]八二年講義では、問いの一元化は完全に自覚されている。「統治性」を権力概念の一般化として簡単に再定義した（七八年講義では「主権」―「規律訓練」―「安全」の三領域に区分されていた「権力をめぐる研究」が、そこでは「権力関係の戦略的領域」としての統治性概念に一元化されている）あと、未来の構想を予告するかのように彼はこう語っている。

統治性という観念をめぐる省察は、「自己に対する自己の関係」として定義される主体という要素を理論的かつ実践的に経由することなしに行われえない。制度としての政治権力の理論が権利主体の法的把握を参照するのに対し、裏返し可能な関係の総体としての権力の分析は、「自己に対する自己の関係」として定義される主体の倫理を参照すべきである。(…)権力関係－統治性－自己と他者の統治－自己に対する自己の関係は、一連なりの行、一連なりの列を構成するのであり、そこで権力問題と倫理問題を接合できるはずである。[*33]

権力関係としての権力概念の一般化、とりわけこの関係が「裏返し可能」である点については、それを種別的に論じた同じ八二年のテキスト「主体と権力」[*34]を参照すべきだろう。そこでは権力が、「対象に働きかける力(capacités objectives)」と「コミュニケーション関係(rapports de communication)」とから区別される「行為(action)に働きかける行為」の関係と定義し直されている。[*35]「対象に働きかけ

*30 「統治性」概念については、箱田徹『フーコーの闘い――〈統治する主体〉の誕生』(慶応義塾大学出版局、二〇一三年)を参照。
*31 *STP*, p. 77.(九二頁)
*32 *STP*, p. 111.(一三三頁)
*33 *HS*, pp. 241-242.(二九四－二九五頁、強調引用者)
*34 注14参照。
*35 «Le sujet et le pouvoir», *op. cit.*, pp. 233-236.(『思考集成』第九巻一二－一五頁)

る力」の一つとしての「暴力の関係」は、身体や物に働きかけ、抵抗があるときにはそれを削減しようとするけれども、権力関係は行使されるかぎりにおいて、その行使(acte)として存在するにすぎず、実体としては存在しない。つまり権力は行為の主体としての他者を想定しており、その他者の行為全体が形づくる可能性の領域に働きかけようとする。権力とは「可能な行為に働きかける行為の集合である」わけだ。[*36]言い換えるなら、働きかけられる主体は、権力にとって様々な行為や反応をなしうる存在であり、その意味において「自由」な主体であり、たとえば権力関係としての奴隷制は、人が鎖につながれている(これは「暴力の関係」にすぎないだろう)ところに存するのではなく、自由に移動すること、逃げることがありえるから、権力関係として存在する。「自由」は権力の存在条件――権力に先行すると同時に、権力の「恒常的支え」になる[*37]――にほかならず、自由な主体間にのみ作用し、存在するという意味で権力は「裏返し可能」な本性をもつ。そうであるから、「他者の可能的行為の領域を構造化する」[*38]ものとして「統治」が発生し、権力関係は「統治性」として現れるのである。「他者の振る舞いを導くこと」、つまり振る舞いにおける蓋然性を整備(aménager)することに、もっとも一般的な意味における「権力」は集約される。[*39]フーコー権力論の難点とされ、八年間の執筆中断という理論的な危機をもたらしたとも評される「抵抗」の不可能性問題[*40]に、彼はここで、自ら決着をつけていると見ることもできるだろう。少なくとも、「抵抗」は別の関係(「対象に働きかける力」としての「暴力の関係」)の次元に移され、権力関係は自由な主体間に作用する「統治性」問題へと更新されている。どのようなゲームのルールを他者に課すか、どのようにそこへ他者を誘導するか、それが新たな権力概念に固有の問題である。

難点を探すとすれば、統治性の歴史が俎上にのせられたとき最初のモデルとなったキリスト教の牧人体制こそ、そうであると言えるかもしれない。当時はまだ全六巻の『性の歴史』構想が維持されており、そこでは第一巻『知への意志』に描かれた「性を語らせる西洋的権力」の歴史が、主としてキリスト教の歴史を通じて炙り出されるはずだった。牧人権力とは、その教会権力の名前であった。ところがこの統治性の起源は、探ってみると、むしろ東方的であることが判明する。ギリシャ・ローマに牧人司祭のテーマはない、と、フーコーはすでに七八年の段階で発見している。教父時代のキリスト教において、牧人は、個々の行為を含む人の内面を「導く」者として、教会そのものの存在と同一視されるようになるのだが、教父たちが直接受け継いだはずのローマ文化にも、アリストテレス哲学

＊36　*Ibid.*, p. 237.（同書二五頁）
＊37　*Ibid.*, p. 238.（同書二六頁）
＊38　*Ibid.*, p. 237.（同書二五頁）
＊39　*Ibid.*（同書、同頁）
＊40　ドゥルーズの評言によるところが大きいだろう。彼の前掲書および『記号と事件』（宮林寛訳、河出書房新社、一九九二年）に収められたフーコーについてのインタビューを参照。また、一九七七年に書かれ、人を介してフーコーに手渡されたという「欲望と快楽」（原題 «Désir et plaisir»、ジル・ドゥルーズ『狂人の二つの体制 1975-1982』宇野邦一ほか訳、河出書房新社、二〇〇四年、に収録）では、前年に刊行された『知への意志』においてフーコーは「構成的主体」の観念に回帰しているのではないか、という懸念さえ表明されている。

にも、牧人的形象は見当たらないというのである。[*41] 例外はプラトンであるが、それも政治家は牧人ではなく「織物師」であると述べるためにもち出されているにすぎず、都市の統治と群れの世話ははっきり異なる問題であるとされている。[*42] 統治性の歴史に、一つの連続した歴史にはなりえない切れ目が、構想の発端において発見されてしまった。あるいは、なぜ、いかにして、ギリシャ・ローマ的な統治は、起源の異なる牧人的統治を自らに合体させて教会権力に仕上げることができたのか、という問題が新たに提出される。歴史的には、「ローマ」と「教会」は一つの同じ「統治」になったのである。

八二年講義は、その答えをヘレニズム期に求めようとしているかのようだ。「エピクロス派、犬儒派、ストア派のテキスト群を通じてみなさんと分析してみたいヘレニズム・モデルは、歴史的に、またその後の文化にとっては、二つの別の大きなモデルに覆い隠されてしまった。プラトン・モデルとキリスト教モデルである。私はまさに、ヘレニズム・モデルをこれら二つのモデルから引き剝がしたいのである」。[*43] その理由は、講義を経るごとに明らかになっていくだろう。ヘレニズム哲学とりわけストア派にあって「統治」の観念は、まさに「他者の振る舞いを導く」統治と「自己への関係」の未分割を、つまり「自己と他者の統治」における統治の無差異を特徴とするからである。一つである「統治」を経由することで、プラトン(「汝自身を知れ」)に端を発する「自己への関係」と牧人権力という「他者の統治」が、つまり起源を異にする異質なものが、接合可能になる。さらにヘレニズム・モデルへの注視は、「自己と他者の統治」を未分化のまま扱う可能性を、フーコーのなかで次第に理論的要請——「他者の可能的行為を構造化する」権力関係と「自己への関係」を通じた主体化を区別することはもはや許されない——へと高めていくだろう。「権力関係のただなかには、たえずそれを

『誘発＝挑発する』、意志の御しがたさと自由の非推移性（intransitivité）がある」[44]。講義ではこの「非推移的」自由が、ストア派における〈自己への関係を通じた自己の構成〉に見いだされている。

自己のまわりに空を作り出すこと。まわりの騒音、顔、人物のいっさいに引きずられず、まどわされないこと。自己のまわりに空を作り、目標を、あるいはむしろ自己自身と目標の関係を考えること。目指すべきもの、到達すべきものと自分を隔てる軌道線を考えること。自己から自己へ向かうこの軌道線こそ、いっさいの注意を集中させるべきものである。自己と自己の間になおまだ存在するこの距離ゆえにこそ、自己は自己に現前する。自己から自己への距離のなかに、自己の自己への現前がある。（…）自己が到達すべきものとは、この自己なのである。[45]

自由な主体間の水平的な関係に、「まわり」から自由であることと一体の「自己への関係」が直角に交差し、統治の座標つまり問題系（problématique）が成立する。その交点をなすものこそ、パレー

＊41 特に七八年二月八日の講義を参照。*STP*, pp. 127-129.（一五三－一五六頁）
＊42 *STP*, pp. 149-150.（一八〇－一八二頁）
＊43 *HS*, p. 244.（二九七頁）
＊44 «Le sujet et le pouvoir», *op. cit*, p. 238.（『思考集成』第九巻二六頁）
＊45 *HS*, pp. 213-214.（二六一頁）

シアだ。翌年の講義ではこの構図が議論全体の出発点になるだろう。「パレーシアという観念により、〈ほんとうのこと〉を言う義務、統治の手続きと技術、そして自己への関係の構成の交差点にある観念を手にすることになる。我々に行使される統治の本質的要素たる〈他人の真実を語る〉ことは、我々に徳と幸福をもたらしてくれる我々自身への適切な関係を我々が形成しうる本質的条件の一つなのである」[*46]。

パレーシアのラテン語訳は *libertas* である。つまりギリシャ的な〈ほんとうのことを言う〉を、ローマ人は〈自由に語る〉（率直に－気兼ねなく－包み隠さず－語る）と翻訳した。独自モデルを取り出すべくストア文献に取り組んだ八二年講義では、パレーシアをもっぱら「語る者の自由」という視点から位置づけようとする。君主にとっては、君主たる者に必要な、状況にまどわされず、レトリックを弄する君側の奸をしりぞけ、公平で正しい判断をする徳を身につけるため、つまり自らの魂を自ら指導するため、自己の真実を自己に対して「自由に」語る必要があった。君主に忠言する任を負う者は、君主の前で君主を恐れずに「自由に」、「ほんとうのこと」を言わねばならなかった。いずれにしても、自己との倫理的な距離がパレーシアを可能にし、この空である距離、存在しない距離がパレーシアとして確保されるという機制が働いている。パレーシアは「インターバルを開き」[*47]、自己の役割や任務、つまり社会的に要請される機能――権力関係が自己に課す、と言ってよい――と、自己の生との間に〈ほんとうのこと〉を挿入する。詳細に展開されることはついになかったものの、フーコーはこの「自己と他者の統治」の交点にある「自由」と牧人権力を結びつける見通しをたしかに語っている。「自分にかんして真実を述べる務めが救済に不可欠な手続きに書き込まれた瞬間、自分にかんして真実を述べる義務が主体自身による主体の造形と変容の技術として書き込まれたとき、この義務が司牧制度のなかに書き込まれたとき、思うに、西洋における主体性の歴史に絶対的に決定的なモーメントが構成される。あるいは、主体と真理の関係の歴史における決定的モーメントが、である」。[*48]

つまり一九八二年の段階で、またつまり翌年の講義初回でフーコーがカントの啓蒙論を「ちょっとした銘文」の代わりに取り上げるまえに、パレーシア概念を文字通りの中心にすえた一つの理論装置が完全にできあがっているのである。啓蒙論が「銘文」であるとすれば、「現在性の存在論」、「〈我々〉の存在論」とは、この装置の名前であるのではないか。権力関係と主体化のそれぞれに自立を阻む（＝両者を不可避的に関係づける）「自由」を開く真理にして、自己について在ると無いとを一致させる「空」という〈外〉に、この名前は与えられているのではないか。いずれにしても、「自己と他者の統治」という問題は、銘文を置くことが可能な状態にすでにあったことはたしかだろう。〈ほんとうのこと〉が様々な難点や、地理的、時代的に拡散の傾向を見せる諸要素を一つに束ねて、「銘」を待っている。

＊46　*GSA*, pp. 44-45.（五五－五六頁、強調引用者）

＊47　八二年講義録（*HS*）の編者フレデリック・グロが解題に引用しているフーコーの草稿より（*HS*, p. 520.『主体の解釈学』六〇二頁）。この草稿は「自己と他者の統治」と題されており、翌年からの講義のもとになったと思われる。なおここでフーコーはこの「インターバル」をストア派のセネカに帰している。

＊48　*HS*, p. 346.（四一二頁）

真理が「自己への関係」という一種の「転回（conversion）」――世界から自己への――とともに、その転回のなかに発見されるという点では、実のところ、プラトン、ヘレニズム哲学、そしてキリスト教の三モデルの間には差異がない。フーコーは、先に挙げた「デカルト的モーメント」が理論あるいは認識と主体の道徳的実践を完全に分離してしまうまで、真理は「自己への関係」から基本的に切り離しえなかったと考えており、三モデルの区別はあくまでも分離不可能な両者の関係のあり方における差異として捉えられている。さらに言えば、真理とともにある「自己への関係」そのもの、世界から自己への視線の転回そのものに、差異は認められているのである。プラトン・モデルにおける転回（*epistrophê*）は、よく知られているように、目に見える現象的世界から自己の内部に目を向け、想起（réminiscence）によって、自己の祖国である「存在の真理」の世界へと戻ることを意味していた。このモデルにあっては「この世」と「あの世」が対立しており、身体からの魂の解放（としての自由）が、転回によってもたらされる（あるいは目指される）効果であり、転回という行為は認識的な性質をもっていた。これに対しキリスト教モデルにおいては、転回（*metanoia*）は主体に突発的変化（mutation）として訪れ、彼を死すべきものたちの世界から不死の世界に連れ去る。そしてこの変化は、自己を断念する実践（自らに苦行を課すという「自己への関係」）の結果であった。二つの世界が対立させられる点で両モデルは似ているものの、移行を可能にする「自己への関係」が認識的であるか実践的であるかという差異をもつ。ところがヘレニズム・モデルにあっては、転回はそもそも世界に内在的である。「まわり」から「自己」への視線の転回は単に、我々に依存せず自存する世界から依存するものへの転回にすぎず、それも、「まわり」の世界に向けた自己の行為を変容させる実践（訓練や禁欲など）として、転回そのものが果たされねばならない。ストア派の「非推移的自由」はそれ自体が、世界内在的に自己を構成する転回の実践なのだ。また、徹底した唯物論により死への恐怖を取り除こうとするエピクロス派の自然学（*phusiologia*）にあっては、「世界にかんする知が、自己にかんする主体の実践に関与的な要素」[*49]をなす、つまり「主体による主体の変容に効果を及ぼす」[*50]。「真理は主体を変様させる（affecter）」[*51]のである。

他の二つのモデルとの対比において、「自己への関係」のヘレニズム・モデルは認識的（理論的）とも実践的とも言いがたい性格をもっているだろう。*epistrophē* のためにはデカルトの対象認識と同じように、道徳的である必要はなく、ただ認識すればよく（自己の内へ「振り向く」ことも認識プロセスを構成する）、*metanoia* のためには、いかなる認識も必要なく、ひたすら祈りと苦行に励むほかない。真理はそれぞれの転回の結果、褒賞として与えられる。ところがエピクロス派にあってもストア派にあっても、世界の真理であっても自己の真理であっても、真理は実践としての「自己への関係」に最初から捕まえられており、そのなかから、とはいえ実践に従属することなく、主体の変容を主体に促す。認識は実践のなかに投げ入れられ、実践もまた認識のなかで遂行されるのである。この二重の包摂がヘレニズム・モデルの「自己への関係」を一つの不分明地帯となし、それをフーコーのモデルに

＊49 *Ibid.*, p. 233.（二八五頁）
＊50 *Ibid.*（同頁）
＊51 *Ibid.*（二八六頁）

、〈私〉は、「自己から自己への距離」に住まうマルクス・アウレリウスの〈私〉は、「我々とは誰か?」と問う問いのなかにしか存在しえない〈我々〉と、〈特殊な空虚としての存在〉論を共有していないか。我々は啓蒙のなかにいるという認識は、「脱出」の実践として理解されねばならず、この「脱出」は理性能力の限界を知ることによってのみ可能だった。認識と実践の二重の包摂は、啓蒙の「現在」が封建時代と資本主義的近代の〈外〉にあったように、ヘレニズムを古代からキリスト教に続く歴史の〈外〉に置き、そうであるから「覆い隠されて」しまったと見ることもできる。そしてヘレニズム的〈私〉も啓蒙の〈我々〉も、世界に内在しつつ、その平面に直行するかのように自己の自由=自律を世界に書き入れる。カントにおけるパレーシアの再浮上とは、こうした構図そのものの再登場にほかならない。さらに言えば、一つの不分明地帯あるいは〈外〉を作り出す実践的効果により二重の包摂は定義されるのだから、そこでの認識+実践をまた実践と呼ぶことに何の不都合もないだろう。ヘレニズム・モデル、そして〈我々〉は、実践優位のモデルなのだ。

3 政治と哲学を分節するパレーシア

二重の包摂は認識と実践を見分けがたくし、その意味において一致させる。とすれば、パレーシアストが表明する「〜は真実である」は、行為遂行的な言表の一種と考えてよいだろうか。パレーシアにおける認識と実践の関係は、行為遂行的なものだろうか。行為遂行的言表の典型である「会議を開きます」はたしかに、起こりつつある出来事について述べていると同時に、その出来事を遂行しており、それを口にする議長にとって認識と実践は一致している。初日にカントについて論じたあと、一九八三年のフーコーはすぐさま、ギリシャ語のパレーシアにかんしこうした問いを投げかけている。[*52] 古典文献の解読は、前年の講義にときおり現れた理論的で一般的な問いや命題を、引き継ぎ、膨らませながら進められる。

たとえばペリクレス。スパルタとの戦争を熱狂的に求める群衆に向かって、ギリシャ軍のこの指導者は、今ここで戦えば負けるという真実を、地位はおろか生命すら失う危険を冒して語った。またエウリピデスの戯曲『イオン』では、主人公たちはみな、もし誰もが同じように、イオンの出生にまつわる真相と彼が王として迎え入れられるに至った経緯を知れば、自身とアテナイそのものに危機が訪れると知っている。それを知りつつ、彼らは自己のパレーシアを局面にあわせて様々に展開する。つまりパレーシアはリスクとともにあり、それゆえに、そこでの認識と実践の「一致」は、行為遂行的言表と著しい対照をなすことになる。「会議を開きます」にあっては、言表が挿入される文脈はあらかじめ制度化されており、かつ状況は明確に当事者たちに知れ渡っている。それを前提に、言表行為は言われていることを実現する――すなわち認識と実践を一致させる。ところがパレーシアは、こうした前提となる〈コード〉を中断させるのである。[*53]〈ほんとうのこと〉を述べたときに訪れる危険な未決状態こそ、パレーシアの効果であり、「～は真実である」という言表は状況に「侵入する出来事」[*54]だ。パレーシアストの言説は状況に「裂け目を作り、リスクを開く」[*55]。おまけにその危険な真実

＊52　講義二日目（一月一二日）午後の回において。*GSA*, pp. 59-61.（七五－七七頁）
＊53　*GSA*, p. 60.（七七頁）

は、強制なしに自発的に、勇気によって、つまり「自己への関係」から出発して告げられる。パレーシアにおける認識と実践の一致は、ことがらと行いの両方における不定と自由の一致にほかならず、そこでの真理はこの非推移的空虚を状況のなかに作り出すのである。この〈外〉にあっては、権力関係が安定性を喪失してカオス的「自由」に接近し、同時に「自由な」主体化が死のリスクとともに生起して、両者を概念的に隔てる垣根がかぎりなく低くなっている。

パレーシア的言説の発話形式も、それ自体のうちに非推移性を宿しているだろう。厳密に観察したとき、「〜は真実である」という述定（affirmation）そのものが発話をパレーシアにするのではなく、言表が発話主体にとってパレーシア的真理となるためには、そこに「私は（〜が真実であると）信ずる」というもう一つの述定が加わっていなければならない。[*56] 主張（affirmation）のこの二重化によってはじめて、主体はリスクを背負うことができるからである。たとえ私が述べたとしても、他人の主張の伝達として、あるいはあくまでもニュートラルな客観性の呈示として語られるかぎり、私の存在に危険が及ぶことはない。パレーシアストは「私は信じる」と明言して、ことがらと行いを結びつけているのは私であると主張しなければならない。そのような自己を、パレーシアを通じて存立させねばならない。つまりパレーシアはその発話形式において「語る主体が自分との間に結ぶ契約」であり、「彼は言わば自己のパートナーとして自己を構成する」のである。[*57] それも、他人の目の前においてである。主張の二重化により自己を他人から切り離し、「まわりに空を作り出し」、他人を証人としつつ「自己から自己への距離のなかに」自己を現前させること。それが状況の未決状態を招来させるのであるから、パレーシアにあっては、「自己への関係」によって自らを構成する主体は同時に、自らを

〈外〉に追いやっている。真理はここで、主体と状況の両方に「変様」をもたらし、両方を「自由」にしている。

パレーシアは、権力（統治）と知（真理）と主体（主体化）という三つの次元を、一挙に結びあわせると同時に、一挙にほどいていると言ってよいだろう。八三年講義は四回を割いて、その点を『イオン』の読解を通じて明らかにしようとする。[*58] アテナイ王の娘クレウサには、異国から迎えた夫クストスとの間に子どもができず、二人は神託を受けにアポロン神殿に向かう。アテナイ王家はゼウスの末裔を自認し、アテナイという共同体は大地から生まれたとされているので、子が生まれないという事態は夫婦にとってもアテナイにとっても潜在的な危機には違いない。それでも神託が解決を与えてくれるかぎりは、この自生的共同体は神に運命を支配されていて、統治の連続性は保たれるだろう。ところが、期待されるその神託－真理－解決が与えられないのである。ゼウスはかつてクレウサを強姦し、子を産ませたという疚しさを、クレウサはその子を岩場に捨て、一切を秘密にしているという別

＊54　*GSA*, p. 61.（七七頁）
＊55　*Ibid.*（同）
＊56　*GSA*, p. 62.（七八－七九頁）
＊57　*GSA*, pp. 62-63.（七九－八〇頁）
＊58　一月一九日と二六日。同年秋にはカリフォルニア大学バークレー校でも、『イオン』をめぐる講義を一日行っている。秋の連続講義はアメリカで出版され、邦訳もある。ミシェル・フーコー『真理とディスクール――パレーシア講義』中山元訳、筑摩書房、二〇〇二年。

の疚しさをもっているからである。捨て子はイオンと名づけられて神殿で育てられ、ゼウスはクストスにだけ、神殿の門を出て最初に出会う子どもが汝の（「汝たちの」ではなく）子であると告げ、クレウサの非難には答えない。クストスは結婚以前にバッカスの巫女たちと乱交したことがあり、イオンを、そのときにできた子であろうと考える。こうした状況のなか、三者三様のパレーシアが順次展開され、すべてが全員に明らかになることなしに（ことにクストスが真相を知れば、大いなる危険が訪れるだろう）、イオンはアテナイの新しい王として迎え入れられる。ゼウスがついに沈黙を守ったまま、である。「真なる言説の政治ドラマ」[*59]を通じて、神に運命を支配される自生的共同体（神託による統治）が、人間によって統治される共同体に置き換えられるのである。かつての秩序においては捨て子すなわち「無の息子」[*60]にすぎなかった人間が、アテナイ市民となり、法を与え直す。共同体のゼロからの創設が、パレーシア劇により反復されている。主体化と統治の再構築が、そこでは同時に遂行されるのである。パレーシアは秩序と秩序の間という〈外〉を形成し、そこでは〈ほんとうのこと〉が、やがて再び分解される権力と主体──「神と民」から「法と市民」へと──を「クモの巣」[*61]のようにつないでいる。

『イオン』に見られるこうしたパレーシアを「政治的パレーシア」と呼ぶことで、フーコーはまたそこに制度と政治の関係を、さらには制度の〈外〉に定位する政治を発見している。クレウサとクストスに説得されてアテナイに向かうにあたり、イオンがもっとも懸念していたのは、王となった自分の発言が人々に受け入れられるか、ということだった。アテナイの市民権をもつには両親ともにアテナイ人であることを要し、「無の息子」が何を語ろうと発言としては承認されない。アテナイ市民がもっている平等な発言（イセーゴリア *isêgoria*）の権利を、神殿の門番はもたないのである。彼は実はほかならぬゼウスとクレウサの息子であるのだから、ほんとうは十全にイセーゴリアの権利をもっており（それどころか、アテナイの神話的自己認識にしたがえば、もっとも王に相応しい人間のはずである）、だからこそアテナイに向かうことを承知するのだが、それでもクストスと市民に真実を知られてはならない。このジレンマを突破するのが、母クレウサによるゼウスを弾劾するパレーシアであり、その結果、真実と虚偽の間に一種の均衡（情念の叫びにより真実が零れ落ちそうになる状態――決して「告白」は行われず、第三者が曖昧な「歌」に事実を昇華する）が成立して、それが新しい秩序となる。虚偽がはっきり語られることこそないとはいえ、パレーシア劇は「一定の幻想を真理の上に君臨させ、この幻想と引き換えに、命令を下す［王となったイオンの］発話が真理と正義の発話となりえ、自由な発言、パレーシアとなりうる秩序を打ち立てる」[62]。パレーシアが成立するためには民主主義（イセーゴリア）がなければならず、しかしパレーシアが民主主義を基礎づける、というジレンマは、実は解消されないまま、人間による統治に移行している。というより、神託による統治からそこへ移行することにより、政治と制度が「本質的循環性[63]」を見せるようになるのである。真なる言説がドラマを繰

*59 GSA, p. 66.（八五頁）
*60 GSA, p. 92.（一二二頁）
*61 GSA, p. 45.（五六頁）
*62 GSA, p. 135.（一八三頁）

り広げる政治が、民主主義制度を軌道に乗せ、制度が据えられて以降は、民主主義がパレーシア遂行の枠組みとなる。制度創設にあたっては、ゼウスを告発するクレウサのパレーシアつまり「強者の不正を語る弱者の言説[*64]」が条件となり、成員に平等な権利を保証する制度の持続は、上位の発言であるイオンのパレーシアにかかっている。そこでは「強者が人間的理性の言説を通じて人々を統治する[*65]」のである。彼はつねに、真実中の真実が露呈される危険と隣りあわせに、さらにペリクレスが直面したような危険にも遭遇しつつ、パレーシアによる統治を行わねばならない。力の差異、何らかの敵対関係がそこでは決して解消されず、真実は幻想を背景に、幻想のなかから出現するように語られ続ける。創設のときもそのあとも、イセーゴリアでないパレーシアは存在しないが、パレーシアはあくまでイセーゴリアに重なることなく、民主主義のなかにおいて異質なものにとどまるだろう。しかしそれを欠いては、民主主義は衰微し、死に至るだろう。

　神託による統治の理念型は、フーコーによれば、『オイディプス』である[*66]。そこでは人間たちは真理を知ることを望まず、神がその望まれない真理を告げにやってくるか、あるいは逆に、探究や調査の結果、真理は人間たちに神から報酬として明かされる。そしていずれにしても、神の法は真理として共有され、貫徹する。真理は「外」からやってくるが、幻想を一掃して「中」を遍く統制するのだ。人間による統治のなかにおいて異質なものを構成し、幻想の維持を必要とする政治的真実という〈外〉とこの神の「外」とは、文字通り質を異にする。〈外〉は世界に内在する、世界を中断させながら世界を活性化する出来事の場にほかならず、そこが政治の場所として見定められた。

　とはいえ『イオン』に哲学者は登場しない。すでに見たように、フーコーはパレーシアがその後、哲学の場に移動し、哲学の歴史を「パレーシアの運動と再配分」にしたと考えている。キリスト教の牧人もパレーシアストの一人であり、近代国家もまたパレーシアが再浮上してくる場であるのだが、それよりも以前に、*libertas* がすでにヘレニズム哲学とパレーシアを結びつけていたと確認されているから、最初の出会いはさらに遡るはずである。いつ、どこでか。『イオン』とヘレニズム哲学の間にあるのは、プラトンだ。最初「政治的パレーシア」として出現し人間的政治を定置したパレーシアは、プラトンにおいて何を経験したのか。このときフーコーが注目するのは、ソクラテスの教説とならんでプラトンその人の経験である。師ソクラテスがアテナイの民主制との関係において哲学者であったとすれば、プラトンは君主制国家（それも僭主が支配する）シラクサに、哲学者として現実にかかわっている。哲学はプラトンにあっては、民主主義にも君主制にも同じようにかかわることができるわけで、政体のあり方（constitution）や政治から距離を置いて自らの場を定めている。[*67] しかしプラトンの哲学はあくまでもロゴス＋エルゴン（*ergon*：働き）としての弁証であり、他人に語りかけ、聞き届けられることを不可欠の構成要素としている。[*68] 哲学は「教える」実践のなかにのみあり、エクリ

＊63 *GSA*, pp. 142-143.（一九五頁）
＊64 *GSA*, p. 127.（一七一頁）
＊65 *Ibid.*（同）
＊66 特に一月一九日午前の講義を参照。*GSA*, pp. 79-85.（一〇四－一一二頁）
＊67 特に二月九日午後の講義を参照。*GSA*, pp. 194-196.（二六二－二六四頁）

チュールに定置された認識（*mathêmata*）、教えられる内容は、哲学そのものではない（「哲学は*mathêmata*としては伝達されえない」――だからプラトンは哲学について書物を著さなかった）[*69]。そして哲学者が語りかける相手こそ、政治家だった。「ロゴスはエルゴンにまで導くことができるときにはじめて完結する。エルゴンを、それに必要な合理性原理にしたがって組織しうるときにはじめて」[*70]。つまり、政治家を説得することができてはじめて、哲学は自らを完結させるのである。政治から距離を置くものの、政治への関係のなかにしか存在せず、哲学はその距離を自らの場とする。哲学と政治は「外在性、距離、しかし相関性」[*71]という関係を結ぶ。これは、「自己から自己への距離」のなかに、到達すべき自己を現前させようとするストア的な「自己への関係」と、同型の関係ではないか。というより、フーコーが跡づける系譜にあっては、ストア派はプラトン哲学における哲学と政治の関係をモデルに、それを自己への関係へと変貌させた――このように再構成することができるだろう。「自己への関係」そのものにかんしては、プラトンの「汝自身を知れ」はあくまでも認識を優位に置き、その後、認識と実践が切り離されていく動きの端緒を形づくったものの、ストア派に観察された非推移性と実践の特殊な優位にかんしては、プラトンは哲学と政治の関係においてそれを先取りし、おそらくそれにモデルを提供した。

しかし哲学者は政治家に何を「教える」のだろうか。かかわる政体はどのようなものであってもよいのだから、あるべき政体、理想的政体の構成――法の内容――ではありえない[*72]。また政治の実践（エルゴン）に「必要な合理性原理」は、政体自身が与えるはずである。プラトンは政体を人間の生体になぞらえ、その「健康」は「それぞれの政体が自らの本質にしたがって機能する」[*73]ことにあると説いており、政治において「何をなすべきか」は哲学者が語るべきことではないだろう。[*74] 政治との関係において〈ほんとうのことを言う〉は、哲学にとっては政治の真理を語ることではありえないのである。政治に口をはさまないというソクラテスの態度も、そこに由来する。哲学に教えることができるのは、「エルゴンを、それに必要な合理性原理にしたがって組織する」ということ自体のみだ。その原理については専門家たる医者－政治家にまかせ、彼らの語るところに耳を傾けよ、と。しかし、それを政治家に教えるというのである。政治家に、政治家の語るところに耳を傾けよ、と。プラトンがシラクサの僭主ディオニュシオスに教えたのは実際、「自分自身に働きかける」こと、「自分自身とシンフォニー（*sumphōnos*）の関係にある」ことであった。[*75] つまり哲学は政治にではなく政治家に、自

＊68　*GSA*, pp. 201-202.（二七一－二七二頁）
＊69　*GSA*, pp. 229, 233.（三〇七－三〇八頁、三一二頁）。ここにはむろん、プラトンにおける「エクリチュール蔑視＝ロゴス中心主義」を断罪するジャック・デリダへの批判的応答を読み取りうるだろう。しかし「自己への関係」をめぐるフーコーの議論そのものが、「自分が語ることを聞く」に形而上学の発生を見るデリダへの異議申立てであったかもしれない。
＊70　*GSA*, p. 202.（二七二頁）
＊71　*GSA*, p. 323.（四三三頁）
＊72　*GSA*, p. 194.（二六一頁）
＊73　*GSA*, p. 195.（二六三頁）
＊74　*GSA*, pp. 264, 267.（三五二、三五六頁）

己を二重化せよと説く。政治家に、自己へと関係して主体になるよう教える。この「教え」が、政治に対する哲学の外在的関係を転位させたものであることは明らかだろう。つまり哲学者は、自己と政治との関係を、政治家に移し替えようとしているのであり、しかしこの移し替えこそ（移し替えるべき）自己と政治の関係にほかならないのだから、哲学と政治の間でここに生起しているのは関係の二重化である。哲学者の哲学者としての主体化と、政治家の政治家としての主体化が、同時かつ相互依存的に起こっているのだ。哲学者は政治家を主体化させてはじめて哲学者たることができ、政治家は自ら哲学者のように、哲学者として、自己の政治にかかわることができて——つまり哲学者になって——はじめて、政治家たることができる。哲学は政治問題（政治の真理あるいは、政治において何をなすべきか）ではなく、政治における主体化の問題にほかならない。それが自己と政治に哲学が語る〈ほんとうのこと〉である。「哲学する」主体のあり方と「政治を実践する」主体のあり方は同じであるが、外在性の関係にあり、かつ一人の同じ主体によって遂行されねばならない[*76]。だからこそ哲人王が理想となると同時に、哲学者が王であるか王のアドバイザーにとどまるかは非本質的で状況的な問題にとどまる。いずれにしても、「あるべき統治」と「哲学を実践すること」は主体化という柄を共有する「フォーク」の交わらない二本の歯であり[*77]、このフォークは〈図式〉として哲学と政治それぞれの側で「働いている」——エルゴンの状態にある。

　そこに見られるのは「行為に働きかける行為」であるだろう。哲学と政治は一致しつつ一致しないで、それぞれの他者に対するエルゴンとして自らを定義する。政治は自らに対する哲学の働きかけを自己のなかで反復し、哲学は政治に働きかけることで自己へ関係する。ここで想起すべきは「行為に働きかける行為」とは、八二年のフーコーにあっては権力関係の定義にほかならなかったことだ。概念的な混同や議論の混乱があるのではないだろう。権力関係と主体化は、それほど「同じ」であるということ、フーコーの喩えをそのまま転用して一つのフォークの二本の歯と考えるべきであること、それが八三年講義には端的に見てとれる。次のように彼が述べたのも、同じ年であった。「〈いかにして主体は自らにかんする真理を語りうるか〉が私の問いであるとすると、この関係を規定する一つの要因は権力関係であるだろう。（…）私はいかなる点でも権力の理論家ではない。極言すれば、自立した問いとしての権力に私は興味がない」[*78]。もはや言うまでもなく、この「同じ」が成立する場所を、ここでは〈外〉と呼んできたのだった。〈外〉がそのようであるから、実は国家もまた一人の、主体になろうとする主体にすぎない。

何の名において「クーデターは行われる」か。国家の救済である。自分自身との関係における国家の必然性が、ある瞬間に、法規や道徳や自然の掟を一掃するところまで国家理性を押しやるの

＊75　*GSA*, p. 249.（三三二頁）
＊76　*GSA*, p. 272.（三六三頁）
＊77　*Ibid.*（同）
＊78　«Structuralisme et poststructuralisme», *Dits et écrits*, tom. IV, pp. 450-451.（「構造主義とポスト構造主義」黒田昭信訳、『思考集成』第九巻、三二五頁）

である。国家自身の必然性、緊急性、必要性が、こうした自然の法の作用を取り除き、言わば国家に対する国家の直接的関係にほかならないようなものを、必然性や救済の旗印のもとで生み出す。国家は急速に、即座に、ルールなしに、緊急性と必然性を通じて、ドラマチックに、自己から自己へ働きかけるであろう――それがクーデターである。[*79]

クーデターはもちろん権力奪取であり、他者との権力闘争の手段－結果である。とすれば、〈外〉には状況により哲学者になったり政治家になったり、さらには国家そのものとして現れたりする、主体になろうと〈闘う生（vie militante）〉[*80]があるばかりだと言えるかもしれない。八四年、死の年に行われた講義でフーコーが特にその後半、集中的に語っているのは、実際、そんな生をまっとうする犬儒派哲学者である。路上のディオゲネスが、フーコーによって最後に選ばれた哲学者だった。大王アレクサンドロスを跪かせ、あなたになりたいと彼に言わせた、犬のように路上生活を送る哲学者である。彼の生は「自己に抗い自己のために、他者に抗い他者のために、格闘し闘争する生」[*81]だった。「絶対的に全員に向けられた闘い」、全員を「揺さぶり、彼らに転回を、手荒に転回を遂げさせる」ための、「開かれた環境」すなわち街頭での闘争。[*82]「世界のなかで世界に抗う闘争」[*83]。もちろん、フーコーがそんな生をそのまま理想として追い求めたと言うことはできないものの、そんな生がなければ、その後ストア哲学も牧人権力も、一九世紀の革命思想も――フーコー的系譜学にあっては――生まれえなかったことはたしかであり、何より「思想的」には、つまり理論的自己認識のうえでは、ディオゲネスはあくまでもプラトンの忠実な弟子だったのである。〈外〉はそうした差異が無化されるところであり、かつ、そうした差異が噴出する母胎となるほどに糸の細い「クモの巣」でもあった。そこは「永続闘争」[84]の場である。「我々とは誰か?」、と繰り返し問いが発せられる闘争の。ではフーコーの死後、我々とはいったい誰であるのだろうか。

＊79 *STP*, p. 268.（三二五頁）
＊80 *CV*, p. 261.（三五八頁）
＊81 *Ibid.*（同）
＊82 *CV*, p. 262.（三五九頁）
＊83 *Ibid.*（同）
＊84 *CV*, p. 264.（三六一頁）

2010.4

理性の限界を「散逸」させよ

――ミシェル・フーコー『カントの人間学』

一九八四年、ほとんど死の床で行われたインタビューのなかでフーコーは語っている。「私の哲学的生成のいっさいはハイデッガーを読んだことに決定づけられた」。そのことの意味を何より教えてくれるのが、博士論文『狂気の歴史』の副論文として六一年に提出されたこの『カントの人間学』である。そしてそのことの意味は、晩年にフーコーの頭を占めていた「主体」問題を、彼の生涯を貫く仕事のなかでどう位置づければよいかを左右するはずである。

生前最後の二年間の講義は「自己と他者の統治」と題され、具体的には「パレーシア」（＝ほんとうのことを言う）というギリシャ的観念が西洋史のなかでたどる変容を追跡することに費やされている。権力や知（真理）といった周知の主題と、八〇年代になって前面に躍り出た「自己」ないし主体といったテーマを、彼はそこでいわば綜合しようと試みているのである。まるで生涯の終わりを見据えるかのように。そして講義録の読者は気づかずにはいられない。このフーコーのなんとハイデッガー的であることか。存在論という術語の使用が解禁され、主題全体が「真理言説の存在論」と言い換えられる。もちろん、ハイデッガー存在論との差異についても触れられてはいるものの、統治とパレーシアをめぐる論究が主体の自己触発的な「在る」に照準を合わせていることは見間違えようもない。そこでの主体はもはや権力と知の謀議により「構成される」だけのものではないのだ。何より、「自己と他者の統治」講義は「〈我々の現在性〉の存在論」としてカントの『啓蒙とは何か』を読むことからはじまっている。これはフーコーに構造主義の後を認めてきた読者にとって、かなり困った事態ではないのか。構造主義はサルトルの後であって、少なくともフランスではサルトルがハイデッガーの後だったからである。生涯の終わりにハイデッガーに戻っては、さらにはハイデッガーに自らの哲学的生成を「決定づけ」させては、構成的な「人間主義」を突破しようとしてきた六〇－七〇年代の努力が水泡に帰さないか。つまりハイデッガーは、死の床のフーコーが私たちに遺した難問をなしている。

『カントの人間学』にあっても、ハイデッガーは一種の難問である。著者がハイデッガーの『カントと形而上学の問題』と格闘する様子を見せてくれるからではない。反対に、このドイツ人哲学者の名前がまったく登場しないからである。多少とも二〇世紀の哲学史に通じた者の目には、問題構成と言葉遣いにハイデッガーの深い影響が明白な章においてさえだ。その第六章「鏡のなかの反復」においてフーコーは大まかに言って、ハイデッガーが感性と悟性の二重体たる想像力の「図式」から自身の「基礎存在」（存在と無からなる別の二重体）論を〝導出〟したのに対し、『純粋理性批判』と『人間学』の二重体そのものに「超越論哲学」を封じ込めてみせる。続く第七－八章において展開されるその効果、実質的な意味は驚くべきものだ。ハイデッガーにあって、個的状況に縛られた二重体から一つの人間的で普遍的な二重体への移動であった「超越」が、フーコーにあっては「世界としての世間」のなかでの「散逸」へと意味を変えられてしまう。『人間学』の正式名称は『実用的見地における人間学』である。フーコーにとって「実用的見地」からする「超越」とは、たとえば人間の寿命を延ばそうとする努力であり、あるいは婚姻生活のなかでたえず浮気すれすれの状態にいる技法であり、自然や規範をすべからくカッコに入れるべしとの命法と見分けがつかない。いたるところで限界を超えようとすべし、無数の「実用的」破れ目に向かって理性の限界を「散逸」させよ、これが人間学という鏡のなかで反復される理性批判の姿である。

晩年のフーコーが論究の俎上にのせた〈自己への関係における真理〉とは、ストア派に典型を見いだせるような、主体のあり方に変化をもたらす実用的な真理である。まさに『人間学』における「理性」のように。そして最晩年講義における犬儒派はプラトニズムの「割れた鏡」なのであった。しかし「超越」を封じ込めた「鏡」は、とめどない拡張性の反復によって『カントの人間学』においてすでに割れていないか?

(ミシェル・フーコー『カントの人間学』王寺賢太訳、新潮社、二〇一〇年)

間奏

代書人ボブあるいは〈誤訳〉

2010.5

『ユリイカ』ではなく『現代思想』がボブ・ディランをやるんだから、誰かあのことを書くだろう、書いてほしいぜと思いつつ、ひょっとしてもう誰も覚えてなんかいないのではとも危惧されるので、ドゥルーズが語ったディランの詩の話から稿を起こしてみる。クレール・パルネとの対談（邦訳タイトル『ドゥルーズの思想』）には、こうはじまる詩が引かれていた。

そうとも俺は思考の盗人
でも魂の売人じゃないぜ　念のため

出典は仏語訳のディランの詩画集となっているため、さてどのアルバムのどの歌だろうと訝《いぶか》られるものの、これは実は歌ではない。純然たる詩だ。アルバムとしては三枚目となる『時代は変わる』（一九六四年）の付録としてジャケットに挿入されていた「十一のあらましの墓碑銘 *11 Outlined Epitaphs*」のなかの一つ。わたしの墓に刻むならこんなのはどうか、とディランが悪戯心で書いてみた詩の一つである。これ自体かなり長く、とうてい墓石に刻めるような代物ではないのだが、仏訳者ももう少し短くていいんじゃないかと判断したらしく、かなり飛ばして訳している。しかしおかげで、これがなにを詠った詩なのかは仏訳のほうがすんなり分かる。どんなふうに彼が歌を作ってきたか、である。人からさんざん歌のアイデアをぱくってきたけれど「魂」は別、そうこの詩ははじまる。だからドゥルーズも、ストレートにこう読むことができた。「ボブ・ディランのこの詩の傲慢、驚異、そして謙虚。すべてを言いつくしている。作家というよりはむしろ驚くべき生産者であるディランが歌を編むように、私も教師として講義ができるようになりたいものだ」。

実際、この詩はとてもドゥルーズ的なものだ。さらに分かりやすくするために、もっと飛ばしてみる。

俺は築き　築き直した
俺の閉じ込められた思考に裏庭の風をあてるため
過去にはなかった考えを考えるため
夢みられなかった夢を想うため
あるいはまだ書かれてもいない新たな観念を
あるいは韻に合うような語を……

でも俺は新しい規則なんかを気にしていない
そんなものはまだ作られていないのだから
俺は叫ぶ　頭の中で歌っているものを
本当に今日の規則が必要なら
さあ　みんな集まってこい　検事総長ども
この世は裁判所でしかないのだから
そうさ
だが俺はお前らよりもよく被告らを知っている
お前らが訴訟の指揮をしている間に
俺たちはひたすら口笛を吹いていよう
傍聴席を掃除しよう
ぱた　ぱた

ドゥルーズは続ける。「彼のようにはじめたい、ぶっきら棒に、彼の道化の仮面と、練り上げた、だが即興の、細部にわたる技法を身につけて。剽窃の反対、だが師匠や手本の反対でもある。長い長い下準備、だが方法も規則も手順もない。(…)規制し、認識し、判断する代わりに、見いだし、出会い、盗むこと。なぜなら、認識するとは出会いの反対だからだ。(…)裁判官であるよりは掃除夫でありたい。人生で道を誤った人ほどお説教をしたがるものだ」。

実際、ディランは盗んでばかりいた。知人の家からはレコード四〇〇枚、同輩からはコード進行、ウディ・ガスリーからはスタイルそのものを。そしてなにより民謡のメロディ。だからこそ彼は「伝統の継承者」と称えられ、しかし、ロックを盗んだときにはフォーク信者たちから「裏切り者」と罵られ、やがて自分には音楽を作る方法がなにもないと不安にかられ、遁走する。「輝いていたはずの眼は曇り、わたしは何もすることができなかった。あまりの苦しさにうめくことしかできなかった。(…)昔のわたしのレコードには動的なアレンジがひとかけらもなかったのだ」(『自伝』)。動的なアレンジとはなにかさっぱり分からないが、そんなものはなかったと自分で言う時代にも、彼はいくつかの歴史に残る歌を作った。たしかに絶対的に新しいものを、「ぶっきら棒に」、「練り上げた、だが即興の、細部にわたる技法を身につけて」作った。もはや誰も彼のことを「剽窃」者とは呼ばない。たとえ他人の「思考を盗んで」作ったとしても、残ったのは彼の歌のほうであることは間違いなく、彼が「剽窃」されたことのほうがよほど多かった。

彼の歌は〝哲学心〟や〝精神分析心〟をくすぐる逆説に満ち満ちている。ノー・ディレクション・ホーム、帰る道はない、と歌っておきながら、ブリンギング・イット・オール・バック・ホーム、ぜんぶ家にもって帰る、と呟く。いくら〝転がる石〟になっても、最後は墓碑銘の下で土に帰る。エロスとタナトスの相克。ユダヤ系の本名(ロバート・アレン・ジンマーマン)を捨て、憧れの詩人(ディラン・トマス)から「盗んだ」名前を本名にしてしまう。彼は自分がなにものなのか、どこにいるのかいつもさっぱり分からない。「おまえはなにかが起こっているとは知っていても、それがなにかは知らないのさ」(やせた男のバラッド)——〝やせっぽち〟のミスター・ジョーンズは彼の自画像そのものだろう。歌で「おまえ」と言えば、「わたし」のことだ。最初の聞き手は自分なんだから。そしていかような哲学体系に仕立て上げることもできる、それ自体立派な認識論だろう――認識とはひとつの誤認である、云々。なにものかになりたい少年は、次々に偶像、同一化の対象を取り換えて、誰であるのか自分でも分からなくなってようやく歌に落ち着く。「どれだけ道を歩いたら、一人前の男と認められるのか」――「一人の人間と呼んでもらえるのか」（風に吹かれて）。これは同時代の黒人男性の嘆息そのものでもあったから、社会派でもある。「思考に裏庭の風をあてるため」、「過去にはなかった考えを考えるため」、「夢みられなかった夢を想うため」、行きつ戻りつ、あれこれ。

行きつ戻りつしながら、新しい歌を生産したとも言えるし、新しい歌はすべて、行きつ戻りつの行程のなかにディランを連れ戻して苦しめたとも言えるし、なにが言えるかとことさらに問うことそのものが〝裁判官〟の思考、〝出会い〟を邪魔する〝認識〟なるものだと言ってもかまわない。

インテリのディラン・ファンあるいはドゥルーズ愛好家にとって、しかし、いちばん愉快であるのは、あるいはぎょっとするのは、ドゥルーズが「すべてを言いつくしている」とまで語った詩の典拠、つまり彼が読んだ仏語訳そのものがぜんぜん間違ってるんじゃないかと思える点だ。際立たせるために、片桐ユズル訳の該当部分と原文を引いてみる。

わたしはすわって考えこむタイプじゃない
いぶかり時間をむだにし
考えられたことのない考えについて考え
まだみたことのない夢について考え
まだ書かれたことのない新しいアイデアとか
韻をふむ新しいコトバについて考えたりしない

it is not of me t' sit an' ponder
wonderin' an' wastin' time
thinkin' of thoughts that haven't been thunk
thinkin' of dreams that haven't been dreamt
an' new ideas that haven't been wrote
an' new words t' fit into rhyme

「考えられたことのない考えについて考え」るよう

な「時間のむだ」はしない、と言っているのだ。意味が裏返っているのである。ちなみにこの後に続く仏語訳者が省いたフレーズに〝裁判官〟的な拙訳を施してみると（翻訳とは裁判である、そんなことも知らずに翻訳してはいけない、と意見陳述しておきたい）、次のように書いてある。

韻をふんでるときには　ふんでるというだけの
　ことで
ふんでなけりゃあ　ふんでないし
思い浮かぶときには浮かぶし
浮かばないときには浮かばない

　つまり、特になにかをしようとしてたわけではない、と言っている。なにかにこだわって歌を作ったことなど一度もない、と。新しい歌（ライム）を作ろうと悪戦苦闘してなんになる、と。そういえば彼は、歌（ソング）を作りたかったら現代の音楽などぜんぶ忘れてしまえ、と言ったこともあった。墓碑銘は、「傲慢」からも「謙虚」からもほど遠く、ただニュートラルにそこにあるだけの地帯（まさに墓のような?）に歌を作るという行為を置こうとしている。性格づけを拒むところに。なにをしていた、なにをしたかった、なにを言いたかったわけでもなく、ただ「建てては建てなおし」（「築き、築き直した」の片桐訳。原文はI have built an' rebuilt）ていただけで、「建てる」という奮闘努力を感じさせる語もほんとうは不適当なところに、架空の銘は向かう。作者と読者からなる〈我々〉を連れていく。問い＝歌を作りながらなにをしていたのだ？――答え＝なにも。どんなふうにそれをしていたのだ？――歌を作るようにして。さらに、それは歌なのか？――知らないよ、なにかが起こっていても、それがなんなのかまるで分からないのがわたしだから。こんな態度こそ傲慢であるのかもしれないし、これこそ最高の謙虚さなのかもしれない。〈俺様を位置づけるな〉と〈わたしはただの掃除夫と変わるところはありません〉。〈言葉がひとりでに溢れ出たのさ〉と〈意味もないことを繰り返していました〉。どちらもが同じになる地帯。しかし本人も実際のところは困っていたようで、マーチン・スコセッシの証言によれば、オーネット・コールマンに会いに行って聞いたらしい。なにか言いたいことがあったのかね？と。必ずしも突拍子もない組み合わせではないだろう。ディランのミス・ロンリー（ライク・ア・ローリング・ストーンの主人公。転落していく元セレブ嬢）とコールマンのロンリー・ウーマン（五九年のアルバム『ジャズ、来るべきもの』の一曲め）はとても似ているところがある。その精神においてなんかではなく、たんに、ディランにおける歌と伴奏のどこかずれた対応関係が、コールマンにおけるフレーズと拍の関係ほどには自由だ、というところで。いずれも、はずれたところがいかにもロンリー。ボーカル以外、サックス以外をそれぞれ無視して口ずさんでみれば、間延びしたタイム感もなかなか似ていると気付く。サブタレニアン・ホームシック・ブルースなんかもっとそうではないか。コールマンの返答がどうであったか、スコセッシは伝えていないけれども、ディランの詩作-曲作りの行きつく先、意志の有無とも好みともかかわりなく行きついてしまうところは、まるで代書人バートルビーだ。「できればせずにすませたいのですがI would prefer not to」。ドゥルーズが言うとおり、これでは「拒否をしてはいてもなにを拒否しているのかが限定されず」（ほかにやりたいことがあるのか、なにもしたくないのかが特定されない）、しかも「それが繰り返される、執拗に口にされることで、全体に、より突飛な感じを与えるようになる」。あらましの墓碑銘の一つは間違いなく、そんなところに〈我々〉を連れていく。そしてディランは、バートルビーの上司がバートルビーに対し思っていたように（「おかしな言葉だ、わたしは絶対に使わないね……」）、自分に対しいらついている。おまえはなにをどうしたいのだ？　とロバート・ジンマーマンはボブ・ディランに問い質し、自死の擬態として自分の墓碑銘を書く。ドゥルーズがこのメルヴィル論と対談とで、別のこと、矛盾することを、「英米文学の優位」という一つの同じ主題に関連して言っているのではないとしたら、つまり彼にとってもディランとメルヴィルは「同じ」で・・・あるべきなのだとしたら、ひょっとすると仏訳者は間違っていなかった（ドゥルーズの邦訳者が間違っていた、そしてドゥルーズが間違っていた?）のかもしれない。確かめておこう。

ce n'est pas mon affaire, m'asseoir et méditer
à perte et contemplation de temps
pour penser des pensées qui ne furent pas du
pensé
pour penser des rêves qui ne furent pas rêvés
ou des idées nouvelles pas encore écrites
ou des mots nouveaux qui iraient avec la
rime...

やはり、訳者はこれしきの間違いを犯してはいなかった。新しいことを考え出すために座って沈思黙考するようなこと自体、わたしのガラではない、時間の無駄だ、と言っている。しかし同時に、仔細に眺めてみると、邦訳者が間違っていたと判決を下すのも酷すぎるということも分かる。問題の箇所を省かないで引いてみると、

俺の仕事じゃないぜ　座ったり考えこんだりは
時を倦かずに眺めながら
過去にはなかった考えを考えるため
……

「ながら」と「ため」というふうに、二つの行末をフランス語にならって変えているため、冒頭に引いたようにも再構成して読めてしまう曖昧さが（英語は同じように現在分詞を使っているため誤解しようがない）、この箇所で生じているだけのことだ（頭のなかで二行目の終わりに句点を置いてみよ）。そして冒頭に引いたように読んでしまうことが正解であるかのような解釈を、ほかでもないドゥルーズが呈示している、ということもまた判明する。なにしろディランは「驚くべき生産者」であるのだから、「過去にはなかった考えを考える」人だと受け取るのが〝正解〟ではないのか。しかしフランス語訳も、「過去にはなかった考えを考える」ためには、じっと座ってなどいてはだめだ、とも確かに受け取れないことはない……。その場合は〈我々〉の〈対談の日本語

読者の）読みこそ〝正解〟で……。

奇妙なことになっている。なにも生産しないで、壁の前で立ち尽くしたあげくに自死した架空の男と、歴史に残る歌をいくつも作ったポップスターが、誤解なのか正解なのか判別のつかない翻訳をもとに、一人の哲学者の理想像において見分けがたくなっている。なにをすることも曖昧に拒否したあげく、自分まで拒絶してしまう行程と、なにもしていないと強く仄めかしながら、なにかを作ってしまうもう一つの行程が、詩人と哲学者と両方の読者を結んでできる〈我々〉のなかで入れ替え可能になっている。ほんの少しの不分明が、かくも大きな混同を招来している。

どうでもよいではないか、とまともなポップス・ファンなら言うべきである。そもそもディランの歌詞の内容を分かって聞いていた日本人などいなかったわけだし、ディランを前にしては日本のファンとドゥルーズの差異などたかが知れている。哲学者も我々と同程度に〝直感〟でディランを〝分かった〟ことにしていたわけだ。「すべてを言いつくしている」！　それにそもそも彼をもっとも理解しなかったのは英米のファンではないか。なんでわざわざチケット買ってコンサートに来るんだ？　あいつら。彼はそう毒づいていなかったか？

「新しいもの」を「美しいもの」に置き換えてみれば、ことは古典的な判断力問題に行きつくことが容易に知れる。「このバラは美しい」という、特殊を普遍に包摂する判断をめぐる〝裁判官〟哲学者カントの問題である。そんな命題に根拠を授ける普遍的規則はないから、カントはこの語を用いなかったけれども「間主観」なる次元をもち出してどうにかするほかない、「民主主義」あるいは「公共性」を信用してとりあえずの「決着」をつけるほかないというのが、ハンナ・アレント女史の答えであった。見るものたちの討議の末にそういうコンセンサスがあるのだと、あるはずだとみなすほかなく、あるいはコンセンサスを目指して努力するのが政治的・文化的共同性であろう、と。

しかし墓碑銘を書くディラン、それを読むドゥルーズ、そしてその両方を読む読者の間で成立した

〈我々〉にはどこにもコンセンサスがない。〈我々〉の間にないどころか、〈我々〉一人一人のなかにもない。ディランは自分がなにをしているのか分からず、ただ分からないだけではなく、分からないということを強く分かっていて、あれだけ明白な政治的メッセージをもつ歌を作り、歌っておきながら、僕はトピカルソングなんか作った覚えはないと言い張った。我々ファンは、どんな中身が入っているのか定かでないディラン〝魂〟を、中身の明白な判決文的〝認識〟の代わりに信奉し、信奉することで世間の裁判所に抵抗している。そしてドゥルーズはバートルビーとディランの差異を明らかにすることを誰よりも自分に対して拒む。それぞれが思わせぶりであるから、そのふり幅により共鳴と連結が結果的にできあがっているだけのことで、これは諸矛盾が一つのコンセンサスへと止揚される過程とはずいぶん違う。ドゥルーズはディランの出す疑似サインに引っかかったのであり、ディランはそもそも他人のサインを盗んでプレイしていたのであり、ボブ・ディラン共同体は、I would prefer not to とお互いに言いあって、困らせあっている者たちの共同体でしかない。

あなた方は起訴にいそがしい
わたしたちは口笛をならし
裁判所の掃除でいそがしい
清掃だ清掃だ
傾聴だ傾聴だ
たがいに目くばせする
要注意
　要注意
あんたがすぐに現れる

目くばせの共同戦線は、送られるサインが「ほかにやりたいことがあるのかね、なにもしたくないのかね、わたしたちは」と囁きあっても崩壊しない間だけ成立しているテンポラリーなもので、そもそも仲間がなにを考えてるのかなどは、「目くばせ」なのだから知ろうともしない。「わかるには、あんたは早く知りすぎる」――目くばせなんだから――

「やってみても意味はない」（イッツ・オールライト・マ）。一九六三年七月二六－二八日、ニューポートではじまったアメリカ的階級形成の秘密はそんなところにあったのか。ほどなく組織されたワシントン大行進は、実際、黒人の公民権運動というにはかなり白かったではないか。「これをアメリカと呼ぼうと思う」（ボブ・ディランの一一五番目の夢）——そう言うまでに、ディランは一一五回も夢を見なければならなかった。みな早く知りすぎていたわけだ。戦線がいかに脆いかも彼は歌っている。

ひとりの男にあった、おれはいった「どうだい
おれたちふたりしかいないね」
彼はちいさな叫び声をあげて逃げだした
おれを共産党だとおもったんだ
（第三次大戦を語るブルース）

参照文献

『ボブ・ディラン全詩三〇二篇』片桐ユズル・中山容訳、晶文社
『ボブ・ディラン自伝』菅野ヘッケル訳、ソフトバンク・パブリッシング
ジル・ドゥルーズ＋クレール・パルネ『ドゥルーズの思想』田村毅訳、大修館書店
ジル・ドゥルーズ『批評と臨床』守中高明ほか訳、河出書房新社
マーチン・スコセッシ監督「ボブ・ディラン——ノー・ディレクション・ホーム」（DVD）、パラマウント・ホーム・エンタテイメント・ジャパン

間奏

ローリング・ストーンズと共産党

2010.5

「スイート・ブラック・エンジェル」で歌われているアンジェラ・デイヴィスのことじゃないぞ。彼女はたしかにブラック・パンサーの武器運び屋として逮捕され、共産党員という理由で大学教師をクビになった。けどミックが彼女を歌にしたのは、「時代の先端」を走るにもってこいだったからだろう。彼女の救援運動は、おしゃれな人たちを巻き込んで世界中に広がっていた。〝過激派〟であることは、まだかろうじてかっこよいことであったから、〝ならず者〟風でレコードを売るには、恰好のスパイスだったろう。あの人美人だし。

一足お先にプロモ用のデラックス版を聞かせてもらって、思った。ストーンズもついに共産党になったか。

メインディスクのリマスターは、ほんの少し音圧を上げてるだけなので、まさかあの濁って泥臭い音をシャープに変えたりしてないだろうなという懸念は払拭されたものの、携帯プレーヤーに入れて聞くぶんにはまあ「迫力」ある音も、アンプを通してスピーカーから鳴らすとまるでだめ。フィル・スペクター流マッシブ・サウンド（完全モノラルの「オール・ダウン・ザ・ライン」のなんとみごとな仕上がりよ！）が、きんきんで「痛い」と感じられる。iPodで聞いてくれ、ということなんだろう。個人で楽しんでくれ、ということなんだろう。「ならず者」がついに「ファン」のものになった！　共産党が国民政党に変わったように。重々分かっていたはずであるのだが、「ならず者」は昔の音であった。

ロックンロールは巨人軍みたいに不滅です？　ウソだ。終わり方を知らないだけのこと。実際、ここでもほとんどの曲はフェイド・アウトで消えていくだけじゃないか。ライブではスピード落として、ちょっと音をコード進行からずらすぐらいが関の山。それとも、シンバル鳴らして無理やりおしまいってことにするか。ケリの付け方というものを、ロックンロールは知らない。だから違うリフをはじめるしか「続ける」方法はない。うまく終われないから、客は「アンコール！」などと言う。終わらない気分を味わえる。それでどこが悪い、と居直れるだけのものを、あいつらはこのアルバムで呈示したから、余計に始末が悪い。勘違い野郎が次から次に現れる。だから「ならず者」が結果的に光ることになる。極めてだらしのない「不滅」である。

あれは特権階級の音楽だったのだ。クスリでへろへろになっても、女の子に強姦まがいのことをしても、ホテルの窓からテレビを放り投げても、さらに「ヘロイン最高！」と歌っても、許してもらえるどころか「時代の先端」として崇めてもらえる者たちの音だったのである。帝国主義的頽廃を糾弾しているのではない。そんな糾弾をねじ伏せるぐらい、ストーンズは不埒をひとつの音に仕立てたのだ。革命だ！　と叫んでモロトフ・カクテル（火炎瓶）を投げても、未来を先取りしてたら許されるのと同じこと。それにあいつらはやり方がうまかった。ウッドストックに出演して運動（ブームと読め）に埋没し、運動とともに消えていく愚を犯すことなく、フェスティバルのスタッフをまるごと買って、とうてい管理人が務まるわけないほんとのならず者を雇って、コンサートを失敗させてしまう。成功した祭りは消えていくだけだが、失敗すれば別のやり方に移行できる。まだうまく行ってないんだから。曲の終わり方といっしょ。あの失敗がなければ、自堕落を音にするという「ならず者」路線はあったか？　ほんとのならず者とならず者の音を区別して、最先端のありかを祭りから「作品」に移す－戻すという軌道修正は。ほんとの失敗を「管理された失敗」に変えること。生き残るために。

　そもそも、アルバムの作り方が出鱈目であった。キースがかんたんなリフのアイデアだけをスタジオにもってくる。こんなのでどうだ？　ミックはいたりいなかったり。「きめてる」から時間の感覚もあまりなくて、集中してるのかしてないのかよく分からない状態で、何時間もああでもないこうでもない。首謀者キースもいつのまにかいなくなってたりする。いちおうできあがったテープを、ミックが後から一人スタジオにこもって「作品」に。そういう、あくまでカッコ付きの「共同」制作。一曲のヒット作を作ろうなどという姿勢は端から見受けられない。だからアルバムからは、〝ローリング・ストーンズの代表曲〟は生まれなかった。そうしなくてはいけない必然があったはずだ。ヒットチューンは成功した祭りの小型版でしかなく、そのうち消えて、いったん忘れてしまうまでは誰も同じことを繰り返す気にはなれない。シングル盤なんてしょせんは「コックサッカー・ブルース」ではないか。一回聞いて笑えばじゅうぶん。（誰か解説をよろしく。）なにしろ彼らは永続革命派であるのだから（「俺をハッピーにしといてくれないか」Baby, won't you keep me happy）、工場から街頭に反乱が場所を移したあとには、すぐ次のところを用意しないといけない。終わらせてはいけないから、歌で街頭戦士を軽くおちょくったあとには、実証しなければいけない――〝あれ〟をずっと味わうためには、ピックアップできるような山はないほうがいい、と。あっても起伏のなかに埋め込まれた、次の山へのジャンプ台であってほしい。連続蜂起あるいは、本番の来ない前段階蜂起。コンセプトアルバム？　そうであるが、ヘロインとコカインを混ぜて服用することが「コンセプト」でありえて、〈ＬＳＤの幻覚なんかもういらん〉、これが「コンセプト」でありえるなら、という条件はいる。〈中毒が怖くてクスリなんかやれるか！〉、これだけがアルバムのコンセプトであり、それについていけなくなったミック・テイラーはやがてグループを去るだろう。しかしキースは正しかった。「アルバムにヘロインの影響なんかまったくないだろう?」――なにしろヘロインは「コンセプト」であるのだから。

ヒット曲はない代わりに、ロバート・ジョンソンがやっと近代化された。道はなるほど遠かった。ブルースの毒が電気の音と多重録音の技術によって、ロックしてロールする「音の壁」に変わった。ライ・クーダーがたぶん理解しなかったのは、いったんそう変えてしまわないと、スライドに含まれる毒の切れ味は普遍化せず、したがってロバート・ジョンソンも伝説にはなれなかったということだろう。「ホンキー・トンク・ウィメン」の隠れた作曲者になるぐらいでは、ロック史には寄与できなかったはずだ。ジャガー&リチャーズとて「虚しい愛」程度ではまだ、毒殺された男に借りを返すには足りず、「ならず者」流に「ストップ・ブレイキング・ダウン」を〈分析と綜合〉のふるいにかけてようやく、ロッカーだってブルースマンさ、と言える自信を得たはずである。その昔、驚いた人間は多かった。七二年なんて、日本にはまだたいしてブルースなど入っていなかったから、「ならず者」により、そうか、これはブルースというものかと教えられ、原曲その他を聴いてみると、なに?　ぜんぜん違うではないか。しかし、クラプトンも一時期こればっかり聴いてたからクリームができたのだと聞かされると、自分には勉強が足りないと反省してさらにブルース喫茶に通いつめ、そのうち、やっぱそうだわ、「ならず者」はブルースだわ、と納得し、しかしどう納得したのか自分でもよく分からないから、そこにくぎ付けにされて中毒者の道を歩む。もう少し、もっと、おくれ。やがて情報がいろいろ入ってくるようになると、少しだけ納得する。同じフレーズを別のギターで弾いてあとから重ねると、ボーカルをちょっと後ろに下げると、どこか「向こう」のほうで混ざってると思わせる効果がある。革命の現場はつねにここではなくよそである――ヒア・アンド・ゼア(ゴダールの原題は「こことよそ」Ici et ailleurs であった)。「向こう」が神秘の場所としてできあがる。壁の向こう、やつが悪魔に魂を売ったところ。そうか、伝説は電気技術の産物であったか。大きな音は、その「向こう」と「こちら」を一気にショートさせるマジックである。だからゴダールがストーンズを撮ると、「ワン・プラス・ワン」になる。

言いかえると、「ならず者」は数十年の歴史に勝利したのだが、まさに勝利することによって、政権を取った共産党よろしく〝過激派〟を粛清したのである。ストーンズがならず者であるなど、以降は誰も本気にしていないではないか。ミックはたゆまぬ自己管理の人であって、キースは一面、そんな〝社長〟に経営を任せることで、ブライアンにはならない選択をした、とファンなら知っている。粛清された〝過激派〟はしかし、彼らにアルバムを完成させた歴史そのものである。作品のなかに押し込まれた数十年は、歴史を「作品」と化してしまったのであるから、つまりブルースに別の生を与えたのであるから、以前の生は「死んだ」ことになった。これだけは、いかにみごとにだらしない反復を演出しても、動かせない事実である。マディ・ウォーターズはストーンズ以降に脚光を浴びる代わりに、博物館に入れられたではないか。ストーンズは、小金で彼を雇ってパーティのバックバンドをやらせたではないか。

しかし彼らが「ついに」共産党になったのは、一九七二年のことではなく、あくまで今日である。だって「蟹工船」ではないか、このデラックス版「ならず者」は。武装蜂起の夢が潰え、議会への道も細くなるいっぽうで、世の中はなんとなくざわついてるから、もう一度これを出しておこう。大衆がこの道をたどり直すことなんか期待しないけれど、カツ入れぐらいにはなるだろう。こんな作品もあったのだよ。それを「出す」資格が今あるのは我々であるのだぞ。少しは尊敬しろ。正月の三が日に「シャイン・ア・ライト」を見に行くと、五〇代以上の客が数人と、三〇代らしきカップルが一組だけだった。二人の世界にいるカップル以外は、みんな、どこか気まずい空気をお互いに発散しあっていた。目をそらせて帰ってきたけれど、CDは映画館で買っていた。豪華なザ・ローリング・ストーンズとは、株式会社「日本共産党」みたいなものである。プロモ版を頂戴する前に、すでにデラックス版を予約注文していた俺であるから、かつて俺をケーサツに売った現国会議員の××君には言っておきたい。そろそろ仲直りしてもいいぞ。しかし、警官に売るのはやはり自分のケツぐらいにしておくべきだった

――「コックサッカー・ブルース」より。

第VI章

日本のなかで

「1968」と「2011」を跨ぎ、「社会的なもの」に抗する

「決めない」政治と金融資本主義[*1]

2011.10

私は原子力やエネルギー政策については、専門的な知見をもち合わせていません。そのような人間がここで発言してよいのか、この場にふさわしい発言ができるのか覚束ないまま、ここに座っています。しかし福島原発事故は、程度の差こそあれ部外者という存在を許さない種類の事故でした。放射能汚染は今も、これからも、地球の住民なら誰にでもかかわる問題であり、エネルギー問題もまたそうでしょう。私はこの「誰にでもかかわる」という点に話をしぼって、自分なりに言えることを述べてみたいと思います。「誰にでもかかわる」から、私にも言えることがあるのでなければならない、と自分に言い聞かせてはじめます。

一〇月一五日の今日の時点で、二〇一一年三月一一日からはじまる事態について、私には一つの疑念が大きく頭をもたげています。政治は様々なことについて、「決めない」ということを「決めている」のではないか。ことは原発をどうするのかという問題に限定されません。復旧・復興についてもそうですし、その財源や賠償金など、相当範囲の重要問題について「決めない」と「決めている」のではないか。何かを決めたくても意見調整、利害調整が難しくてできないというのではなく、あえてすぐには「決めない」でおくという姿勢を、個々の政治家や市民ではなく、政治あるいは統治システムそのものが抱え込んでいるのではないか。さらに言えば、明確なコンセンサスを作らないということも、一つの立派な政策なのではないか。そんなふうに思えてしまいます。だとすれば、それはどういう政策であって、それに対してはどういう対抗姿勢がありうるのか、ということが私の考えてみたい問題です。

「決めない」ということを「決める」という態度が実際にあると教えてくれたのは、とある大新聞の記者です。かなり早い時点で、わが社は原発反対か原発推進かをはっきりさせない紙面づくりをすると「決めた」、とはっきり言っていました。他のどこそこの社も同じだ、とも教えてくれました。どっちに肩入れするわけにもいかないから、様子を見つつ中立で行くという自覚的な姿勢です。ある与党議員もインタビューに答えて、原発に反対か推進かを国民投票にかけるようなマネは政治家とし

＊1　二〇一一年一〇月一五日に京都で行われたシンポジウム、「脱原発——どんな社会を目指すのか」における報告。他の登壇者はベーベル・ヘーン（ドイツ緑の党・連邦議会議員）、宮台真司（首都大学東京）、新開純也（反戦・反貧困・反差別共同行動）。

て無責任であると明言していました。こうした中立主義ないし不決断の姿勢が見え隠れするからでしょうか、とにかくなんでもいいから決断だ、実行だ、という空疎な決断主義をエッセイにした知識人もいます。政治が重要なことがらを決められないという事態に、政治の後退や衰退を見てとる意見も多い。人々がボランティアに参加したり、デモに参加したりするのも、不決断の政治や政治的決定の不全状態に対するいらだちを背景にしているのではないでしょうか。「さっさとやらんか！」というわけです。私もそんな一人であることは間違いないのですが、いらだちの表明は別の機会に別のかたちで行うことにして、ここでは、では政治は今何を「決める」ことができるのか、政治的に何かを「決める」ということは現在どういう状態にあるのかを考えてみたい。

その問題を三・一一以降に最初に意識したのは、菅直人前首相が、法に定められた「原子力災害対策本部」とは別に、政府と東電の合同で「福島原子力事故対策統合本部」を作った三月一五日です。これは超法規的組織です。「こりゃだめだ、すでになにか大きな失敗をしているか、これからやらかしてしまうだろう」と強く思いました。法を外れたことをしたからではありません。非常時には法の外に出ることも必要になるでしょう。問題は、「統合本部」を作ることで、菅直人が「全責任」を負ったからです。政治家としての彼を信頼していないから「だめだ」と思ったのでもありません。首相が全責任を負う特別な対処組織を作ることにより、菅はいわば参謀本部長と最高司令官の両方になろうとしたのです。これは機能的に馬鹿げている。作戦を間違えたときに参謀本部長のクビをすげ替える人間がいなくなるからです。非常時に肝心の、失敗に直面しての決断ができなくなる。全責任を一人でほんとうに負うと、それ以外の人間は外野に置かれてしまい、軌道修正がきかなくなります。

つまりその一人の責任者は実はいちばん無責任でいられる地位にある。すべてに責任を負うとは特に何かに対しては責任を負わなくていいという意味ですから。戦前の天皇のようなものです。最後は辞めるだけでいいし、辞めた後も、私はそのつど可能な最良の決断をしたと言い張っていればいい。非常事態の処理にはどうしたって「賭け」の要素がともないますが、どの選択肢に賭けるかを判断する人と実際に賭けを実行する人が同一人物であれば、「賭け」を任されたその人を責めることは原理的に無理です。良かったか悪かったかはすべて水掛け論に終わる。

そんな責任者としての政治家を選ぶことに、政治における決定が限定されてしまってはいないでしょうか。政治とは畢竟、人事問題であるというおかしな常識がまかり通っていないでしょうか。誰某を辞めさせろ、大臣を代えろといった話ばかりが政治問題化するのはその裏返しでしょう。英雄待望論や決断主義が現れるのも、政治を人事問題に縮減していることの現れでしょう。ある種の危機状況、つまり政策の中身を問題にしていられない例外状態にあっては、「誰にやらせるか」は本質的な問題でありえます。けれども今回は、まごうことなき例外状態のときに、その「誰にやらせるか」を選べない状態を首相自ら作ってしまったうえに、政策を選んでいかなくてはならない段階に入ってもなお、「誰にやらせるか」ばかりが問題になっている。つまり、例外状態が中途半端に持続しているように見えるのです。これはどういうことなのか。人事問題が本質的であるのは、やるべきことがはっきりしているときにかぎられますから、例外状態の持続は政治目標が限定されていることを意味するはずです。実際、そうであるとは言えます。原発依存度は下げていかざるをえないし、復興資金はどこかから調達しなければならない。それをめぐる利害衝突、多様な意見の押し合いへしあいが今日の政治の実質であるとは言えるでしょう。しかし現在の中途半端な例外状態の特徴は、目標がはっきりしていて、かつ肝心の争点について「決められない」、というところにあります。いずれにしても現在の状態は、政治が政治の範疇から何かを外してしまっている、何かを管轄外のことがらにしていると語っているはずです。では管轄内にある政治とはどんな政治か。一種の線引きが政治をめぐって行われているはずで、私としてはそれを読みとってみたい。

線の外側に置かれているのは、まさに今回のような規模の事故です。「想定外」という言葉がさんざん口にされました。ひるがえって「想定内」の事故とはどういう事故なのか。一つは被害、損害の弁済の仕方が定まっていること、もう一つは危機管理マニュアルがあることでしょう。弁済の仕方については、基本的に「加害責任者プラス保険」で臨むという姿勢が歴史的、社会的な合意であると言っていい。まず加害責任者の資産、それで賄えない部分は社会全体で、という方式で私たちは考えてきた。今回の事故は、保険的発想では弁済できない事故です。長期にわたる健康被害や風評被害、人生設計がご破算になった損害などまで考慮に入れれば、戦争と同じように、どんな保険でもカバーできない事故でしょう。しかし、保険でカバーできないからこそ政治の出番だ、そこに政治固有の任務がある、と言えるでしょうか。事実は逆だと思えてなりません。保険的発想で事故に臨むということ、言い換えれば保険制度をいろいろと整えることを、我々は政治の任務としてきたのではないのか。

この発想は、近代の自由主義そのものに重なる面を色濃くもっています。自由主義が単なる弱肉強食のレッセフェールであったことは実際には一度もなく、「市場メカニズムに任せる」とはほとんど最初から、事故の損害や死亡にともなうリスクをカバーする市場的仕組みを同時に開発する、という意味でした。自由主義と表裏一体であった「最大多数の最大幸福」という功利主義の原理が、幸福を「計算する」という態度を生み、それがベースとなって、平均余命の統計的産出や確率論の応用などからなりたつ保険技術ができあがりました。言わば「小さな」政府も一つの「福祉国家」論であったわけです。とにかく、統治を最小化するという自由主義の理念は、保険がカバーする領域を増やしていくという積極政策を含んでいた。ケインズ主義も一種の保険思想であると言えます。ケインズが確率論を一生懸命やっていたことはよく知られていますし、彼の財政政策、貨幣政策はいわば未来の富－購買力によって現在のリスクをカバーする考え方だと要約できないことはない。ケインズは、現在の社会のなかに損害を薄く広く吸収させる保険技術を拡張して、未来社会から保険金を取ってくるやり方を発明したのだ、と。

だとすれば、保険の範囲を拡張することが近代の政治の王道をなしており、保険ではだめな事故に遭遇すると、即座に例外状態が訪れると言ってよさそうです。保険的発想でカバーできない事故は、政治にとっての事故となってしまう。政治そのものが事故に遭遇してしまう。原発事故の金銭的処理方法は、近代的統治の内部マニュアルには書かれておらず、文字通り「想定外」なのです。ほんとうになす術がないから、政治は現在、なにも「決められない」のではないか。いわゆる危機管理マニュアルなら、ある程度は作れるでしょう。事故が起こってからでないと危機管理マニュアルは作れないというジレンマを差し引いても、ある程度分厚いそれは経験の蓄積により書けるはずです。戦争をまじめに考えている国なら、どこももっているはずです。けれども、保険でだめとなると、近代の政治には政治の危機を管理してくれるマニュアルが必要になり、それは近代の政治には原理的に書くことができない。ゆえに、「決められない」状態に陥って当然です。

ゆっくりとであれ「決めている」ではないかと反論されるかもしれません。たとえば増税です。復興財源は基本的に国債ではなく税金で賄う、という方向はどうやら決まった様子です。復興資金は将来の世代に負担してもらうのではなく、我々の世代で分担する、と野田佳彦首相は述べた。しかし、これは何かを積極的に「決めた」のでしょうか。賠償と復興にいくらお金がかかるのかがはっきりとは分からない状態ですし、それがいつ分かるのか、つまり「決められる」のかはっきりしない。結局は、いくら使うか、使えるか次第で、その「使える」金額が被害総額だということになるでしょう。そして、ない袖は振れないというのは事実であって決定ではない。国債を発行して日銀に引き受けさせる方式の芽も、消えたわけではなさそうです。つまり現時点では、復興資金については「決めない」と「決めている」に等しいのです。国債の日銀引き受けはケインズ的な発想ですが、つまり保険的な考え方を残した路線ですが、ご承知のとおり、財務省の強力な反対にあって頓挫しています。「円」の信頼性を一挙に失うという理屈です。それが正しいかどうかはここでの問題ではありません。どの道、新しい「決められない」問題が発生しますから。どうやって、借りたお金を返すのか。

今日はもはや古典的自由主義の時代でもケインズ主義の時代でもなく、グローバル金融資本が支配する新自由主義の時代ではないか、近代ではなくポスト近代ではないか、と思われる向きがあるかもしれません。けれども少し経済学をかじっておられる方ならご存じのはずです。金融技術とは保険技術そのものである、と。今日世界中でごく一部の人間に巨大な富をもたらしている金融資本が、その富を稼ぐため駆使している金融工学には、古典的な保険技術とケインズ的な発想の両方を総合したような性格があります。つまり現在の社会のなかに損害を薄く分散させて吸収させるやり方と、未来の購買力に現在のリスクをカバーさせる手法の両方を兼ねそなえている。というか、金融工学的には両方の差異はそもそも存在していません。正確に言えば、未来の価値を現在の価値と交換する行為は、実際には手形や先物取引として昔からある技術ですし、その歴史は古代にまで遡ることができます。ケインズ主義の祖先は案外古いのかもしれません。彼によれば、貨幣とは現在と未来のジョイントです。今日の金融技術が古典的保険と一種のケインズ主義を総合させている典型的な例としては、リーマンショックを引き起こしたサブプライムローンをあげることができます。あのローン債券は、住宅価格が値上がりを続けているかぎり、信用度の低い貧乏人でも持ち家をもてるという革新的な発明でした。借金をすることにより現在の購買力を高め、それで景気もよくなるというケインズ政策をいわば民営化したようなものです。借金の担保として、国家の信用力の代わりにリスクを分散させる技術を使う。とにかく、グローバル金融資本の時代こそ、統治が保険的手法に依存する度合いを強めているのです。この視点を採用すると、事故に遭遇した国家が何を基本任務とするのかよく見えてきます。金融の世界では、事故はアメリカや日本でこれまでになんども起きているからです。巨大すぎて破産させられない金融機関の実質的な破綻です。それが起きるたびに、「公的資金」が投入されました。国家がうまく介入して事故処理をしたように見えますが、そのたびごとに指摘されるように、公的資金で処理をするとは、破綻の最終処理を国民に転嫁することでしかありません。国民の現在と将来の購買力を金融機関に回すということでしかない。最終処理を税で行おうが国債で行おうが、そこのところに変わりはないのです。

新旧の福祉国家であれ、今日の新自由主義国家であれ、市場的かつ保険的に処理できない事故に遭遇すれば、なしうること、なすべきことは結局一つしかない。被害、損害の最終負担を誰に負わせるかを探すことです。「みんなで負担」という身も蓋もない原則の具体的中身を決めること。しかし保険会社や金融会社の尻拭いをする公営保険機構のような存在である国家に、それを決めるツールはあるでしょうか。そんなものは基本的にない。あるわけがない。統治の基本技術である保険が破綻したのですから。私たちが今、毎日目撃しているのはこの破綻のプロセスです。基本技術が通用しないから、政治家はひたすら低姿勢を決め込み、失言した大臣の首をすげ替え、国民に「待ってくれ」と言っている。要するに、金融事故以上に直截に、原発事故は近代的統治の限界を露呈させたのだと思います。何も「決めない」ことはしたがって、強いられた事態であるには違いない。けれども金融事故とのアナロジーは、「決めない」ことに含まれる積極的な意味を教えてくれます。破綻をゆるやかに長期化することです。「待たせる」ことにより、国民を「待っている」状態、国家的諸制度にぶら下がった状態にくぎ付けにしておく。いつお金が来るのか、いつ家に帰ることができるのか、いつ除染作業は終わるのか、そのように国民が「待っている」かぎり、破綻は徐々に個々人へのダメージとして拡散していきます。日々の生活再建は個人でもはじめざるをえませんから。つまり、待たせることにより、国家は被害、損害を社会のなかに吸収させることができるのです。やはり保険的発想は生きています。時間をかけることが、すぐに保険金を支払う代わりになるとみなしているのでしょう。というか、マイナスの保険金をゆっくりと被災者と国民に分散して払おうとしている。金融事故に際しての公的資金の投入が時間稼ぎでしかないのと同じです。すぐには「決めない」ことも十分に保険的なのです。

「決めない」あるいは「決まらない」ということを、「不確定」と言い換えてみましょう。政府がけっして「我々は決めない」などとは言わず、「時間をかけても決めていく」と決意表明を繰り返すとしても、未来に多くの不確定要因が残るところまでは否定しないでしょう。どんな政策を取り入れても、ものごとの多くが不確定であることは認めざるをえない。だから「がんばれニッポン」とでも言っておくほかない。様々な学者や俗に言う「識者」の意見には、どれにもすぐさま異論、反論が出され、そのどれもが至極もっともな点を突いています。現時点ではあらゆる政策オプションに不確定性がつきまとい、五年後、一〇年後の日本の姿は全体としてはかなり不確定であるとしか言えないでしょう。破局が訪れるかもしれず、訪れずにそれなりに危機を回避して、それなりにうまくやっているかもしれない。この「不確定である」という事態を保険、金融の視点から見直してみると、しかしことはかなり違って見えてきます。金融工学の基本定理は、将来が完全に不確定であり、かつ市場が完全であるならば、絶対に損をしない資産セットを作ることができる、というものです。市場が完全であるとは、取引の自由が保証され、かつ情報がどこでも平等に行き渡る、という意味です。そういう市場では、誰も儲けることができないけれども誰かが損をすることもない、と基本定理は教えている。そのための技術つまり、資産セットの作り方も、同じ定理はその系においてちゃんと教えています。しかし、私たちは知っている。金融機関はこの定理を使って、現実に儲けている。市場が完全であれば他人を出し抜いて儲けたりはできないと教える数学を用いて、儲けている。どうしてそういうことが可能なのか。現実に市場は完全ではありませんし、この定理を使えば逆に、どこにその歪みがあるか、どの証券が「正しい」市場価格からずれているか発見できるのです。詳細は省きますが、それさえ見つけられれば、儲けることができます。そして儲ける人がいれば、金融市場はゼロサムゲームですから、必ずその分だけ損をする人がいます。

これが金融市場の現実です。つまり不確定な未来は、金融業界にとっては本質的に痛くも痒くもないどころか、儲けのチャンスが新たに生まれたということでしかない。未来の可能性としてではなく、現時点で生まれている。未来がはっきりしていれば、この業界は儲からないようになっています。ケインズはそれに期待していて、金利生活者はやがて消滅していくべきだと考えていました。今は現にそういう方向に進みつつあるときかもしれません。グローバル市場の単一性と均質性が進展すると、金融資本にとっては自分の首を絞める面が出てくるのです。けれども、少なくなっていく儲けの機会を求めて多くのプレーヤーが群がり、競争が激化していくと、無理をする人間が出てきて事故も起きる。そうするとまた市場がかき乱されて、儲ける機会も新たに生まれる。その繰り返しをしているわけです。そして事故が起きるたびに公的資金が投入され、本来は金融市場内の損失として相殺されるべきものを埋め合わせし、損は市場外の人々、納税者に転嫁されていく。ゼロサムゲームを国家が崩しているのです。ある程度の長期で見れば、原発事故もこのプロセスのなかに組み込まれていくほかありません。

いったいどうすればいいんでしょうか。根本的には、このプロセスから抜け出るほかない。世界金融市場の全体が各国納税者に損失を転嫁する機構となっているのですから。転嫁するとは言うまでもなく、納税者の現在と将来の購買力を掠め取ることです。そういうかたちでの転嫁ができなければ、原発事故の被災者のように、放っておかれることで損失をいわば現物で負担させられる。だから私には原発事故の被災者と、ウォール街占拠運動に立ち上がっている若年失業者の姿が重なって見えてなりません。私は反原発運動が同時に「兜町占拠」の運動になることを夢想しています。とにかく、一見して「政治の後退」と見える現在の状況は、事故にはなんの責任もない人間に「諦めてくれ」と求める積極政策だと考えるべきです。できることがないから、コンセンサスが難しいから「待ってくれ」、ではなく、日々少しずつ負担を求める政策、つまり「払ってくれ」政策である、と。政治は後退しているのではなく、特殊なかたちで貫かれているのです。ウォール街占拠に立ち上がった若者たちは、そのことに直感的に気づいたのではないでしょうか。「我々は九九%である」という彼らのスローガンは、経済学的に正しいのですから。金融ゲームとは無縁の九九%の人間の購買力が、投資で儲からなくなった金融市場を支えています。オバマ政権は雇用創出のため貨幣の大幅な量的緩和政策を取りましたが、供給されたお金は金融市場の外に出ることのないまま、結局、証券マンの懐に消えたも同然です。

このプロセスから抜け出るとはどういうことなのか。政治に金融業から手を引かせる以外にない。損失を市民に転嫁するという共通利害に結び合わされ、その点での相互依存、相互扶助の度合いを強めている「金融資本の共産主義」を死なせる以外にない。大きすぎる課題であることはたしかです。市民もまた預金や投資や保険のかたちで金融市場に資金を提供している「資本家」であるからです。金利生活者は安楽死すべきであると言ったケインズの主張を字義通りに政策化しようとすれば、今日ではほとんどの人間が死ななくてはならないように思えます。けれども、一般労働者はその収入の大半を労働によって稼いでいる。つまり、財産所有権そのものをお金に代えることで生きているのではありません。不労所得などほとんど得ていないのですから、ケインズの教えにしたがって死なずとも生きていけるはずです。収入へのたいした実害なしに、金利生活者としては安楽死できるはずなのです。そのためにこそ国家を使えばいい。「最大多数の最大幸福」にだまされて政府経由で金融屋にお金を貸さないようにすればいい。貸したお金は戻ってこないのが、今日の資本主義です。

二〇一一年三月一一日以来、多くの日本人が義捐金を出し、ボランティアに参加し、被災者を支えようとしてきました。この相互扶助は金融市場どころか商品市場の外にさえあります。たしかに相互扶助共同体は「資本の共産主義」の外に抜け出す一つの方法であり、それどころか純粋共産主義の萌芽であるかもしれない。しかし外に抜け出しても、それだけでは内のあり方に手を触れることにならない。金融資本主義は失業者と被災者を放置することにより、自らの損失を補塡することができるけれども、相互扶助共同体のほうは金融資本主義の外に出ているだけで、この資本主義から利益を得ることもなければそれに痛打を浴びせることもない。この非対称性は、相互扶助共同体がそれ自体としては金融資本主義の補完物でしかないと語っているでしょう。破産政策に手を貸すようなものですから。国民が座して死を待つのを助けるようなものですから。「災害ユートピア」や相互扶助に意味がないと言っているのではありません。資本主義の外は、資本主義との対決を怠っては、資本主義を助けてしまうと言っているだけです。相互扶助共同体は資本主義とは異質です。しかし異質であるから資本主義と共存することができ、共存することにより、資本主義が生き延びることを助けることができる。そして生き延びるのを助けることにより、相互扶助が広がる可能性を狭めさえするのではないでしょうか。市民社会と国家の間の中間領域など、資本主義社会においては存在しないのです。国家を変えなければ、市民的相互扶助は幻想にとどまり続けるでしょう。

社会は防衛しなければならないのか[*1]

2001.12.12

「社会など存在しません」と言い放ったのは、ご存じのとおり、マーガレット・サッチャーです。社会の代わりに彼女が「存在する」と述べたのは「個人と家族」です。しかしそれらは彼女にとっても、人間的諸関係の単位ないし項ですから、彼女は有名なこの言葉において直接的には「諸関係」について何も語っていないことになる。とはいえ誰でも知っています。新自由主義者としてのサッチャーにとって、人間的諸関係とは市場のことであった、と。市場主義者である彼女が市場のことを、まるで存在しないかのように言い放つのは奇妙なことのようにも思えますが、政治家、統治者たる新自由主義者がそれを「存在しない」と語ることは、不思議でもなんでもありません。古典的自由主義以来、市場メカニズムとは「神の見えざる手」であったからです。統治のまなざしにとり、市場は「見えない」存在である。だから市場的人間関係に一致する「社会」は実質的に「存在しない」。少なくとも問題としては、「社会」は新自由主義にとって「存在」していません。問題が解決される場としての市場＝社会は「存在」しているけれども、問題としては「存在」していないのです。

こんな、いわば分かり切った話からはじめるのは、一つのズレを確認したいからです。社会の存在を新自由主義が抹消すると公言して以来、社会運動はそれを再び「存在」させよう、「見える」ものにしようと努力してきた。少なくとも、そう見えます。たとえば最近では湯浅誠が次のように書いています。「私たちは公的施策の外部にいて、問題提起し続け、監視し続ける。私は、そうした市民社会領域の復権を願う者の一人である」(『反貧困』二〇〇八年、岩波書店)。彼がそこから「監視」し、そこを「復権」しようとする市民社会は、言うまでもなく市場ではありません。「社会運動」です。様々な「社会運動」から構成される空間が、湯浅氏にとっては市民社会です。とりわけ三・一一以降は、そこはまた「デモ」が開く空間だとも様々な論者によって指摘されてきました。新自由主義対社会民主主義という対抗図式を復活させようとする論者たちも、かつてとはやや異なり、単に「大きな政府」を求めるのではなく、国家の「外部」でデモが可視化するような「社会」を想定しているようです。

つまり、「社会」とはどこに「存在」するのか、「社会」とはどういう場所や空間であるのかをめ

＊1　二〇一二年一二月一六日、東京で開かれたルネサンス研究所主催シンポジウム、「三・一一以降の社会運動」における報告。他の登壇者は白川真澄(緑の党——「緑の党はなにを目指すか」)、榎原均(ルネサンス研究所——「社会運動の地殻変動と我々の課題」)。

ぐって、ズレと争いがある。一方は「社会」とは市場のことだと言い、他方は、国家でも市場でもなく、その中間地帯に広がる領域を「社会」だと位置づける。新自由主義とそれに対抗する闘いは、「社会」の場所と機能をめぐる争いという位相を確実にもっています。あるいは、もってきた。福祉国家的で社会民主主義的な諸政策は、「社会国家」というそれらを包括するドイツやフランスの理念に見てとれるように、伝統的社会関係——家族や地域や宗教が内包するface to faceの人間関係——に代えて、国家的諸制度が媒介する「福祉」を置こうとしてきました。隣人とは「連帯」しなくとも、国家の「社会政策」が「連帯」を代行すればいいと、「社会国家」の理念は問わず語りに唱えてきた。高度経済成長が終わり、この代行がもはや不可能となったときに、新自由主義は、もう一度すべてを市場に任せよと主張し、それに反対する側は、国家と市場の間の場所に「連帯」を再建する力を期待するわけです。ともに、「社会国家」に代わる新しい（?）場所を「社会」そのものと名指しながら、です。私が今日みなさんに提示しようと思うのは、このズレはほんとうに争いを構成しうるズレなのかという問いです。市場と、国家と市場の間はたしかに違う場所でしょう。市場や国家が領域だとすれば、国家と市場の間は領域間のインターフェースです。しかし同じように「社会」と呼ばれるとき、領域とインターフェースのこの差異はまさに社会的に、あるいは何より政治的に、意味があるのかという問いです。

話を簡単にするために、対立する両方を同じように「社会」主義と呼んでしまいましょう。ともに「社会」を求めるからです。新自由主義まで「社会」主義と呼んでかまわない所以は、たとえば一九九七年の経済同友会の提言を読んでみればよく分かる。サッチャーがもはや「社会」とは呼ばないでおこうと提案した市場的人間関係が、そのものずばり「市民社会」と呼ばれています。「官」が手厚く保護しなくとも、自立した個人が「自己責任」により、自由化された労働市場のなかで生きていけるようにすることを、提言は「市民社会を成り立たせる」と言っています。新自由主義も「社会運動」も、その「デモ」主義も、今日ではすべて「社会」主義です。そしてその国家政策の基本ラインは、ある次元ではほとんど変わらない。というより、正確に同じです。国家から「社会」に経済的、政治的な「力」の源泉を移行させることです。実際、国家より住民に近いところにある地方自治体に国家の権限を移譲するとか、議員や公務員を削減するとか、セーフティネットと雇用を重視するなどの点で、主要議会政党間に、さらに議会政党と「社会運動」の間に、差異はあるでしょうか。電力自由化は新自由主義的でしょうか、それとも反新自由主義なのでしょうか。「官」から「民」へ、「国家」から「社会」へという政策理念の基本が同じであるから、相対的に小さな違いを際立たせようとする傾向や、要は「実行力」だ——何を実行するかではなく——といった主張が強まるのは不可避でしょう。さらに言えば、「維新の会」のナショナリズムと、アマルティア・センの「エンパワーメント」の間には、いったいどれほどの差異があるのか。誰もが基本的に同じ政策しか掲げることができないとき、政治的争点は次第に、同じ目標をどのように達成するのかというところへ収斂していくでしょう。民主主義によってか、独裁的手法によってか。決断によってか、熟議ないし討議によってか。これが問題になるということは、政治的争点が実はない、あるいは消されようとしている、と受け取るべきでしょう。安保条約の是非から「民主か独裁か」に争点が移行することにより、運動が変質して敗北していった六〇年の経験を想起すべきかもしれません。

だったらどうしろと言うのか、とすぐに半畳が入りそうです。私なりに答えの端緒なりとも示す前に、しかし立ち止まって考えてみたい問題があります。「社会」という概念は近代において、少なくとも一八世紀の後半以降、私たちが今まさに目にしているような袋小路を用意すべく案出されたのではないか、という点です。

サッチャーの言葉に戻って考えてみましょう。彼女は「社会」ではなく「個人」と「家族」が存在する、と言った。「家族」のことはとりあえず置いておきます。ここで彼女が言う「個人」とは、アダム・スミスが市場には「神の見えざる手」が働いていると主張して以来、どんな存在であったか。スミスにとっての人間は言うまでもなくホモ・エコノミクス、「経済人」です。経済人は自分の「関心」と「利益」、つまりインタレストだけをエゴイスティックに追求する。彼らは自らのインタレストのみにもとづいて直接無媒介に全体としての市場を実現する「主体」です。「見えざる手」の理論とは、この直接無媒介性の主張にほかならない。つまり個と全体の間にいかなる媒介も必要がないと説く。「見えない」のは、経済人にとってはそんな媒介など考慮に入れる必要がない、他人と全員のインタレストなど考えなくてよい、考えずとも「神」の善意のごとき市場メカニズムが全体の調和を保証してくれるからです。まるで経済学説史か思想史の教科書のようなことを言っていますが、私が言いたいのは、このホモ・エコノミクスがそのまま近代的「個人」であるわけではない、という点です。サッチャーにとっても、です。「神の手」が「見えない」と知っている、語っている、あるいはそう認識すべきなのは、誰なのか。「見えざる手」の理論は、全体のインタレストを積極的に「見えない」ものとして振る舞え、と人間に説くわけですから、説かれるほうの人間もまた世界には存在しています。周知のように、自由放任のイデオロギーは国家の市場への不介入を説く思想です。「見えない」と認識すべきなのは統治者なのです。言い換えれば主権者。そして近代にあっては、主権者とはホモ・エコノミクスと同じ「個人」にほかならない。王が主権者でなくなって以来、主権者、統治の主体は「個人」です。

つまり、こう考えるべきでしょう。近代にあって「個人」とはそれ自体が、ホモ・エコノミクスと主権者という二人の異質な主体のインターフェースである。主権者としての個人は法権利の主体と言い換えてもいい。我々が主権者であるのは法によってであり、法以前に我々がもっているとされる自然権も、法によって承認されてはじめて権利となります。法以前の権利は、能力、剝き出しの力と変わらず、まだ権利とは呼べず、まして主権すなわち最高の権力ではない。ホモ・エコノミクスと主権者や法権利主体の異質性は、自然権を譲渡するかしないか、という点に求められます。私たちは自らの自然権の一部またはすべてを捨てる、譲渡することによって法的主体となるのです。ホッブズにおけるように王に向かって譲渡すれば、絶対王政を根拠づけることになり、全員同時に全員に向かって譲渡すれば、ルソー的な共和国ができあがる。彼らはともに自己保存の本能を含むすべての自然権を譲渡するよう求めました。しかし自然権としての所有権は譲渡する必要がないと考えるロックにあっても、その所有権を国家から保護してもらうためには、自然権の一部を国家に移譲して、法による制約を受け入れる必要がある。いずれにしても、法権利主体は法に従うという約束、そのかぎりで自分がもっている力を放棄することを受け入れる誓いによって主体になるわけです。つまり法権利主体は、自分のインタレストにかんする否定の手続きを経てはじめて、主体として、さらには主権者として認知される。ところが、主体になるためのこの否定の手続き、否定による媒介が、ホモ・エコノミクスにはないのです。彼は自分のエゴをまったく捨てることなく、それどころかエゴのみへの依拠により、主体となる。二つの主体は、それぞれ成立の論理をまったく異にします。交わるところがない、と言うべきでしょう。

近代的な「個人」とは、経済人かつ主権者である人間にほかなりません。つまり「個人」のなかに、断層が走っている。近代にあっては「個人」そのものが経済の論理と主権の論理に引き裂かれるよう宿命づけられている。両者のインターフェースとして両者を共存させながら、です。フーコーは『生政治の誕生』と題された一九七八－七九年の講義において、一八世紀後半、この異質な二つの論理の境界面を指す概念として「市民社会」の概念が出現したことを、ファーガソンの『市民社会の歴史』という書物から読み取っています。私たちとしては、彼の解釈を敷衍してこう述べてみたい。「社会」が国家と市場の中間領域に発見される前に、そもそも「個人」が同じ中間性として、あるいは二人の相いれない主体の共存として登場していた、と。経済学の誕生以降、「個人」は強い意味において、それ自体として「社会」であったのです。個人が社会を作るのでも、社会が個人を作るのでもなく、同じ一つの断層が個と全体の間で投射、反射しあっている。個人は生まれる前から社会的存在であり、社会はその定義において、経済と法、市場と国家主権の論理的異質性、非和解性の場にほかならない。両者は互いに、まさに「見えない」関係にあるのです。「社会」とは近代のはじまりから今日にいたるまで、全体的かつ個別的なこの断層をどう処理するのかという問題の名前にほかならない。今日の「社会運動」も同じ断層線の延長線上にあることは間違いないでしょう。

社会は存在しないと言ってみたところで、代わりに存在するとサッチャーが述べた個人がすでに社会であるのだから、問題の前では無効です。逆に、社会を再建するというふうに問題を立ててみても、「社会国家」という理念により経済の論理と主権の論理をなんとか共存させていた第二次大戦後の三〇年が終わったということを前提にするかぎり、二つの論理は個人を標的かつ場にして「喧嘩」をはじめるしかない。主権の論理が内包する平等主義は豊かさのみならず貧しさの平等まで受け入れるよう、主権者である個人に迫り、市場の論理は不平等の是認を経済的敗者に求める。セーフティネットの充実が両方を和解させる唯一の妥協点なのかもしれませんが、その充実のためのリソースを賃労働社会はもはや供給できないということが、先の「終わり」の意味ではなかったのか。私たちにはもはや、どれだけの数の「二級市民」を抱えるのかと論争するほかないのでしょうか。そしてこの論争が結局は個人を標的にしていると教えてくれるのが、サッチャーの言葉であるはずです。誰を救うかは、自分がどこまで社会から救ってもらいたいかに依存するからです。「社会問題」というアプローチは、それを決めろと不断に個人に迫ります。「自己責任」の論理に抗う以上、同じ「自己」にそれを問わずにはおれない。たえず自分の羞恥心と向き合え、という強迫です。

やや悲観的にすぎる見方を提示したかもしれませんが、言いたいことの要は、市場主義と、中間領域としての社会の再建路線は、袋小路へと向かう車の両輪であるという点です。結局、「経済」について放置しているのではないかという疑問です。ソ連モデルの「現実の社会主義」が崩壊して以来、「経済」をどうするのか、市場にどう向き合うのかを、市場で儲けようとする人間以外、まともに考えてこなかったのではないか。この問いがとりわけ差し迫ったものに思えるのは、終わったのが実のところ、高度経済成長だけではないからです。その次もまた、私には終わりを迎えているように見える。金融的手法による貨幣の蓄積です。リーマンショックによって明らかになったのはこの終焉でしょう。詳細は『情況別冊「思想理論編」』第一号の特集に共同で書いた論文「債務共和国の終焉」（河出書房新社から増補版が刊行）をお読みいただきたいのですが、またこれは私たちのオリジナルな主張でも何でもないのですが、金融的手法による貨幣の蓄積とは要するに、債券化された債務（つまり借金です）の「運用」により利ザヤを稼ぐ手法です。「運用」という言葉には実はいろんな意味がごたまぜに放り込まれているのですが、その点についてはここでは触れません。国家が赤字財政により、未来の購買力を現在の富に変えていくのがいわゆるケインズ主義だったとすれば、リーマンショックが終わらせたのは、借金の主体を国から人々一般へと拡張し、利子＝レントを稼ごうとする手法です。ご承知のとおり、ケインズ的財政政策を支えていたのは、フォード的蓄積体制とも呼ばれる高賃金体制でした。なぜ国家主導による通常のケインズ主義が破綻したかは、比較的簡単に説明がつきます。自国の労働者を搾取の対象としてだけではなく、製品の購買力としても位置づけ、彼らに製品を買ってもらう。しかしこの戦略には必然的に終わりが来ます。単純化して言えば、自国労働者全員にT型フォードが行き渡れば、次は輸出に頼るしかなくなりますが、そうなると国際的な生産費競争が待っている。それまでは一国の内包的成長を支えてきた高賃金がとたんに足かせとなる。かくして、未来の購買力を現在の物的生産に回すやり方に限界が訪れます。

そこで、未来の購買力をもう生産には回さずに債券化して、いわゆる「運用」により、金融市場から直接に利益を引き出そうとする方向転換がアメリカからはじまった。金融規制緩和の流れです。この手法はしかし、フォード的蓄積体制よりもっとはっきりした内在的限界を抱えています。金融市場の拡大を後押ししてきた金融工学のもっとも基本的な原理は、この市場ゲームが構造的にゼロサムであるということです。誰かの儲けは誰かの損によって相殺される。その相殺は、ゲームが続いている間は表面化しませんが、続くための条件は賭け金を参加者がどんどん膨らませていくことです。実際、一九八〇年代の終わりから今日まで、世界の債券市場の規模は一五兆ドルから一〇〇兆ドルを超える規模に膨らみました。膨張を続けるためにも、ときどき一種のリセット、つまり借金の清算が求められる。それがリーマンショックであり、ギリシャ危機であったわけです。しかし株の暴落なら株券を買った人にお金が戻ってこないだけであるものの、金融ゲームの原資は借金です。清算のためには「担保」を差し出さねばなりません。「実物経済」を犠牲にするしかないのです。生産にお金を回すどころか、そこから引き上げねばならない。そして今日では「実物経済」の中心は、先進資本主義諸国ではもはやモノではありません。第三次産業、広義のサービスです。つまりモノに体化される労働ではなく、生きた労働そのものにつけられる値段、人的資本のレンタル料が「実物経済」の相当部分を占めている。人的資本と言えば聞こえはよいですが、私たちはそれを「担保」にした金融ゲームを許しているわけですから、すでに潜在的な債務奴隷と化していると言ってもいいでしょう。金融資本は現在、私たちの労働を最終担保として博打を打っている。債務奴隷化は潜在的ですらないかもしれません。先進資本主義国では軒並み国債発行残高がGDPを上回っているのですから、少なくともその差額分はどこかで純粋に債務返済のための労働が行われていると見ることも可能です。国債償還に充てられる税金分は、まさにそうでしょう。ちなみに、よく知られている事実ではありますが、日本の国債発行残高はＧＤＰのおよそ二倍あり、世界のなかで突出して高い。

市場経済を成り立たせる根幹は私有財産、私的所有権でしょう。資本主義はそれを確立するために市民革命を必要とした。主権国家と市場のインターフェースに身を置こうとする社会運動は、私的所有権にはとりあえず手を付けようとしません。まさに「市民社会」派ですから、市民革命の精神を受け継がねばならない。私的所有権に支えられてはじめて市場が領域として自立する以上、そこに手を付ければインターフェースそのものが崩れてしまいます。社会運動がその中間に積極的に立とうとする一方の側（市場）は所有権の領域だと言っていい。しかし所有権を保証しているのは国家主権ですから、中間の立場を維持するためには、社会運動はときに積極的に主権の論理に与《くみ》しなければならない。金融的な資本蓄積の手法が頓挫した現在、中間者に特有のこの性格は社会運動から有効性を奪うことにならないでしょうか。最後に考えてみたいのはこの点です。頓挫の結果、資本主義の現状そのものが所有権をめぐって同じインターフェースをかなり壊している、という現状認識が私にはあります。

マルクスはすでに、資本－賃労働関係が私的所有権を見かけだけの擬制的なものにすることを明らかにしました。資本家はこの関係のなかですぐに、無償で、つまり私的所有権の原則を実質的に崩して、他人の労働を支配するようになる。所有と労働の分離という現象です。それでも、モノに体化されてはじめて労働が価値を生んだと認められるかぎり、自己労働にもとづく所有という擬制は不可欠です。それなくしては、商品価値が定まらない。しかし商品に体化されない生きた労働そのものに価格を付けるとしたら、あるいは私が人的資本としての私を評価するとしたら、どうやってその数字を算出すればよいのでしょうか。私は私の身体の所有者である。しかしこの身体とその能力は労働の産物ではありません。労働力商品は労働の産物と言えるでしょうが、この商品はよく言われるように擬制的に商品であるにすぎない。モノとしての商品が価値をもつ事実を、資本には生産できない人間に無理やり押し付けたにすぎません。ではモノに価値を付与しないことを前提とする生きた労働ないし人的資本にかんしては、どうなのか。その所有者ははっきりしているものの、その価値はモノを介さないため、まったく「主観的」になるほかないでしょう。ゼロとも言えるし無限大とも言える。実際、家事労働の価値がほぼゼロである時代は長く続きましたし、人前に姿を晒すだけで莫大な金を取れる人もいる。これは極端な例でしょうが、生きた労働の価値にはせいぜいのところ間主観的な基準しかないことを雄弁に物語っています。

生きた労働にある程度の社会的価値評価が与えられている間は、労働力商品と人的資本の差異は目立ちません。年間収入が同じであれば、意識する必要さえない。けれどもその裏で生じている事態は、すでに商品関係、資本‐賃労働関係の基本を大きく崩しています。人的資本は言わば「企業」ですから、倒産もありえるし、「担保」にもなりえる。時間で測られた労働が価値を生むという原則が壊れ、いくら働いても価値を生まず、したがってどんな価値の所有者にもなれないという事態が生起しうる。人的資本の所有を保証しているのは、動かしがたい占有の事実のみです。どこへ行っても、私の身体は私とともにある。土地や動産とは異なり、国家による所有権の保証が人的資本の取引にかんしては意味をなさないわけです。このカッコつき資本への投資を含む、金融的手法による蓄積がうまく回っているかぎり、つまり労働力商品と同じ程度の収入を生きた労働にも回すことができている間は、こんな差異は個人にとっても社会にとっても表面化せずにすみます。しかしそれが頓挫すれば、一挙に差異が露呈する。収入の低下にも、債務奴隷化にも歯止めがないからです。このとき、「社会問題」に定位する運動は、産業利潤ならぬ金融レントで稼ぐようになった現代のブルジョワジーに代わって、古典的資本主義の代弁者として振る舞うほかないでしょう。実は人的資本のレンタル料と化している賃金を、労働力商品とみなして最低賃金や同一労働同一賃金を求めねばなりません。言わばすでに終わっている資本主義のあり方の擁護者として登場するしかないのです。そこに勝算はあるのでしょうか。

完全雇用と終身雇用の時代へのノスタルジーであるかのような主張を掲げるより、どの道再び訪れる債務清算――リーマンショックやギリシャ危機のような瞬間です――を、労働者の債務奴隷化を阻むやり方で能動的に組織すべきではないのでしょうか。多数派となっている人的資本としての労働者は、です。管理されたデフォルト（債務不履行）のヘゲモニーを握る、という立場です。さらに、労働者の人的資本化を是認するのであれば、これを正面から「生産手段」、「生産力」として位置付け、この非物質的生産手段を社会的に防衛するやり方を構想すべきでしょう。ベーシック・インカムがその一つの考え方であるのは言うまでもありませんが、生活保障のように現金を配ることだけが、生産力としての労働者を守る手段ではないでしょう。住居を追い出さない、取り上げないだけでも大きな支え、無形の「インカム」となるはずです。そしてそのためにはもちろん、土地と建物への私的所有権の制限が必要となる。それが、中間領域に定位することを信条とする社会運動には可能であるのか。お金を貸した側の担保請求権の破棄を大規模に求める「デフォルトへの権利」というスローガンは、すでにヨーロッパのデモにおいて公然と叫ばれていますし、「ウォールストリート占拠」の次にアメリカで準備されている運動も、債務問題を正面から取り上げるようです。「公信用」という名の金融ゲームへの賭金を増やしてカタストロフを繰り延べするやり方は、やがて訪れるカタストロフの規模も同時により大きくするチキンゲームです。それを阻止しつつそれに備える質をもった運動が求められているはずです。それ自体としては防衛的で改革的な運動ですが、近代社会が金科玉条としてきた財産権に手を付けるという意味では革命的な質をもっています。労働力商品をすでに相当廃しつつある資本に追いつくためには、それぐらいのことは必要ではないでしょうか。

社会的なものの行方[*1]

2013.4

三・一一以降、日本では新しい社会現象として、まさのその「社会的なもの」が爆発している。爆発するという語の二つの意味においてだ。第一に、「社会的なもの」は人々のふだんの公的・私的生活の範囲を爆発的な勢いで超え、そとに溢れ出た。思い出してもらいたい。高円寺デモに、いきなり一万五〇〇〇人がどこからともなく集まったことを。国会を包囲する金曜デモが毎週幾何級数的に膨れ上がって一〇万人規模に達したことを。「街頭」はまちがいなく、もう一つの「社会的なもの」の場となった。たとえデモの規模が縮小しても、そこは人々の新しい社会的関係を生む場所として、ネットワークの新しい拠点として、静かに成長を続けている。第二に、日本の「社会的なもの」は、原子炉の爆発とともに確実にその一部が破壊された。今も避難生活を余儀なくされている福島の人々がその身に被っているこの破壊は、しかし、日本全土にもおよんでいるだろう。放射能、電力問題等々の重さは、人々に多かれ少なかれ、これまでどおりにはやっていけないと感じさせている。「きずな」が流行語になるという事態は、これまでの社会的紐帯が壊れたという感覚の裏返しでもある。こうした二つのほとんど矛盾する意味において爆発しながら、「社会的なもの」は今日、破壊と再生の間にある。破壊されつつ再生しようとしている。ここで私が問題にしたいのは、その次に生じる、あるいはそこからすでに生じている「社会的なもの」のありようである。この観念は、すぐれて「間」の時間と領域を指し示すことによって、それ自体が媒介者としての役割を強めつつあるのではないか。ネグリ氏を前にしては、こう言うべきだろう。「社会的なもの」は国家とマルチチュードの媒介者である。そしてこう問うべきだろう。国家とマルチチュードの間に媒介者を置くことは、果たしてよいことなのか。これは、壊れたものをどう再建するかにもかかわる問題である。

この二年間、次第によく耳にするようになった言葉として、次のようなものがある。街頭デモは議員を選ぶ投票行為とならぶ、もう一つの「主権的」行為だ。想定を超える出来事に遭遇して国家が機能不全に陥っているとき、選挙を待っていられないとき、あるいは結局のところ様々に相反する利害を反映－調停することしかできない選挙には多くを期待できないとき、街頭から国家を動かすことは

＊1　二〇一三年四月六日に日本学術会議で行われたシンポジウム「マルチチュードと権力——三・一一後の世界」における報告。来日したアントニオ・ネグリによる基調講演を受けて、上野千鶴子（ウィメンズ・アクション・ネットワーク）、毛利嘉孝（東京芸術大学）とともに登壇した。講演の記録はアントニオ・ネグリほか著『ネグリ、日本と向き合う』（仮題）、NHK出版新書、二〇一四年三月刊行予定。

必要かつ健全な民主主義のあり方であり、国民の主権行使の一形態だ、という主張である。このとき街頭は、そこから国家機構が再構成される「新しい公共空間」と位置づけられる。議会とならぶ、もう一つの討議と意思決定の場である。そしてしばしば、こう付け加えられる。真の「社会的なもの」はそこにある。それは社会の下部にも上部にもなく、そこにある、と。つまり、「社会的なもの」は市場的関係によって結合された人々の私生活の場にあるのではなく、まして国家的・政治的な公共生活の場にあるのでもなく、その中間にあると主張されている。「主権的」行為として投票と並ぶ位置を与えられるとき、「社会的なもの」としての街頭は、人々を国家へと、投票とは別回路により橋渡し‐媒介すると想定されているのである。野田首相と金曜デモ参加者代表の面会は、この媒介がドラマ化されたハイライト的シーンであった。

こうした考え方を理論化した学者として、ユルゲン・ハーバーマスの名が学者の間ではクローズアップされている。彼はすでに九〇年代の初めに、ポスト六八年的な「新しい社会運動」の数々をも含みこんだ公共空間の概念を提示しており、そこは同時に、非国家的であるだけでなく非市場的でもある「市民社会 Zivilgesellshaft」と呼ばれていた。国家と市場の二つが、ともに道具的な目的合理性に支えられて一つの「システム」を形成するのに対し、市民社会には対話的、コミュニケーション的合理性が働くとされている。ハーバーマスの名前は知らなくとも、彼が発明した「討議民主主義」という語を耳にしたことのある人は多いはずである。利潤極大化や領土の防衛といった、あらかじめ設定された目的から出発して諸手段を組織化しようとする「システム」に対し、コミュニケーション的合理性は「コンセンサス」を得る「討議」のプロセスに、集団的目標の設定そのものを委ねようとする。

ハーバーマスの考え方によれば、そんなコミュニケーションが支配する「市民社会」が、国家と市場の間には広がっている。今日、「社会的なもの」をこの「市民社会」と同一視する傾向は学者のみならず、「社会運動家」の間にも強く見られる。街頭デモも選挙活動も「討議民主主義」の構成要素と数えるわけである。目標の設定すら「コンセンサス」に委ねてよいのであるから、それ自体としてはとてもよい理念だと思える。民主主義の理想であるとさえ。

しかし、ある若い友人が教えてくれた。それって僕たちがよく言う「空気」ってやつじゃないですか。コミュニケーションしながら「空気」を読んで、自分の考え方、振る舞い方を変えろってことでしょ。教室にも居酒屋にも「空気」があって、みんなとても礼儀正しくて「流れ」に逆らおうとはしませんよ。なんとなくのコンセンサスを作ろうってことには、若者は言われなくたってみんな努力してますよ。犯罪がだめなんてみんな分かってるし、金儲けは個人の才覚、ともみんな思ってる。コミュニケーション的合理性ってオンラインゲームの攻略法のことなんじゃないですか。そして彼は付け加えた。だから「炎上」するんですよ。「いじめ」も起きるんですよ。コンセンサスを得るには敵を作るのが手っ取り早いし、それが楽しいんです。暴力を排除することで「空気」はなりたっている、と彼は指摘する。金曜デモが内部から暴力を排除しようと努めたことはよく知られている。内部からだけでなく、警察との間でも暴力の排除に努めることで、一〇万を超える市民を集めることに成功したことも。けれども、実体験にもとづくその若い友人の分析によれば、「空気」の「流れ」はそれ自体とても暴力的だという。分析をパラフレーズすれば、個人は一粒の水滴のように、表面張力で自らの存続性 consistance を維持している。大きな水たまりに呑み込まれまいと身体の表面で突っ張っている。しかし彼を吸収－溶解させようと近寄ってくる「流れ」の表面張力のほうがもっと大きい。そとからの強制はまったくないにもかかわらず、水滴どうしの接触は存在の解消をもたらすほどの力を発生させる。社会学的には集団の同調圧力としてよく知られた事態かもしれない。そこには権力が不在で、敵はどこにもいないだけにいっそうコンセンサスの支配力は圧倒的であり、しかもコンセンサスの中身は「討議」の「流れ」によってしか決まらず、「流れ」によっていかようにも変化する。コンセンサスはまさに「空気」として「流れて」いく。

こうした市民社会あるいはコミュニケーション空間のありようは中間という位置の設定に由来しないか、と問うてみることは可能である。討議民主主義は、国家的暴力と市場の暴力を排除しなければ成立しない。権力を用いた強制と、経済力による発言権の優劣を退けなければ、自発的で自由な討議は成り立たない。しかしそれは、国家と市場の暴力を不問に付すこと、とりあえず「ない」とみなすことにより、かろうじて維持される自発性であり自由である。国家と市場の間の中間地帯に置かれた「社会的なもの」は、インターネット空間のようにバーチャルなものにとどまるだろう。実際、端末の向こうにいる人間の社会的属性をいっさい問わないネット空間は、若い世代の論者によってしばしば「新しい公共性」の代名詞のように語られている。そこから「新しい政治」が生まれてくる、とまで。

二つの問題を指摘しうる。先に紹介した若い友人が見抜いていたように、コミュニケーション空間はそれ自体が極めて暴力的である。暴力をそとへ排除することによって、逆になかへ解き放つような仕組みを備えている。学校や職場における「いじめ」の氾濫――そこには在日外国人を敵にすることで解放感を味わう政治化した「いじめ」も含めるべきだろう――は、「新しい公共性」に内在する現象として捉えられるべきだ。内部に解き放たれた暴力は不断に「犠牲者」を求め、「犠牲者」を生むことへの反発も生みだしながら、次第にコミュニケーション空間をバーチャルな「戦争状態」に変えていく。そしてその住人に「新しいリバイアサン」を待望させるようになる。つまり、同じことが起きているのではないだろうか。排除されたはずの主権的権力を、もう一度なかから生もうとしているのではないか。真にバーチャルなゲーム空間とは異なり、「新しい公共空間」のやっかいなところは、そのバーチャル性が人間の頭のなかにしかない偽のバーチャル性であり、彼はあくまでリアルな「社会人」であって、「いじめ」も「新しいリバイアサン」もリアル世界にしか場をもてない、という点である。私たちは、かつて社会民主主義がファシズムに敗北した歴史を忘れるべきではない。これが第一の問題である。

第一の問題が「社会的なもの」と「国家的なもの」つまり社会の「上」に想定される権力との関係にかかわるとすれば、第二の問題は「下」にかかわる。先の衆議院議員選挙とその結果がかっこうの例を提供してくれる。「社会的なもの」が争点とした原発問題はほぼ完全に争点から消され、社会運動の新しい波は「アベノミクス」が提起する新しい経済成長の波に取って代わられた感がある。デフレから脱却しさえすれば、主権国家の機能不全も社会の下部に堆積する「社会問題」も解消されるかのような期待が列島に漂っている。「経済」を梃子にすることが国家の機能回復そのものであり、「格差」が代表する「壊れた日本社会」への正しい対処法だ、と選挙過程を通じて政治は語り続けた。現時点での結果は、このアプローチが一定の成功を収めたと示しているだろう。つまり「社会的なもの」は「経済的なもの」に吸収されつつある。またつまり、「経済的なもの」が「社会的コンセンサス」の中身になったのである。トリクルダウン効果、セーフティネット、社会保障によって貧者、社会的弱者を「救う」ことが「社会問題」の実質であるかのような社会工学的発想のコンセンサスができあがっている。これは「社会的なもの」がその「下」に、人々の物質的・経済的生活を置いて放置したことの一つの帰結ではないだろうか。コミュニケーション的合理性は「権力」を自らの「上」に排除し、手つかずに温存して再生させるのと相即的に、自らの「下」に市場経済を「私生活」の領域としていわば追放し、そこでの苦境を「救済」の対象にして、苦しむ人々に「無力」「無能」の烙印を押す。もちろん、貧者の自助と相互扶助は奨励される。しかし、それは「私生活」の聖域化とセットだ。もちろん市場経済の「自由」とも、である。「社会的なもの」の領域は非市場的であると前提されているのだから。このとき、私たちは第一の問題に送り返される。コミュニケーションを通じて無力化され、「弱者」や「犠牲者」のスティグマを背負わされた人々は、「新しいリバイアサン」を待望して当然ではないのか。

　これが、媒介の実態であるように思える。「社会的なもの」は国家と市場をその中間地帯から変えようとしてきたはずであるのに、現在の日本にあっては、その中間地帯をむしろ両極に譲り渡しつつあるのではないだろうか。ネグリ氏の概念を借用すれば、街頭に出現したコモンを主権権力と市場に。「公共空間」と言い換えられた「社会的なもの」はコモンを見誤っている。それどころか、コモンの破壊に貢献している。なぜならコモンはなにより社会の土台、「下部構造」にあるのに、この下部には手を付けないのだから。資本主義が歴史的には、農民の共有地を私有財産にして「売り物」にし、生産手段から切り離された「人間」を「労働者」にすることによりはじまったことを忘れるべきではない。市場はコモンを私有財産化しながら、つまり破壊しながら成長してきたのである。市場とはコモンを破壊する装置である。歴史はもちろん不可逆であり、はるか昔に土地が体現したコモンも、社会主義が目指した「工場＝コモン」という図式も、取り戻すことは不可能だろう。グローバル資本主義は今なお、水資源や環境や教育といった、産業資本主義時代に「公共財」とされたものまで私的所有の対象にすることで、利潤とレントの源泉を作り出している。もはやコモンの再建など夢物語と思えるかもしれない。

しかし、私たちの目の前には巨大なコモンが一つ、間違いなく存在している。今日でも成長し続けている。それは、ここ日本ではＧＤＰの二倍規模に膨れ上がった公的債務である。この債務とは負のコモン、共有財産のネガであるとみなすべきだ。というのも、いったい誰がそれを返すのか。私たちが税によってである。たとえ「アベノミクス」の目指すインフレによって実質返済額が減ったとしても、インフレは私たちが労働の対価として受け取る貨幣の購買力を減らす。つまり私たちの犠牲によって返すことに変わりはなく、インフレも税の一種である。私たちは公的債務のおかげで運命共同体に結び合わされているのであり、誰もこの泥の船から降りることができない。一人一人は非貨幣的な生活領域を拡大させることによって市場のそとを目指すことができるかもしれない。それもしかし、強いられた税負担の一形態であることに変わりはない。さらに言えば、負のコモンは世界的に連結している。リーマンショックの世界的伝播、ヨーロッパの信用不安はそれを証明しているだろう。金融機関が危機に陥るたびに、公的資金が投入される。匿名の人々に借金のツケが税として回される。議論の詳細はここでは省かざるをえないものの、国家による貨幣発行の独占権はそもそも税を取り立てるためにあると見るべきであり、その仕組みは、直接生産者である労働者が、自分の全生産物を賃金によっては買い戻せないのと同じである。膨れ上がった公的債務を各人に分解して、将来にわたって共同返済する義務を各人が負っているかのような語り方は、唯物論的には倒錯した幻想であり、脅迫であり、現実には、富の移転が現時点において行われているだけである。コモンの破壊によって。「社会的なもの」をめぐるマルチチュードの立場とは、負ならぬ正のコモンの建設によって、つまり共有財産の拡大によって、この破壊に抗うことであるだろう。ストックされた「財産」として私有された富を共有化する方策を構想すべきだろう。いずれにしても「危機のツケを払うのは私たちではない」という精神に貫かれた、「公共財」の奪還闘争であり、そこでなら「社会民主主義」との共闘も可能なはずである。「社会的なもの」の再生は「財産権」を問題にする方向に進むべきだ。

2009.12

六八年革命は「存在」しなかった

——小熊英二『1968』

1　反乱の「存在」とは？

巨大な書物である。上下巻合わせて約二〇〇〇頁という、近年の歴史モノグラフィとしてはまれに見る大きさそのものが、主題となった反乱の「大きさ」を直截に表現している。統計的にはたとえ全学生の数パーセントしか参加しなかっただろうと推定されるとしても、もし全共闘運動が社会的に見てどうということもない出来事であったなら、小熊英二はかくも巨大な労力をこの研究に捧げたであろうか。反乱が政治的に「未熟」[*1]で、若者たちの「自分探し」の営みにすぎなかったとしても、あるいは高度経済成長の「毒性」に抵抗する「集団的摩擦現象」であって政治ならぬ「表現行為」でしかなかったとしても、所詮それだけのことにすぎず大して意味のない一過性の現象であったなら、どうしてかくも記念碑的な、つまり〝墓〟のような一書を著して、出来事にたいする老人たちのノスタルジーと無知な青年たちの憧憬をもろともに葬る努力が払われねばならないのか。放置しておけばよいではないか、それだけのことであったなら。高度経済成長など、具体的に展望される未来にはどうせ訪れようもないのであるから。「彼らの『失敗』」から、節度ある社会運動を！という教訓を引き出して社会化すべきであるなら、そんなことはとうの昔に行われてきたと言うべきであろうし、「セクト」に革命ができる〝客観的〟可能性などなかったという主張は、あまりに今更感が強いうえに、まともな学者が改めてすることなのかと思わずにはいられない。ろくな指導者も客観的諸条件も欠き、起きるはずもなかったところに起きた、それが「六八年」ではなかったのか。そこになだれ込んだ人々は、機など熟していないのに「やっている」自らの「未熟」さなど、熟知していなかったか。本書の巻頭と巻末を飾る「少女」の言葉――「私には何もないの。それでは闘ってはいけないのでしょうか」（上・一一、下・八六六）――は、「少女」なる形象にたいするオッサン的予断を排せば、闘いにおける根拠や原因の不在だけを語っている。そしてそれは、革命は危機を〝原因〟として起きるとする正統マルクス主義的な客観主義革命論を否定しようとした、「セクト」の路線と紛れもない同型性、同時代性をもっている。

一七八九年の革命、パリ・コミューン、一九一七年の革命、といった歴史的現象にはつねに「出来事」の側面がある。社会的決定や因果連鎖には還元できない側面である。歴史家にはそれがお気に召さず、彼らは因果関係を事後的に復元する。しかし出来事そのものは因果性からは外れており、切断されている。それは法則からの分岐であり、ずれであり、新しい可能性の領域を開く不安定な状態である。

（ドゥルーズ＆ガタリ「六八年五月は起こらなかった」[*2]）

小熊英二は日本の全共闘運動が、フランスの五月革命に比べて見劣りがする、と書いている（下・八一八－八二〇）。実質的には一ヶ月ほどしか続かなかったとはいえ、「五月」は大学運営などにかんして獲得すべきものを獲得し、「暴力」にたいするたがを外してはいなかった、と。しかし、彼はたとえばこんな感慨を抱いた日本人が当時いたことを知っているだろうか。

ＪＣＲという組織を訪ねると、まるで完全防備の要塞である。年季の違いを見せつけられた。この組織とは政治局レベルの者三名と話し合うことができた。デモやピケに鉄砲がぶち込まれる感覚と、ゲバ棒をやっともった感覚の差異は大きく、いささかの恥じらいを感じたのは事実である。

（工藤興平「ブント国際部・一九六八年〜六九年の一年」[*3]）

正しく歴史家的に言えば、歴史的諸条件が異なる日本とフランスの反乱を、どちらが政治的に成熟していたか判断することなど無意味である——政治をめぐって歴史とは無縁の価値判断をあらかじめもつ

＊1　以下、「」内は基本的に小熊英二『１９６８』上下巻（新曜社、二〇〇九年）からの引用である。煩瑣を避ける（同書中に頻出する語も多い——「未熟」や「セクト」、「表現行為」など）ために、語の引用については頁数は記さず、文の引用のみ本文中にそれを明記する。引用による「」と評者が自分の文に入れた「」が混在していることをお詫びする。しかし、文脈から両者を区別することが容易であるか、区別そのものが重要でないかのどちらかである。

＊2　ジル・ドゥルーズ『狂人の二つの体制１９８３－１９９５』（河出書房新社、二〇〇四年）に収録。

＊3　『一大衆政治家の軌跡——松本礼二＝高橋良彦遺稿・追悼集』（彩流社、一九八八年）に所収。工藤興平は、六八年当時「ブント国際部」に所属し、八月に中央大学と明治大学で開かれる「国際反戦会議」を「国際部長」松本礼二（ペンネーム。本名が高橋良彦）の指示により準備するため、アメリカ、ヨーロッパ、キューバを回り、パリで「五月革命」に遭遇している。

のでなければ——はずだろう。ダニエル・コーン＝バンディが「暴力」の鼓舞をすぐさま自己批判した(下・八二〇)のは、ヨーロッパ社会が日本よりはるかに「暴力」についてたがの外れたところをもっているからかもしれないではないか。抑制は官憲から強いられたものであったかもしれず、「敷石の下には砂浜が」と言って敷石を剥がしてバリケードにするセンスのどこが「政治的に」成熟しているのだろうか。反乱が一ヶ月ほどで下火になったのは、獲得すべきものを獲得したからというより、バカンス・シーズンが到来したからという、別の意味でたがの外れたところがあったからだろう。それに、歴史的諸条件を勘案してなお、フランスに比して日本の「六八年革命」には「革命の諸条件」の不在を認めねばならないとすれば、それこそ、日本においてのほうが、ほかならぬ歴史が、革命の実相に近い出来事を現出させたとも言えるではないか。

「起きる」ということが、社会や歴史のなかに「場をもつ」という意味であるとすれば、「場」の壊乱ー転覆、要するに混ぜっ返しである革命とは、つねにどこか、「起きない」ところをもつほかない。革命の「場」は、「場」のなかにはないのだから。革命は「存在しない」＝「場をもたない」ことによってはじめて、その「存在」性を主張しうる性格をもっている。あんなものはなかった、と言えるようなものであるから、それは「あった」のだ。フランス革命ですら、パリにおける騒擾にすぎず革命と呼べるようなものではなかった、と主張するフランス人学者はいる。革命はその一面において、後の世代の人間にたいし「存在」をめぐる論戦を仕掛ける装置として機能する。そうしてはじめて、革命はその後の時間にとってはじまりになり、〈切断〉になる。我々は今日、「六八年革命」があったかなかったかを争う時間を生きているのである。小熊英二も私も。

実際この巨大な書物は、「一九六八」を存在させるようにすでに働いていないか。墓を建てることによって、「死者たち」がいることを人々に思い知らせていないか。様々なところから、異論、反論、擁護論が聞こえてくる。当事者たちからの反論を招かずにはいない杜撰な検証と校訂と、インタビューなど一切やらずに「書かれた資料」だけによって論を立てるという――「死者」の扱いに相応しい――選択は、むしろ本書の積極的機能を強化するよう仕込まれた餌ではないかと勘ぐれるほどだ。ワタシはまだ生きているぞ、と言ってくれ、どうか〝反応〟してくれ、その呼びかけがこの書物である。評者には、執筆動機をめぐる心理学など興味の対象外であるものの、六八年にたいする著者のどうにもアンビバレントな姿勢さえ、この書物には否が応でも読み取れてしまう――いくら愚かなことでも、「彼らにはは『俺はやったぜ』という資格だけはある」(下・八六六)。やらない、やれない「私たち」より幸福だった、うらやましい……。

愚かでない反乱などありえない。パリ・コミューンにおいて闘った労働者たちは言っていなかったろうか。「闘って死のう!」――本末転倒な〈愚かさ〉をもっているから、反乱は単なる暴動とは異なるのだ[*4]。「同じ失敗」は何度も繰り返すべき、繰り返されるほかない本性をもっている。

だから小熊は、それを抑え込みたくなるのだろう。同じ失敗を繰り返さないでおこう、という脱力ものの説教を垂れたくなるのだろう。反乱を抑え込むための悪意もまた、本書からは読み取れてしまう。評者は実を言うと、本書には目下のところかなり〝お世話〟になっている。とある仕事のため、それなりに使い勝手のいい参考文献として重宝している。日付を確認するため、その周辺でどんなことが起こっていたか、言われていたかを知るため、あるいはどんな文献が他に存在しているかを調べるため、何冊もの書物を繰らなくても本書があればけっこう足りる。そして思う。ああ、このようにして小熊は類書を押しのけたいのだな。そのすべてに取って代わりたいのだな。とりわけ彼と同世代以下の、直接の全共闘体験などもたない「若者たち」(これも便利な言葉だ。お前ら、知らんだろう、と言える相手の別称として)の間で。いくら特大の『週刊新潮』を読むよう

*4 この点については拙稿「論理的な暴動とマルチチュディネスクなコギト」(本書第Ⅲ章所収)を参照。

な読後感を味わっても、本書の便利さは例を見ないし、入門書としての便利さに引き寄せられて本書を手にした人々がそこに「週刊新潮」を発見すれば、〈しめしめ〉ではないか。〈こんなこと〉を「繰り返す」気にはなれないだろう。「少女」印を刻印されたヘルメットを被り、「武装」ごっこに角材をもつ気にはなれないだろう。「未熟」ですべてを押し切ろうとする小熊の執念には脱帽するしかない。

2　反乱の心理学化

まじめな話をしよう。小熊は書いている。「入学した年、その大学の状況、全共闘内での位置、当人のパーソナリティその他によって、『それぞれの一九六八年』が存在する。本書は『それぞれの一九六八年』を否定するものではなく、ただそれらを可能なかぎり包含しうる一つの視点を提供したにすぎない」（下・八六一）。この記述は評者にすぐさま、別の人物の一見したところ似たような文章を想起させずにはいなかった。

> 書かれうる主観主義党史は、ブントの英雄・豪傑の数だけ成立しうるはずであろう。それらはすべて等価である。それが何ほどかの傾向を代表するかぎり。第二次ブントもまた、「おれがブントを創った」と本気で考える数多くの人によって構成されたのである。私もその一人として、私が創ったブント、私が創ろうとしたブントについて語ろうと思う。それが現存したブントであったかどうか、それは私が判断すべきことがらではない。[*5]

小熊は、第二次ブント創設に深くかかわったこの人物——石井暎禧という——の「私の第二次ブント」をどのように読むだろうか。彼の名前は『1968』のなかには登場しない。小熊にとって「それぞれの一九六八年」は全共闘にかかわった人々の

「それぞれ」であり、一つの「セクト」の歴史に同じ意味における「それぞれ」がありうるとは想定外かもしれない。『1968』において「セクト」は、全機関としてのその主張に代表される存在であり、全共闘とは異なり、おしなべて権力奪取としての「革命」を志向した集団である。「セクト」の「それぞれ」とは情勢認識や路線、綱領の「それぞれ」にすぎないだろう。○○派と××派の違い、それがさしあたって、本書における「セクト」の「それぞれ」である。もちろん、そこにかかわった「個人」の「それぞれ」は存在しうる。小熊も六七年に革共同を離脱した小野田襄二の回想を、そのような「それぞれ」の一つとして随所で参照している。しかし「私の第二次ブント」は、その「主観主義党史」を書くにあたって、小野田の「方法」を「個人的・私小説風体験総括談」として端的に退けている。「小野田にとっては、つねに〝政治家の資質〟が問題となり続け、あらゆる革命の歴史における超時代的な課題である〝人間の葛藤〟〝党の力関係〟という、人類の業としての悪無限地獄だけが浮かび上がってくる」。「私の第二次ブント」は、小野田的「それぞれ」を一つの主観主義党史として「等価」なものとしては扱っていないのである。小野田にとって革共同は、小熊にとって「セクト」が「セクト」であるように、つねに革共同であり、その変質や「自滅」（小野田の言葉である）の原因は、そのような革共同を革共同たらしめる綱領や精神的本質、党派的同一性以外のところに求められねばならなかった。小野田に

＊5　正木真一「私の第二次ブント」、『遠方から』第五号、一九八〇年。「正木真一」は石井暎禧（現、医療法人「石心会」理事長）のペンネーム。本文中先述の「とある仕事」とは彼のインタビューを本にまとめる仕事である。「私の第二次ブント」は一般には入手不可能であるので、引用文の頁数は記さない。それ以上の詳細については、石井暎禧・市田良彦『聞書き〈ブント〉一代』（世界書院、二〇一〇年）の編者解説を参照されたい。

とってはつまるところ、本多延嘉の〝政治家としての資質〟である。長崎浩の言い方を借りれば、[*6] 小野田は「党史」を騙って「革共同の心理学」をやっているわけである。「それぞれ」が「心理学」的主体であるとき、「それらを可能なかぎり包含しうる一つの視点」は、「心理学」的なもの以外であることができるだろうか。いかに社会学や歴史学の相貌を後から「全体」にかぶせたとしても。片方には際限もなく「私小説風体験」を垂れ流す「個人」たちがいて、その「それぞれ」はそれなりに尊重されねばならず、もう片方にはそれら「個人」たちが作る「群衆」がいる。そしてこの集団主体には、出身階層や社会状況などのマクロ的（モル的と言うべきか）視点が別のところ（「学問」の、とりあえず言っておこう）から適用される。そのようにせざるをえないのは、この集団主体の構成単位がまさに「心理学」的個人だからだ。彼らは「それぞれ」が還元不可能な「個性」をもっている存在、つまり「私はこのように受け取った」と言えばそれを信じるしかない権利主体であるから、本性的に〈足し算〉を拒む。ゆえにその全体に対しては、これも「一つの視点ですよ」と断りを入れた上で、他所から「私の視点」をかぶせるしかない。いかに「学問」の名においてもち込まれようと、小熊はそれをもち込む正当性については、当事者たちを前にして彼らと同じ「心理学」を根拠とするほかないのだ。私はあなたの視点を否定しません、私の視点は「一つ」の、つまりあなたと同じく「それぞれ」の次元に属する視点にすぎません。所属する時代状況が異なっているだけの。「それぞれの『一九六八』を否定しない」良心は、小熊の「歴史社会学」を再心理学化する。

「心理学」的主体をいくら足し合わせても、大きな同じく「心理学」的な主体にしかなることはできない。その上での社会学であり、歴史学であり、それらの適用でしかない。ここで興味深いのは、そのような心理学化がどこから来ているか、という点だろう。小野田の場合には、石井と長崎が見抜いているように、革共同の性格そのものである。革共同の党派性が「主観主義党史」を超えたところ（「反スタ」なり本来の「本多精神」なり）に置かれているため、それは「主観」を党派性のそとに不断に疎外する傾向をもち、「私小説風体験談」にしか「主観」の居場所を与えなくするのである。小野田的総括は、本来の革共同にとっては、「やってはならない」ものにとどまり続ける。だからであるのか、革マルを離脱した人の回想録の類は存在せず、中核派離脱者のそれもブント系や全共闘に比べてはるかに少なく、小野田の回想は石井と長崎からはブント回帰として「歓迎」される始末である。少なくとも「主観」を語ることにおいて。

小熊の場合にも、事情はほとんど等しい。小野田の革共同に相当するものとして「セクト」を置いているだけのことだ。「セクト」はあくまで「セクト」であるとして非人格的に扱われるその仕方が、「セクト」に特殊な人格を一元的に与え、全共闘に参加する「個人」をそのそとに排出するのである。「セクト」‐革共同は、政治の生きた主体を心理学的主体に疎外‐変容させる概念装置として働いている。そのとき「個人」に残されているのは、昔の言葉で言えば「決意性」の次元だけである。〈やるのか、やらんのか〉。

これは「一九六八年」を扱ううえでは、大きな問題を惹起せずにはいないだろう。最初に確認したように、この出来事は、小熊が象徴的に引いている少女の言葉と党派による客観主義革命論の否定を同時代のものにする「革命」であったからである。分かりやすく言えば、理由はさておきとにかく反抗してみたい、暴れてみたいという子どもじみた〝気分〟と、二〇〇人で武装闘争を開始して勝利してしまったゲバラ‐カストロ路線や、文化大革命の「主観能動性」理論、さらには「米帝を追い詰めるベトコン」という形象が体現する「人民の力」理念が、危

＊6　咲谷獏「ブント主義と革共同主義」、前掲『遠方から』第五号。「咲谷獏」は長崎浩のペンネーム。本名で刊行された『日本の過激派——スタイルの系譜』（海燕書房、一九八八年）に再録されている（タイトル、「ブントと革共同」）。

機という客観的根拠がなければ革命はできないのか、反乱は敗北に終わるだけなのかという問いにおいて合流した、〝主観主義革命論〟を主調音とする特殊な「革命」だったからである。党派は疑いなく、小熊の少女が代表するような「大衆の気分」につけ込んで、それなりの成功を収め、それなりに失敗し、いずれにしてもいわゆる「大衆運動の指導」を行った。大衆の〈気分〉――「時代精神」と言ってもいい――と党派の〈理論〉のこうした往還、両者が形成する共鳴箱が存在しなければ、「六八年」は起こりようもなかったろう。〈実践〉の土壌に、〈理論〉が出会ってしまったのだ。煽ることができたという意味で、「セクト」は極めて「大衆」的であった。もちろん、それができなくなって、つまり共鳴箱が壊れて、「革命」は四散をはじめ、やがて消え失せた。しかしあるところまでは、党派に対する反発さえ、共鳴を増幅させて運動の拡大に寄与したろう。東大闘争はその見本のようなものだったろう。「主観」によって結ばれた「セクト」と「全共闘」のこの結合――「もたれあい」と言ってもいい――の回路に、「セクト」概念は「分析」の手を触れることができない。箱のなかに手を入れることを、あらかじめ自らに禁じた上で、出来事の原因を探し、その不在を告発する。

評者としては、「セクト」概念については、さる党派指導者の次の言葉（一九七二年）だけで充分であると考えている。「大衆は代々木・社民・新左翼を問わず、大衆とは無関係のセクトとして見はじめた。（…）新左翼にたいする親近感・寛容はもはや存在しない」[*7]。「セクト」とは、小熊の書物の主人公たちが、周囲に押し付けて自らをそこから区別しようとした、つまりはそれ自体かなり「党派闘争」的な名前なのである。「セクト」と「全共闘」の間にも、党派闘争はあったわけだ。またつまり、深く歴史に拘束されたこの語を駆使する小熊は今もってこの党派闘争を続けようとしているのであり、それを「繰り返さない」どころか、彼は深く「六八年」的な人物なのである。「未熟」であるが――あるいは「未熟」であるゆえに――善良な「全共闘」と、運動の引き回しにばかり熱を上げる「セクト」。小熊は「全共闘」という名前の「セクト」のセクト主義者である。そうだからなのか、彼の全共闘観はおおむね、三上治のそれに依拠しているように思える。

　やっかいなことには、「全共闘」には失敗の可能性が実はない。心理学的主体からなる集団にはつねに「私小説風体験総括談」に逃げ込む道が用意されている。その成員はいつでも、「私」は私なりの道を選んで「よかった」と言える根拠があるのだ。集団はそうした「私」の拡大された自我でしかないゆえに、「全共闘」は全体として敗北を知らずにすむ。成熟した政治的視点からは、そのことこそ問題ではないのか。敗北や失敗の認定をあらかじめ免れたところに、どのような「教訓」を見いだしうるというのか。「セクト」のほうはすでに自滅によって、失敗の代価を支払いつつあるというのに、あるいは歴史的責任を果たし終えつつあるというのに、彼らにその名前を押し付けた集団のほうは、永遠に免罪されていてよいのか。この疑問もまた小熊が『1968』を書こうとした動機ではないか、と評者は邪推している。いつまでも「俺たちの時代はなあ」とクダを巻きつつ、大学改革に今度は管理者として熱を上げている元全共闘の大学教員は数知れない。根拠なく闘う「自由」は、いつのまにか市場的「自由」と境目がなくなっている。しかし、彼らの過去に「未熟」の烙印を押すことは、成熟したには違いない彼らの今を捉まえそこねる未熟さをもっている。

　失敗の可能性がない点において、小熊の「全共闘」と「セクト」は実のところ相同的である。「全共闘」にその可能性がないのは「それぞれ」に逃げ道が用意されているからであったが、「セクト」のほうは小野田の革共同がそうだったように、〝個人の資質〟に失敗の原因をすでに押し付けている。押

＊7　「連合赤軍派事件に対する共産主義者同盟の自己批判——暴力・党・粛清について」。前掲『一大衆政治家の軌跡』に収録。初出は松本礼二の名で共産主義者同盟再建準備委員会機関紙『ローテ』一四号（一九七二年四月一五日）に発表されたが、実際の執筆者は石井暎禧である。同氏の証言による。

し付けられた原因を、「全共闘」の「それぞれ」は「セクト」に投げ返しているだけのことであり、結局のところ「全共闘」と「セクト」はそれぞれのなかから、自分で失敗する能力を相手に向かって吐き出す鏡像的概念対にほかならない。「全共闘」にとっては「それぞれ」の次元において、いわゆる「挫折」を含むすべては最終的に「うまく行っている」——「あれ」は貴重な体験であった、失敗したのは党派の「革命」である——のに対し、「セクト」にとっては「綱領」的次元において、「我々はたえず前進している」。歴史の「進歩」への「信」により結ばれる集団にあっては、「前進」以外の時間はなく、「我々」はたえず勝っている。エピソード的敗北は「我々」のではなく、「我々」のなかの「誰か」の責任——情勢を見誤るか裏切るか——に帰すべきものであり、「我々」の敗北ではない。評者には、「一九六八」から（あるいは『1968』から）引き出すべき大きな「教訓」は、失敗しえない者たちの不幸であると思わずにはいられない。

「私の第二次ブント」の主観主義党史観がもつ「優れた」（と言い切ってしまいたい）ところは、まさにそこにかかわる。それは「私の策謀」が破綻する顚末を語っているからである。「主観」を媒体に党と大衆がたえず相互に流入しあうところでは、実際、成功や失敗のメルクマールははっきりせざるをえないのだ。党にとっては、どれだけ大衆を「煽る」ことができたか、そして、大衆運動の活力を党のなかに反映させつつ、その活力によって党が破壊（分裂）されないでいるようにできるか、その二点である。そこでは大衆運動と党の緊張関係が、党派性（＝党であることと党の種別性）そのものの実質を形成する。主観主義党史にとっては、「党」の実体は党員数でも書かれた綱領でも、まして党官僚組織でもなく、緊張関係のなかに成り立つ「党派性」でしかない。この「党史」は組織としての「党」を諦める代わりに（なにしろ「私の策謀」は破綻したのだから）、「党派性」を存続させようとするのである。これは「革命」の存在性格に見合った試みと言うべきだろう。「革命」は「起きる」＝「起きない」のと同じように、「共産主義者の党」は「あり」かつ

「ない」。組織がないからといって、それは「ない」とは言えないし、どれほど強固な組織をもっていても、そんなものは「党」としての資格を証明しない。つまるところ、党の具体的「形態」については別の問題次元へと委ねる思考であって、組織としての党の存在については、社会全体のなかに浮遊させてしまう積極的に無責任な思考である。主観主義党史観にとっては、「一九六八」以降、すべての人間が「党派的」なのである。「セクト」概念の登場により、「主観」によって結びついたまま、「セクト」と「大衆」（すなわち全員）が「党派」として分裂してしまったのだから。私たちはこの党派闘争の時代を生きている。そのような〈はじまり〉を事後的に刻印する「革命」に、「一九六八」はなってしまった。『1968』もまた、進んでこの闘争に身を投じているではないか。

3 「事実」の根拠、「事実」という根拠——「七・六事件」をめぐって

党と党派性が異なるように、思想と思想性は異なる。党がなくても党派性は消滅しないように、思想がないところにも思想性はある。書かれて残された〈テキスト〉だけに依拠するという小熊の方法は、その違いはないという思想性に貫かれている。「回想記や手記は、個人の視点で書かれたものだという特性がある。そのため同時代にその場面にいあわせた方のなかには、記述が自分の印象とちがう、と感じるむきもあるかもしれないが、ご容赦をいただきたい。もちろん明確な事実誤認の指摘は、検討のうえ（その指摘が絶対に正しいという保証は必ずしもないので）率直にうけとめる。だが『自分が聞いた噂とはちがう』といった根拠薄弱な批判は、ご容赦願いたい」（上・一八）。小熊は「回想記」や「手記」から、評者の言う「思想性」を読み取り、それを『1968』の「思想」として読者に差し出そうとしている、ととりあえず言っていいだろう。〈私はこう解釈した。それが本書です〉。そのかぎりにおいて、

彼は明確に書かれていない「思想性」の存在を承認している。ならばなぜ、「自分が聞いた噂とはちがう」という申し立てには耳を貸さないのだろう。「回想記」や「手記」もまた「噂」なのであって、それを証言として採用するかぎり、別の「噂」を「噂」であることをもって「根拠薄弱」と切り捨てる理由はないはずである。書かれて残された「噂」に資料価値を認めるかぎり、新たに登場した「噂」にも小熊は耳を傾ける義務を負うはずである。それらは発言として、等価ではないのか。小熊も使っている神津陽『極私的全共闘史——中大1965－1968』[*8]はしっかり「極私的」と断って書かれており、「根拠薄弱」な「噂」ですよ、反論なんかしませんよ、という姿勢で、つまり予防線を張って著されているのだから、小熊にはそれを取り上げて、まだ書かれていない——これから書かれるかもしれない——「噂」を取り上げない「根拠」はない。

　事実とは異なる「噂」、端的に間違った記憶にさえ思想性は存在している。そのような噂話や記憶になっていく、加工されていく過程は、それ自体に何かを読み取るべきもう一つの「事実」にほかならない。また、事実を確定していこうとする姿勢は、思想を抽出する前提でありつつ、それ自体で一つの思想性をもっている。果てしなく「事実」を掘り起こし、年表にまとめ上げていく作業を想像してみるべきだろう。細かく発掘し、表に記入していけばいくほど、その全体はなにも語らなくなっていく。なにが「在った」のか、分からなくなっていく。年表に「一九六八年：若者たちの反乱」と書いてあるのと、その「一九六八年」が毎日に区切られているのでは、事態はまるで違う。後者にはなんの「思想」もないが、そこまで細分化するという「思想性」（執念、怨念、我執……、「正史」への信）だけは感じとれてしまうだろう。

　つまり何が事実かを争うこの土俵では、思想になろうとする思想性と、意図的・非意図的を問わず思想性を隠している思想が不可避的に闘うことになる。「噂」を「根拠薄弱」と切り捨てる姿勢は、この闘いにおける戦術以外のなにものでもない。あるいは一貫性を保つことのできない「思想性」でしかない。

それでもやろうという選択であるなら、とやかく言うこともない——ちゃんと泥仕合をやってくださいということ以外は——のだが、大きな問題は残る。歴史的事実の確定それ自体がもっている思想性である。年表に上げられた「項目」、どういう事件としてそこに記載するかが語ってしまう思想性である。

一つだけ例をあげよう。いわゆる「七・六事件」である。それを取り上げる本書第一六章中の節には、こう見出しが付けられている。「内ゲバ初の死者と赤軍派結成」。赤軍派旗揚げ前夜に起きたゴタゴタと、そのなかで同派の望月上史が死亡するに至った顚末である。塩見孝也らが機関「主流派」（小熊の表現）に逮捕・監禁され、望月が約二〇日後に死亡した——これはひとまず「事実」である。この事実記述そのものに含まれる「事実誤認」については後に触れるとして、小熊はこの死亡事件の顚末をこう書いている。

塩見ら残った幹部四人は、仏を放置して警察に逮捕される結果を招いたことについては自己批判書を書いたが、自分たちの前段階武装蜂起路線は正しいと主張したため、殴られつづけた。約二〇日間の監禁のあと、七月二四日夜、塩見らは監禁されていた経済学部長室のある三階の窓から、消火用ホースや結んだカーテンを伝って地上に脱走しようとした。ところが望月上史（京都府学連書記事長《ママ》・同志社大生）が途中で落下し、コンクリートの地上で頭を強打した。塩

＊8　神津陽『極私的全共闘史——中大1965-1968』、彩流社、二〇〇七年。

＊9　当時のブント議長、仏（さらぎ）徳二。会議に乱入した赤軍派によって負傷させられ、現場を急襲した機動隊から逃げる途中、同派によって「置き去り」にされたため、逮捕された。氏には破防法違反容疑で逮捕状が出ていた。「置き去り」については行き違いもあったようである。その点については『1968』下巻、九三二頁の注23に簡便な注釈がある。

見らはタクシーをよび、望月を病院にかつぎこんだが、意識不明のまま二九日に死んだ。

当時セクト間やセクト内での内ゲバは蔓延しており、全国六六の大学でのべ一八〇回の内ゲバが行なわれ、千数百人が負傷していた。だが望月の死は、内ゲバ初の死亡だった。（下・五〇八）

こう書いてしまうと、望月は二〇日間、ぼかぼか「殴られ続け」、そのことが原因で脱走に失敗したかのように読めるだろう。この記述の前にも「リンチ」の場面が裁判記録をもとに描かれているので、「リンチ」のあげく満身創痍となった望月は、脱出の体力を失くしていたと読めるだろう。小熊がこの顛末を描くにあたって参照した小嵐九八郎のノンフィクション、『蜂起には至らず——新左翼死人列伝』[*10]では、もう一歩踏み込んで、望月はリンチによって指を潰されていた、と示唆されている。評者が三〇年前に「耳にした噂」によるとすでに、望月は二度とゲバ棒がもてないように指を折られていた（若松孝二の映画『連合赤軍——浅間山荘への道』でも、たしかそう描かれていたのではなかったか?）。小嵐も小熊も、そこまでは確認できなかったから、そうは書けなかったのだろう。しかし、望月が「内ゲバ初の死者」であることは二人にとって確かな「事実」であり、小熊にとって、望月は「殴られつづけた」。小嵐にとって「二〇日間の監禁は長過ぎ」る。だがしかし、監禁されていた幹部四人の一人、物江克男は、今日、次のように語っている。

襲われたときには、そりゃあ乱闘になったし、中大でもボカスカ殴られたり蹴られたりしましたよ。でも「リンチされた」なんていう意識は、そのときもその後も、まったくない。捕まえた連中も、泣きながら僕らを殴ってたんです。なんてことしたんだ! って。ほんとにとんでもないことをしでかしたんだ、こいつらの怒りは当然だ、と思いながら殴られてました。やったことの結果を考えたら、殴られるのぐらい当然ですよ。それに、泣いてるのを見たらむしろ、こいつらは俺の仲間だ、同じブントなんだ、としか思えないじゃないですか。ほんとに真面目でいいやつらでした。花園さんが塩見を庇う気迫に押されて、中大の連中もぴたっと乱暴やめてね。それに味岡さんが来てからは、がらっと待遇が変わった。塩見さんも彼とはじっくり話しこんでたし。僕たちが逃げたのは、そとの仲間と電話で相談し、やっぱり赤軍でやっていこうと決めたからです。解散するのはやめようって。もっちゃん（望月）は、初期の乱闘で上腕をたぶん折ってたんだと思う。大丈夫なほうの手で、ずっと押さえてたから。ほとんど愚痴らなかったけど、痛みで曲げられない状態だった。

しかし、リンチで手の甲を潰されたとか指を折られた、なんてことは絶対にありません。最初以外はほとんど「暴力」なかったもん。逃げるときも、僕らは「もっちゃんは残れ」と言ったんですよ。そんな腕じゃ、降りられないって。残っても心配ないのは分かってたし。でも彼は、「赤軍でやると決めたんだから一緒に行く。決めたんだからやる、それが政治なんだよ」。僕が聞いた、彼の最後の言葉です。ずっと忘れられない。でも池亀さんや中大の連中を恨む気持ちなんて、その後もまったくないし、恨みがましいこと喋ったことなんかありませんよ。彼らが敵じゃないってことは、あたりまえすぎます。*11

＊10　小嵐九八郎『蜂起には至らず――新左翼死人列伝』、講談社文庫、二〇〇七年（原著は二〇〇三年、講談社）、第六章「赤軍派の根性を作った死（望月上史さん）」。

＊11　本稿執筆者が物江克男より直接得た証言。石井暎禧インタビュー本に「資料」として挿入するためにインタビューした。氏には深く感謝したい。証言中に登場する「花園さん」は、軟禁された四人の一人花園紀男、「味岡さん」は味岡修（ペンネームは三上治。ここでの分類では当時は「右派」）、「池亀さん」は池亀信（右派の部隊長）。四人は中央大学に軟禁されていた。

「暴力」があったかなかったかの問題ではない。一つの部隊が別の部隊を襲って、監禁したのだから、そんなものは「あった」に決まっている。しかし物江は、あれが「リンチ事件」として扱われていると知り、また襲った部隊が目的意識的に「手を潰した」と伝承されていると聞き、心底驚いている様子であった。ええ!? どうしてそんなことになるの? であった。もちろん、直後に死体解剖でもしていないかぎり、望月の指が折れていなかったとは証明できないだろう。それでも氏の最大の負傷が「指」ならぬ「上腕」であったらしいこと、それが生じた〝原因〟が当事者たちの間では「内ゲバ」の範疇に――連合赤軍事件や革共同戦争と類比的に――入れられるようなものとはほど遠かったことは、物江の証言から充分すぎるほど窺える。彼は評者が遠い昔に耳にした「噂」など知りもしなかった。なるほど、「噂」は根拠薄弱なのだ。しかし小熊は、そして小嵐も、「噂」の流布とは別の、事件の「フレーミング」を行っているわけである。「殴られ続けた」あげくの死、「内ゲバ初」の死。まっとうにも「噂」には言及していないがゆえに、事件に与えられた「フレーム」が「噂」の信憑性を増している。「噂」を知らない人々にも、そんなことさえあったかもしれないと想像させる。なにしろ四人は二〇日間「殴られ続けた」のだから。

石井の「私の第二次ブント」にも「七・六事件」についての記述がある。ここでの文脈上問題になる箇所のみ引用すると、次のような具合である。

「監禁」の内容たるや、こんな調子だ。たとえば、花園君がブント右派の人と二人で、タクシーで銀座まで昼食に出かけ、また帰ってきて軟禁を続行するという調子であった。塩見も、中大の学生食堂で飯を食って、奥さんが着物の差し入れをするというように、今までの生活とさして変わっているわけではなかった。もちろん、監視する人間はいるけれども、そこの敵味方は毎日毎日、大論争をやっているのであった。だから赤軍四名の幹部は、松本礼二のもとでガンバる、という話になり、一緒にやろうということになってしまう。軟禁はそんな雰囲気で続くのである。

若干補足しておけば、物江の発言にある「やっぱり赤軍でやっていこうと決めた」というのは、ここで「松本礼二のもとでガンバる」[*12]と書かれている話を前提にしてのことである。つまり、赤軍派を解散する、というところまでいったん傾きかけた話をやはり元へ戻したという意味であり、だから塩見、花園、物江、そして望月の四人は「脱出」という「形」を取ったわけだ。監視の目をかいくぐっての大脱走劇とはとうていみなせないだろう。ほとんど協議離婚に近い別離だ。「私の第二次ブント」によれば、塩見も「いろいろ世話になってありがとう。君たちの顔をつぶして申し訳ない」といった内容の置き手紙を残していったそうである。

さらにここでの文脈に即して言えば、この「顔をつぶす」という記述は、小熊の書いている、襲ったのは「主流派」である旨の記述からすると理解不能であるだろう。「脱出」によって「顔をつぶされた」のは石井の文中にある「ブント右派」である。赤軍派を襲って逮捕・監禁したのはこの「右派」の部隊であった。しかし彼らは、「主流派」つまり仏議長を戴く機関としてのブント中央による、四人の身柄引き渡し要求を頑として拒むようになる。「主流派」と赤軍派の間に立って、彼らは「間をとりな

＊12　松本礼二は事件当時、党の役職についていたかどうかははっきりしないが、「右派」の首領的位置にあった。事件の後、赤軍派一三名を共産主義者同盟から除名した同盟第九回大会で「副議長」職に就いている。第二次ブント結成時（一九六六年）には「議長」であった。その後、石井暎禧、長崎浩、篠田邦雄（故人）とともに「遠方から」派を結成。松本について詳しくは、前掲『一大衆政治家の軌跡』を参照。「ブント右派」については、この呼称の意味するところについてとともに、前掲『聞書き〈ブント〉一代』を参照されたい。

す」振る舞いをするようになる。その「とりなし」を帳消しにする決断を赤軍派は行ったから、「顔をつぶして申し訳ない」だったわけだ。赤軍派が「左派」であったとひとまず通説どおりにしておくとしても、その「左派」に同調して「主流派」に抵抗する部隊は「右派」なのか？　「右」と「左」のフレームさえ、「事件」の渦中には便宜的以上の意味をほとんど消失していたのであり、物江の証言はそのこともまた充分に語っているだろう。みな「同じブントの仲間」なのだ。襲われて軟禁されていたほうに「主流派」と「右派」の間のつば競り合いがどこまで認識されていたかは不明なものの、だとすれば事態は余計に、「左派」－「中間派」－「右派」が入れ乱れて「内ゲバ」をやり合っていたというところからは遠い。二〇日間という「長過ぎる」時間の過半は、事態の収拾ができない時間の長さであったろう。そしてそれは、ブントという組織の現状――そもそも「派閥連合」的であった政治局が崩壊しかかっていて〈なにも決められない〉――を正確に反映した長さであったろう。ちなみに、機関中央（つまり仏を襲われ、「権力に売り渡された」側）の「手中にあった」当時のブント機関紙『戦旗』にも、望月の追悼記事は出ている。

　さて、一九六九年七月六日に何があったと年表には記載すればいいのだろうか？　何が「七・六事件」の正しいフレームなのか？　もちろん、このように問うことは、小熊の側に、衝突があったのだからやはり「内ゲバ」であり、結果的に死んだのだから望月は「内ゲバ初の死者」ではないか、という反応ないし反論を惹起するだろう。その反論が書かれたなら、評者はそのような「内ゲバ」観はそれ自体「党派的」であるというような反論をするかもしれない。泥仕合である。小熊の手法から必然的に引き起こされる類の泥仕合の典型である。しかしそのとき、置き去られていくのは、当事者たちにとって、あれはそんなものではなかったという「事実」、「個人の視点」としてであれ彼らに厳として存在するこの「事実」であり、その当事者たちにはフレーム論争そのものが迷惑至極だというもう一つの「事実」だろう。「セクト」の人間は、ことの是非はともかく、ある時点からは自らの責任において死を賭していたのであるから、そしてそのことによって、死人ぐらい出なくて「階級闘争」の名に値するのかという「大衆」の揶揄にちゃんと応えたのであるから、死者を「セクト」一般の否定のために用いるのは、少なくとも大いに失礼である。小熊との「党派闘争」を若干引き受けて、評者もまた事件とその後に「フレーム」を与えてみれば、赤軍派は「一九六八年」に登場した〝最良の武闘派〟であり、望月はまともに戦士たろうとした（「決めたんだからやる、それが政治なんだよ」）がゆえに死んだ。年表には「七月二四日」こそ記載されるべきである。「七月六日」でも彼が死んだ「二九日」でもなく、彼が「やる」と決めた日として。赤軍派の決断を真に歴史上の「一歩」にした日として。同派の諸個人が以前と以後にどう振る舞ったか、森恒夫がどんな人であったかとは、それは関係のないことだ。「前段階武装蜂起」にどれだけの現実性があったかとも。望月の死により、赤軍派は「セクト」の児戯──「ゲバ棒をやっともった」[*13]程度の──を脱して、世界の階級闘争史に登場した諸党派に伍したのである。

　つまり、何を歴史的事実として日付とともに確定するかは、それ自体が、思想性の賭かった「主観主義的」行為でしかありえないのである。それを認めないで、「書かれた」－「ここに書いてある」という「事実」に一次的「根拠」性を求める姿勢は、偽装された「客観主義」──貫徹しえないと分かっていながら掲げるという点で──にほかならず、「綱領」と「セクト」を同一視する政治的に未熟な、さらに学問的にも未熟な態度に通じ、さらには、危機も起きていないのに革命とはなにごとか、という古い客観主義革命論に与するものでしかない。

（小熊英二『1968』上下、新曜社、二〇〇九年）

＊13　本稿前掲、工藤興平の文を参照。『1968』にも、当時の報道に「甘ったれラジカリズム」といった評が見られる旨の指摘がされている。下巻、八二〇頁など。

2009.3

〈文化〉果てるこころに待ち侘びる〈党〉

――絓秀実『吉本隆明の時代』と長原豊『われら瑕疵ある者たち』を横断する

長原豊と絓秀実の新刊[*1]を合わせて書評することになったよ、と告げると、口の悪いある友人が即座に言った。「ん？ 同じ穴の狢と言いたいのか？」。当たらずと言えども遠からず。当たらないのは、長原豊の『われら瑕疵ある者たち』と絓秀実の『吉本隆明の時代』の間には、宇野弘蔵と吉本隆明というそれぞれの対象と、彼らが強く影響を及ぼした人々（政治党派を含む）の違いに加えて、アプローチの方法にも決定的な相違があるからである。同時に両方の信者－弟子である人間を具体的に想像しがたいそれぞれの対象に、長原はあくまでも律儀に「読む」ことを通じて接近するが、それに対し絓は、これまでかくも吉本を読まないで書かれた吉本論があったかと唸らせる徹底した外部批評的マッピングの手法により迫ろうとする。長原の律儀さはいつもながら、永遠に続きかねない多層的解読の操作を有限の紙に押し込む神経症的労苦を読者に強制追体験させ（あの独特なルビ使いのことだ。それはまた、思考がそのものとして感覚であることもまた無理やり思い出させてくれる）、絓の徹底した包囲戦は、酒場で語られる類の昔話・ウラ話の蒐集と解析にさえ「学」の風格をまとわせ、もはや動ずるところがまったくない。諸文脈を撒き散らしながら中心へ向かって一心に進む「もぐら」の穴掘りと、ジャンクの堆積が伽藍に変わるまで仕事の手を止めない「探偵老人」（レフト・アローンと発音せよ。孤独な左翼は一人、曲がり角をひたすら左に回って政治情報を拾い集める）の徘徊。運動の姿態とベクトルはまったく異なっている。そして、それぞれがみごとな完成品であるだけになおいっそうのこと、両者の対照性は際立っている。

しかし弁証法を弄び、「対立物の一致」をもって「同じ穴の狢」たることを説明しようというのではない。それぞれの著作は、それぞれが終わったところに待ち受けている地点において、文字通りに「遠からず」なのである。本稿はこの「近傍」を引きずり出し、そこに一つの同時代的客観性を見ようとする。手法もスタイルも極度に異なる思想史に、図らずも近さを生じさせてしまう「情勢」こそ主題であると言い換えてもよい。それは著者－読者共同体をめぐる情勢であるから、〈われわれ〉の主観性の話だと言ってもまた同じことであるだろう。そして、自分の書くものに気品あるアイロニーを溢れさせることができない世代に属すという点では、私もまた同じ近傍にいるということをあらかじめ断わっておきたい。ただ、私としては可能なかぎりそこから遠ざかりたいと考えている。

近傍の客観性はそれ自体としてはまさに客観的に、つまり著作にかんする私の読解とは無縁のところで、さらには著者たちの意図とさえ一切関係なく、与えられる。宇野弘蔵と吉本隆明は、ブント結成五〇周年－「六八年革命」四〇周年という媒介項により、二〇〇八年という両著書の出版年において否応なく再会させられてしまうのである。長原と絓が、相談のうえ分担したはずもないのにほぼ同時に宇野論と吉本論を刊行した偶然は、その同時がこの年であっ

＊1　長原豊『われら瑕疵ある者たち――反「資本」論のために』青土社、二〇〇八年一一月。絓秀実『吉本隆明の時代』作品社、二〇〇八年一一月。それぞれの著作からの引用は本文カッコ中に頁数のみ記す。

た事実により、すでに一個の必然の兆候と見なすべきものだろう。この歴史の外にいた人々や若い世代の人間には無関係なかつての火遊びの名残りが今、初老の男たちが作る左翼論壇において小さく再燃していると見るべきではない。宇野弘蔵と吉本隆明が時の流れそのものにより再会させられて作る客観性は、それをしっかりと定置させてこそ、それとは違うこれから、それからの距離において別の客観性をもちうる未来を構想しうるだろう。過去から今に続く時間を強固に立ち現せずしては、歴史は永遠に自らを反復し、足踏みするというシニカルな囁きに付け込まれて終わるほかない。実際、もしも経済学者としての宇野弘蔵ではなく、宇野理論をバックボーンに展開された「政治」や、『言語にとって美とはなにか』の吉本隆明ではなく、「関係のかくめい」の名において追い求められ、個的レベルでの社会革命へと収束していった路線が、それとなく別名で復活してきたとしたら、どうなのか。敗北と失敗の経験を伝承せずに放置しておいてよいのか。またやってるよ、という嘲笑は、若者に養ってもらうほかない老人には権利のない挙措であるはずである。世界的な危機の到来がそこかしこで予感され、スターリン主義も「六全協」も与《あずか》り知らぬ若い貧民とその予備軍が共産党に群れ集う現在こそ、左翼反対派政治の歴史的で思想的な検証は急務と言うべきだろう。そうした傾向もまた、生まれてくるほかないのだから。反復としての歴史は、それはそれで客観性をもっているからこそ、「主体的に」退けられねばならない。

そう、〈われわれ〉の主題は左翼反対派政治の過去－現在である。宇野弘蔵と吉本隆明が二〇〇八年に同時に論じられたという偶然は、かつて二人の共存在が一個の端的なインデックスとなっていた左翼反対派政治全体を、今日において考える必然性を指示しているはずだ。なぜそれを「新左翼」とそれなりに流行りの言葉で呼ばないか。過去についてはさておき、長原と絓にかんするかぎり、それは彼らがある同じ主流派の存在を現状況のなかに仮構し、そこからの左旋回をもって自身の立場設定を行おうとしているように見えるからである。過去の主流派が「共産党」であったとすれば、長原と絓が共通して敵に見立てる主流派は、あえて彼らが著書のなかで用いていない語によって名指す（共通の名称がないので仕方ないからだが）とすれば、文化政治である。「階級」に代えて「文化」を政治の主語として用い、「革命」や「転覆」に代えて「民主主義的共存」を目標として立てる政治である。

絓の吉本についてのほうが分かりやすいだろう——「吉本隆明の知識人としての軌跡は、資本主義の革命性の前に、知識人が反革命的に回収されていった典型的なものと言える」（三五二頁）。吉本は、グラムシ的な意味おける「ヘゲモニー」（文化を政治的に論じるさいのキーワードである）を戦後思想の世界において確立していった「普遍的知識人」（これもグラムシの概念である）として捉えられ、文化的ヘゲモニー闘争は、たとえそれに勝利したところで「資本主義の革命性」（さしあたって、商品市場のダイナミズムということでしかないが）に対し敗北するほかない、と結ばれるわけだ。絓は吉本におけるこの敗北と回収の契機を、いわゆる「七・七華青闘告発」以降に「入管闘争や部落解放闘争、障害者運動、フェミニズム等々のさまざまな陣地戦的マイノリティー運動への決定的なシフト」を遂げた新左翼運動に対する、吉本の「バックラッシュ的介入」に見ている（三四〇頁）。具体的には、この新しい傾向を思想的に代表しえた津村喬の差別論への罵倒——「この世界にある一切の差別を食いものにしている男」、「気の弱い知識人たちの倫理観を脅迫して禁忌」となす男、「あいまいな倫理主義のガキ」（三三九–三四〇頁に引用）——に、戦後主流派左翼や黒田寛一の労働者本体論に今更戻ることはできない吉本が、差別の「享楽」的解消（適当に差別語で互いに罵倒しあってこそ差別は解消されるという立場）への肩入れを通じて資本主義的な消費の「享楽」へと一歩を踏み出す兆候を読み取っている。津村へのこうした批判がやがて、「コム・デ・ギャルソン」と埴谷雄高は等価であるという、田中康夫もどきの言説を吉本に育む土壌になっていると認定するわけだ。しかしそのかぎりでは、絓は吉本に反対して津村に与《くみ》している、言い換えるなら、吉本的文化ヘゲモニー闘争に、別の文化的闘争（＝陣地戦的マイノリティ運動）を対置しているにすぎない。後者こそ一九六八年革命が切り開いた地平をなす、とかねてより論じてきた絓が、吉本をそこからの後退と位置づけ、同時に、二つのタイプの文化政治の交代や共存として七〇年代以降の政治思想をマッピングしているようにしか見えない。これが今日的な左翼政治の可能性を尽くしていると考えているのであれば、絓は文化政治に対する左翼反対派ではないと言うべきだろう。しかし絓の六八年論（『革命的な、あまりに革命的な』および『1968年』[*2]）の要は、華青闘告発が日本において切り開いたマイノリティ運動の地平もまた、資本主義の革命性に乗り越えられた、とするところになかったか。つまり吉本だけでなく、彼がそこから遁走した文化的陣地戦もまた敗北していたのである。絓は二つの文化政治に共に敗北認定を下す。そして、六八年以降の政治思想をこの二つの交代と共存として全体化することにより、絓の六八年論は完結する。さらに、全体を敗北の歴史として差し出したその瞬間に、絓は自らの左翼反対派としての位置取りを宣言することになるのである。主流派は負ける運命にある！、やつらは商品の商品としての等価性‐平等に、自らの政治の主体である「文化」を供物として捧げた！

もちろん、左翼反対派には、主流派を弾劾するだけではない自らの政治の中身が必要とされる。かつて、共産党に代わる前衛党建設と、前衛党を否定するかその出現を革命の瞬間にまで先延ばしする大衆運動主義へと二極分解された反対派政治の中身は、絓にあってはいったい何であるのか。それは今のところまだ萌芽的に示唆されているにすぎないものの、キーワードはすでに与えられている。「決断」である。「享楽」嗜好＝志向は、「革命」への決断を欲望させるというのである（三五〇頁）。もちろん、これは絓史観においては、華青闘告発が「陣地戦的マイノリティー運動」に新左翼の政治を決定的にシフトさせた後、運動が「差別」を、まるで市場が「差異」を消費者に享楽させるように活動家に享楽させるにしたがい、その裏面で加速していった内ゲバを参照して抽出される傾向である。あるいはもちろん、連合赤軍による同志殺しを。絓は享楽が育む何かへの決断の欲望、その「何か」は何でもよいから実は決断のための決断、したがってさらには無への決断に向かう欲望を、ほとんど無意味な殺人としての内ゲバや同志殺しに見ているのだろう。しかしそれが左翼反対派政治の肯定的内実であれるわけがない。絓が希望の痕跡を見いだす「決断」は、たとえば次のような譬え話に読み取れる花園紀男のそれである。

――千尋の谷があると。こっち側の崖から向こうの崖まで一メートル五〇センチだと。普通幅跳びではね。二メートル、跳べると。そしたら、誰でも、こちらから向こうまで跳んで渡れるんですよ。だけれども、千尋の谷があるわけです。

そのときに、跳ぶというのは、平地で跳べるのと、そこで跳ぶのとは別ですよね。だけれども、いろんな意味で、そこまでは、崖じゃないところまでは適当に来たわけですよ。[*3]

二メートルを跳べる能力があるのに、一メートル五〇センチ幅の谷を前に身を竦《すく》ませ、「跳ぶ訓練が必要だ」と言って兵士たちを訓練において「過労死」させたのが、花園と絓にとっての森恒夫である。そして絓は言う。花園の「決断主義」は、身体能力にとっては存在しない五〇センチの差異を、簡明に「無い」と見定め「跳んで」いる、と。[*4]この肯定的な「決断主義」の中身は、花園にあっては「正義感

*2　絓秀実『革命的な、あまりに革命的な』作品社、二〇〇三年。『1968年』筑摩書房（ちくま新書）、二〇〇六年。

*3　絓秀実「一九六八／一九七〇――そこで始まったこと」（絓秀実編『思想読本11――1968』作品社、二〇〇五年）、一八頁に引用。もとは田原総一朗による花園紀男へのインタビュー（田原『連合赤軍とオウム――わが内なるアルカイダ』集英社、に所収）

だけでいい」とされ、紐にあっては「五〇センチの差異は存在しない、われわれは谷を跳びうる力能があると言い続け」ることである。[*5]正義感か、認識か。倫理主義か、恐怖をねじ伏せるための知性主義か。いずれにしても、この「決断主義」は「千尋の谷」の実在を前提にしている。「無い」ものは、そこでは「五〇センチの差異」であって「谷」ではない。つまり「千尋の谷」は確実に存在するとされている。このとき倫理主義や知性主義の実際の働き——「政治」として実際に目指されていること——は、「千尋」の深さを「間」の距離に置き換えることであり、これは享楽の消費や消費の享楽が育てる、無への決断に向かう欲望とはそもそも違うと言うべきだろう。紐が引き合いに出すアラン・バディウにあっては、逆に、「在る」かどうかが不確実な「切断の出来事」を「在る」と承認することが決断の中身であったはずである。かつてマラルメを引きながら彼が述べたように、[*6]消えゆく泡を眺めつつ船が沈んだ出来事を「在った」と認めること、痕跡しか現実には「無い」ところに、つまりあくまで出来事本体の実在は不確かなところに、「在った」という宣言を持ち込むことがバディウの「決断」にほかならない。つまり、「千尋の谷」を「在らしめる」ことが彼の「決断」であるわけだ。「在る」と言うためにこそ、この決断主義は無への欲望を抱くのであり、目指されている働きは花園や紐とは向きが逆なのである。現実には痕跡しかないゆえにこそ、それは「無へ向かう決断」なのだと言うことができ、したがってそれは、「何もかもなしにしたい＝無が欲しい」というニヒリズムとは違うし、「在る」ものを無かったことにしようという要は御都合主義とはさらに違う。倫理主義や知性主義は、「千尋の谷」の実在を前提にするかぎり、現実には決断主義たりえず（だから悪いというわけではけっしてないが）、「跳ぶ」のが怖い森恒夫とは違うタイプの日和見主義にしかなりえないだろう。「千尋の谷」があるかぎり、正義感はいつか枯渇するし、知性主義は他人の蜂起にレッテルを貼る類の学者的特権の謳歌にしかならないだろう、あるいは問題をすりかえる詐欺か。だから問題はあくまでも、何が「在る」のか、何を「在る」と言うのか、である。そして「千尋の谷」の在／不在以前に、それをめぐって死者たちが存在したということだけは確かである。バディウに倣うのであれば、いったい、まさに革命運動の「泡」のように消えていった－消された彼らは何の痕跡であるのか、と問うべきだろう。

さらに、吉本に対する反対派政治が問題であるかぎりにおいては、こうも問うべきである。倫理主義、知性主義、あるいは「正しい」決断主義は、革命的で普遍的な「知識人」吉本隆明に対して、果たして有効なのか。絓の吉本論は、吉本をサルトルに擬《なぞら》え、そのことにより「知識人」をめぐる政治という戦場を導入－設定し、文化政治のタイプとして吉本と「六八年」を対照させる、という組み立てにより成立している。「六八年」に吉本を叩かせることが、サルトル的普遍的知識人としての吉本隆明という見立てにより可能になり、しかしその「六八年」も「資本主義の革命性」には敗退したというわけであるから、正しい立脚点としての「決断」は文化政治の戦場の外に置かれている。しかし、決断主義者アラン・バディウはあくまでもサルトルの弟子であると今もなお自認している。サルトルとアルチュセールが私の師である、と。もちろん、それは彼の哲学の内容にかかわることであるから、絓の吉本論が吉本の著作の中身とは何の関係もないのとシンメトリックに、知識人としてのバディウのあり方がサルトル的であることを意味してはいない。しかし、現実の共産党の人間であり続けたアルチュセールと、

＊4 同、一八頁。
＊5 同、一九頁。
＊6 バディウのマラルメへの言及は数知れないので、ここでは一つのみ挙げておく。「難破船」の比喩はもちろんマラルメの詩「骰子一擲いかで偶然を破棄すべき」から取られている。Alain Badiou, *L'Être et l'Événement*, Le Seuil, 1988, p. 215.（アラン・バディウ『存在と出来事』未邦訳）

いくらマルクス主義に接近しても「入党」は問題になりえなかったサルトルを足して二で割ったところに成立する、バディウの自称「プロレタリア貴族主義者」[*7]としての身振り――存在しない「党」の人間であるというそのスタイル――が、まさにサルトル以上に「革命的」で「普遍的」であるのは疑いない。そしてバディウもまた、仏英左翼「文化」の内部である種の「ヘゲモニー」を確立していることも間違いない。かかる覇権をもたらしている「プロレタリア貴族主義」は、無いかもしれないものを在ると決断する哲学の内容と、ほんとうに無関係であるのか？――そんなわけはないだろう。その「貴族主義」は、無い「党」に帰属せよと文化左翼内不満分子に迫るのであるから。それは文化政治という土俵の内部でのみ有効な呼びかけにすぎない――存在しない「党」に加入することなど現実のプロレタリアにはできない相談である（その名も「組織」というバディウのかつての党が思想集団以上の意味をもっていなかったことは記憶されるべきである。「組織」は「プロレタリア貴族主義」を名乗るための担保である）。絓が、津村を罵倒する（「倫理主義のガキ」）吉本と、倫理主義を否定するかのような素振りを見せる新左翼諸党派とを、もろともに斬って捨てるべく放った「倫理フェティシズム」なる規定（三五〇頁）は、バディウにこそ貼るべきレッテルだろう。在ると無いを両者の均衡を保って成立させるのがフェティシズムであり、バディウの「党」は、存在しないそこへの帰属と忠誠を「倫理」として求めるのであるから、まさに倫理的フェティッシュにほかならない。そして絓自身、倫理主義を倫理主義的に否定しようとすれば、「資本主義批判を実質的に放棄した市民主義にすりよることになる」（同）と言っていないか。つまり、文化政治に対する反対派政治としてさえ無効である、と。「正しい」決断主義にしてそうであるなら、偽装された決断主義である「正義感」の倫理主義と御都合主義的知性主義に、市民主義にすりよるなと言うことはなおのこと無理だろう。

　絓秀実の左翼反対派政治に内実はあるのか。「決断」さえも内実たりえず（しかし、無への決断、その意味で内容を欠いた決断に、どんな「内実」を与えうるというのか。今更ナチズムの話を持ち出させないでほしい……）、結局、「資本主義批判」がカギであるということか。

かくて長原豊である。『われら瑕疵ある者たち』が、そも「資本主義批判」とは何であるのか、ありえるのか、を徹底して問い直そうとしているのは確かである。副題には「反『資本』論のために」とある。

そして長原の思想的「党派性」が現在、「アラン・バディウ」にあることは隠れもない事実である。彼は翻訳者として誰よりも熱心に、バディウあるいはその思想的子分スラヴォイ・ジジェクを日本に導入しようとしてきた。そのバディウこそ、フーコーもドゥルーズ－ガタリも、グラムシ後継のポスト・マルクス主義も、ましてネグリも、すべて「資本主義の革命性」に回収され尽くしたという、現在の文化左翼内反対派的「気分」を教祖的に束ねる人物であることは、これまたまぎれもない事実であるだろう。いったい、どれほどの思想上の自称左翼人士がドゥルーズからバディウに乗り換え（ようとし）ていることか。そうしたバディウによる現情勢の把握が、われわれの文脈では、主流派を「文化政治」と見立てる－仮構する議論の基底をみごとに要約している。

> 様々な身体と言語活動しか存在しない。諸真理が存在するのでなければ、である。[*8]

つまりわれわれは、この命題をこう読み換えている——「諸文化しか存在しない。資本主義批判の教える諸真理が存在するのでなければ、である」。詳

*7　たとえば次を参照。Alain Badiou, « Les leçons de Jacques Rancières : Savoir et pouvoir après la tempête », *La philosophie déplacée : Autour de Jacques Rancière, Colloque de Cerisy*, Horlieu Editions, 2007.（アラン・バディウ「ジャック・ランシエールの教え——嵐の後の知と権力」『ずらされた哲学——ジャック・ランシエールをめぐって』未邦訳）

*8　Alain Badiou, *Logiques des mondes*, Le Seuil, 2006, p. 12.（アラン・バディウ『世界の論理』未邦訳）

述する余裕はないが、「身体」と「言語活動」という、構造主義以来の主たる思想的テーマ（吉本においてもそうであったと言ってよいだろう）を「文化」の一言に括ることは、少なくとも「大学」的にはそれほどの無茶ではないはずである。バディウはそれ「しか」存在しないと認定することで、「文化」をまさに支配的位置に、つまり主流派政治の主体かつ客体として、押し立てたわけである。そして、「のでなければ」という留保により、その外に自らがこれから語ろうとする「真理」を置いた。この分割こそバディウの戦場設定であり、彼は自らの闘いを、主流派たる「民主主義的唯物論」への「唯物論的弁証法」からの挑戦と位置づける。*9 存在の実体である「諸文化」の民主主義的な共存を目指す政治に、「階級闘争の政治」から挑もうとする。かつての「議会」と「街頭」、民主主義と暴力革命の対抗図式とそれほど変わるものではなく、一貫せる左翼反対派バディウの面目躍如たるところと言うべきかもしれない。

　長原に主題的なバディウ論はなく、『われら瑕疵ある者たち』は文化（左翼）批判ではない。その点では、この書評の対象である同書をバディウに近寄せて云々することは一種の踏み外しや反則であるには違いない。しかし、明瞭な兆候は存在している。同書における「ジェンダー」あるいは「セクシュアリティ」の取り扱いが、何よりも雄弁に長原の「文化」への構えを語っているのである（第六章「瑕疵の繁殖——女性」。しかし「序」においてすでに鮮明な構えである）。七〇年代から、つまり絓史観における「六八年」以降、文化なるものを政治主題化することにもっとも与ってきたと言って差し支えないそれらの主題を、長原は文化問題として扱うことを拒否する。文化の概念を導入せずして実体的定義を与えにくいジェンダーやセクシュアリティ、あるいは「性差」そのものを、長原は「宇野原理論」から規定しようとする。「女」はつまり、「労働力商品」と並ぶ資本主義の根本的「無理」の列に加えられるのである。永遠の自動運動を繰り広げるかに見える原理論的資本主義における「瑕疵」存在の一つとして。この並列化により、「文化」は「経済学」のほうへ奪還が図られる。諸文化の「政治」は、文化に固有の次元においてではなく、経済学がそれを語るべきものとして、明示的にも暗示的にも扱われている。カエサルのものはカエサルへ！　長原はマルクス経済学が「〈六八年〉を画期に自閉的に潰え」たと診断する（一一頁）。マルクスの名を亡霊（長原なら、デリダとルビを振るところだろう）と化したソ連圏の消滅でも、日本に左翼反対派を理論勢力として登場させた六〇年安保でもなく、「六八年」に崩壊の画期を、それも「自閉的に潰える」画期を認めるこの歴史観は、絓の六八年論に補完されてはじめて説得的たりえるだろう。長原は言ってみれば、文化を戦場とする「陣地戦的マイノリティー運動」が資本主義に敗北してきたという認定を絓と共有しつつ、絓のようにそこから一直線に「主体の決断」へ「跳ぶ」のではなく、もう一度、あくまで客観性をめぐる理論を復権させようとしているのである。その復権の証が、原理論／純粋資本主義の「瑕疵」という特殊なかたちで、文化的なものの経済学内化を遂行することだった。「六八年」の地平を承認しつつ資本主義批判に回帰するアクロバットが、資本の「瑕疵」としての「女」という位置づけに端的に見てとれる。労働力商品だけが資本主義の「無理」だとしたのでは、「六八年」がなかったことになる、さりとて「女」を経済学の外部に置いたのでは、フェミニズムまで資本主義に敗北させてしまう。この二律背反を回避させるのが、長原にあっては「瑕疵」という位置である。

　客観の学としての原理論（したがってそれが提示する純粋資本主義）の「瑕疵」という存在規定は、しかし、それが「労働者」であれ「女」であれ、どのような「政治」を主体に要請するのか。革命を宿命として背負った「階級」でも、永遠のヘゲモニー闘争の担い手たる「諸文化」でもない「瑕疵存在」は、どのような政治を引き受けることができるのか。そのように問わねばならないのは、長原が政治の主体

＊9　*Ibid.*

を「瑕疵」として経済学内化することにより、バディウを一歩進めているからである。バディウにとって客観的「真理」は、「のでなければ」という留保によって設定される「例外」の位置にとどまっていた。存在者中の「例外」、それがバディウにとっては政治主体としての「労働者」の位置であり、「プロレタリア貴族主義」という高踏的立場設定を彼に可能とも必然ともしていた。客体の中にいてはならないという客観的規定が、主体の革命的性格を支えている。ところが「瑕疵」は、まさに「労働力商品」がそうであったように、客体の運動を根本において支える基礎でもある。同書の第一章が執拗に強調するように、それは、円環として完結してしまえば見えなくなる、円環を描く「端緒」のようなものだ。「端緒」が存在しなければならないということが、円運動の「瑕疵」であるのと同じ意味において、労働者も女も資本主義にとって「瑕疵存在」である。この存在は客体の運動のなかに遍在している。それはもはやいかなる意味においても「例外」ではありえない。「例外」であるからこそありえた「決断」の政治——中には「無い」場所が「在る」と決断する政治——を、いたるところに存在している者たちには執り行いようもないのである。ゆえに、「例外」にとっての「決断」に対応する政治が、「瑕疵」にとっては何なのかと問い質す必要がある。

しかし、それをこそ、左翼反対派政治の一つのあり方として、宇野理論はすでに六〇年代に自らの実践的‐歴史的な末路とともに証示していたのではなかったか。『資本論』を資本主義原理論として純化させることにより、政治をいったん経済学の欄外に置いた宇野理論は、いかにしてこの「外」との再接近を図ったか。資本の運動を「永久的に繰り返すが如く」（宇野）描かねばならない原理的純化の方法論により、いったん「外」に放逐された革命の可能性は、いかにして経済学に呼び戻されたか。言わずと知れた「危機論」である。論理学の書としての『資本論』の外に置かれた歴史過程の全体が、「危機」として経済学の中に帰ってくる。原理論から「段階論」を経て、「現状分析」に至る経済分析を貫いて受け渡される「資本主義の根本矛盾」あるいは

「無理」は、最終的に「危機論」として学者（岩田弘）の筆に変態を遂げたのである。[*10] その末路は周知のことではないのか。現状分析の答えは最初から決まっている。原理論的矛盾が根本的であればあるほど、現状はいつでも「危機」なのだ。そこから帰結する政治は、この現状分析ならぬ現状分析を「外部注入」することでしかなかった。安保の次には日韓を、さらにその次には……と、革命が成就するまで「危機」を怒号し続けるほかない。客観的な危機に先んじて、決戦を準備し、危機を革命に転化すること。しかしこの客観的な危機は「いつでも」であるから、毎日が「決戦」の準備である……。宇野派のこうした御都合主義的外部注入論を、われわれの左翼反対派の歴史はすでに知っている（そして不幸にして今日にいたるまでそれが潰えていないことも）。そして「危機論」の裏側では、ローザ・ルクセンブルクが呟いている。「ブルジョワジーに乗り越えられない危機はない」。まさにその通りであった。根本的な「瑕疵」を革命の立脚点とすることは、「万年危機論」とどこが異なっているだろうか。あるいは、異なりえるか。「労働力商品」に加えて「女」が「瑕疵」の列に加わることが、段階論的移行をもたらしたにしてもだ。

「瑕疵」は、主体の問題としてあった「千尋の谷」の、客体の側への射影である。それを「跳ぶ」ことのできない歴史が宇野派的左翼反対派の歴史であった。切れ目のない円環が「在る」ということと、運動の一瞬一瞬が「千尋の谷」であることが宇野派にあっては同じなのであり、跳べないのは決断の欠如ゆえではなく、つねにすでに跳んでしまっているからである。純粋資本主義は『資本論』の中にしかなく、帝国主義段階の現代資本主義はいつでも「危

＊10　この点については絓の『吉本隆明の時代』における、吉本による岩田批判をめぐる分析（三一三頁以降）も興味深い。吉本にとって岩田の世界資本主義論は「馬鹿げた世界認識」にすぎない。絓が描く吉本と岩田の乖離と対照性は、本稿における絓と長原の突き合わせに大きなヒントを与えてくれた。

機」であった／あると主張するのであるから。その「危機」は根本的には、資本主義の根本的「無理」として遍在している労働者階級の力能が招来せしめたと言うのであるから。危機を実現する程度には、プロレタリアートはつねに「跳んでいる」のである。革命の現実性としてのゼネラル・ストライキは、可能性だけで偉大なる力を発揮しているわけだ。

したがって真の裂開は、「千尋の谷」や「瑕疵存在」そのものではなく、それと円環の同時存在が作り出す、〈革命はいつでも起こりうるから永遠に起こらない〉という逆説――可能性という存在態が革命に固有のものとして押し付けられる――に宿っているだろう。この逆説は、生起した革命に「偶然」の烙印を押すほかないのである。いつ起こっても不思議ではない必然的なものが「今」起きるのは、偶然でしかないではないか。これが、（宇野）理論を「歴史へふたたび解き放つ」（二八頁）という長原の目論見の真の帰結であるだろう。言い換えるなら、歴史はそこで偶然の出来事の別名になる。もちろん、これは哲学的には「深い」認識でありえるだろう。哲学史は「偶然＝出来事」を思考することの失敗の歴史であったと静かに確認することができるほどに。しかし、必然性からの解放を喜ぶ、あるいはそれに苛立ちを覚えないのは、実践家の資格‐視覚を手放すことでしかない。何をどうすればよいのか途方に暮れることさえないのだから。理論家は必然性をねじ伏せようとするが、実践家に課されるのは反対に、この偶然性をねじ伏せるという任務である。あるいは、理論そのものと、「党」にとっての理論の意味はまったく別なのであり、よりましな理論で革命ができるなら、われわれはとうの昔に共産主義段階に突入していてもおかしくないだろう。今更アルチュセールの「偶然性唯物論」に革新的希望を見いだすのは、哲学者の小児病でしかない。[*11] 長原はそんな愚かなことは言っていないが、言わないのはその手前が『われら瑕疵ある者たち』のひとまずの到達点であるからである。

アラン・バディウは「決断」によって主体的に「党」を基礎づけようとしただけではない。「例外＝

偶然」という真理の客体的あり方もまた、いかなる社会的機能も現在という時間の中にはもたない革命家集団を、彼に要請した。「決断」の主体性と「例外＝偶然」の客体性を一つのものとして物質化させるのが、バディウの「党」であった。黒田寛一の党とは違った意味における「永遠の今」である。違ってはいても「永遠の今」である。絓と長原は、そこへ結集しようと呼びかけているのであろうか……。「六八年」の地平とこの党観を関連づけて考えるのは意味のあることだろう。「文化」への反対派政治をこの「党」が打ち出そうとする以上、「文化」的な「六八年」観には無効を宣言して然るべきであるからだ。そしてすでにある程度、答えは与えられている。この「党」は「六八年」に遭遇してしまった——それを組織したのでも予見したのでもなく——「党」である。つまり革命に「遅れた」党である。バディウの師アルチュセールは一九六九年に、哲学はつねに政治に「遅れる」と言っていた[*12]。革命の前夜、大学を捨て工場に潜入していった、パリ・コミューンやロシア革命に加えてプロレタリア文化大

＊11　アルチュセール晩年の「偶然性唯物論」は、そのアイデアの骨格をバディウの「主体の理論」から得ている。アルチュセール『哲学・政治著作集Ｉ』に収録された晩年の論考と、バディウの同名の書（Alain Badiou, *Théorie du sujet*, Le Seuil, 1982）における「クリナメン」への言及を比べてみよ。同書はバディウの七〇年代の講義をもとにしている。

＊12　アルチュセール「レーニンと哲学」。今日では邦訳をルイ・アルチュセール『マキャヴェリの孤独』（福井和美訳、藤原書店、二〇〇一年）で読むことができる。元は六八年二月に行われた短い講演であるが、アルチュセールは「五月革命」の渦中には病院にいて「睡眠治療」を受けており、事件を知らなかった。講演の最初の刊行が六八年末であり、そのとき大幅に加筆されている。予言めいていた「遅れ」が現実のものになってしまったわけである。

革命に忠実たろうとした「党員」たちは、実際、カルチェラタンの出来事にただ出会い、最初はプチブルたる学生の反乱にむしろ冷淡だったのである。反乱の拡大にともない、彼らはようやく現場に「戻ってきた」にすぎない。したがって「永遠の今」の住人たちの党は革命に追いつこうとする党である。それは果たしていつ成就されるのか？　もちろん、プロレタリア革命の瞬間にであろう。しかし、そこから逆照射される「六八年」とは「陣地戦的マイノリティー運動」なのか？　ひとつ確実に言えることは、そのように「六八年」を総括しうる視線をもっている者は、革命に充分に遅れていないということだ。「陣地戦」は充分に革命党の戦略スローガンではないか。革命の現場にいる全員を「マイノリティー」と化してしまったのが「六八年革命」であり、それは誰よりも「マジョリティー」なるものを眠り込ませてしまったのである。つまりアラン・バディウはジル・ドゥルーズにあのときから負けていたのであり、だからドゥルーズの死んだ後になってぶつぶつ言い出しているだけのことだ。まして文化戦線においてグラムシの復活を目論むポスト・マルクス主義など、バディウにすら負けている。

（絓秀実『吉本隆明の時代』作品社、二〇〇八年。長原豊『われら瑕疵ある者たち――反「資本」論のために』青土社、二〇〇八年）

2013.2

『資本論』から何を再生させるべきか

──スラヴォイ・ジジェク『終焉の時代を生きる』

本書においてもっとも論争的であり、したがって本書のハイライトをなす第四章において、ジジェクはカトリーヌ・マラブーにほぼ同意している。解釈学としての精神分析を「神経的唯物論」によって葬ろうとしてきたマラブーの、心的外傷という事故を考察することで組み立てられた主体論を、ジジェクは「ラカンを反復している」とひとまず「批判」する。そして、純粋な無意味の侵入である心的外傷に対し「解釈学はまったく成立しない」と考えるマラブーに、彼はそんな無意味こそラカンの「現実的なもの」であろうと応酬する。さらに、脳に損傷が起きたときに影響をこうむるのは損傷を受けた主体ではなく、「別の自己、誤認のうちにつくられる『新しい』自己である」と記す彼女には、そんなことは、主体とはそもそも自らの死を生きのびたものだ、というフロイト－ラカンの「死の欲動」論がすでに指摘している、と追記する。言い直せるということの「批判」は、むしろ一種の認証である。

現状認識にいたるやジジェクはマラブーに、ほぼどころか完全に同意している。その同意にしたがえば、無意味の侵入はテロと事故と災害が溢れかえるグローバル化した世界の特性であり、今日では世界そのものが「敵は解釈学だ」と見なしている。二人にとっては、無意味の侵入から主体を守ってきた伝統や宗教等々の壁が暴力的に破壊される時代が現代である。ジジェクによれば、この破壊傾向ゆえに世界は「黙示録的ゼロ・ポイントに接近しつつある」。マラブーによれば、「意味のこの抹殺は（…）社会的なものの新しい顔として、いたるところに存在している」。

しかしこれは、ジジェクにとっては困った事態であるはずだ。というのもマラブーの「神経的唯物論」は、自己組織化するニューロンの振る舞いに「システムと両立しうる自由の形態」を探ることで、（脳）科学を（彼女の）哲学により、リベラリズムの政治へと媒介ないし翻訳しようとするからである。この政治は本書第一章の主敵である。そこでは逸脱を社会に包摂しようとする「自由主義の寛容」は、総じて「イデオロギー的幻惑」（社会に走る亀裂の「フェティシズム的否認」）にほかならない。つまり、ほぼ同じ主体論と完全に同じ現状認識が、同じ政治路線を導きえないという事態が生まれているのだ。

政治をもう一度主体論に返そうとするジジェクのML主義（マルクス＝ラカン主義）にとって、これは困った事態である。だからなのか、本書第三章は「経済学批判の再生を強く訴える」。主体論を政治へと媒介する役目を、哲学にではなく「経済学批判」に求めようとする。これは、ほぼ「イデオロギー批判」一辺倒の政治を実践してきたジジェクにとっては新機軸であるかもしれない。なにしろ盟友アラン・バディウによる「経済学批判の放棄」そのものがついに（!?）放棄されるのである。曰く、〈真理－出来事〉が出来する場をバディウのように政治闘争とするのではなく、「経済」とする展望を開かねばならない。「経済の脱政治化」はそれ自体「政治闘争の結果である」、と考えねばならない。ランシエールによる「政治そのものと民政（社会問題の管理）」の区別についても、同様に放棄することが推奨される。

しかし、「死の欲動」の主体論と共産主義的政治をつなぐ「経済学批判」とは、どんなものなのか。『資本論』からは、特に何を再生させねばならないのか。本書においてジジェクが示唆するのは、商品論であり労働価値論である。要は「主体的要因と客体的要因の弁証法的媒介」を解くフェティシズム論である。評者としては、ここでやや脱力感を覚えずにはいられない。これはジジェクが最初から言ってきたことではないのか。フェティシズムをラカン的に「主体$\$$と対象aの『弁証法』」と読み、この図式をイデオロギー批判の要に据えることが、彼の「主体へと返された政治」としてのML主義（マルクス＝レーニン主義）だったはずである。フェティシズム論によって、主体と客体、政治と経済の堂々巡り（弁証法の別名）から抜け出ることが、ジジェクにとっては、バディウやランシエールの政治主義の効用だったはずである。ジジェクの「経済学批判」とは、やはりイデオロギー批判のことなのか？

（スラヴォイ・ジジェク『終焉の時代を生きる』山本耕一訳、国文社、二〇一二年）

2013.7

反乱が事故として連鎖反応的に生起した年をどう捉えるか

――スラヴォイ・ジジェク『2011』

本書はざっくりとした状況論の小著であり、本稿はもっと小さな批評文であるので、ラカンやマルクスがどうした、という話はやめにする。本書が対象とする二〇一一年という年の歴史的意味にかんするかぎり、評者はまさにざっくりと本書に共感するので、そのことだけを評者なりに言い換えて書くことにする。この年をどう捉えるか捉えないかは、様々な思想全般に篩をかけ続けており、篩の結果にかんするかぎり、評者はジジェクと同じ側に残りたい、と強く思う。

二〇一一年は、一言で言えば、反乱が事故として連鎖反応的に生起した年であった。事故として。つまりそれらは突発事としてはじまり、長続きする組織された「運動」の波を事後に生起させなかった。アラブの春も三・一一後の運動も、ウォール街占拠もギリシャのデモも、もちろん様々な程度に準備され、生起により様々な種をあちこちに撒き、その胚は当事者たちによって粘り強く育てられているのだが、わざわざそう言わなくてはならないほど、はじまりは突然訪れ、反乱としての「勢い」は続かなかった。反乱が「具体的課題を実現させる政治過程」に乗った途端、種々の既存勢力のトンビが油揚げをさらっていくか、無力な善意と強力な支配体制のセットが「反」の声を空転させた。

これは一九六八年とも「反グローバリゼーション運動」とも大きく異なる特徴として、はっきり意識されるべき問題である。六八年の後には「新しい社会運動」とやがて呼ばれる動きが思想的‐政治的に広がり、一部では「六八年は勝利した」と言われるほど、事後の「政治」現象を規定した。「反グロ運動」の場合には、中南米の地域的蜂起からはじまった動きが、その名前をもつことにより文字通りグローバルに広がった。二〇一一年は「六八年」のように固有名詞化するだろうか。共通の思想的名前をもつことがあるだろうか。二〇一三年の現在、それはもう本書のタイトルどおり「危うく夢見た一年」になっているではないか。日本では脱原発運動はアベノミクスに負けているのである。

ジジェクのようなワンパターン左翼が危うく「革命」の夢を見るところであった反乱の一年は今や昔？　しかし、そうは言えないところに、二〇一一年の意味はある。反乱が「課題を実現する政治」に敗れるとは、その「政治」のほうがもはやなにもできないことの証ではないのか。本書のジジェクは問題をそう立て直す。議会政治のルーチンワークではなにも解決できないから反乱は生起し、起きた反乱に対してこの「政治」はなす術がないから、見て見ぬふりをするか、ただ弾圧するしかないのである。政治化の道が閉ざされているから、反乱は「事故」になる。「事故」にしかならないから、交通事故のように打ち続く「現象」になり、「事故」であるから、社会工学的発想による「対策」が図られる。「粘り強い民主主義的なコンセンサス形成」を旗印に。反乱する輩どもは「可哀そうなバカ」であるという底意をちらつかせつつ。

「事故」と「対策」。図式がそう整えられるや、メタボ対策が不健康を生産し、乳がん対策が某女優を「八五％の病人」にしたように、「予防」政治は「事故」としての反乱を自ら生み出しはじめるだろう。必要としはじめるだろう。その兆候こそ、二〇一一年だったのではないか。「春」が訪れたアラブ諸国では、西欧化が原理主義を「予防」するはずであった。アメリカでは、金融システムの崩壊「予防」が、リーマンショックによって生まれた新たな貧者を「救う」はずであった。日本では、東電と政府の偽善的低姿勢が「国民」の怒りの火に油を注いだ。そこに「政治」の機能不全や変質を見ることができるかどうかが、本書のジジェクがまず持ち込む篩だ。機能不全だけを見て、機能を取り戻そうと焦燥に駆られるのが、「強い」政治を求めるポピュリズムである。後戻り不可能な変質を認め、「事故」の持続に未来の予兆を探ろうとするのがジジェクである。反乱の「敗北」に、こんな「政治」における勝利などで求めていないという意志とビジョンを読み取る姿勢を、評者はなにより彼と共有したいと思う。

（スラヴォイ・ジジェク『2011――危うく夢見た一年』長原豊訳、航思社、二〇一三年）

2013.7

2011の反乱　その敗北のあとに

――想田和弘監督『選挙2』

観るまえから、嫌な気分になるだろうと予感していた。案の定であった。それ以上であった。3・11直後のあの雰囲気のなかで、一人「脱原発」をスローガンに掲げて市会議員選挙――国政選挙ではないのだ――に立った無所属候補のドキュメンタリーが、「ドン・キホーテ」にならないわけがない。はるか昔の異国の物語なら、笑いながら喝采を送っていればよいだろうが、震災と原発事故は、あまりに近い。「3・11ドン・キホーテ」は痛々しいだけではないだろうか。「怒りの決起」の無駄遣い。もう一つ、懸念があった。なかば無駄と知りつつ真面目に決起する人の姿に溜飲を下げると、ガス抜きになってしまわないか。自分はそこまではできない、しかし彼は……だから、「ありがとう」。高円寺デモの報にほっとした気分を味わったことも思い出しながら、観るまえに、そこまでは思っていた。

　それ以上の嫌な気分は、ひたすら「観察映画」のクソリアリズムに由来する。あの雰囲気の「あの」の中身がなんだったのか、克明に思い起こさせ、新たに知らしめるのだ。東北の「痛み」に思いを馳せる数々の「自粛」は、こと政治にかんするかぎり、要は原発争点はずしであった。それは分かっていたものの、画面に映る議員たちの低姿勢はどんどん、政治には何もできません、という疚しさの吐露と居直りのように見えてくる。選挙カーでがなり立てれば有権者の反発を食らう？　よくそれで立候補するな。政治家が、政治には主義主張はいりません、と白状していいのか……。

「山さん」も、痛々しいどころか、のっけからこちらに怒りを覚えさせるようなことばかり言う。選挙運動なし、ポスターだけ。あんた、ほんとに勝つつもりあるのか？　選挙カーのガソリン代公費負担にさえ文句を付け、かつての市川房枝や青島幸男を気取るなんて、あんたナニ様？　「そのまんま東」のどこがいいの？　「主夫」だというが、いまどき「主婦」は「主婦」を売りに立候補などせんだろう。おまけに、私に投票しなくてかまいません、とにかく選挙に行ってください？　ならば立候補などするな、争点はずしの選挙に加担さえしたいのか？　動機であったはずの彼の「怒り」は、選挙戦のなかで、ただ空転しているのである。山内和彦はドン・キホーテにすらなっていない。彼の「戦《いくさ》」は、各党公認候補者たちが談合して街頭演説の順番を決める既成体制のなかにすっぽり収まっている。人通りの少ない場所を選んだとき、彼は砂漠に出ていくことさえやめて、モノローグすることを選んだのである。ガス抜きをしたのは「山さん」本人であった。選挙費用は八万四七二〇円しかかかってないし。

「山さん」もまた、「あの」雰囲気に立派に溶け込んでいたわけである。ドキュメンタリーはかくも残酷なり。想田監督は、撮影が終わって一年半あまりも、撮ったこと自体をほとんど忘れていたという。彼にそれを思い出させ、今なら編集できると思わせたのは、安倍自民党政権の誕生であったという。さもありなん、と勝手に思う。政治家が反乱――の可能性としての有権者の「怒り」――に怯え、ひたすら偽善的低姿勢を決め込み、事態をやり過ごそうとしていた「あの」頃、「山さん」のような「決起」が散発的であれ日本中に溢れていた「あの」頃、「あの」頃がついに終わったのだ。「政治家」が代表する「政治」が、ついに勝利したのである。「あの」頃から、この勝利が「政治家」山内和彦を含む

「政治」によって準備されていたのではないか、という問いを私たちに投げかけて。「山さん」は、このような「政治」参加もありだよ、と身をもって示すことにより、「政治」を救おうとしていたのではないか。小泉チルドレンとしてデビューした人であるし。この「観察映画」は、二〇一一年から二〇一三年の現在までをいやおうなく連続的に、「政治」の勝利として描き出す。

　敗北したのは反乱である。二〇一一年は世界的に見れば、反乱の年であった。アラブの春から日本の反原発デモを経て、ウォール街占拠、ギリシャの騒擾へと至る出来事は、間違いなくどこかで呼応しあった一連の反乱であったろう。そしてその「どこか」とは、「敗北」と「後に続かない」という点であったように思えてならない。負けが必然で、しかも、決起の英雄的性格が大きなアフターマスを作り出すこともない、とあらかじめ分かっている反乱。突発的にはじまり、いつのまにか終わっている、事故のような反乱。だからダメだというのではない。だから「起こってしまう」と考えたほうがいい反乱。「政治」にはもはやそれを抑える力がなく、といって、問題を解決する力もとうに失っているから「起こってしまう」。「政治」には、弾圧するか、見て見ぬふりをすることぐらいしかできないから、余計に「起こってしまう」。負けが運命づけられているのも、暖簾に腕押しだからである。今やお巡りさんさえ「DJポリス」になる時代だ。拳を振り上げるのは、さる官僚が思わず漏らしたように、「バカ左翼」のやることでしかない。ただし官僚が代行する「政治」のほうも、怒声と罵声を聞いてやりすごすしかないのが、反乱を敗北させる「政治」の実際的力量である。

　3・11以降、主権者の責任ということがよく言われる。「おまかせ」ではいけない。想田監督も自身のブログでそのような発言をしている。中島岳志との対談（ウェブマガジン「マガジン9」）ではさらに、「熱狂」と「拙速」を戒め「熟議民主主義」を説いている。「おまかせ」政治でも石を投げる反乱でもない、主権者としての責任ある行動。橋下流ポピュリズムではない、ものごとを冷静にゆっくり変えていく正しい「保守主義」。「保守」を自覚するのであるから、むろん「左翼」ではないだろう。それで政治が変わるのはたいへん悦ばしいことではあるが、一国を単位に主権という枠で政治を考える限界が、二〇一一年を世界的反乱の年にしたのではなかったか。この映画を「祖国」の光景として見るのは、あまりにもったいない。政治が空転するのはダメな政治家とダメな有権者のせいではないのだ。脱原発を選択した立派なドイツ人が、フランスから原発電気を買いつつ、ギリシャ人にユーロのおかげで味わった贅沢のツケを払えと迫り、リーマンショックに貧民を直撃させないための金融政策が、金融マンを肥え太らせて「99％」の怒りを買い、原理主義の芽を摘むはずの西欧化が、独裁政権を陰に陽に育ててきたのが、一国主権的政治というもの。熟議保守主義は、そんな限界をもった政治から降りたい、目を背けたいという欲望の別名ではないのか。顔が見える範囲で有効なことだけを議論しましょう。主権を超える問題など、知ったことか。

「山さん」以外の候補者たちは十分に熟議保守を実践している。国家主権は川崎市議会に原発の是非の決定権など委ねていないと熟知し、互いに牽制し合って礼儀正しく選挙戦という討議過程を有権者に見せている。「山さん」のほうは、あくまでもそのなかにとどまるカッコ付き異物の役回りを演じてみせる。二〇一一年四月の川崎市議会選挙はまことに責任ある政治参加の舞台であった。原発を「おまかせ」にした？　そうは言えない。まかせられる人はどこにもいない、まかせてくれと言う人さえいない、と「政治」そのものが正直に語ったのであるから。だから有権者は、とりあえず問題を先送りしましょうと主張するに等しい「成長」路線の安倍自民党を政権に返り咲かせたのではないか。これは、あくまでも世界的に進行している政治の「空洞化」（＠想田和弘）のローカルな戯画だ。熱狂／拙速か熟慮／熟議か、などという線引きにこだわっていると空洞を加速させるだけ、と、画面に映った光景は私に語りかける。

（監督・製作・撮影・編集：想田和弘／出演：山内和彦／２０１３年／日本・アメリカ合作／１４９分）

エピローグ

「国家の破滅は言葉遊びにすぎない」

2013.12

——マルコ・トゥリオ・ジョルダーナ監督『フォンターナ広場：イタリアの陰謀』

一九七〇年代のイタリアは「鉛の時代」と呼ばれた。テロと弾圧の応酬が全土を覆い、その爪痕は今日なおイタリア社会に深く刻まれている。本作は、この重苦しい時代の幕開けを告げることになった、六九年一二月一二日に起きた銀行爆破事件を扱っている。銀行はミラノのフォンターナ広場に面して建っていた。死者一七名、重軽傷者八八名。すべての関係者を実名で登場させ、台詞以外はほとんど忠実に事件とその後を描いてサスペンス・ドラマに再構成した本作は、しかし、ひとつの国家論として見ることのできる映画である。

導きの糸は、劇中、当時外相だったアルド・モーロが事件前に大統領の面前で引いたゲーテの箴言である。「農家の火事は悲劇だが、国家の破滅は言葉遊びにすぎない」。モーロはこれを、荒れ狂うデモに体制の危機を嗅ぎとり、クーデターによる秩序回復を画策する「陰謀家ども」——軍の一部とそこにつながるネオ・ファシストたち——を揶揄すべく引いた。法を無視した権力奪取と強権発動は内戦に火を点けるということを、「やつら」は分かっていない。彼らは幼児的危機感に憑かれ、武力を弄びたがっているにすぎない。戦後イタリアに築かれた民主主義の蟻塚を、彼らは言葉遊びを火遊びに昂進させて灰燼に帰そうとしているのである。彼らが懐に秘めているのは、モーロ曰く、使命感ならぬ「臆病さ、日和見主義、暴力」であって、彼らに「思想はない」。そんな輩を権力の奥深くに住まわせているわが祖国の、なんと青く幼きことか……しかし彼も大衆反乱の「熱い秋」(六九年)に悠然と構えているわけではなく、デモ現場における警官の死は彼にとっても由々しき事態である。バリケードの彼方に爆弾による国家の死を夢想するアナキストたちもまた、彼には言葉遊びに耽っていると見えていたろう。かくて彼は、数年後の自分の運命——「赤い旅団」によって七八年に「処刑」される——を予言するかのような心情を神父に吐露する。「この国に必要なのは惨事なのでは？　積み上げたすべてを壊し、この地を砂漠に、裸の大地に戻す惨事では？　そのとき自然は勢いを取り戻し、最初の命の形を作り直すのです。最初の人間を、最初の火を。そのためなら、神父様、私はこの凶事の最初の犠牲者になります」。

そのモーロを神父は諭す。「わが子よ、それは傲慢の罪だ」。祖国の基体ないし国家の母胎が「裸の大地」や「自然」と見えているなら、そなたはなにゆえその力を信じ続けないのか。なにゆえ己に「最初の命の形を作り直す」力が備わるかのごとく、「犠牲者」の形象に酔いしれるのか。モーロは「絶望の罪です」と答えるのだが、絶望こそが「陰謀家」と「爆弾魔」と自分をつないでいることに、彼がどこまで自覚的であったかは画面からは窺えない。しかし、窺えないところにこの映画の国家論たる所以はある、と言うべきだろう。実際この映画にあっては、誰も自分がなにをどこまで知っているのか知らず、知っていると思っている人間はそう思う己の傲慢に怯えはじめ、こうした点がミステリー構造の核をなしているのだが、謎の正体は国家そのものだと見終わった誰もが思うように、作家は作品の結構を設えている。これを国家論と言わずしてなんと言うべきか。

描かれるイタリア国家においては、跳ね上がり極左と、彼らに爆弾の罪をなすりつけて社会的緊張を煽ろうとする極右が、公安警察の策略により見分けがたく入り交じり、そこにさらにＮＡＴＯ強硬派とアメリカ大使館とイタリア軍の一部が結託した謀略機関の見えない手が伸び、警察官やジャーナリストの良心さえ、錯綜した罠の部品にすぎない。いったい蜘蛛の巣を操っている国家権力のマエストロはいるのか。「真犯人」さえ騙して、彼らが農業銀行の机の下に置いた殺傷能力のない爆弾の横に、軍用ＴＮＴ爆弾入りの鞄をそっと差し入れた人間の背後にいる者か。あるいは、首謀者の意図とは別にすべてを隠蔽しようとする情報機関か。しかし、けっして陰謀家どもの甘言に乗ってはいけないと大統領に忠言するモーロもまた、私がつかんだ情報は「糞をする猫」のつもりで隠してください、明るみに出ればやはり内戦でしょう、と付言しているではないか。全員が同じ穴の狢なのである。その穴から抜け出そうとすれば、汚名を着せられそうになったアナキスト、ピネッリのように窓から身を翻すしかないと思えるほどに。しかし、自殺は実は警察による殺人であったかもしれないという疑惑が、死を罠の部品に変えて彼を穴の喧噪に連れ戻す。穴の名前が国家である。そこにおいては誰も、事件の全貌を知ってはいない。コントロールなどなおさらしていない。事実、フォンターナ広場事件にかんしては、多くの逮捕者を出しながら結局のところ、誰も裁判において有罪認定されなかったのである。

「鉛の時代」という時代の罪？　そう語られることは多く、「イタリアはこの日、青春と決別した」という映画の謳い文句もまた、同じ見方に棹さしていよう。ならば、司法を「蠅の王」――映画のなかの台詞である――などとぜったいに呼ばせない法治の成熟こそが、誰かに罪を無理矢理負わせることを抑止したと考えるべきか。しかし映画のなかのモーロは、すでにこの上なく「大人」ではないか。陰謀家のみならず権力者たちの老醜を嫌い、捨て駒となる極左極右の若者たちを思いやり、イタリアの民主主義の明日を憂う彼は、「大人」であったから、やがて「子ども」たちに殺されることになったのでは？　彼はキリスト教民主党と共産党の「歴史的妥協」を実現したのである。彼を「人民監獄」に拘留した旅団の人間からさえ、彼は「先生」と呼ばれたのである。また、映画のラストでカラブレーシ警視殺害犯として名前の挙げられているアドリアーノ・ソフリ（警視から名誉毀損で訴えられた党派ロッタ・コンティヌアの指導的メンバー）は、まさに「大人」として、有罪判決に対し控訴しなかったのではないか（八八年に逮捕されたが、事件は七二年）。事件への関与を否定しながらも、「時代に責任を取る」ために、彼は獄に下ったのである（詳しくはカルロ・ギンズブルグ『裁判官と歴史家』ちくま学芸文庫、を参照）。とにかく誰かを犯人に仕立てねば気がすまない「子ども」裁判官たち――そこには世論も含まれる――の意を汲んで。

国家という得体の知れない穴のなかでは誰もが「子ども」であり、「子ども」たちのなかにしか「大人」は現れない。これが映画の語る国家論である。ここに描かれたイタリアを、いつまでもカトリックとファシズムの影を引きずる特殊な前近代的――民主主義が幼いという意味である――国家とみなすべきではない。フォンターナ事件から九年後にモーロを未必の故意により死なせた政治家たち（詳しくはレオナルド・シャーシャ『モロ事件：テロと国家』新潮社、を参照）、歴史家ギンズブルグに中世異端裁判との類比を行わせるに十分な裁判を繰り広げた検察官と判事たちだけが、「青春と決別」しそこねたわけではないだろう。「鉛の時代」という例外は、国家の普遍を照らし出す例外と見るべきだ。なにより、「テロとの戦争」は現在、もっと重い「鉛」を世界の国々にもたらしているではないか。法治と法のそとはどんどん境目がなくなっているではないか。ここ日本において、その非分離地帯は今日、特定秘密保護法——国家にとっての法のそとをなかに保護する法——という名で定置された。そして「鉛の時代」にあってさえ、「子ども」たちのただなかにいる「大人」は、国家という穴のそとにいる人間たちを「子ども」とはみなしていない。そとは「自然」であって、国家に「最初の命の形」をたえず与え直す力の源であると省察しつつ、「自然状態」の人間が「子ども」であると考えるのは「傲慢の罪」であると己に言い聞かせている。この「自然」のなかに、「裸の大地」に連れ戻された人間は、ただ「自然」的であるだけだ。そこには大人もいれば子どももいて、理性的であるのと同程度に情念に衝き動かされている。国家を作ったり壊したりしながら。どちらが理性的な営みであるのかを決めるものはなにもない。さらに、この「自然」の政治は「惨事」をともなうこともあれば、目立たず、沈黙のうちに遂行されることもあるだろう。

そこではただひたすら、「闘争は続く《ロッタ・コンティヌア》」。

（監督・原案・脚本：マルコ・トゥリオ・ジョルダーナ／原作：パオロ・クッキアレッリ／出演：バレリオ・マスタンドレア、ピエルフランチェスコ・ファビーノほか／イタリア・フランス合作／１２９分）

初出一覧

第Ⅰ章　トニ・ネグリを読むために……『現代思想』１９９８年３月
帝国とマルチチュード……『現代思想』２００３年２月号
ある唯物論的な笑いと美……『情況』２００７年７－８月号
政治を追い詰めるレーニン主義者スピノザ……『情況』２００９年７月号別冊
歴史のなかの『レーニン講義』、あるいは疎外なきルカーチ……アントニオ・ネグリ『戦略の工場』中村勝己ほか訳、作品社、２０１１年
「我々はみなネグリ主義者である」、あるいは分離の論理の行方…『現代思想』２０１３年７月号

第Ⅱ章　リスク人民戦線……*Multitudes*, n°8, mars-avril 2002.
いくつかの存在論的空虚について……*Multitudes*, n°9, mai-juin 2002.
貨幣の帝国循環と価値の金融的捕獲……*Multitudes*, n°13, été 2003.
主体から主体……コロキウム *Indeterminate! Kommunismus* 口頭発表原稿（２００３年11月）
今日における金利生活者の安楽死……未発表（執筆２００８年12月）

第Ⅲ章　亡霊の政治―「ヨーロッパの再生」を問う……『現代思想』２００３年12月号
論理的な暴動とマルチチュディネスクなコギト……『現代思想』２００６年２月臨時増刊号
現実主義的革命家と種別的知識人……『神奈川大学評論』57号（２００７年７月）
ヨーロッパの〈新左翼〉は？……『情況』２００９年４月号
〈現代アナーキズム〉あるいは〈実践〉の迷走……『情況』２００９年８－９月号

第Ⅳ章　*Verkehrung*（転倒／逆転）の冒険……*Multitudes*, n°22, automne 2005.

〈無知な教師〉はいかにして〈僭主〉に教えたか……
……ジャック・ランシエール『アルチュセールの教え』市田良彦ほか訳、航思社、2013年
「すべては政治的である」のか？……『週刊読書人』2005年6月3日号

第Ⅴ章
スキャンダルとしての民主主義……『図書新聞』2008年10月4日号
〈実践〉概念の相克……『現代思想』2009年6月号
〈我々とは誰か〉あるいはフーコー最晩年の〈外の思考〉
……富永茂樹編『啓蒙の運命』名古屋大学出版会、2011年
理性の限界を「散逸」させよ……『波』2010年4月号

間奏
代書人ボブあるいは〈誤訳〉……『現代思想』2010年5月臨時増刊号
ローリング・ストーンズと共産党…『ULYSSES』3号（クロスビート2010年7月号増刊）

第Ⅵ章
「決めない」政治と金融資本主義……シンポジウム「脱原発」報告（2011年10月）
社会は防衛しなければならないのか……
……シンポジウム「三・一一以降の社会運動」報告（2012年12月）
社会的なものの行方……シンポジウム「マルチチュードと権力」報告（2013年4月）
六八年革命は「存在」しなかった……『情況』2009年12月号
〈文化〉果てるところに待ち侘びる〈党〉……『情況』2009年3月号
『資本論』から何を再生させるべきか……『週刊読書人』2013年2月15日号
反乱が事故として連鎖反応的に生起した年をどう捉えるか『週刊読書人』2013年7月12日号
2011の反乱　その敗北のあとに……『映画芸術』444号（2013年夏）

エピローグ
「国家の破滅は言葉遊びにすぎない」……『映画芸術』446号（2014年冬）

カバー写真

（表１）2005年10月27日、パリ郊外のクリシー＝ス＝ボワの変電所で警官に追い込まれて感電死した２人の少年を追悼するポスター（06年10月20日）。この事件をきっかけにフランス全土で３週間にわたり大規模な反乱が起きた。ポスターはいう、「ジエドとブナ、君たちを忘れない」。
photo by Christophe Ena (AP Photo)

（表４）クリシー＝ス＝ボワの住宅街（2005年11月２日）。
photo by Jacques Brinon (AP Photo)

市田良彦
（いちだ・よしひこ）

1957年生まれ。神戸大学大学院国際文化学研究科教授。
著書に、『債務共和国の終焉』（共著、河出書房新社）、『革命論』『アルチュセール　ある連結の哲学』『闘争の思考』（以上、平凡社）、『ランシエール　新〈音楽の哲学〉』（白水社）、『脱原発「異論」』（共著、作品社）、『聞書き〈ブント〉一代――政治と医療で時代をかけ抜ける』（共著、世界書院）など。
訳書にジャック・ランシエール『アルチュセールの教え』（共訳、航思社）、ルイ・アルチュセール『哲学・政治著作集』全2巻（共訳、藤原書店）、ポール・ヴィリリオ『速度と政治』（平凡社）など。

存在論的政治《そんざいろんてきせいじ》　反乱・主体化・階級闘争

著　者　市田良彦
発行者　大村　智
発行所　株式会社 航思社
〒113-0033 東京都文京区本郷1-25-28-201
TEL. 03（6801）6383 ／ FAX. 03（3818）1905
http://www.koshisha.co.jp
振替口座　00100-9-504724
装　丁　前田晃伸
印刷・製本　シナノ書籍印刷株式会社

2014年2月10日　初版第1刷発行

ISBN978-4-906738-06-9　C0031

2011 危うく夢見た一年

スラヴォイ・ジジェク 著
長原 豊 訳
四六判 並製 272頁　本体2200円（2013年5月刊）

何がこの年に起きたのか？

今なお余燼くすぶるアラブの春やウォール街占拠運動、
ロンドン、ギリシャの民衆蜂起、
イランの宗教原理主義の先鋭化、ノルウェイの連続射殺事件、
そして日本での福島原発事故と首相官邸前行動……
はたして革命の前兆なのか、それとも保守反動の台頭なのか？

アルチュセールの教え　（革命のアルケオロジー1）

ジャック・ランシエール 著
市田良彦・伊吹浩一・箱田徹・松本潤一郎・山家歩 訳
四六判 仮フランス装 328頁　本体2800円（2013年7月刊）

大衆反乱へ！

哲学と政治におけるアルチュセール主義は煽動か、独善か、裏切りか――
68年とその後の闘争をめぐり、
師のマルクス主義哲学者を本書で徹底批判して訣別。
「分け前なき者」の側に立脚し存在の平等と真の解放をめざす思想へ。
思想はいかに闘争のなかで紡がれねばならないか。

風景の死滅　（革命のアルケオロジー2）

松田政男
四六判 上製 344頁　本体3200円（2013年11月刊）

国家を撃て！

永山則夫、フランツ・ファノン、チェ・ゲバラ、
国際義勇軍、赤軍派、『東京战争戦後秘話』、若松孝二、大杉栄……
何処にでもある場所としての〈風景〉、
あらゆる細部に遍在する権力装置としての〈風景〉に
いかに抗い、それをいかに超えうるか。
21世紀における対抗言説を先取りした「風景論」が、
40年の時を超えて今甦る――死滅せざる権力を撃ち抜くために。